W0070574

Horst-Eberhard Richter

Wanderer zwischen den Fronten

Horst-Eberhard Richter

Wanderer zwischen den Fronten

Gedanken und Erinnerungen

Kiepenheuer & Witsch

1. Auflage 2000

© 2000 by Verlag Kiepenheuer & Witsch, Köln
Alle Rechte vorbehalten. Kein Teil des Werkes
darf in irgendeiner Form (durch Fotografie, Mikrofilm
oder ein anderes Verfahren) ohne schriftliche
Genehmigung des Verlages reproduziert oder unter
Verwendung elektronischer Systeme verarbeitet,
vervielfältigt oder verbreitet werden.

Umschlaggestaltung: Rudolf Linn, Köln
Umschlagfoto: dpa
Gesetzt aus der Garamond Stempel (Berthold)
bei Kalle Giese, Overath
Druck und Bindearbeiten:
Graphischer Großbetrieb Pößneck, Pößneck
ISBN 3-462-02890-1

Für Bergrun

Inhalt

Vorspann

Könnten Philosophen den Geist der Zukunft ergründen oder gar prägen, dann würde der Autor der nachfolgenden Notizen vor dem Zukunftsbild des Philosophen Peter Sloterdijk erzittern, nämlich vor einem »Weltalter, in dem der Unterschied zwischen Siegern und Verlierern« wieder mit »antiker Härte und vorchristlicher Unbarmherzigkeit an den Tag tritt«. Welche Selbstüberschätzung – aber auch bei denjenigen von Sloterdijks Gegnern, die gleich ihm den Eindruck erwecken, als werde der Ausgang dieser Debatte die Kultur des heraufziehenden Zeitalters prägen. Beide Seiten haben allerdings einen triftigen Grund, die Debatte überhaupt zu führen, nämlich zu versuchen, den tatsächlich beunruhigenden fundamentalen Orientierungskonflikt auf klärende Begriffe zu bringen. Nur sollten sie nicht verkennen, dass der Kurs der Kulturentwicklung maßgeblich von unberechenbaren Unterströmungen gelenkt wird, die gern missachtet, wer von der eigenen Struktur her die Macht der Intellektualität überschätzt.

In den vorliegenden Aufzeichnungen kann der Leser, wenn er will, einen alt gewordenen Mann in der Erfahrung begleiten, wie alles, was er je neu entdeckt und aufgegriffen hat, aus den Spuren seiner und der gemeinsamen Vergangenheit aufsteigt, die mit Hoffnungen, Illusionen, Angst, Trauer und Schuld immer in ihm anwesend ist. Allmählich habe ich verstanden, wie das mir von den Eltern und ihrer Generation vermittelte geistige Erbe und die darin enthaltenen Aufträge aussahen und wie ich darauf antworten sollte. Dann wurde ich von der Generation meiner Kinder mitgenommen, die – wie undurchschaut auch immer – eine drückende kollektive Verdrängung durchbrach. Ein kurzer sozialer Aufbruch zu humanisierenden Reformen, ökologischen und pazifistischen Visionen – dann das leise, aber unbeirrbare Vordringen des Neoliberalismus mit seinen psychischen Korrelaten der rücksichtslosen Selbstsucht, der Entsolidarisierung, des Kampfes um die Überholspur, dabei

immer tiefer in eine Megalomanie hineingleitend, in der die Pro-
dukte der Risiko-Technologie sich in die Dinosaurier-Ungeheuer
aus Spielbergs Jurassic Park verwandeln, d. h. sich auch durch die
höchstentwickelte künstliche Intelligenz immer schwerer zügeln
lassen. Aber dagegen steigt eine Furcht auf, die Hans Jonas eine
»ethische Pflicht« für den Erfolg seines »Prinzips Verantwortung«
genannt hat. Eine Furcht, in der sich der in der Tiefe immer noch
lauernde Allmachtswahn aus der mörderischen Vergangenheit meldet. Was heißt, dass die Chance zur Verteidigung eines humanistischen Weltbildes zuerst darin liegt, aufmerksam und unermüdlich
in die Erinnerung hinabzuhorchen, was übrigens, wie der Autor zu
entdecken glaubt, neuerdings vielen aus der Generation seiner
Enkel viel selbstverständlicher erscheint als den inzwischen abge-
brühten und gewendeten Alt-68ern.

Aber keine Angst, die nachfolgenden Notizen enthalten zwar
auch Versuche des Autors, in der eigenen Lebensgeschichte den
geistigen Wandel der Zeit zu erfassen, aber im Vordergrund steht
die sehr persönliche Erzählung einer schlichten, manchmal mühseligen, überwiegend jedoch zuversichtlichen Wanderung eines
Engagierten zwischen gesellschaftlichen Fronten.

»Der Soldat James Ryan« und die Schwierigkeit, vom Krieg zu erzählen

Ich glaube, mich in dem Soldaten James Ryan wieder zu erkennen, der in Spielbergs Film inmitten eines endlosen Feldes von Soldatengräbern noch einmal die Schrecken eines einzigen Kriegstages aus dem Jahre 1944 nacherlebt. Ich bin etwa so alt wie dieser Ryan, vielleicht zwei Jahre älter. Aber ähnlich wie Ryan war es mir ergangen, als meine Truppe im Sommer 1942 auf dem Brückenkopf bei Woronesch am Don von den gut vorbereiteten Russen abgefangen worden war. Das gleiche Inferno vom Donnern der Abschüsse und Einschläge mit dem Surren und Pfeifen der Splitter in der verqualmten Luft, mit dem Schreien und Wimmern der Getroffenen und den zerfetzten Toten ringsum. Die eigene Truppe und die Russen ineinander verkeilt. Chaotisches Durcheinander. Riesenverluste. Teils war ich als Richtkanonier am Geschütz zum direkten Beschuss durchgebrochener russischer Panzer eingesetzt, teils zu vorgeschobener Beobachtung mit Spähtrupps unterwegs, um die verworrene Frontlage zu erkunden. Einmal waren wir in schwarzer Nacht zu zweit mitten unter russische Soldaten geraten. Aber wie der Soldat Ryan war ich wunderbarerweise davongekommen – gerade neunzehn war ich damals. Auch ich habe niemals diejenigen vergessen, die in jener Situation in meiner Nähe waren, etwa den älteren Oberwachtmeister, der mich ein paar Mal von Stellen weggeholt hatte, wo eine Minute später Granaten oder MG-Garben einschlugen. Auch ich habe wie Ryan heute eine Familie hinter mir – Frau, Kinder, Enkel, bereit, mich zu stützen. Ich habe ihnen etwas erzählt. Aber wie hätte ich ihnen vermitteln können, was davon damals in meinem Inneren zurückgeblieben ist, was mich verändert hat?

Der Soldat Ryan hatte seine drei Brüder im Krieg verloren. Ich hatte, als ich aus dem Krieg und Gefangenschaft zurückkam, überhaupt keinen mehr aus meiner früheren Nähe. Geschwister gab es ohnehin nicht. Die Eltern waren Monate nach Kriegsende von betrunkenen Besatzungssoldaten auf einem Spaziergang überfallen und erstochen worden. Die Mutter hatte sich gewehrt. Der Vater hatte ihr helfen wollen. Weit verstreut in der Welt wohnten ein paar entfernte Verwandte, die ich aber nie näher kennen gelernt hatte. Doch da ist ein wesentlicher Unterschied zu Ryan. Der hatte auf der gerechten Seite gekämpft, ich hingegen auf der Seite der Schuldigen. Das Kriegsszenario war das Gleiche, aber ich war als Aggressor, nicht als Befreier in die Schlacht geworfen worden. Und ich hatte gewusst, dass es die falsche Sache war, so wie es auch schon falsch und schlimm gewesen war, was ich als Schüler an Schikanen gegen meine jüdischen Mitschüler und deren Familien mitbekommen hatte, die nach und nach ausgewandert waren.

* * *

Vor ein paar Tagen habe ich im Frankfurter Sigmund-Freud-Institut, das ich als 76-Jähriger immer noch leite, einen Vertrag mit der Feuerwehr unterschrieben. Es geht darum, Feuerwehrleute durch Fortbildung und Supervision zu unterstützen, dass sie die bedrückenden Erfahrungen mit Opfern von Bränden oder schweren Verkehrsunfällen besser verarbeiten können. Endlich ist es nun ins öffentliche Bewusstsein gedrungen, dass die grauenhaften Bilder von Katastrophen psychische Schäden zurücklassen können, Ängste, depressive Reaktionen, psychosomatische Störungen, chronische Gereiztheit; und dass zur Überwindung eine professionelle Unterstützung angebracht ist.

Heute sieht das jeder ein. Aber wen hat es schon interessiert, was das massenhaft organisierte Morden in der Psyche des Soldaten Ryan und der meinigen angerichtet hat? Das waren damals keine Unfälle aus Unachtsamkeit oder durch technische Mängel – wie kürzlich im Falle mehrerer Flugzeug- und Eisenbahnkatastrophen. Sondern es war ein planmäßiges gegenseitiges Umbringen und Verstümmeln mit Hilfe extra zu diesem Zweck laufend modernisierter

Vernichtungsmaschinen. Es war die Erniedrigung von zivilisierten jungen Männern zu Handlangern der puren Unmenschlichkeit. Hat jemand damals etwa gefragt, was da in den Beteiligten passiert und zurückgeblieben ist? So wie der ehemalige Soldat Ryan sich mit Mühe und gebeugt zwischen den Kriegsgräbern bewegt, merkt man ihm die Last an, die ihn drückt, obwohl er gewiss manche Ehrungen erlebt und zu hören bekommen hat, welche hohe patriotische Pflicht er erfüllt habe, nämlich dass er in heldenhafter Weise zur Niederschlagung eines Menschheitsfeindes beigetragen hat. Aber ob ihm das viel geholfen hat?

Auf dem Schlachtfeld selbst löst sich das moralische Gefälle auf. Da machen die Regeln des wechselseitigen Mordens Freund und Feind gleich. Da regiert die nackte Brutalität zwischen Menschen, die persönlich miteinander nicht verfeindet sind und vielleicht ein paar Jahre später als vereinte Waffenbrüder gegen einen neuen gemeinsamen Feind in Stellung gehen mögen. – Im Moment ist es gut zu töten, um nicht getötet zu werden. Skrupel sind lebensgefährlich. Erst später kommt das Erwachen, wie aus einem partiellen Koma: Man erkennt sich nicht mehr selbst darin, was man mitgemacht hat. Ich muss mich indessen fragen: Hatte ich dieses Los nicht freiwillig gewählt?

* * *

17 war ich gewesen, da hatten wir auf der Schule zwischen drei Möglichkeiten zu wählen. Die erste, mit Notabitur gleich zum Militär und aktiver Offizier werden; die zweite, sich nach dem Abitur und Arbeitsdienst zu einer beliebigen Waffengattung einziehen lassen; die dritte, nach Abitur und Arbeitsdienst zu einer selbst ausgesuchten Waffengattung einrücken und zum Reserveoffizier ausgebildet werden. Ich hatte mich für die dritte Möglichkeit entschieden und die leichte motorisierte Artillerie ausgesucht. Die gleich zum Militär wollten, das waren die schneidigen HJ-Führer, die eine Kategorie für sich bildeten. Ich war mit Vaters Hilfe von der HJ frühzeitig

freigekommen und brannte darauf, bald Medizin und Philosophie zu studieren. Aber weil dem Kriegsdienst ohnehin nicht zu entrinnen war, hatte ich die Lösung drei vorgezogen, da würde man vielleicht in der Ausbildung weniger malträtiert werden, und bei der motorisierten Artillerie würde ich es wohl zumindest leichter haben als bei der Infanterie.

* * *

Bei der Abfahrt nach Russland Februar 1942 hatte ich der Mutter den Wunsch abgeschlagen, mich zum Bahnhof zu begleiten, aus Furcht vor einem öffentlichen sentimentalen Abschiedsdrama. In Wahrheit ging es natürlich darum, dass ich meinen eigenen Ablösungskonflikt vor mir hatte verbergen wollen. Nach 14 Tagen Bahnfahrt und ein paar Fußmärschen war ich endlich bei meiner Truppe angekommen, die im Winter auf dem Vormarsch nach Moskau stecken geblieben war. Ein einziges Mal hatte ich einen professionellen Seelenhelfer erlebt. Das war der Divisionspfarrer mit einem großen silbernen Kreuz auf der Brust, der den Soldaten vor der großen Offensive 1942 so etwas wie innere Stärkung vermitteln wollte oder sollte. Aber was bekamen wir zu hören? Dass es eine gute Sache sei, die Russen vom gottlosen Kommunismus zu befreien. Es war nichts anderes als eine christlich verkleidete Einpeitscher-Rede.

Meine Artillerie-Einheit hatte schon in Frankreich gekämpft. Die Leute wirkten abgebrüht. Sie verrichteten ihr befohlenes Geschäft als ein verdammtes Muss. Da war keine Begeisterung, keine Idee, für eine *gute* Sache, nicht einmal gegen eine *böse* zu kämpfen. Von einem Tag zum anderen mit unberechenbaren Situationen zurechtzukommen, das war ihr Thema. Keinen traf ich, der an die uns eingeredete politische Mission dieses Feldzuges glaubte. Vor dem Iwan hatten sie Respekt. Noch wagte niemand, seine Zweifel am Erfolg des Unternehmens offen zu zeigen. Komisch fanden sie es allerdings schon, dass der aufs Ritterkreuz versessene Batteriechef bangte, ob er seinen Dienst-BMW nach Kriegsende wohl behalten dürfte.

In der sozialen Hierarchie fand ich mich zunächst ganz unten, bis ich mich durch einige Tests als recht tauglicher Richtkanonier ausgewiesen hatte. Die Maßstäbe für soziale Anerkennung widersprachen sonst mitunter krass den bürgerlichen Konventionen. Bewundert wurde ein Leichtfuß, der schon acht Jahre Knast hinter sich hatte, aber einmal ganz allein, fast deckungslos, mit dem Flieger-MG eine Russen-Attacke abgewehrt hatte. Der zog auch seinen Kopf am MG im Geschosshagel russischer Tiefflieger nicht ein.

Als ich zu Beginn der Großoffensive zwischen Kursk und Orel den ersten jungen Deutschen bäuchlings im Gras liegen sah, ohne äußerlich erkennbare Verletzung, drehte ich ihn um und starrte auf einen Kopf, dem das Gesicht weggerissen war. Nie habe ich den Anblick vergessen, weil bei mir an jenem Tag noch nicht die Routine der Gefühlsabtötung funktionierte, die dann nach und nach einsetzte und dafür sorgte, dass ich fortan den hundertfachen Anblick von Verstümmelten ohne panisches Erschrecken ertragen konnte und ohne von den Bildern im Nachhinein verfolgt zu werden. Das ist ein psychohygienischer Mechanismus, der wie ein Anästhetikum funktioniert. Die schaurigsten Bilder der Zerstörung dringen nicht mehr ins Sensorium durch. Es setzt eine partielle Apathie ein. Hunger und Schlaf werden nicht mehr gestört. Aber anders als unter Psychopharmaka kommt es nicht etwa zu einer dösigen Benommenheit, sondern man kann jederzeit blitzartig reagieren, um die Tötungsinstrumente zu bedienen oder in Deckung zu springen. Man lebt nur noch mit einem Teil-Selbst, als eine rudimentäre Person. Das schützt vor innerem Chaos, vor Verzweiflung und manchen Ängsten. Wenig beeinträchtigt ist der Gehorsamsautomatismus. Der ist bereits in der Rekrutenzeit in der Kaserne weitgehend eingeschliffen worden durch eine Methode unsinniger Kommandos, die nur bei Unterdrückung kritischen Denkens ertragen und mechanisch befolgt werden konnten. Die angedrohte Kriegsgerichtsstrafe bei Befehlsverweigerung funktioniert als unwiderstehliche Erpressung. Bezeichnend übrigens, dass immer von Befehlsverweigerung geredet wird, wenn Gehorsamsverweigerung gemeint ist. Als ob die Befehlenden sich gleich mit in das Bedrohungssystem eingeschlossen fühlen sollen.

Eine andere Lösung, als durch solche Abstumpfung unter dem mir unausweichlich scheinenden Zwang zu überleben, kam mir zu keiner Zeit in den Sinn. Wenn ich heute bei Cora Stephan (»Das Handwerk des Krieges«) lese, wie herrlich der Krieg den Mann zum Manne mache, und ich meine damalige Schrumpfexistenz als Maschinenbediener dagegen halte, kann ich über die Realitätsverkennung besagter Autorin nur lächeln. Das geölte Funktionieren an technischem Kriegsgerät bei Abspaltung der zentralen Anteile des persönlichen Selbst halbiert Männer zu routinierten Robotern – das ist der moderne Krieg. Wenn ich zwischendurch als vollständige Person präsent war, dann in den kurzen Fluchten in Träume, in das Schreiben von Briefen, oder einige Minuten zu Hölderlins Hyperion, Nietzsches Gedichten oder platonischen Dialogen. Da fühlte ich, wie ich wieder sein würde, wenn der Höllenspuk ein Ende nähme. So fern dieser Augenblick auch sein mochte, in der Phantasie nahm ich ihn oft vorweg, um mir einreden zu können, den momentanen unausweichlichen Ausnahmezustand wie eine bloße Unterbrechung meiner eigentlichen Lebensgeschichte bewältigen zu müssen.

* * *

Mehrmals hatte ich später versucht, den drei Kindern etwas von meinen Russlandkrieg-Erlebnissen zu erzählen. Aber jedes Mal hatte ich bald gestockt. Was war davon erzählbar? Doch nichts von dem echten Grauen, wie es Spielbergs Antikriegsfilm einigermaßen getroffen hat. Und das Menschliche, was man Kameradschaftsgeist nennt, das Einstehen füreinander, manche verwegene Hilfeleistung, Augenblicke spontaner Humanität, kurze anrührende Begegnungen mit russischen Bauern, Frauen und Kindern? All das konnte wieder täuschend klingen in der Falschheit des Ganzen – nach echten Idyllen oder spannenden Abenteuern, so wie man meine Generation einst auf der Schule betrogen hatte mit den Heldengeschichten des Ersten Weltkrieges: Langemarck, Verdun, Fort Douaumont, Somme, Ypern, und mit Ernst Jünger: »Der Krieg ist unser Vater, er hat uns gezeugt im glühenden Schoße der Kampfgräben als ein neues Geschlecht, und wir erkennen mit Stolz unsere Herkunft an.« Bei jedem Satz, den ich zu Hause beim Erzählen vom Krieg herausbrachte, war ich unsicher, ob man mich nicht missverstehen würde. Dabei lag mir so vieles davon auf der Seele. Selbst wenn ich mal wiederzugeben versuchte, was ich gesehen, gehört und gemacht hatte, so war das ja immer nur die *eine* Seite. Die andere, die Angst, die Spannung hinter der Selbstbetäubung, der Ekel, der Zynismus als Abwehr von Verzweiflung, das ließ sich ohnehin nicht beschreiben. Eine ungefähre Ahnung davon, was da psychisch abläuft, kann ein Film wie »Der Soldat James Ryan« aufkommen lassen. Aber gerade deshalb haben sich viele aus der mittleren Generation den Film nicht zumuten wollen. Was sie über die ersten zwanzig Minuten von der Schlacht an der Normandie-Küste gehört oder gelesen hatten, erschien ihnen zu schrecklich. Verständlich, aber schade. Denn so sieht militärisches Gemetzel tatsächlich aus. Und das sollte im Kopf haben, wem eingeredet wird, dass Krieg wieder zur Normalität gehöre und dass es gut sei, dass Deutschland schon wieder in die Spitzengruppe der Exporteure der Waffen aufgestiegen ist, die neue Kriege führbar machen.

*   *   *

Als ich mich nach dem Spielberg-Film schwerfällig aus dem Kinosessel erhebe, drückt Bergrun, meine Frau, mir die Hand. Mir fällt ein, dass ihr Vater mit einer entstellenden Handverwundung und mehreren Granatsplittern im Körper aus dem Ersten Weltkrieg heimgekommen war. Der war Pazifist geworden, religiöser Sozialist. Zwölf Jahre von den Nazis schikaniert, immer wieder von der Gestapo verhört, als Pädagogik-Professor bereits 1932 entlassen. Bergrun war Liebling des Vaters gewesen. Jemand hatte ihr mal gesagt, sie habe ein jüngeres Abbild ihres Vaters geheiratet. Mir hatte der Vergleich anfangs nicht behagt, weil ich mir den Schwiegervater nach dem Krieg kämpferischer gewünscht hätte. Der hatte resigniert, als er um sich herum die rasche erfolgreiche Anpassung vieler ihm bekannter Nazis sah. Zudem hatten ihn paranoide Ideen befallen. Auf der Straße oder in der S-Bahn machte er plötzlich kehrt oder stieg auf der nächsten Station aus, weil er sich wieder von Gestapo-Leuten beobachtet und verfolgt glaubte.

* * *

Der Soldat Ryan hatte sich geweigert, als man ihn nach dem Kriegstod seiner drei Brüder nach Hause schicken wollte. Es ging ihm darum, seinen Kameraden gegen die anrückenden Deutschen beizustehen. Auch ich hätte mich, wenn ich es gewollt hätte, vielleicht noch weigern können, als mich der Truppenarzt beim Vorrücken auf Stalingrad eines Tages unerwartet ins Lazarett schicken wollte. Ich hatte mich gar nicht besonders krank gefühlt. Nur hatte ich bemerkt, dass ich nicht mehr klar sehen konnte. Und beim Trinken war mir das Wasser oder der Tee wieder aus der Nase herausgelaufen. Und die Stimme war mir weggeblieben, so dass ich nur noch zu flüstern vermochte. Ob ich vor kurzem eine Halsentzündung gehabt hätte, hatte mich der Arzt gefragt. Das hatte ich bestätigt. »Dann war das eine Diphtherie. Jetzt haben Sie Lähmungen einiger Hirnnerven, und bald wird das auch in die Arme und Beine gehen. Sie müssen zurück ins Lazarett.« So viel hatte ich mir schon von Medizin angelesen, dass ich die abgelaufene Infektion, bei der mir der Hals zugeschwollen war, als Diphtherie erkannt zu haben glaubte. Ich hatte einem kleinen russischen Jungen auf Wunsch der Eltern in den Hals geguckt, da war mir der für Diphtherie beschriebene süßliche Geruch aufgefallen. Von den neurologischen Komplikationen der Diphtherie, die der Arzt nun offenbar bei mir diagnostizierte, wusste ich nichts. Aber ich vertraute ihm. Mein Hauptmann protestierte, aber der Arzt blieb fest. So wurde ich ahnungslos vor der Katastrophe bewahrt, die meinen Kameraden bevorstand, die direkt in den Todeskessel von Stalingrad hineinmarschierten. Mein Retter war der kleine russische Junge gewesen. Ob er überlebt hat?

* * *

Wochen später verfolgte ich die Stalingrad-Tragödie am Radio und in der Zeitung, während ich mit den vorausgesagten Lähmungen an den Beinen in einem deutschen Reservelazarett lag. Nie habe ich einen Kameraden aus meiner Feldtruppe wieder gesehen. In diesen Wochen der Kesselschlacht von Stalingrad begriff ich erstmalig das ganze Ausmaß der Verantwortungslosigkeit Hitlers, der seinem Größenwahn ein paar Hunderttausend Menschen opferte, die sich durch einen rechtzeitigen Rückzug hätten retten können. Umso mehr empfand ich die eigene Rettung als Gnade. Dennoch fühlte ich mich irgendwie beklommen, als hätte ich mich unberechtigt aus einem Schicksal davongestohlen, das ich mit den anderen hätte teilen müssen. Warum sollte ich etwas Besseres verdient haben? Die allermeisten, die ich an der Front näher kennen gelernt hatte, waren genauso wenig gesinnungstreue Hitlersoldaten wie ich. Sie waren illusionslose, herumgestoßene Teile einer bis ins Letzte durchprogrammierten Maschinerie. Der an uns allen verübte riesige Betrug war mir ja selbst auch erst hier in meinem inselartigen Lazarett-Dasein aufgegangen.

Warum noch einmal erinnern?

Warum bin ich eigentlich so sehr darauf versessen, noch einmal diese alten Erinnerungen zu überprüfen? Der Spielberg-Film war der Auslöser. Aber es kommt anderes hinzu. Zum Beispiel ein Vortrag, den ich gerade zur Einführung in die Ausstellung über die Wehrmachtsverbrechen, die in Bonn Station macht, entwerfe. Dazu haben mich Freunde aus der ärztlichen Friedensorganisation IPPNW eingeladen. Und noch ein weiterer Grund: Ich bin gerade von einer Erkrankung genesen, die mich mehr erschreckt hat als manche gesundheitlichen Indispositionen der letzten Jahre. Nach einer Zahnoperation war ich von einer absoluten Herzarrhythmie befallen worden, die zunächst allen medikamentösen Korrekturversuchen getrotzt hatte. Dass ich ausgerechnet diesem Organ, das mir noch vor ein paar Monaten einen völlig komplikationslosen Ski-Marathon im Engadin gestattet hatte, nicht mehr trauen konnte, hatte mich erheblich geängstigt. Nun hat man die Funktion durch eine elektrische »Kardioversion« und ein Medikament wieder in Ordnung gebracht. Aber immer noch horche ich mit einiger Unsicherheit in mich hinein, ob der Takt stimmt. Jetzt überlege ich, ob ich nicht einiges noch genauer regeln sollte, um der Familie klare Verhältnisse zu hinterlassen. Und da geht es eben nicht nur um äußere Sachen. Zwar habe ich vor fünfzehn Jahren schon einmal viel Autobiografisches notiert. Aber das war längst nicht alles. Gerade in letzter Zeit ist noch vieles in mir hochgekommen, was ich noch nicht gesagt habe und was zumindest meine sechs Enkel noch erfahren sollten.

Irgendwo habe ich gelesen, dass die Flakhelfer-Generation nichts mehr zum aktuellen Diskurs im Lande beizutragen habe. Auch das hat mich gereizt, mich noch einmal zu Wort zu melden, obwohl ich sogar den Flakhelfern noch um einige Jahre voraus bin. Und diese vier, fünf Jahre habe ich schon immer als eine gewaltige Entfernung empfunden. Denn die Flakhelfer hatten es nach meinem Eindruck leichter, über ihre kurzen Erfahrungen an der Flak oder in irgendwelchen letzten Widerstandsnestern zu erzählen, während die nicht sehr vielen Überlebenden meiner eigenen Altersgruppe, die einen größeren Teil der zwölf Jahre des Nazi-Ungeistes und in voller Wachheit aktiv den Krieg mitgemacht hatten, meist verstummt waren.

Oft habe ich mich gefragt, ob und wie die deutsche Nachkriegsgeschichte vielleicht anders verlaufen wäre, hätten die Hunderttausende aus meiner Altersklasse, die im Kriege geblieben sind, noch mitreden können. Manches Mal habe ich mich nach dem Kriege wie ein heimlich Beauftragter meiner getöteten Freunde gefühlt, die keine Lehre mehr weder aus dem mit ihnen getriebenen Missbrauch noch aus der eigenen blamablen Verblendung ziehen konnten.

Im Notieren meiner Geschichte will ich aber vor allem auch für mich selbst noch einmal bessere Klarheit schaffen. Im Erinnern lernen, wie viel von bewusster oder unmerklicher Auseinandersetzung mit der Vergangenheit in dem steckt, wie ich geworden bin und was ich inzwischen gemacht habe. Natürlich bleibt dabei immer offen, inwieweit mir der unbewusste Wunsch, es möge so gewesen sein, wie ich es heute haben möchte, einen Streich spielt.

* * *

Es kommt mir gelegen, dass ich dieser Tage den Vortrag in Bonn aus Anlass der dortigen Ausstellung über Verbrechen in der deutschen Wehrmacht zu halten habe. Zwar bin ich gesundheitlich noch nicht wieder voll bei Kräften, aber ich hatte den einladenden Freunden eine Absage nicht zumuten wollen. Obwohl ich im wesentlichen frei sprechen werde, habe ich mir zur Sicherheit einen kurzen Text bereitgelegt:

Die Ausstellung über Verbrechen der deutschen Wehrmacht, die jetzt auch nach Bonn kommt, hat bereits in einer Reihe deutscher

Städte viel bewegt: Entsetzen, Schaudern, aber auch stürmische Proteste. Sie dokumentiert einen Ausschnitt aus einer bestimmten Periode des Russlandkrieges. Sie demonstriert speziell die Massaker, die von Truppenteilen an der jüdischen Bevölkerung in eroberten Gebieten verübt worden sind. Sie widerlegt die verbreitete Vorstellung, derartige Verbrechen hätte sich nur die SS geleistet. Sicherlich war der zahlenmäßige Anteil der Wehrmachtsoldaten, die zu diesen Massakern befohlen wurden, eher gering. Aber wie hätten sich denn die anderen verhalten, wäre an sie der Befehl ergangen? Aus dem Dokumentationsmaterial ist ersichtlich, dass es offenbar einen weit verbreiteten automatischen Gehorsam gab, der diese organisierten Mordaktionen möglich machte. Diese widerstandslose Hörigkeit der ausführenden Täter ist fast noch schrecklicher und unheimlicher, als es die Taten selbst waren. Man fragt sich, wie es den Angehörigen eines anscheinend hochzivilisierten Volkes möglich war, auf bloßes Kommando hin wehrlose Bürger, darunter Frauen und Kinder, scharenweise niederzumetzeln. Oft kommt die verlegene Antwort: Es sei unfassbar, unerklärlich. Die Vorstellung, dass vielleicht die eigenen Väter oder Großväter beteiligt gewesen sein könnten, wird von vornherein als absurd verworfen. Vielleicht waren die ja auch nicht dabei – oder doch?

Die große Zahl der Gehilfen bei diesen Terroraktionen beweist untrüglich, dass nicht etwa nur ausgesuchte Killer, sondern dass reguläre Einheiten am Werke waren, was heißt, dass normalsinnige, normal erzogene Männer aus allen sozialen Schichten fähig waren, gegen ihr natürliches moralisches Empfinden die scheußlichsten Untaten zu begehen. Wer da sagt, das sei schlechthin unfassbar, der drückt damit nur aus, dass er selbst himmelweit von solcher Anfälligkeit entfernt zu sein glaubt. Aber das ist eben eine Illusion. Die Bereitschaft, sich moralisch total korrumpieren zu lassen, ist offenbar viel weiter verbreitet, als man sich das eingestehen will. Das Milgram-Experiment, das viele von Ihnen wahrscheinlich kennen, beweist, dass man sonst völlig unauffällige Menschen *zu einem hohen Anteil unter gewissen Umständen dazu bringen kann, ihr Mitgefühl auszuschalten und andere in lebensbedrohlicher Weise zu quälen. Voraussetzung ist, dass sie sich einer scheinbar Achtung gebietenden Autorität bereitwillig unterworfen haben. Ist dieses Abhängigkeitsverhältnis erst einmal etabliert, sind die Betreffenden bereit, ihr Gewissen so massiv zu unterdrücken, dass man sie zu den schlimmsten Grausamkeiten anstiften kann. Am Ende bereitet es ihnen sogar größere Skrupel, sich der befehlenden Instanz zu widersetzen, als auf deren Geheiß kriminell zu handeln.*

Nun könnte man sagen, die Vollstrecker der Mordbefehle, die man in der Ausstellung besichtigen kann, seien eben nur praktisch entmündigte Werkzeuge ihrer verbrecherischen Führung gewesen. Richtig daran ist, dass wahrscheinlich viele sich zu den angeordneten Grausamkeiten gegen Menschen zwingen mussten, gegen die sie persönlich keinerlei Hass empfanden. Aber die vollständige Abtretung der Eigenverantwortung war nichts anderes als eine schuldhafte Selbstentmündigung. Viele, die sich widersetzt haben, sind heil davongekommen. Wenn ich hier über diese Dinge rede, so nicht von einer Warte der Selbstgerechtigkeit aus. Ich habe selber 1942 in der 6. Armee gekämpft, in der Verbrechen verübt worden sind. Weder bin ich persönlich in meiner Widerstandsfähigkeit durch einen unmenschlichen Befehl getestet worden, noch habe ich von entsprechenden Gräueln auch nur gehört. Dennoch fühle ich mich als Angehöriger der Truppe, in der solche Exzesse stattgefunden haben, mitbelastet. Im übrigen konnte ich für mich persönlich ohnehin keinen klaren Trennungsstrich ziehen zwischen verbrecherischem und üblichem kriegerischen Töten. Beim Vorrücken unserer Truppe habe ich viele zivile Tote in den Dörfern gesehen, die wir beschossen hatten. Ich wusste, dass wir ein ahnungsloses Volk überfielen. Wir dienten, wie uns die Propaganda lehrte, einem fanatischen rassistischen Vernichtungswillen Hitlers, der in den Massakern, von denen die Ausstellung einige sichtbar macht, nur seinen barbarischsten Ausdruck fand.

Die an den Vortrag anschließende Diskussion verläuft erfreulich angenehm, wozu ein pensionierter höherer Bundeswehroffizier beiträgt, der die Ausstellung bejaht und sie vor allem auch als wichtiges Lehrstück für die jungen Bundeswehrsoldaten lobt. Allerdings hat die Veranstaltung mit dem Namen des Referenten nur ein spezielles, kritisches, auf die Ausstellung neugieriges Publikum angelockt. Im Bonner Generalanzeiger wird der Vortragsabend mit keinem Wort erwähnt werden.

* * *

Nachtrag nach 12 Monaten:
   Zwei Historiker, der Pole Bogdan Musial und der Ungar Kristián Ungváry, haben inzwischen nachgewiesen, dass manche Fotos der Ausstellung mit Sicherheit oder mit hoher Wahrscheinlichkeit gar keine deutschen Wehrmachtsverbrechen belegen. Abgebildet sind u. a. exhumierte Opfer des russischen NKWD, die von deutschen Soldaten betrachtet werden, ferner Hinrichtungen von Deserteuren und Erschießungen durch SS, SD oder Polizei. Unter dem Druck der aufgekommenen Kritik zieht Jan Philipp Reemtsma, Leiter des verantwortlichen Hamburger Instituts für Sozialforschung, die Ausstellung vorläufig zurück. Panne? Oder war es nicht vielmehr der anklägerische Antrieb, dem die historische Sorgfalt zum Opfer fiel? Reemtsma hatte sich bereits durch die häufiger verwendete Formel angreifbar gemacht, *nicht alle* Wehrmachtsoldaten hätten sich an Verbrechen beteiligt, aber – so klang es, wohl die *meisten*? Das wäre gewiss eine haltlose Verkehrung der Proportionen.
   Indem die Verantwortlichen mit ihren nunmehr nachgewiesenen Flüchtigkeiten den Anschein erwecken, dass ihr Bezichtigungseifer mit der aufklärerischen Absicht konkurriert hat, erschweren sie den lange versäumten offenen Dialog zwischen den Generationen, der so nötig ist. Zahlreiche Überlebende der Wehrmachtsgeneration könnten und sollten noch zum Reden ermutigt werden. Aber davon kann sie der Eindruck abhalten, sie sollten nicht erzählen,

sondern nur gestehen. Die Jüngeren wollten lediglich entlarven und verurteilen und nicht auch begreifen und mittragen. Eben diese Bereitschaft ist indessen bei den Enkeln durchaus vielfach vorhanden, wie mühsam es für diese auch ist, sich das damalige Leben in der totalitär organisierten Inhumanität vorzustellen. Wüsste ich nicht von den eigenen Enkeln, wie wichtig es ihnen ist, die Vergangenheit besser zu verstehen, deren Spuren bis in ihre Gegenwart hineinreichen, hätte mein Antrieb vielleicht nicht ausgereicht, mit dem Schreiben dieses Buches zu beginnen.

Die Enkel müssen besichtigen, wie viel an Menschlichkeit jenes Regime des mörderischen Ungeists zerstört hat. Aber sie müssen auch erfahren, dass und wo und von wem unverantwortliche Befehle missachtet wurden, wo persönliches Verantwortungsbewusstsein und Mitgefühl über Gehorsamsautomatismus und Verrohung gesiegt haben. Solche Zeugnisse sollten auch gezeigt werden, wo das Bild *der* Wehrmacht vermittelt werden soll – nicht um diese Beispiele gegen die verübten Ungeheuerlichkeiten aufzurechnen, aber um es den Enkeln zu erleichtern, mit einem geistigen Erbe ohne innere Abspaltung zu leben. Da waren zum Beispiel die jüdischen Schöpfer des Holocaust-Museums in Washington weiser als die Hamburger Ausstellungsmacher. Jene haben am Rande der großen Dokumentation des schaurigsten Völkermordes den Lebensweg und die Rettungstaten des Deutschen Oskar Schindler auf einer großen Ausstellungswand ausführlich nachgezeichnet, offenbar ohne zu befürchten, den Eindruck der furchtbaren Verbrechen abzuschwächen oder zu einer Überschätzung des Ausnahmebeispiels zu verleiten. Mit dem *einen* Gerechten auf der anderen Seite erinnern sie daran, dass mitfühlende Menschlichkeit über alle Grenzen hinweg Brücken schlagen und sich grundsätzlich auch unter massivstem Terror behaupten kann.

Entsprechend hätten die Hamburger Verantwortlichen gut daran getan, ebenfalls eine Verbindung zu der anderen Seite sichtbar zu machen, also zum Beispiel Verweigerer oder Verhinderer von Untaten entsprechend zu würdigen. Das wäre eben sowenig ein

Abstrich an der Schaurigkeit der unleugbar geschehenen organisierten Verbrechen wie die Herausstellung Schindlers im Falle des Holocaust. Den Besuchern würde die Chance geboten, sich auf der Gegenseite des niederdrückend Negativen mit ermutigenden Beispielen von Widerstandsfähigkeit zu identifizieren. Vielleicht kommen die Ausstellungsmacher ja bei der anstehenden Überarbeitung selbst darauf, ihr Konzept unter diesem Aspekt noch einmal zu überprüfen und es nicht beim Austausch strittiger durch unstrittige Verbrechenszeugnisse bewenden zu lassen.

Maschinengewehre hinter der Front

Zurück zum Jahr 1943. Nach schleppend verlaufender Genesung im Lazarett war ich vorerst frontdienstuntauglich. So konnte ich mich von der leichten Artillerie zu einer Sanitätskompanie versetzen lassen, die in der Berliner Charité kaserniert war. Von dort konnte ich befristet mein Medizin- und – unerlaubt – auch mein Philosophie-Studium aufnehmen. Dass die Leichen, die wir in der Anatomie präparierten, aus der Hinrichtungsstätte Plötzensee stammen sollten, war ein Gerücht, dem niemand auf den Grund zu gehen wagte. Vom Büffeln der tausend Daten der vorklinischen Naturwissenschaft erholte ich mich in den philosophischen Seminaren und Vorlesungen von Nicolai Hartmann und Eduard Spranger. Es war Sprangers Spezialität, aus der Philosophie, der Literatur, der Theologie und der Kunst den gemeinsamen Geist einer Epoche zu erfassen, was er geisteswissenschaftliche Psychologie nannte, eine Methode, von der ich mich u. a. für mein späteres Werk »Der Gotteskomplex« inspirieren lassen würde. Noch heute sehe ich gelegentlich den bedächtigen, grüblerischen Hartmann und den mit heller Stimme dozierenden Spranger vor mir und erinnere mich präzise an manche ihrer Formulierungen.

Irgendwann kam mir der Gedanke, meine Medizinerkollegen aus der Studentenkompanie müssten wenigstens auch einmal etwas anderes über den Menschen hören als immer nur von der Anatomie und der Chemie der Maschine Organismus. So schlug ich dem die Kompanie befehligenden Stabsarzt vor, Eduard Spranger zu einem Vortrag einzuladen. Es klappte. Spranger sagte zu. Und so hörten 150 akademische Sanitätssoldaten vor ihrer erneuten Abkommandierung zur Front einen großartigen Vortrag Sprangers über ärztliche, aber auch allgemeine ethische Probleme. Es war eine Sternstunde, allerdings auch verwirrend, inmitten der Destruktivität der Kämpfe an vielen Fronten und der Städtebombardierungen an eine Ethik gemahnt zu werden, die weit über die humanitären

Pflichten der ärztlichen Berufsgruppe hinaus die Grundlage für den kulturellen Menschheitsfortschritt überhaupt bilden sollte. Denn mit Bedacht benutzte Spranger die Gelegenheit, die Prinzipien des hippokratischen Eides mit einer allgemeinen Pflicht zum Helfen und zum Schutz des Lebens zu verbinden. Im Grunde war es ein nur mäßig verhüllter Antikriegsvortrag. Er hinterließ einige Unruhe. Ob der Stabsarzt, der nur bewundernde Worte fand, die Brisanz der Rede nicht durchschaut hatte oder nur so tat, war nicht sicher auszumachen. Ich war jedenfalls hochzufrieden über die gelungene Initiative. Obendrein machte mir der Stabsarzt das unverhoffte Angebot, noch ein eigenes Referat aus der Philosophiegeschichte vor der Kompanie zu halten. Mit Feuereifer stürzte ich mich auf die Vorbereitung. Heraus kam ein in Teilen fast auswendig vorgetragener Vortrag darüber, was mich an der Philosophie der Romantik faszinierte. Auch ich dachte daran, damit etwas von einer humanistischen Gegenwelt gegen den herrschenden Kriegsgeist zu vermitteln. Unter den wohlwollenden Reaktionen freute mich besonders diejenige meines Freundes Dieter, den ich bereits im Lazarett kennen gelernt hatte und mit dem ich noch lange Jahre über den Krieg hinaus verbunden bleiben würde. Dieter hatte eine jüdische Mutter, war mit Glück in der Wehrmacht untergetaucht, beschäftigte sich wie ich mit Philosophie, darüber hinaus mit Anthroposophie und fernöstlichen Religionen. Als Sohn eines ehemaligen deutschen Botschafters war er schon weit in der Welt herumgekommen und verfügte über eine überragende Bildung.

Bald wurde ich indessen von Dieter getrennt und zusammen mit drei anderen zu einem Ortslazarett an der Italienfront in Marsch gesetzt. Wir fuhren auf der Via Emilia im Konvoi hinter einem Lkw her, auf dessen Ladefläche acht Soldaten untergebracht waren. Fast lautlos schossen aus einer Wolke zwei amerikanische Jäger heraus – ein kurzes Knattern, dann blieb der Lkw vor uns stehen. Alle acht auf der Ladefläche waren tot – einige kniend, andere liegend auf den Boden gepresst, einer schon im Abspringen begriffen.

Das Ortslazarett lag am südlichen Rande des Apennin, nahe Bologna, in einem kleinen Straßendorf. Das Lazarettgebäude war für angreifende Kampfflugzeuge mit einem großen roten Kreuz auf dem Dach kenntlich gemacht worden. Obwohl ich noch keine einzige klinische Vorlesung gehört hatte, hatte man mich bereits in die Uniform eines Feldunterarztes gesteckt. Mir wurde die Leitung des Labors übertragen. Sehr schnell fand ich mich in meine neue Aufgabe hinein: Malaria, Gelbsucht, Tuberkulose und Tripper waren die Hauptkrankheiten, zu deren Diagnostik ich behilflich zu sein hatte. Die periodisch auftretenden Malaria-Erreger waren leicht mit dem Mikroskop in den roten Blutkörperchen zu erkennen, Tuberkelbazillen mussten bei offener TB in Speichel durch Anfärben sichtbar gemacht werden. Für Leberentzündungen, die man damals noch nicht nach Typen differenzieren konnte, gab es einfache Bestimmungen in Urin und Blut. Brennen beim Wasserlassen, das hieß in jeden Fall Verdacht auf Tripper, also Abstrich mit einer Platinöse aus der Harnröhre und mikroskopische Suche nach den paarweise beieinander liegenden semmelförmigen Erregern, den Gonokokken.

Positiver Tripperbefund – damit fielen die Ärmsten jener Kriegsmedizin in die Hände, die Sigmund Freud einmal mit seiner Formel von den »Ärzten als Maschinengewehre hinter der Front« benannt hatte. Tripper, meist durch Kontakt mit italienischen Prostituierten – das hieß drei Tage verschärften Arrest, zuvor aber Auslieferung an den chirurgischen Stabsarzt Paul, der den Infizierten eigenhändig strafweise 10 Kubikzentimeter Äther in den Gesäßmuskel spritzte. »Gonoprostatin« nannte er das vermeintliche Medikament, das in Wahrheit zu nichts anderem als zur Erzeugung bestialischer Schmerzen bestimmt war. Heulend und winselnd krochen die Opfer auf allen vieren durch die Flure, bis die höllischen Schmerzen, durch die Reizwirkung des Äthers, nach 24 Stunden allmählich schwächer wurden. Dr. Paul redete von Abschreckungsstrafe. Aber dieser rationale Zweck spielte für ihn wohl eine geringere Rolle als sein ungehemmtes Vergnügen an dem ekelhaften

Schauspiel. Es ging das Gerücht um, dass es mit seiner eigenen Sexualität haperte. Nicht einmal der Kompaniechef wagte, ihn in die Schranken zu weisen. Ich hatte nur Spott geerntet, als ich mich mit Bedenken vorgewagt hatte. Sonst war dieser Chirurg ein aufopferungsvoller Arzt. Stauten sich größere Zahlen von Verwundeten, operierte er bis zum Umfallen, einmal zwei Tage und zwei Nächte, fast ohne Schlaf. Phasenweise war er ordinär, distanzlos, betrank sich ohne Hemmung. Dann wieder war er gutmütig und einfühlsam. Herrschten Not und Chaos ringsum, stöhnten die anderen und machten serienweise schlapp, riss er alle mit und leistete Unglaubliches bei den schwierigsten Operationen. Vier Jahre Krieg als Frontarzt hatten ihn kaputtgemacht. Aber weil man wusste, dass er an den Tagen mit Höchstbelastung der verlässlichste und kompetenteste Mann war, sah man ihm seine Schwächen, seine Saufereien und sadistischen Anfälle nach. Übrigens versäumte er es nicht, die Tripperkranken nebenher mit einer korrekten Chemotherapie zu versorgen.

Einmal wurde ein 17-jähriger Bauernjunge aus einer Gebirgsjäger-Einheit in bejammernswertem Zustand eingeliefert. Ein Arm war ihm – wie sich herausstellte – durch eine eigene Handgranate abgerissen, die er nicht fortgeworfen hatte. Er war gerade erst an die Front geschickt worden und kauerte in den letzten Wochen allein in seinem Schützenloch, 50 Meter vom nächsten entfernt, dem Dauerbeschuss durch die Amerikaner ausgesetzt, nachts bei permanenter Scheinwerferbeleuchtung der Front. Das hatte er nicht mehr ausgehalten. Verzweifelt hatte er der Mutter geschrieben, er werde bald wieder bei ihr sein. Weil man ihm nicht mehr traute, hatte man den Brief abgefangen und vermochte ihn nunmehr auf der Stelle zu einem Geständnis zu nötigen. Selbstverstümmelung hieß Todesstrafe. Aber eine sich human gebende Vorschrift untersagte deren Vollstreckung, solange der Schuldige noch mit einer offenen Wunde behaftet war. Also musste der von schrecklichen Schmerzen gepeinigte Junge erst noch ordentlich behandelt und gepflegt werden. Diesen Prozess zu beschleunigen, schien eine Hauptsorge des

Kompaniechefs zu sein, eines schneidigen Internisten, der sich täglich aus eigenem Augenschein vergewisserte, ob man den Jungen nicht bald zur Exekution ausliefern könne. Es kam mal ein knappes Wort des Bedauerns, aber nicht der mindeste Zweifel an der Notwendigkeit der Todesstrafe. »Zuerst sind wir Soldaten und für die Moral der Truppe mitverantwortlich«, also genau die Identifizierung mit der Funktion »Maschinengewehr hinter der Front«. Manche meinten, dass der Chef immer noch nach einem höheren Orden gierte. Als verklemmter zwanghafter Militarist war er der genaue Gegentyp zu jenem Chirurgen. Aber was zog ihn täglich zu dem schwer verletzten Jungen? Es schien da doch eine geheime innere Verbindung zu geben. Heute vermute ich, dass das Opfer des Jungen für den Chef eine Art innerer Reinigung bedeutete, dass er also in der Projektion einen verdeckten Selbsthass ausagierte. Alle ringsum waren angesichts des unmittelbar bevorstehenden Zusammenbruchs der Front fassungslos über die Erbarmungslosigkeit des Stabsarztes. Aber der Junge hatte Glück. Die Amerikaner kamen schneller, als sein Armstumpf heilte.

Gerade diese beiden Beispiele sind mir als Belege dafür in Erinnerung geblieben, was vielen so schwer begreifbar zu machen ist: nämlich wie destruktiv längere unmittelbare Kriegserfahrung in die Psyche eingreift und wie verletzlich die dünne Schicht der inneren Kontrollmechanismen ist, die unser zivilisiertes Zusammenleben aufrechterhalten.

Desertion und Flucht

Fast jeder Tag in diesem Herbst 1998 verschafft mir Eindrücke, die mich darin bestärken, an meinen Erinnerungen weiterzuarbeiten. Ein Journalist vom Bayrischen Fernsehen, Bernd Dost, hat mich gerade über eine Stunde vor der Kamera darüber reden lassen, wie ich dazu gekommen sei, mich bis in mein vorgerücktes Alter hinein als Arzt gesellschaftlich und politisch zu engagieren. Wie immer bei dieser mir häufiger gestellten Frage habe ich es schwer, eine Begründung anzugeben, noch dazu in der Knappheit, wie sie das Fernsehen wünscht. Es wird mehr ein Gestammel davon, dass wohl alles mit dem Versuch zusammenhänge, jene Erinnerungen zu verarbeiten, die zu notieren und kritisch zu reflektieren ich gerade im Begriff sei. Ich spreche von der persönlichen Erfahrung der Bestialisierung im Krieg, von der erst allmählich durchschauten Nazilogik der Ausrottung »unwerten« bzw. der Unterdrückung »minderwertigen« Lebens im Rahmen einer größenwahnsinnigen Machtpolitik, schließlich von meiner Überzeugung, dass in der ungebrochenen Atomrüstung eine neue anonyme Megalomanie stecke, deren Gefahr nur durch praktisches Engagement genügend sichtbar gemacht werden könne.

Noch während die Fernsehleute mit dem Einpacken ihrer Geräte beschäftigt sind, fragt mich telefonisch ein Herr vom ZDF, ob ich bereit wäre, in einer Nachtsendung zum Thema Krieg und Frieden mitzuwirken. Für mich sei vorgesehen, dass ich in insgesamt drei Minuten drei Statements zur Erläuterung meiner pazifistischen Position abgebe, was dann in eine zweistündige Gesprächsrunde eingespielt werden würde. Der Fernsehmann nennt ein paar Namen, darunter Cora Stephan. Natürlich denke ich keinen Augenblick daran, mich dieser Inszenierung auszusetzen, erstens wegen der drei Minuten, die nur ein paar oberflächliche Kurzformeln zulassen würden, und zweitens, weil ich mich in das anschließende Rundgespräch nicht mehr einmischen könnte, um meine Position zu verteidigen. Es bedarf, so scheint es mir, keines besonderen Argwohns, schon aus der Inszenierung des ZDF-Mannes herauszulesen, dass er mich – im Gegensatz zu dem Gestalter der Sendung des Bayrischen Fernsehens – allein durch die Redebeschränkung auf drei einminütige Thesen innerhalb einer zweistündigen Diskussionssendung eher als Reizfigur denn als ebenbürtigen Partner einzusetzen gedenkt. Allerdings verwundert mich solches Ansinnen nicht besonders. Schließlich weiß ich, dass mein eigener Pazifismus für manche suspekt geworden ist, zumal für die Schar der 68er-Renegaten, die mit dem »Kursbuch«-Heft »Verräter« von 1994 eine neue Political Correctness verkündet und die Abkehr von ihren alten friedenspolitischen Visionen als Befreiung verkündet haben. Zu jenem Kreis gehört die eben genannte Cora Stephan, die sich in ihrem neuen Buch »Das Handwerk des Krieges« auf die bekannten gewaltträchtigen Initiationsriten beruft, mit denen die Jungen in den Männerbund aufgenommen würden. Dies beweise, »dass erst durch den Krieg der Mann zum Mann wird – und die Frau zur Frau«. Schon die Schimpansenmännchen böten mit ihrer Aggressivität die Gewähr dafür, dass Weibchen und Kinder vor Räubern oder anderen aggressiven Männchen verschont blieben. Ach hätte sie doch nur, denke ich bei mir, Erich Fromms großartige »Anatomie der menschlichen Destruktivität« gelesen, um aus dessen gründlich erhobenen Befunden zu erkennen, wie unsinnig ihre instinkttheoretische Erklärung des Krieges ist. Denn die Zahl und Intensität der Kriege ist mit der Entwicklung der technischen Zivilisation nicht kleiner, sondern größer geworden. Am niedrigsten ist sie bei primitiven Stämmen ohne einen ständigen Häuptling. Fromm hätte ihr zu der Erkenntnis verhelfen können, dass »die größeren Kriege unserer Zeit genau wie die meisten Kriege zwischen den Staaten des Altertums nicht durch aufgestaute Aggressionen verursacht wurden, sondern durch die instrumentale Aggression der militärischen und politischen Eliten«. Dementsprechend sehe ich es nicht als Zufall an, dass sie im Literaturverzeichnis ihres Buches unter nicht weniger als 270 Titeln Fromms Untersuchung über die Destruktivität ebensowenig aufführt wie Sigmund Freuds Schrift »Warum Krieg?«

* * *

Ein Fallschirmjäger-Regiment fiel auf dem Rückzug in unseren Lazarettort ein. Weil die Soldaten froren, jagten sie die Italiener aus manchen Häusern, sprengten diese in die Luft, nur um Brennholz zu gewinnen. Sie hausten wie entfesselter Mob. In der Endphase des Kampfes schwanden alle Hemmungen. Die amerikanischen Tiefflieger schossen rücksichtslos auf alles, was sich bewegte, auch auf die Rotkreuz-Fahrzeuge unserer Sanitätskompanie, als diese eiligst nach Norden abrückte. Meinen tüchtigen Stellvertreter im Labor zerfetzte eine Bordkanone. Ich war im Moment des Aufbruchs Gelbsucht-Patient und hielt mich mit trockenen Keksen und Tee aufrecht. Aber mir wuchsen neue Kräfte, als ich mich mit meinen Freunden Ulrich und Benno zu desertieren entschloss. In spätestens zwei Tagen würden wir in einem amerikanischen Gefangenenlager schmoren, wenn wir uns jetzt nicht entschlossen davonmachten. Die anderen beiden versorgten sich umgehend aus verlassenen Häusern mit Fahrrädern und brachten mir eines mit. Zwischen den einzelnen Tiefflieger-Attacken bahnten wir uns unseren Weg durch die gestauten Fahrzeugkolonnen, in einem übermütigen Freiheitsgefühl, das uns alle Angst vor den Gefahren unseres Unternehmens vergessen ließ. Bald gab uns die Dämmerung Schutz. Wir kamen flott voran. In mattem Mondlicht schmuggelten wir uns auf eine Fähre, die uns über den Po setzte. Anderentags schnappte man uns bei der Einfahrt in Verona. Auf einem Sammelplatz wurden Kampfgruppen zusammengestellt. Wir sollten mit Karabiner und 20 Schuss Munition die 20 Kilometer entfernt anrückenden Ami-Panzer aufhalten. Aber mit der nachdrücklich vorgebrachten Lüge, ich sei beauftragt, zusammen mit den Kameraden einen Hauptverbandsplatz-Standort in Brescia einzurichten, kamen wir nach eini-

gem Hin und Her wieder frei. Weiter ging es bis zur zweiten Auf-
fangstelle in der Nähe des Gardasees. Nach einigen Stunden Rast
sollten wir uns frühmorgens beim Standortkommandanten zum
Einsatz melden. Aber schon lange zuvor waren wir wieder auf der
Flucht nach Norden. Je näher wir den Bergen kamen, umso mehr
wuchs in mir die Sicherheit, dass wir heil davonkommen würden.
In der folgenden Nacht goss es in Strömen. Ein Landser, der mit seinem LKW auf dem Weg nach Meran war, erbarmte sich unser. Unter
der Plane der Ladefläche kauerten wir uns dicht hinter dem Führer-
haus zusammen und tuckerten so einigermaßen regengeschützt
durch die Dolomiten – bis zu einer SS-Kontrolle. Immer noch Strip-
penregen. Ein SS-Mann kontrollierte den Fahrer. Dann die Frage:
»Hast du hinten Landser drauf?«»Nein.« Der SS-Mann kletterte an
der Rückwand hoch. Beim Lüften der Plane übergoss er sich mit
einem Schwall Regenwasser. Fluchend, ohne uns entdeckt zu
haben, sprang er wieder ab. »Das war knapp!« meinte Ulrich. In der
Tat, es wäre wohl das Ende – nicht nur unserer Flucht – gewesen.

Am nächsten Vormittag radelten wir unbehelligt durch die offene
Lazarettstadt Meran. Nachmittags erreichten wir Naturns am Ein-
gang des Schnalstals und ließen dort unsere Räder bei einer erstaun-
ten Bäuerin zurück. Nur noch einmal wurde es heikel, als wir beim
Aufstieg ins Schnalstal ein Quartier der Waffen-SS passieren mussten. Aber keiner hielt uns auf. Der Rest war nicht mehr Flucht, sondern nur noch Strapaze. Noch vor der Morgendämmerung erreichten wir den hoch gelegenen Gasthof Kurzras, stärkten uns dort
noch einmal, ich mit einer Portion Trockenkeks – das einzige, was
mein Magen vertrug. Dann wateten wir in dichtem Schneetreiben
los, immer tiefer einsinkend, weil es oben schon lange geschneit
hatte. Von einem Weg gab es keine Spur mehr. Mit dem Kompass in
der Hand quälten wir uns mühsam bergan, ich als der Bergerfah-
rene immer voraus, bei 10 Meter Sichtweite im Nebel, im Zickzack
zwischen den flankierenden Bergwänden, bei jedem Schritt bis zu
den Knien einsackend. Dass wir nach Stunden auf dem verglet-
scherten Hochjoch (2900 Meter) ankamen, merkten wir nur daran,

dass es plötzlich abwärts ging. Schließlich riss der Nebel auf. Der sanft abfallende Hochjochgletscher breitete sich vor uns als ein menschenleeres glänzendes Tuch aus. Aber die Anstrengung, bei jedem Schritt das jeweils versackte Bein wieder aus einem tiefen Loch herauszuziehen, wurde nicht geringer. Endlich, nach 16 Stunden, klopften wir nachts an die Tür des letzten Hauses im Nordtiroler Rofental. Noch heute höre ich den Bauern zweifeln: »Das glaub ich euch nicht, dass ihr bei den Verhältnissen über das Joch gekommen seid.« Am Ende musste er es glauben.

Zwei Tage später stapften Ulrich und ich – Benno scheute die Mühe – noch einmal im Tiefschnee von Gries im Sulztal hoch zum Winnebachjoch. Unter uns krachte ein Lawinenhang, aber brach nicht ab. Als sich die Lawine gleich danach löste, waren wir schon in Sicherheit. Aber noch über Wochen würde sich das Gerücht halten, wir seien unter der Lawine umgekommen. Schließlich überquerten wir das Joch und erreichten wieder erst in der Nacht unser Ziel, das Gasthaus Lüsens im Sellraintal. Danach mehrere Tage schneeblind mit eiternden, höllisch brennenden Augen im abgedunkelten Zimmer. Das war unser Kriegsende.

Tage später lauschten wir im Radio den bewegenden Worten Winston Churchills, dass Großbritannien seine Bündnispflicht gegenüber den überfallenen Polen erfüllt habe. Es ging uns nahe, weil wir, die Geschlagenen, uns in diesem Moment auf der Seite der Befreiten fühlten. Auf Englisch wurde uns gesagt, dass wir jetzt wieder unser eigenes Leben führen durften.

Kurze Freiheit in den Bergen

Das einsame Gasthaus, malerisch am Talende unter der Felspyramide des Fernerkogels und dem damals noch tief herabhängenden Lisenser Gletscher gelegen, früher Erholungsheim für die Mönche des Klosters St. Wilten, erschien mir wie eine kleine Arche Noah – Zuflucht für ein buntes Völkchen von Flüchtlingen, Ausgebombten und ein paar Dauergästen. Gemeinsam zehrten wir von dem üppigen Proviant, den ein etwas undurchsichtiger Wehrmachts-Zahlmeister hierher in Sicherheit gebracht hatte. Alle waren voll von dramatischen Geschichten, die schlimmste war die einer Soldatenwitwe, die sich mit ihrem Sohn gerade noch aus der mörderischen Bombennacht in Dresden hatte retten können.

Ebenso wenig wie Ulrich dachte ich daran, mich im Tal den Amerikanern zu ergeben, nachdem wir uns mit so viel Mühe unsere Freiheit erobert hatten. Die wollten wir erst einmal gründlich auskosten. Vielleicht hier oben eine Weile wie Robinson leben, bis sich unten die Verhältnisse einigermaßen beruhigt und geordnet hätten. Wie gerufen kam uns deshalb das Angebot des gütigen alten Bergführers Alois Schöpf, mir bereits von einem früheren Urlaub her bekannt: Ob wir nicht das leer stehende Westfalenhaus beziehen wollten, eine 700 m höher gelegene Alpenvereinshütte, in der wir noch Dörrfleisch, Dörrgemüse und für eine Weile Brennholz vorfinden würden? Wir könnten die Hütte vor Heimsuchung durch allerlei herumstreunendes Gelichter schützen.

So fanden wir also unser Robinson-Paradies in einer menschenleeren hochalpinen Welt, umgeben nur von Murmeltieren und einigen Füchsen – und ab Mitte Mai von einem Dutzend Kühen auf einer Alm einige hundert Meter unterhalb, von wo wir uns mit Milch, Topfen und Graukäse versorgen konnten. Eine unwirkliche Idylle. Außer dem einen oder anderen versprengten deutschen Soldaten verirrte sich niemand in unsere Nähe. Eine Ruhe wie vor der Ära der touristischen Erschließung der Berge im 19. Jahrhundert.

Vor den Amerikanern waren wir ohnehin sicher, weil diese entweder zu ängstlich oder zu bequem waren, sich außerhalb der für ihre Jeeps befahrbaren Wege in den Bergen zu bewegen. So konnten wir gefahrlos noch in unseren alten Uniformen in den Bergen herumklettern, so viel wir wollten. Der alte Schöpf, der früher den Physiker Max Planck auf die Sellrainer und die Ötztaler Gipfel geführt hatte, erklärte uns viele schöne Kletterrouten. Fünfmal erstiegen wir zusammen den Fernerkogel-Nordgrat, einmal die Hohe Villerspitze, die Wilde Leck über den Ostgrat, den Strahlkogel, mehrmals die Grubenwände direkt hinter der Hütte. Ulrich ließ sich von meiner fast lebenslangen Bergbegeisterung anstecken. Ich hatte schon als Siebenjähriger meine erste kleine begeisterte Geschichte über die Berge geschrieben und als 17-Jähriger meinen Abituraufsatz über die Menschen und die Landschaft des benachbarten Ötztals.

Einmal kam, von Bergführer Schöpf geschickt, ein Innsbrucker Schlosser zu Besuch, der nach Begleitung für eine einwöchige Reihe von Besteigungen im Stubai Ausschau hielt. Wir kamen einander schnell näher, als der Schlosser sich als kommunistischer Widerstandskämpfer entpuppte, der noch kurz vor Kriegsende einen amerikanischen Spion, der mit Fallschirm auf dem nahe gelegenen Sulztaler Gletscher gelandet war, nach Innsbruck geschleust hatte. Da Ulrich die Anstrengungen der Tour scheute, bot ich mich als Begleiter an. Bei wunderbarem Wetter erkletterten wir mehrere stattliche Gipfel, darunter den Pflerscher Tribulaun. Unterwegs bargen wir auch noch den Fallschirm des besagten Spions. Mein Begleiter erwies sich als ein ebenso zuverlässiger wie erzählfreudiger Partner, von dem ich manches über riskante Aufträge erfuhr, die jener für seine kommunistische Widerstandsgruppe erledigt hatte. Dass ich selbst bald die politische Unterstützung meines neuen Freundes nötig haben würde, konnte ich noch nicht ahnen.

Um sicherzugehen, dass Ulrich und ich unbehelligt das heimatliche Berlin erreichen könnten, vertagten wir den Termin unserer Rückkehr das eine um das andere Mal. So genossen wir ausgiebig

unsere Regeneration in der Stille. An den langen Abenden am Herd-
feuer erlebten wir immer wieder nach, was an Irrsinn und Barbarei
hinter uns lag. Gerade bedachten wir, wie wir demnächst unsere
Heimkehr am gescheitesten organisieren könnten, als uns die Franzosen, die inzwischen die Amerikaner in der Besatzerrolle abgelöst
hatten, abrupt von dieser Sorge befreiten. Aufgrund einer Denun-
ziation wurden wir einzeln verhaftet. Ulrich zog das erträglichere
Los und kam mit kurzfristiger Unterbringung in einem Kriegsge-
fangenenlager davon. Meine eigene Gefangennahme – bei Rückkehr von einer Bergtour – zelebrierten die Franzosen wie einen
heroischen militärischen Handstreich. Ich sollte mich als Nazi-Wer-
wolf bekennen. Als ich darüber in Lachen ausbrach, schlug mir der
vernehmende Leutnant ins Gesicht. Zwei bewachende Soldaten
stürzten sich auf mich, als müssten sie mich an einer Revanche hindern. Zwei Pistolen hätte man auf der Berghütte unter Matratzen
gefunden. Achselzucken. Der Leutnant kochte, weil sein Opfer die
Posse nicht mit gebührender Demut mitspielte. Es war zu albern.
Der befragte Regimentskommandeur schien ratlos. Längeres Palaver. Dann hieß es: ab ins Landesgerichtsgefängnis Innsbruck. Dort
landete ich erst in einer Sammelzelle, dann – für vier Monate – in der
bereits mit drei Insassen überbelegten Zwei-Mann-Zelle Nr. 44.

Hinter Gittern

Hier drängten wir uns nachts auf drei eng zusammengequetschten Strohsäcken. Wenn einer tagsüber ein paar Schritte in der Zelle hin- und herlaufen wollte, mussten sich die anderen drei in die Ecken kauern. Morgens um sieben und nachmittags um fünf je eine Scheibe trockenes Brot, dazwischen mittags ein Schöpfer wässrige Suppe.

Meine Zellengenossen waren ein Schmuggler, der jugendliche Chef einer Autoräuberbande und ein Dieb. Keine Zeitung, kein Radio – eine vollständigere Isolation als für manche später gefangene Terroristen. Natürlich auch keine Post. Vier Monate ohne Verbindung zu irgendjemand draußen – und in absoluter Ungewissheit über die Dauer der Tortur. Einmal drängte ich, dem Gefängnisleiter vorgeführt zu werden.» Gleich kriegst a Watsch'n!« herrschte mich der Wärter an, als ich nicht Ruhe geben wollte.

Ein großer Irrtum, der sich rasch aufklären würde – das war meine erste Reaktion, also das Verleugnen der Realität. Rasende Wut war die zweite, gefolgt von einer kurzen Phase stiller Verzweiflung. Ich war in diesen ersten Wochen froh, dass die anderen mich kaum ansprachen, dafür mit dem Austausch von allerlei Geschichten ein wenig ablenkten. Dabei ging es oft darum, einander zu imponieren oder sich vor sich selbst zu bestätigen – offenbar um die schwer ramponierte Selbstachtung leidlich zu stabilisieren. Lieblingsthemen waren sonst Sex und Esserei. Einer war gelernter Konditor. Seine Rezepte, von denen man nicht genug hören konnte, lieferten eine momentane halluzinatorische Ersatzbefriedigung. Für eine wenig ersprießliche Unterhaltung sorgten sonst Scharen von Flöhen und Kopfläusen, die sich schließlich dezimieren, aber nicht austilgen ließen. Morgens eine halbe Stunde» Spaziergang«.» Kappen auf, Abstände halten, flottes Tempo« befahl ein Emaille-Schild. Vier Wärter mit Karabinern passten in den Ecken des Hof-Gevierts auf.

Vielleicht klingt es sonderbar, wenn ich diese schlimme Zeit im Nachhinein als eine der prägendsten meines Lebens betrachte, die ich keineswegs missen möchte. Es kam mir sogar so vor, als hätte ich das Gefängnis in irgendeinem Winkel meines Unbewussten herbeigewünscht. Als hätte ich mich schon darauf vorbereitet, als ich während meiner Gelbsucht in Italien fasziniert Dostojewskis »Aufzeichnungen aus einem Totenhause« gelesen hatte, die Verbannungsgeschichte des Dichters. Die Situation war nur auszuhalten, wenn ich sie annahm und mich nicht länger in innerem Kampf gegen sie aufrieb. Ich musste mir mein Schicksal persönlich aneignen, als eine notwendige Prüfung begreifen, die ich bestehen wollte. Diese Besinnung kam aber erst nach der erwähnten Eingangsphase von innerer Auflehnung, gefolgt von tiefer Niedergeschlagenheit. Dann erst trat ein Zustand ein, der ähnlich in manchen Psychoanalysen, allerdings kaum in vergleichbarer Dichte erreicht wird. Die innere Bühne belebte sich mit vielen scheinbar längst untergegangenen Szenen. Aber nicht als bloße Wiederaufführung alter Filme. Sondern wie mit der Aufforderung, neu Stellung zu beziehen, Unterlassenes nachzuholen, Unrecht wieder gutzumachen. In der jetzigen Isolation erst wurde mir bewusst, wie leichtfertig und undankbar ich mit manchen Menschen umgegangen war, deren Vertrauen und Liebe mich gestützt hatten. Jetzt erst spürte ich in mir in vollem Maße die eigene Liebe, die ich ihnen zeigen wollte, wenn ich wieder freikäme. Etwa zum verschlossenen Vater, gegen dessen Wunsch ich zur Welt gekommen war, der mich später aber bei aller Ambivalenz mit Geduld und großer Zuverlässigkeit gefördert hatte, wo immer er konnte. Erst recht der Mutter gegenüber, deren intensive Gefühle mich von früh an genährt hatten, die ich dann aber oft zurückgestoßen hatte, als ich sie zu besitzergreifend erlebte. In meiner Phantasie arbeitete ich an zahlreichen missglückten Szenen, schrieb in Gedanken viel mehr Briefe, als ich den Wärtern in die Hand gab. Auch das Grauen der Russlandkämpfe kam wieder in mir hoch – die Gesichter der Angst, des Entsetzens. Und immer wieder auch die jungen russischen Eltern in ihrer Sorge um ihr schwer krankes Kind. Sehnlichst wünschte ich diesem kleinen Jungen, der mein Leben ahnungslos gerettet hatte, dass er heil davongekommen sein möge.

Heute staune ich, dass diese vier Gefängnismonate, in denen mein äußeres Leben stillstand, in mir bei weitem lebendiger erhalten sind als viele Perioden, die prall mit Unternehmungen, neuen Begegnungen und »Events« gefüllt waren. Wie unwichtig waren die Anlässe vieler meiner Ängste gewesen, wie lächerlich manche Blamagen, wie überflüssig die Verheimlichung mancher meiner Schwächen. Es gab so wenige wichtige Dinge, für die man sich ganz einsetzen müsste. Ich würde in Zukunft meine Freiheit in einer neuen Gesellschaft ganz anders für wesentliche Ziele nutzen, als ich es ohne die Erkenntnisse gekonnt hätte, die mir in der momentanen extremen Unfreiheit zuteil geworden waren. Ein Buch wie »Flüchten oder Standhalten« hätte ich später ohne diese vorbereitenden Gefängniserfahrungen nicht schreiben können. Wenn ich mir in künftigen Jahren zutraute, während der drei Monate akademischer Sommerferien in strenger Klausur ein Buch zu schreiben, was mir mehrmals gelingen sollte, so stützte ich mich auf die Erinnerung daran, wie viel produktive Selbstbesinnung zu Stande kommen kann, wenn man sich aller zerstreuenden Abreaktionen enthält.

※ ※ ※

Es waren nicht nur bedrückende und mahnende, auch viele wärmende Bilder, mit denen ich in der Zelle lebte. Haarklein erzählte ich mir immer wieder Szenen aus einer kurzen Liebesgeschichte während meines Italien-Einsatzes nach. Als Nachfolger eines unmittelbar zuvor von Bomben erschlagenen Offiziers war ich kurze Zeit bei einer Arztfrau mit zwei Töchtern einquartiert gewesen. Auf Luisa, die jüngere der beiden, war ich spontan geflogen. Sie war 17, scheu mädchenhaft, aber voll von brennenden Gefühlen, die sie mir bald ungeschützt schenkte, soweit es die immer wachsam besorgte Mutter zuließ. Aber bald schmolz deren Misstrauen, und sie gönnte den Verliebten die wenigen Gelegenheiten, ihr Glück zu genießen – ungeachtet der winterlichen Eiseskälte in der unbeheizbaren Wohnung. Halb englisch, halb italienisch fanden wir genügend Worte, um einander unsere Gefühle und Träume zu erzählen. Luisa verlor alle Scheu, und für mich waren die Momente, die mir neben meiner Arbeit im Lazarett-Labor für Luisa blieben, ein Wunder von Glück. Mit den Partisanen war bereits auf Betreiben der Mutter eine Vereinbarung getroffen, dass diese mich, wäre ich beim Rückzug der Deutschen im Hause versteckt worden, ungeschoren lassen würden. Aber ich wollte, wie ich Luisa erklärte, doch erst mal nach Hause durchzukommen versuchen. Danach würde ich mich gleich wieder melden. Damals glaubten wir beide fest daran, dass wir wieder zusammenfinden würden. Jetzt hatte ich in meiner Zelle 44 reichlich Zeit, die Geschichte weiterzuträumen und auf Toilettenpapier niederzuschreiben. Sie blieb ein Fragment, auch in der Realität. In den Briefen, die wir später austauschten, mussten wir einsehen, dass wir inzwischen nicht mehr die zueinander passenden Fragen finden konnten.

* * *

Wenn es mir auch an Gelegenheit fehlte, es praktisch zu erproben, so spürte ich, dass die Gefängnisepisode mich innerlich einen sehr wichtigen Schritt weiterbrachte. Ich würde künftig weniger anfällig für Einschüchterungen sein. Dann war es mir wichtig, das Eingesperrtsein auszuhalten, ohne zusammenzubrechen oder mich – wie ich es bei Mithäftlingen beobachtete – in Hass- und Rachephantasien zu flüchten. Irgendetwas in mir sagte mir, dass ich mich nicht kleinkriegen lassen würde. Dass der entwürdigende Zustand nicht meine Selbstachtung zerstören könnte, so absurd ich es auch fand, dass man mich statt zu Kriegsgefangenen zu Kriminellen gesperrt hatte. Meinen Zellengenossen fiel es übrigens schwer, mir meine Geschichte zu glauben. Sie vermuteten, dass ich ihnen aus taktischen Gründen eine kriminelle Karriere verheimlichte.

Einiges konnte ich allerdings von diesen Profis lernen. Zum Beispiel, wie sich mit einer Zahnbürste, einem Porzellanknopf, einem Zwirnsfaden und einer Rasierklinge Feuer machen ließ. Man schabte vom Zahnbürstenstiel Späne ab, ließ den Knopf am gespannten Faden sehr schnell rotieren, bis die Späne irgendwann Feuer fingen. Dieses nahm man mit Papier und einem Wollfaden auf, der dann als Zunder diente. Tabak, Zigarettenpapier oder andere kleine Kostbarkeiten wurden von Zelle zu Zelle »umgeseilt«. Die notwendigen Informationen liefen über Klopfzeichen. Der Empfänger steckte einen Besenstiel durch das Gitterfenster, an dem sich das Päckchen verfing, das mit einer an einem Finger befestigten Schnur hinübergeworfen wurde. Es machte den erfahrenen Zellengenossen Spaß, mich in solche und manche andere nützliche Tricks einzuweihen, die ein bisschen Unterhaltung verschafften. Allerdings vermisste ich sehr die Möglichkeit, mich über Probleme jenseits der Alltagspraxis, jenseits von Essen, Sex, Beschwerden und Racheplänen auszutauschen. Vielleicht könnte das einer der Gründe dafür sein, dass ich bis heute immer wieder die Gelegenheit suche, mich um den einen oder anderen Eingesperrten zu kümmern. Vielleicht will ich damit etwas kompensieren, was mir selber gefehlt hat. Aber gewiss will ich damit auch einen Anteil von mir selbst lebendig halten, ohne den ich mich nicht mehr vollständig fühlen würde. Das ist wohl schwer zu vermitteln. Wenn man einmal ganz unten ist, ausgegrenzt, elend und wie am Ende, dann kann man später noch so erfolgreich sein, man wird immer wissen, wie verletzlich man ist, wie angewiesen auf die anderen, aber auch umgekehrt, wie verantwortlich für die Schwächeren, die da sind, wo man selbst einmal war. Mir wurde später das Glück oder die Gnade zuteil, vieles Gewünschte zu erreichen. Aber ich weiß, dass zu mir auch immer noch jener andere gehört, der ganz Schwache, Elende, Gedemütigte, der froh war, wenn er bei der Brotausgabe morgens oder abends mal statt einer dünnen Scheibe ein fester gebackenes Kantenstück erlangen konnte.

* * *

Oktober 1998. Morgen werde ich wieder, wie alle zwei Wochen, eine junge Frau in ihrem Gefängnis besuchen. Sie gehörte der RAF an, war eine der Erbitterten, die sich in die Idee verrannt hatten, die Gesellschaft mit mörderischer Gewalt von Unterdrückung zu befreien. Jetzt ist sie eine »Lebenslängliche«, hat gründlich umgedacht, steht inzwischen voll zu ihrer Mitverantwortung. Ich habe etwas Gemeinsames in unserer beider Geschichte gefunden, das weit in die Vergangenheit zurückreicht, aber das werde ich später erläutern.

Walser – Bubis

In den letzten Wochen habe ich Martin Walsers Erinnerungsroman »Ein springender Brunnen« gelesen. Darin habe ich nicht nur Walsers überaus plastische, differenzierte Sprache bewundert, zu der ich auch dann nicht befähigt wäre, hätte ich mir nicht mühsam die arme technische Sprache der scientific community aneignen müssen. Auch die Feinheit und Genauigkeit der Beobachtungen hat mich an dem Roman fasziniert. Aber eigentlich wollte ich wissen, ob Walser sich auf ähnliche Weise erinnert, wie ich es jetzt tue, und ob in jenem verwandte Gefühle hochkommen. Da finde ich einen wesentlichen Unterschied. Der beruht vielleicht zum Teil darauf, dass Walser als der Johann im »Springenden Brunnen« vier Jahre jünger ist. Das mag als Winzigkeit in den Augen der nachfolgenden Generationen erscheinen. Aber es sind vier Jahre weniger im wachen Erleben des Nazi-Krieges gegen »unwertes Leben« und gegen die halbe Welt. Jener Johann, in einem frommen katholischen Haus aufgewachsen, war kaum noch persönlich in Nazi-Unrecht verwickelt, hat zwar noch Karabiner und Stahlhelm empfangen, musste aber davon keinen Gebrauch mehr machen.

Aber nun hat Walser den Friedenspreis des Deutschen Buchhandels empfangen und dazu eine Dankesrede gehalten, die wie eine Bombe eingeschlagen ist. Denn es war keine milde Rede, sondern eine, die der versöhnliche deutsche Jude Ignatz Bubis eine »geistige Brandstiftung« genannt hat. Und dieser Bubis ist kein leicht entflammbarer Eiferer. Walser hat dann gesagt, er habe diese Reaktion von Bubis nicht verstanden. Ich weiß als Psychoanalytiker: Wenn man nicht versteht, warum man bei einem besonnenen Menschen Entrüstung weckt, dann sollte man bei sich nach einem verborgenen Motiv forschen, das unwillentlich durchschlägt und zu einem Missverstehen führt, für das man aber selbst immer mitverantwortlich zu sein pflegt.

An einer Stelle seines Romans philosophiert Walser über Vergangenheit: »In Wirklichkeit wird der Umgang mit der Vergangenheit von Jahrzehnt zu Jahrzehnt strenger normiert.« Was kommt heraus? »Eine komplett erschlossene, durchleuchtete, gereinigte, genehmigte, total gegenwartsgeeignete Vergangenheit. Ethisch, politisch durchkorrigiert, vorexerziert von unseren Gescheitesten, Einwandfreien, den Besten.« Man spürt förmlich den Widerwillen, sich einer angeblich von den Gescheitesten und Besten vorgeschriebenen und zugerichteten Erinnerung unterwerfen zu sollen. »Mit mir nicht!« klingt unüberhörbar durch. Und nun hat er in seiner Friedenspreis-Rede seinen gesammelten Unwillen über Intellektuelle, Medien und »jemand« ausgeschüttet, die immerfort die schändliche deutsche Vergangenheit vorführen und vorhalten, viermal Schande in einer halben Redeminute. Die wollen – sagt Walser – damit einschüchtern, bedrohen, zum guten Teil sogar Schuldgefühle für ganz andere Zwecke ausbeuten. Deshalb wehre sich etwas in ihm gegen diese Leute. Er fange an wegzusehen. Walser beruft sich auf die Privatheit seines Gewissens, mit dem jeder allein sei. Er brauche die Schändlichkeit von Auschwitz und der anderen Naziverbrechen nicht mehr präsentiert zu bekommen, um sich seiner selbst moralisch zu vergewissern.

Natürlich, denke ich, hat Walser Recht mit dem persönlichen Gewissen und auch damit, dass es eine entleerte Ritualisierung und gelegentlich eine taktische Instrumentalisierung der Nazischuld gibt. Aber wenn der feierliche Redner sich durchweg von solchen fragwürdigen Tendenzen verfolgt sieht, verzeichnet er die Realität, und wenn er sich persönlich zum Wegsehen entscheidet, so müsste er, wenn er das in einer Friedenspreisrede sagt, doch wissen, dass er als eine wegweisende moralische Autorität verstanden wird.

Also warum, so frage ich mich, konstruiert Walser unnötigerweise ein paranoides Szenario: hier einschüchternde, bedrohende, instrumentalisierende Verfolger, dort er als der immerfort zu Schandebekenntnissen erpresste Verfolgte? Als Psychoanalytiker fällt mir einiges aus dem »Springenden Brunnen« dazu ein, warum Walser sich als provozierender Widerspruchsgeist aufbaut: Ist es nicht genau der schon zitierte Widerwille »gegen jene Einwandfreiesten und Besten«, die angeblich eine total ethisch durchkorrigierte Vergangenheit vorexerzieren? Im Roman habe ich eine Stelle gefunden, wo Johann (für Walser) seinem militärischen Ausbilder beharrlich verweigert hat, einen bestimmten Schnee schwarz zu nennen – obwohl er diesen an jenem Föntag im Nachhinein ebenso schwarz wie weiß gefunden hatte. Damit hatte er sich – wenn es nicht nur im Roman wahr ist – die angestrebte Ausbildung zum Reserveoffizier erspart. War es in jener Lage tatsächlich eine echte schikanöse Verfolgungssituation, so ist diesmal die unterstellte äußere Verfolgung doch wohl in Wahrheit eine innere. Was angeblich *andere* mit ihm machen, das kommt *aus ihm selbst*. Aber seine Selbstgerechtigkeit zwingt ihn, sich als Opfer fragwürdiger Ankläger zu gebärden.

Schon bei einem früheren persönlichen Zusammentreffen hatte ich festgestellt, dass Walser auf seine Autonomie so stark bedacht war, dass er nichts mehr fürchtete, als zu einer Zustimmung überredet zu werden, die er als Unterwerfung interpretierte. Ich hatte Walser 1980 dafür werben wollen, sich einer Initiative gegen die Installierung von Atomraketen in der Bundesrepublik anzuschließen. Ich hatte ihn zu diesem Zweck am Bodensee besucht. Wir trafen uns beide darin, die Situation als bedrohlich einzuschätzen. Aber Walser reagierte, als ginge es darum, seine Eigenständigkeit behaupten zu müssen, als fordere es seine Unabhängigkeit, gerade nicht mitzumachen, was in der Folge Böll, Grass, Drewitz, Jens, Albertz, Härtling und viele andere zusammenführte. Dieses »Nun gerade nicht!« erkenne ich jetzt bei Walser wieder.

Natürlich muss ich mich fragen, ob mein Unbehagen über Walsers Rede nicht auch mit eigener Voreingenommenheit zu tun hat. Wenn ich selbst nicht anders kann, als mich mit dem, was ich heute bin und denke, immer noch aus der Erinnerung heraus zu verstehen, so könnte das ja von meiner professionellen Gewohnheit als Psychoanalytiker herrühren oder in meiner speziellen Biografie begründet sein. Aber warum sind vor knapp zwei Jahren fast 2000 junge Ärzte, Schwestern, Sozialarbeiter und Studenten zu dem Nürnberger Kongress »Medizin und Gewissen« gekommen, der fünfzig Jahre nach den Nürnberger Ärzteprozessen vornehmlich die Verbrechen der Nazi-Ärzte behandelte? 300 hatten wir höchstens erwartet. Denn wer geht schon zu einem Mediziner-Kongress, wo er sich nicht in neuer Diagnostik oder chemischen und technischen Methoden fortbilden kann? Wer will zwei Tage mitanhören, welche tödlichen Experimente mit KZ-Häftlingen angestellt wurden und wie die industrielle Massentötung psychisch Kranker funktionierte? Am Ende mussten wir sogar Interessenten absagen, weil die angemieteten Tagungsräume nicht ausreichten. Von denen aber, die da waren – besonders viele ganz junge Leute –, war immer wieder zu hören, dass dieser Kongress ihnen mehr gegeben habe als viele andere. Alte jüdische Zeitzeugen, aus Amerika und Israel angereist, waren umlagert wie Stars. Am Ende verabschiedeten die Teilnehmer eine ethische Verpflichtungserklärung, die Ellis Huber, Stephan Kolb und ich mitverfasst hatten. Erinnern zum Vorbeugen, das war der von allen begriffene Sinn der Tagung, die eine kleine Gruppe von Nürnberger Friedensärzten erdacht und mit viel Arbeit organisiert hatte.[1] Es war ein Test, der über das bezweifelte Interesse an der jüngsten Geschichte mehr aussagte als manche demoskopischen Befragungen.

Kenne ich aus meiner Erfahrung in allen möglichen Gruppen und in Therapien nicht viele, die ebenfalls noch mehr über lange Verschwiegenes erfahren und die vor allem überlebenden Zeitzeugen zuhören wollen? Die wissen wollen, aus welcher Geschichte sie selbst herkommen? Erst kürzlich habe ich mir zusammen mit Bergrun eine ganze Reihe von einschlägigen TV-Beiträgen angesehen: »Die Synagoge, die nicht brannte« (WDR), »Fragt uns, wir sind die Letzten! Das Vermächtnis der Holocaust-Überlebenden, Spielbergs Shoah Foundation« (ARD), »Eichmann und das Dritte Reich«

---

1 Dank an Stephan Kolb, Horst Seithe, Hanni und Helmut Sörgel und die übrige Vorbereitungsgruppe.

(3sat), »Der Judenmord, Deutsche und Österreicher berichten« (WDR), »Hitlers Krieger« (ZDF), »Die Waffen-SS« (ARD). Was wir da sehen und hören, müssen wir nachträglich besprechen, weil es uns immer noch nahe ist. Noch immer? Oder nehmen wir nicht in Wahrheit an einem *neuen* Erinnerungsprozess teil, der auch ringsum andere Völker erfasst, die bisher von der eigenen Verstrickung nichts wissen wollten? Wie auf geheime Vereinbarung redet man neuerdings in Frankreich, Holland, Schweiz, Italien, Schweden, England und speziell auch in den USA mehr als zuvor über eigene Mitschuld. Das entlastet nicht die Deutschen. Aber es bestätigt sich nicht nur die reichliche auswärtige Mithilfe für Hitler, sondern doch auch die immer wieder verleugnete gewaltige Infektiosität seiner Ideen, was meine eigene These stützt, dass die Disposition für gewaltträchtige Allmachtsideen unterschätzt wird, wenn man sie mit der Niederwerfung ihres furchtbaren deutschen Repräsentanten ausgetilgt zu haben glaubt.

Patient unter prominenten Simulanten

Ob die Briefe, die ich aus dem Gefängnis schrieb, überhaupt abgesandt wurden, begann ich zu bezweifeln. Jedenfalls blieb ich ohne jede Antwort. Nach zwei Monaten führte mich ein französischer Militärpolizist an Handschellen durch die Stadt zur Vernehmung. Uns folgte eine Schar schaulustiger Kinder. Natürlich konnte ich dem etwas unwilligen Vernehmungsoffizier mit keinen erhellenden Auskünften dienen. Wenigstens erfuhr ich, dass demnächst ein Militärgericht über mein Schicksal befinden solle. Wann? Achselzucken.

Mit der Tagesration von zwei Scheiben Trockenbrot und einer Kelle wässriger Suppe war meine Abmagerung und Schwächung binnen vier Monaten so weit fortgeschritten, dass ich mich zu einer Notaktion entschloss. In dem kleinen Zellenspiegel stellte ich fest, dass meine Augenbindehäute immer noch gelblich verfärbt waren, wohl von der Hepatitis im Frühjahr her. Das war eine Chance. Ich klagte dem Gefängnisarzt, dass ich nach wie vor in der Lebergegend Schmerzen verspüre. Der untersuchte mich, machte ein ernstes Gesicht und ordnete eine klinische Kontrolle an. Im Universitätskrankenhaus wollte man mich gleich auf der Häftlingsstation behalten. Aber da ich für den Fall einer in Aussicht genommenen Flucht Ausweis und Geld brauchte, eilte ich dem schon abgerückten Wärter hinterher, um die Sachen aus der Haftanstalt abzuholen. Der legte mir wortlos erneut die Handschellen an und lieferte mich wieder in Zelle 44 ab. Nichts rührte sich in den nächsten vierzehn Tagen. Erst ein Beschwerdebrief auf Klopapier an die französische Gefängnisaufsicht half.

Unter Flüchen der Wärter wühlte ich im Gepäckarchiv in meinem Rucksack, bis ich Geld und Ausweis unter etwas Wäsche und Rasierzeug versteckt hatte. Wieder angeketteter Fußmarsch in die Universitätsklinik. Mit der Diagnose »chronische Hepatitis« landete ich im großen Männersaal der Häftlingsstation. In einem

Nebenzimmer, ebenfalls bewacht, erkannte ich Leni Riefenstahl. Verwundert entdeckte ich, dass ich mich offenbar in einem Kreis erlesener Herrschaften befand, die auf mich eher wie Sanatoriumsgäste auf Erholungskur wirkten. Es dauerte einige Tage, bis mir klar wurde, mit wem ich es zu tun hatte. Es waren die Crème der Tiroler Nazi-Elite und ein Teil der Polit-Prominenz südosteuropäischer Kollaborationsregimes. Mein Nachbar zur Rechten war der geflüchtete bulgarische Außenminister, schräg gegenüber lag Professor Tuka, vor kurzem noch Staatspräsident der Slowakei. Auch Griechenland war mit einem Minister vertreten. Ein höherer SS-Führer und ein mit der Partei eng verbundener Tiroler Industrieller sind mir besonders in Erinnerung geblieben. Alle hatten sich erst einmal hierher in vorläufige Sicherheit gebracht und beriefen sich auf irgendwelche kaum erkennbaren Gebrechen. Ich kam mir noch als der Kränkste im Raum vor. Jedenfalls stellte mich Prof. Hittmayer, Chef der Klinik, den Studenten als bedauernswerten Fall einer chronifizierten Hepatitis vor, deren allmählicher Übergang in eine Leberzirrhose leider zu befürchten sei. Tatsächlich schienen die erhobenen Blut- und Urinbefunde diese Diagnose zu stützen.

Abgesehen von einem wachhabenden Polizisten draußen vor der Tür konnten sich die erlauchten Mitpatienten unbehelligt ihres Sanatoriumsfriedens erfreuen. Eine Ausnahme bildete Prof. Tuka, der von fiebriger Unruhe erfüllt war. Noch heute habe ich die grellen Angstschreie im Ohr, die jener in nächtlichen Alpträumen ausstieß. Tatsächlich wurde der alte Mann eines Tages von tschechischen Offizieren abgeführt. Später wurde seine Hinrichtung bekannt. Alle anderen Zimmergenossen blieben während der zwei Monate, die ich mit ihnen zusammen verbrachte, von äußeren Belästigungen fast gänzlich verschont. Offensichtlich funktionierte ein heimliches Agreement zwischen Politik, Justiz und Medizin, das den entmachteten Prominenten die Freiheitsbeschränkung so erträglich wie möglich machen sollte. Mir kam die herausragende Nachbarschaft insoweit zugute, als die wachhabenden Polizisten meiner Wenigkeit kaum Aufmerksamkeit widmen zu müssen glaubten. So konnte ich immer wieder entweichen. Zusammen mit einem ähnlich entkräfteten Soldaten streifte ich an einigen Abenden durch Bäckereien und Milchläden und erbettelte hier und da ein bisschen altes Brot und ein paar Käseecken.

Diese Streifzüge, mancherlei Gespräche und die neue Zeitungslektüre machten mir klar, dass sich die Welt ringsum während der Monate meiner Klausur völlig verändert hatte. Verblüfft registrierte ich ein neuartiges österreichisches Nationalgefühl. Plötzlich zählte ich zur Kategorie der reichsdeutschen Fremdlinge, Piefkes genannt, die in dem zuvor angeblich besetzten und gewaltsam eingedeutschten Österreich nichts mehr zu suchen hätten. Die offiziellen Stellen entwarfen ein phantastisch verlogenes nationales Selbstbild, als hätte nur eine kleine Minderheit von Verrätern Hitler zugearbeitet, die Masse der Bevölkerung sich aber schon seit 1938 nach der Befreiung durch die Siegermächte gesehnt. Zur Zeit lief gerade eine große Reinigungskampagne mit dem Ziel, Tausende von inzwischen in Österreich angesiedelten Deutschen aus dem Land zu jagen, darunter vielfach Ehefrauen von gefangenen oder gefallenen deutschen Soldaten mit ihren Kindern. Die wurden in Güterzüge mit einer streng begrenzten Menge von Gepäck nach Deutschland geschafft – ohne Rücksicht darauf, ob sie dort irgendwo unterkommen konnten. Es war zum Heulen, gleichzeitig aber auch komisch, als könnte diese rüde Vertreibungsaktion die überwältigende Mehrheit vergessen machen, die 1938 den österreichischen Anschluss an das Hitlerreich ekstatisch bejubelt hatte. Ich fühlte mich an die lächerliche Strategie eines beliebigen Täters erinnert, der, obwohl längst seiner Delikte überführt, sich als bejammerungswürdiges Opfer fremder Machenschaften erklärt. Zu dieser Zeit wusste ich noch nicht, dass ich wenige Monate später in Westdeutschland und Westberlin eine ähnliche Reaktion antreffen würde.

Festredner in Österreichs »Führerstadt«

53 Jahre später wieder in Österreich, in einem anderen Österreich. Diesmal als Redner auf den internationalen Bruckner-Festspielen 1998 in der ehemaligen offiziellen »Führerstadt« Linz an der Donau, die sich auch einst »Patenstadt des Führers« hatte nennen dürfen. Ich freue mich, dass ich nach mehreren gescheiterten Verabredungen endlich den couragierten Bürgermeister Franz Dobusch kennen lernen kann, der in seiner Stadt, gestützt auf viele Mithelfer aus Wissenschaft, Kunst und Politik, genau das systematisch betreibt, was Martin Walser als lästige »Vergangenheitspräsentation« beendet zu sehen wünscht.

1996 war schon eine sehr selbstkritische Dokumentation der »Entnazifizierung« in Linz erschienen, als Auftakt zu einem großen Forschungsprojekt, das der Gemeinderat zur genaueren Erkundung und Publikation der tiefen Verwicklung von Linz in die Nazi-Herrschaft mit ihren Verbrechen beschlossen hat. Erste Frucht dieses Projektes ist nun ein großer offizieller Bild- und Textband, der schonungslos enthüllt, was in und um Linz für Hitler geleistet wurde: 99,92 Prozent Zustimmung zum Anschluss an das Deutsche Reich; Errichtung des KZ Mauthausen mit über 40 Außenlagern, in denen von 190.000 Eingewiesenen etwa 100.000 durch gezielte Tötungsaktionen, an Entkräftung, durch Verhungern oder infolge fehlender medizinischer Versorgung starben; systematische Ermordung psychisch Kranker in den Anstalten Hartheim und Niedernhart, wohin auch Kranke aus entlegenen Teilen Deutschlands – aus Tarnungsgründen – zur Tötung eingewiesen worden waren; Vertreibung und Vernichtung der Juden, bis sich Hitler 1939 über seine praktisch »judenfrei« gemachte »Führerstadt« freuen konnte. Nur einen jüdischen Fabrikanten und Kunstmäzen, der für Schulen kostenlos Grundstücke zur Verfügung gestellt hatte, ließ man noch bis 1942 leben, ehe man ihn, genau 100-jährig, nach Theresienstadt in den Tod schickte.

Ein Bürgermeister, der sich in seiner festlichen Begrüßungsrede vor internationalem Publikum darum sorgt, noch Erben jüdischer Besitzer von Kunstwerken ausfindig machen zu können, die bislang die besonderen Attraktionen der eigenen Stadt bilden – wer macht so etwas sonst? Besuch bei diesem Bürgermeister, einem eher heiteren, Zuversichtlichkeit ausstrahlenden Mann, dem man anmerkt, dass ihm sein Zurückblicken aus eigenem Antrieb und nicht etwa als Pflichtübung wichtig ist. Von diesem Mann volle Zustimmung zu den eigenen Gedanken zu hören, die ich in meiner Festrede über »Lernziel Solidarität zur Jahrtausendwende« vortrage, tut mir gut.

Zusammenbruch

15. Januar 1946. Tribunal Gouvernement Militaire in der Innsbrucker Maria-Theresien-Straße. Ein prächtiger, mit einer großen Trikolore geschmückter Saal. Ich war vollkommen gelassen, denn für den unwahrscheinlichen Fall einer Verurteilung hatte ich mit dem verbündeten Stationsarzt einen sorgfältigen Plan zur Flucht über die Berge vorbereitet. Es begann ein lächerliches, aber würdevoll inszeniertes Schauspiel. Hereingeführt wurde der nahezu erblindete Alois Schöpf, der nachdrücklich bezeugte, weder bei mir noch bei meinem abwesenden Freund je eine Pistole wahrgenommen zu haben. Der kommunistische Schlosser beglaubigte als ausgewiesener Widerstandskämpfer die untadelige politische Gesinnung des Angeklagten. Nach Nazis solle man ganz woanders suchen. Der Dolmetscher unterschlug diesen Satz. Dass zwei desertierte Mediziner nach vier Jahren Kriegsdienst nichts anderes als die Feier ihrer Freiheit auf die Berghütte getrieben und dort vorläufig festgehalten hatte, das wollte dem Vorsitzenden, einem Herrn Capitaine, der offensichtlich kein Alpinist war, keineswegs einleuchten. Mit strenger Miene vermochte er seine Verlegenheit nur schlecht zu kaschieren. Er war ja auch nicht gerade darum zu beneiden, einer offensichtlichen Farce den Anschein einer ernsthaften Prozedur geben zu müssen. Er war deutlich erleichtert, als er nach einer Stunde die Déclaration de non-culpabilité verkünden konnte.

Abschied von den Mitpatienten in dem Nazi-Prominentenrefugium und von dem partnerschaftlich hilfreichen Stationsarzt Dr. Lindner. 14 Tage später bestieg ich auf französische Anordnung einen mit ausgewiesenen Landsleuten prall gefüllten Güterzug Richtung Heimat.

* * *

Auf dem Stroh des Güterwagens lagerte neben mir eine junge deutsche Frau mit vier kleinen Kindern. Ihr Mann war an der Ostfront vermisst. Die Österreicher hatten sie erbarmungslos ausgewiesen. Wo immer der Zug in Deutschland Halt machte, fragte sie um Rat, ob sie hier wohl aussteigen solle. Sie kannte keinen im Lande, der sie hätte aufnehmen können. Schließlich stieg sie auf gut Glück irgendwo in Süddeutschland aus. Ich musste nahe der Zonengrenze in Niedersachsen noch eine Stunde laufen, um in der russischen Besatzungszone einen Zug nach Berlin zu erreichen. Endlich in Halensee, den Kurfürstendamm hinunter bis zur Ecke Nestorstraße. Aus einem Berg von Schutt ragte die Hälfte des Hauses der elterlichen Wohnung heraus, offenbar von einer Sprengbombe fast genau zerteilt. Mein Herz hämmerte. Ein Wohnungsrest mit zweieinhalb Zimmern musste erhalten geblieben sein. Klopfen an der Tür im dritten Stock: Zwei fremde Gesichter starrten mich entgeistert an. Es war ein junges ungarisches Paar, das hier offenbar wohnte. Ich erfuhr, dass man mich als vermisst gemeldet habe. Meine wegen der Bombardements evakuierten Eltern seien schon im vergangenen Jahr auf dem Land von Russen ermordet worden. Die alte Haushälterin habe sich von dort einmal gemeldet.

Ich konnte nicht weinen. Man richtete mir eine Schlafstelle ein. Verwandte gab es nicht. Die beiden besten Schulfreunde waren gefallen. Luisa war weit weg. Niemand, mit dem ich mich hätte austauschen können, der sich über meine Rückkehr vielleicht hätte freuen können. Fremder unter Fremden, nach vier Jahren Sehnsucht nach diesem Augenblick. Unvorstellbar, was den Eltern, die sich niemals mit den Nazis eingelassen hatten, zugestoßen sein sollte. Über Nacht befiel mich eine Lungenentzündung mit hohem Fieber, die mir fürs Erste Zuflucht im Martin-Luther-Krankenhaus verschaffte.

* * *

So wie ich sind seinerzeit gewiss unendlich viele aus dem Krieg zurückgekehrt. Manche noch Jahre später aus Gefangenschaft, plötzlich allein dastehend, vielleicht sogar von der alten Heimat getrennt, die inzwischen polnisches, tschechisches oder russisches Ausland geworden war. Alle waren sie mehr oder minder beschädigt durch Jahre der Brutalisierung, auch die vielen, die nicht direkt in verbrecherische Aktionen einbezogen worden waren. Jetzt erst erfuhren die meisten von dem systematischen Völkermord des Holocaust, verübt von dem Regime, für das sie gekämpft und für das Hunderttausende ihrer Jahrgänge ihr Leben hingegeben hatten. Nun standen die Heimkehrer mit den eigenen Blessuren und Opfern gegen das ungeheure Unheil, angerichtet vom eigenen Volk. Das hieß, das eigene Leiden, das auf der unrechten Seite entstanden war, schweigend hinzunehmen. Reden durften die Widerstandskämpfer und die gerechten Verfolgten. Aber auch von diesen blieben die meisten zunächst stumm. Sie schämten sich ihres Überlebens, als hätten sie die Toten durch ihr Überleben verraten.

* * *

Das eine um das andere Mal machte ich mir, als meine Krankheit langsam abklang, schwere Vorwürfe, dass ich den Eltern die Flucht aufs Land vielleicht hätte ausreden sollen. Im Berliner Haus in der Nestorstraße hatten alle Bewohner den Bombeneinschlag im Luftschutzkeller heil überstanden. Die angereiste Haushälterin berichtete: In dem Zufluchtsort der Eltern hätten die einmarschierten Russen der ersten Welle zwar alle Häuser geplündert, aber meine Eltern unbehelligt gelassen, ja diese sogar von Arbeiten freigestellt, die zahlreichen anderen Dorfbewohnern auferlegt worden waren. Nach einigen Wochen hätten die Eltern wieder einen ihrer üblichen Spaziergänge über die Felder unternommen, als zwei betrunkene Russen über meine Mutter hergefallen seien und erst sie, dann meinen 71-jährigen Vater erstochen hätten.

Ich stellte keine weiteren Fragen. Es war besser, dass keiner von beiden den anderen überlebt hatte. Sie waren, soweit ich zurückdenken konnte, unzertrennlich gewesen. Ob die russischen Mörder bestraft worden waren, wusste die Haushälterin nicht. Aber darauf kam es für mich auch nicht besonders an. Es war ein grauenhaftes Verbrechen, aber ich musste es noch dem Krieg zurechnen. Und ich dachte an das Elend, das die eigene Truppe über die Bevölkerung in den eroberten russischen Gebieten gebracht hatte, ich selbst mit dabei.

Nun konnte ich die vielen Fragen an die Eltern, die ich seit meiner Gefängniszeit auf dem Herzen hatte, nicht mehr stellen. Allerdings kannte ich ihre vermutlichen Antworten. Und ich fand allmählich heraus, dass mein Leben zu nicht geringem Anteil aus meinen Antworten auf ihre Fragen und Erwartungen bestanden hatte.

Wer waren die ermordeten Eltern?

Bei einem Aufenthalt in Westafrika hatte ich von einem Stamm gehört, für den Verstorbene erst als tot gelten, wenn man nicht mehr über sie spricht. Über Monate hielt ich Zwiesprache mit den Eltern. Habe ich zuvor notiert, ich sei gegen den Wunsch des Vaters zur Welt gekommen, so war das sehr krass ausgedrückt. Immerhin hatte mein Vater einen verständlichen Grund gehabt, sich fünf Ehejahre lang gegen ein Kind zu sträuben. Als ältester von elf Geschwistern war er immer wieder zum lästigen Kinderhüten verurteilt worden. Die erste seiner Erfindungen, denen er später bei Siemens einige nicht unbedeutende folgen ließ, war die Herstellung einer Schnurverbindung zwischen seinem einen Fuß und dem Kinderwagen eines kleinen Geschwisters gewesen. So konnte er in einem Buch lesen und das Kind ohne Mühe durch Hin- und Herbewegen des Wagens ruhig stellen. Erst als seine 18 Jahre jüngere Frau ihn immerfort drängte und schließlich sogar mit einem Gynäkologen als Bundesgenossen aufwartete, der ihr ein Kind zur Bewahrung ihrer Gesundheit regelrecht verordnete, gab er seinen Widerstand auf.

Der ruhige, meist in seine technischen Tüfteleien versunkene ältere Mann und die bis in die letzten Jahre vor Temperament sprühende jugendliche Mutter ließen manche Leute rätseln, wie das wohl mit den beiden gut gehen könnte. Aber es ging gut, wozu ich selbst wohl dadurch beisteuerte, dass meine Mutter an mir eine gute Portion ihrer Impulsivität auslassen konnte, mit der sie den Vater sonst wohl erdrückt hätte.

Dieser war über eine Optikerlehre und eine Ingenieursschule zum Leiter des Konstruktionsbüros bei Siemens aufgestiegen, zuletzt zum Direktor einer Abteilung mit über 3.000 Mitarbeitern. Ein von ihm verfasstes Standardlehrbuch über Feinmechanik und manche Modelle seiner Erfindungen blieben für mich bestaunte, aber unerschlossene Wunderwerke. Es war aber wohl auch Trotz dabei, wenn ich diese Dinge gar nicht genauer verstehen wollte. Denn ich selbst konnte nur selten das Interesse des 50 Jahre älteren Vaters erregen, der auch an den Wochenenden über seinen Zeichnungen und Berechnungen zu brüten pflegte. Umso reichlicher fiel mir die Zuwendung meiner Mutter zu, von der ich erfuhr, dass sie in der Schwangerschaft mit Bedacht zahlreiche Bücher in der Erwartung gelesen habe, dass sie damit vielleicht die geistigen Anlagen und Neigungen ihres Kindes stärken könne. Wenn ich später in meinem Buch »Eltern, Kind und Neurose« die Vor- und Nachteile der kindlichen Rolle als Partnerersatz und als Beauftragter zur Erfüllung ungestillten elterlichen Ehrgeizes beschrieb, so konnte ich mich selbst leicht unter die klinischen Demonstrations-Beispiele einreihen.

Das heißt aber keineswegs, dass ich den Vater bei der Mutter hätte ausstechen können. Von ihr wusste ich, dass sie ihn noch als 70-Jährigen als Liebhaber schätzte, dass sie sich im Übrigen in seiner Verlässlichkeit geborgen fühlte und seine Leistungen überaus bewunderte. Nur hätte sie es fraglos lieber gesehen, wenn er mehr aus sich herausgegangen wäre und mit ihr die Freude an Geselligkeiten, wo sie als attraktive Erscheinung mit ihrer ansteckenden Fröhlichkeit Erfolge feierte, geteilt hätte. Er hätte auch mehr von sich hermachen sollen, anstatt es meist anderen Männern zu überlassen, sich mit ihren Geschichten wichtig zu machen. Wenn es jedoch darauf ankam, wusste er, seinen Willen energisch durchzusetzen, so zum Beispiel, als er immer wieder in seiner Firma als Betriebsführer gedrängt wurde, der Partei beizutreten, um seinen Leuten ein politisches Vorbild zu liefern. Er blieb standhaft, auch als er mir unbeirrbar die Bitte abschlug, 1936 zusammen mit meinen Klassenkameraden an Tanzvorführungen bei der Berliner Olympiade mitzuwirken. Dagegen war ich mit ihm ganz einig, als er mich – mit Hilfe eines Bekannten – aus der HJ herausholte. Was ich von meinem Vater über sein politisches Denken sonst erfuhr, war wenig. Nur, dass diesem jedes Säbelrasseln und jegliche Kriegsverherrlichung ebenso zuwider war wie die Diskriminierung der Juden, von deren Leistung in Wissenschaft, Medizin und Kunst er häufig mit Hochachtung sprach. Offensichtlich betrieb mein Vater konsequent eine Spaltung, die ich später bei mir selbst entdeckte und zu überwinden trachtete: nämlich sich mit dem Argument der Unzuständigkeit jegliche Einmischung in Politik zu versagen, auch wenn man deren Entscheidungen missbilligte.

In früheren Notizen habe ich einmal die Ängstlichkeit meines Vaters hervorgehoben. Damit meinte ich erstens seinen Widerwillen, sich auf Streit einzulassen, aber auch eine pedantische Über-Vorsicht:»Pass nur gut auf!«, das war die ständige väterliche Mahnung, wo immer ich mich auf kleine Waghalsigkeiten einlassen wollte. Manche eigene Hemmungen glaube ich als Spuren dieser ewigen Warnungen dem Vater anlasten zu müssen. Andererseits kam ihm sein Hang zur Vorsicht offensichtlich bei seinen Konstruktionen gelegen, deren Sicherheitsgrad, wie er öfter berichtete, ihm besonders wichtig war und manche Anerkennung eintrug.

Über den Tod der Eltern hinaus hatte ich mir eingebildet, dem skrupulösen Vater ganz unähnlich zu sein, sicherlich auch aus Protest gegen die von ihm entbehrte Beachtung. Inzwischen finde ich da viel mehr Nähe. Wahrscheinlich wäre mein Vater heute ein bekennender Pazifist, mit Sicherheit aber als passionierter Naturfreund ein entschiedener Gegner destruktiver Risikotechnologien. Jedenfalls tut es mir gut, mir dieses Einvernehmen einzubilden.

Meine Mutter hätte es, wäre sie am Leben geblieben, sicherlich auch noch nach dem Krieg schwer gehabt, den einzigen Sohn ganz loszulassen. Sie hätte mir gewiss alles Glück der Welt gegönnt, aber immer noch wie einem Teil von sich selbst. Im Kopf war ihr stets klar, dass sie mich als Einzelkind nicht verziehen, also nicht über Gebühr verwöhnen dürfte und dass ich von früh an unter anderen Kindern aufwachsen sollte. Aber sie konnte nun einmal nicht anders, als mich mit ihren temperamentvollen Erwartungen zu bestürmen, die natürlich nicht zuletzt aus ihrem Verzicht auf eigene berufliche Bestätigung herrührten. Dabei war sie ständig auf Trab, hatte ihren Kreis von Frauen, in dem sie dominierte. Sie wanderte, sang, spielte Klavier, sammelte alte Kunst, munterte den Vater auf, als sie diesen nach der Pensionierung in Bewegung halten zu müssen glaubte. Ihr unermüdlicher Antrieb und ihr Unternehmungsgeist waren für mich mitunter beängstigend. Vor allem aber war ich es leid, mich im Brennpunkt ihrer Aufmerksamkeit zu wissen. Einerseits fand ich sie großartig, schön und stark, genoss ihre liebevollen Gefühle und Ermutigungen, die Bestätigungen als Kronensohn, litt aber zunehmend unter ihrer erdrückenden Herrschaft, so sehr sie diese auch verleugnete. Wehrte ich mich, war sie gekränkt, bekam Herz- und Kopfschmerzen. Die Ablösungskämpfe wurden so qualvoll, dass mein Vater sich am Ende keinen besseren Rat wusste, als seinen Graphologen zu konsultieren, den er bei der Neueinstellung von Ingenieuren bei Siemens in Anspruch nahm. Der meinte zum Glück – das kam später heraus –, der Sohn werde seinen Weg schon selbstständig finden, es sei unnötig, sich um ihn besondere Sorgen zu machen. Vermutlich kam meiner Mutter diese Diagnose nur teilweise gelegen, immerhin half sie ihr, sich künftig mehr zurückzuhalten.

Politisch war meine Mutter eher naiv. In der Freundschaft mit einigen jüdischen Familien, die später auswanderten, ließ sie sich nicht beirren. Für die Diskriminierung der Juden hatte sie keinerlei Verständnis. Manche früheren Erfahrungen mit arroganten Reichswehroffizieren hatten wohl mit dazu beigetragen, dass ihr aller Militärgeist zuwider geworden war und sie sich einen stillen, introvertierten Mann erwählt hatte, der sich mit Hilfe von Siemens vom Heeresdienst im Ersten Weltkrieg hatte freistellen lassen. Nichtsdestoweniger war meine Mutter für Hitlers populistische Versprechungen und die Erfolge seiner Arbeitsbeschaffungsmaßnahmen durchaus empfänglich. Erst als die martialischen Züge seiner Politik deutlicher wurden und die Partei immer tiefer in private Lebensbereiche eingriff, bekehrte sie sich zunehmend zu der kritisch skeptischen Position meines Vaters, was sie allerdings nicht daran hinderte, sich über die deutschen Erfolge im ersten Kriegsjahr zunächst ungeniert zu freuen. Sehr recht war es ihr allerdings, dass ich mich nicht hatte von den Mitschülern anstecken lassen, die mit Notabitur schon vorzeitig in den Krieg ausgerückt waren. In ihrem Kopf steckte die unbeirrbare Überzeugung, dass ich heil aus dem Krieg zurückkehren und mich dann in der geistigen Welt einrichten werde, für die sie mich bereits als Schwangere mit ihrer eifrigen Lektüre zu präparieren gehofft hatte. Sie war so sicher darin, dass mir nichts passieren würde, dass wohl eine Spur davon in mich selbst übergegangen war, so dass ich mich in Russland und auch später oft in heiklen Situationen ziemlich sicher fühlte – ein narzisstischer Schutzmechanismus, der mir zumindest psychohygienisch zustatten gekommen ist.

Liebe und neues Leben in der Ruine

Im Krankenhaus mag man sich darüber gewundert haben, dass meine Genesung von der Lungenentzündung nur langsame Fortschritte machte. Vermutlich hat man aber auch gemerkt, dass ich nicht schneller gesund werden wollte. Das Ende der Eltern, Heimkehr ohne Heim, Fremder unter Fremden – das ging anfangs über meine Kräfte. Etwa zwei Wochen lang dachte ich, ich könne nicht mehr weiter. Dann raffte ich mich einigermaßen zusammen und begann wieder mechanisch zu funktionieren. Wenigstens konnte ich in die Ruine einziehen, nachdem das ungarische Paar eine andere Bleibe gefunden hatte. Aus dem Sterbeort der Eltern konnte ich mich mit einigen geretteten Habseligkeiten versorgen. Die Universität Unter den Linden nahm mich zum Glück wieder als Studenten auf. Mit einer Portion Kartoffeln, die mir die Haushälterin besorgt hatte, besuchte ich den verehrten Eduard Spranger, meinen alten Philosophie-Lehrer, den ich in Dahlem ausfindig gemacht hatte. Den hatten die amerikanischen Besatzer in den Keller seiner Villa verbannt. Seine Frau war überglücklich über das Kartoffelgeschenk. Spranger erzählte, die Russen hätten ihn als Rektor der Universität einsetzen wollen, aber ohne die Freiheiten, die er verlangt hätte. Deshalb werde er demnächst einem Ruf nach Tübingen folgen.

In der Charité, wo ich mein Medizinstudium fortsetzte, fand ich zum Glück noch einige hervorragende alte Lehrer – etwa den Pathologen Rössle, den Chirurgen Sauerbruch, den Gynäkologen Stöckel. In der Philosophie begann ich bald die Arbeit an einer Dissertation bei Lieselotte Richter, einer Kierkegaard-Forscherin. Ich wollte über den Schmerz schreiben. Sie war einverstanden und begleitete mein Vorhaben mit Anteilnahme und ermutigenden Ratschlägen. Ohne mir dessen von Anfang an bewusst zu sein, suchte ich mit dem Thema eine Möglichkeit, mich mit meiner persönlichen Depression, aber zugleich mit der Ideologie des

Nazi-Heroismus und deren Version des Opfer-Mythos auseinander zu setzen – ein Problem, das mich nie mehr losgelassen hat.

* * *

Dass ich die Kraft fand, beide Studien – Medizin und Philosophie – nebeneinander voranzutreiben, verdankte ich zu einem guten Teil einer glücklichen Wende in meinen Verhältnissen, über die ich gerade in diesen Wochen oft mit meiner Frau nachdenke, die ich in jenem Frühsommer 1946 kennen lernte. 52 Jahre hält jetzt unsere Beziehung. Gerade haben wir zusammen unsere dicht beieinander liegenden 75. Geburtstage mit vielen Freunden gefeiert. Seinerzeit wurde unsere Verbindung durch Bergruns Vater vermittelt, der in Westberlin einen kleinen Kreis literatur- und philosophiebegeisterter junger Leute um sich versammelt hatte. Was er zu jener Zeit privat veranstaltete, hatte er bis 1932 als junger Professor für Pädagogik und Philosophie in Erfurt amtlich getan, bis er als religiöser Sozialist bei den Nazis in Ungnade gefallen war.

In seinem Hause also lernte ich Bergrun kennen, die hier wieder Zuflucht aus einer kurzen unglücklichen Kriegsehe gefunden hatte. Nach wenigen Begegnungen wussten wir beide, dass wir füreinander bestimmt waren, trotz aller äußeren Komplikationen. Sie war noch nicht geschieden – und war schwanger. Aber unserer beider schnell gewachsene leidenschaftliche Verbindung ließ gar keinen Zweifel daran, dass wir zusammenbleiben würden. Ich freute mich mit ihr auf das Kind, das ich später nach ihrer Scheidung und nach Einwilligung des geschiedenen Ehemanns adoptieren konnte – die strahlende kleine Tochter Jutta.

Vorerst aber war ich Gast, bald halbes Mitglied in Bergruns Familie, die noch vollauf mit ihrer Geschichte aus den Nazijahren beschäftigt war. Bergruns Vater hatte nach Schließung der Erfurter Akademie zunächst eine Schulleiter-Stelle in Berlin gefunden, war hier aber von Erfurter Studenten erkannt, und als aktiver Nazigegner denunziert und darauf zunächst zum Studienrat degradiert, bald aber endgültig gekündigt worden. Die Mutter brachte gelegentlich mit dem Verfassen eines Buches, auch eines Film-Drehbuchs Geld ins Haus, aber die Armut der Familie mit drei Kindern blieb – und die Diskriminierung. Freundschaften mit Nazi-Gegnern und aktiven Widerständlern sorgten für permanente Gestapo-Überwachung und immer wieder für Verhöre. Bergruns Vater, ein hochsensibler Geist mit einem untrüglichen politischen Instinkt, litt unter seiner persönlichen Demütigung und Entrechtung, mehr aber noch unter der Gewissheit, dass die Verbrecher, wie er sie nannte, noch unabsehbares Unheil stiften würden. Bergrun nahm sich seine hilflose Verbitterung besonders zu Herzen. Ihrer Mutter war allmählich die Hauptverantwortung zugefallen, die Familie materiell über Wasser zu halten. Sie war eine starke, schöne Frau, die nach Kriegsende mit Hilfe der englischen Besatzer die Schulspeisung in ihrem Bezirk organisierte. Später baute sie im Rundfunksender RIAS den Frauenfunk auf. Der Vater hatte sich innerlich zu sehr aufgerieben, um nun seine Rechte einzufordern und sich die Wiedereinsetzung in eine angemessene Stellung zu erkämpfen. Er hatte immer noch die Gestapo im Kopf und wähnte sich, wohin er auch ging, von Nazipolizei beobachtet. Aus der realen Erfahrung war eine wahnhafte Obsession geworden. Das Seminar mit den jungen Anhängern, die er mit seiner Belesenheit und seiner reichen Bildung faszinierte, ließ einiges von dem philosophischen Fundus erkennen, aus dem er viel mehr hätte schöpfen können, wenn die traumatischen zwölf Jahre ihn weniger beschädigt gehabt hätten.

* * *

Die Liebe verleiht wunderbare Kräfte. Keinen Augenblick zweifelten Bergrun und ich, unsere Probleme gemeinsam bestehen zu können, als wir 1947 als frisch getrautes Paar mit Kind in das zugige, baufällige Ruinenquartier in der Nestorstraße Einzug hielten. Ein hilfsbereiter Maurer half uns, die gröbsten Risse in den Wänden zuzukleistern. Zusammen mit eben diesem Maurer durchstreifte ich nächtens benachbarte Ruinen, um verkohlte Deckenbalken abzusägen – als Brennholz für das einzige heizbare Zimmer. Keine Mittel – bis 1950 –, um Glas für die verpappten Fenster auf dem Schwarzmarkt zu kaufen. Das Geld, das Bergrun als Lehrerin und ich als Stipendiat der Humboldt-Universität nach Hause brachten, reichte gerade eben für den täglichen Unterhalt der Familie, die sich 1948 durch die Geburt der zweiten Tochter Elena auf vier Personen erweiterte. Am härtesten wurde das Blockadejahr 1948/49, als die Russen Westberlin auszuhungern versuchten. Viele Stromsperren, nur äußerst schmale Rationen von Trockenkost und etwas Milchpulver für die beiden Töchter. Nachmittags um fünf versammelten sich die Bewohner an einer Straßenkreuzung, wo ein Ansager von einem Rundfunkauto aus die neuesten Nachrichten verlas. Die kriegserfahrene Bevölkerung ließ sich trotz aller Not nicht entmutigen. Die endlose Kette der »Rosinenbomber«, von denen viele eine Anflugschneise direkt über unseren Köpfen benutzten, brummten uns pausenlos Mut zu. General Lucius D. Clay war es, der gegen viele Skeptiker Präsident Truman das Wagnis der Luftbrücke eingeredet hatte. An seiner Seite wirkte der legendäre Generalmajor William Tunner (Willy the Wip – Willy die Peitsche), der während des Krieges schon einmal eine amerikanische Luftbrücke über den Himalaya organisiert hatte und der nun ein Unternehmen steuerte, das am Ende 1400 Flüge täglich mit Landungen im Abstand von 90 Sekunden zu Stande brachte – ein Frachtvolumen entsprechend 22 Güterzügen von 50 Waggons pro Tag. Während der Blockade kam in Einzelteilen ein ganzes Kraftwerk nach Berlin, das hier zusammengebaut wurde, um die ausgefallene Energieversorgung leidlich zu kompensieren. Schon im letzten Friedenswinter vor der Blockade waren rund eintausend Berliner verhungert oder erfroren. Die Zahl der Blockadeopfer ist nie bekannt geworden. General Clay notierte später: »Es war einer der grausamsten Versuche der modernen Geschichtsschreibung, eine Hungersnot für politische Zwecke auszunutzen.« Der 12. Mai 1949, das unerwartete, erlösende Blockadeende, ist zwar inzwischen ein halbvergessenes

Datum, gewiss aber nicht für jene 2,2 Millionen Westberliner, für die eigentlich jetzt erst die Nachkriegszeit anbrach.

* * *

Trotz aller äußerer Widrigkeiten trieb ich mein Medizinstudium und die Vorbereitung meiner philosophischen Dissertation zum Thema »Die Phänomenologie des Schmerzes« voran. Mit dieser Arbeit verfolgte ich zwei Interessen, deren eines ich erst nachträglich voll verstanden habe. Es war das Bedürfnis, für das aus dem Krieg mitgebrachte Gefühl von Trauer und Schuldgefühlen, das ich unausgesprochen in mir verbarg, Begriffe zu finden. Das andere damit verbundene Bedürfnis war die Suche nach einem Menschenbild, gereinigt von der Verleugnung, der Verachtung und der projektiven Umfälschung der Leidensseite des Menschen. Auch dieses Forschungsmotiv speiste sich natürlich aus einem sehr persönlichen Wunsch, nämlich die Inhumanität des viele Jahre indoktrinierten Nazi-Erziehungsideals bloßzulegen. Schon damals kam mir der Gedanke, dass in dem Größen- und Machtwahn des Nazigeistes ein Defekt steckte, den ich später einmal als »die Krankheit, nicht leiden zu können« bezeichnete. Woher kam die barbarische Verfolgung der Schwachen und Kranken mit Sterilisation und Massenmorden, als Euthanasie deklariert? Was bewirkte die unglaubliche Verrohung und Gefühllosigkeit gegenüber den verfolgten Juden? »Wer nicht leiden will, muss hassen!« habe ich später eines meiner Bücher genannt. 1948 fühlte ich mich noch lange nicht sicher genug, um diese Spur gründlicher zu verfolgen. Ich beließ es daher bei einer differenzierten Beschreibung und Klassifikation der Schmerz- und Leidensverarbeitung. Inzwischen ist es mir ganz recht, dass mein Verleger damals in dem Moment Pleite machte und ins Ausland flüchtete, als meine von der Fakultät angenommene Doktorarbeit bereits in den Druckfahnen vorlag. Erst dreißig Jahre später ist daraus »Der Gotteskomplex« geworden. Aber auch diese Fassung war noch nicht erschöpfend zu Ende gedacht.

Rache und Versöhnung

Gestern haben mich eine Journalistin und ein Journalist für die ZEIT über Rache und Vergeltung interviewt. Später würden sie mich aus Anlass des Kosovo-Krieges dazu noch einmal befragen. Entstehen Kriege aus Rache? Offiziell werden sie fast immer als Vergeltungsakte deklariert. Sogar Hitler hatte sich ja nicht gescheut, seinen Überfall auf Polen als Zurückschießen zu rechtfertigen.

Mein persönliches Verhältnis zu Rache? Ich hätte mich gewiss weniger von Kleists Michael Kohlhaas mitreißen lassen, wenn mir dessen rasende Wut ganz fremd gewesen wäre. Beim Fußball, meinem Lieblingssport bis heute, kann ich schwer an mich halten, wenn mich Gegner grob anrempeln. Auch koche ich schon manches Mal, wenn Rezensenten eines meiner Bücher verreißen. Als Psychoanalytiker habe ich jedoch gelernt, dass professionelle Kritiker ja meist indirekte Selbstporträts herstellen und ablehnen müssen, was sie nicht in der eigenen Einstellung bestätigt.

Worüber ich in dem Interview nicht sprechen kann, das ist natürlich meine Reaktion auf die Ermordung meiner Eltern durch die Russen – aber eben nicht durch *die*, sondern durch ein paar betrunkene, verbrecherische Russen. Hoffentlich sind sie bestraft worden. Aber auch ich hatte in ihrem Land als Aggressor mit meinem Geschütz mitgetötet. Wäre es nicht eine Chance, sich irgendwann aktiv für Versöhnung mit den Menschen dieses Volkes einzusetzen? Also für eine Überwindung der Kette der Gewalt aus zwei großen Kriegen?

Als Primaner hatte ich mich einst für Nietzsches Ressentiment-Theorie begeistert, was hieß, dass eine Mitleids- und Versöhnungsethik nur aus raffinierter Vertuschung von ohnmächtiger Wut und Rachegelüsten zustande komme. Inzwischen glaube ich, dass Nietzsche genau umgekehrt sich die Unterdrückung des Leidens an seiner sich verschlimmernden schweren Krankheit ideologisierend erleichtern wollte. Und ich halte mich an eine Figur wie Nelson Mandela, um zu verstehen, wie ein Mann, der 27 Jahre ohnmächtig in Kerkerhaft dem an seinem Volk verübten Unrecht bis hin zu den Massakern zusehen musste, nicht zu einem verbitterten Rächer, sondern zu einem zutiefst überzeugten Versöhnungspolitiker geworden ist. Dass ich selber einmal die Gelegenheit bekommen würde, mit Russen mitten im Kalten Krieg in einer internationalen Friedensinitiative zusammenzuarbeiten, lag für mich Ende der vierziger Jahre zwar schon in der Richtung meiner Träume, aber natürlich weit ab von konkreten Vorstellungen.

Eines aber, was ich begriffen habe, teile ich den Interviewern noch mit, nämlich dass Rachegefühle, wenn man sie tiefer in sich eindringen lässt, die Selbstachtung dadurch beschädigen, dass man damit indirekt dem jeweiligen Angreifer gehorcht. Die Kränkung, die vom anderen kommt, macht erst dadurch krank, dass man sich davon vergiften lässt. Man kränkt sich selbst durch den Rückfall auf die Stufe destruktiven Hasses und beschädigt damit die eigene Stabilität. Aber die Widerstandskraft, die dagegen schützen kann, wo kann diese herkommen? Glück hat, wem das Kindheitsschicksal geholfen hat, ein nicht zu brüchiges Selbstwertgefühl zu entwickeln. Und dann können die Erfahrung und das Bestehen von Leiden dazu beitragen, dass zumindest banale Kränkungen nicht mehr tief verletzen. »Wer nicht leiden will, muss hassen!« Dieser für viele dunkle Titel eines meiner Bücher enthält diese als eine meiner hilfreichsten Erfahrungen.

Gefährliche Suggestion

Das Blockadeende 1949 fiel mit meinem Medizin-Staatsexamen und dem Beginn meiner Pflichtassistentenzeit in der Chirurgie zusammen. Dort gab es für mich als Anfänger nicht viel zu tun, und so fing ich an, mit Hypnose zu experimentieren. Zu meiner eigenen Verblüffung und derjenigen meiner Kollegen brachte ich dabei einiges zu Stande, zum Beispiel hypnotische Schmerzfreiheit bei einigen kleinen Eingriffen, sogar einmal beim Zahnziehen. Ein Stotterer hörte schlagartig auf zu stottern. Ich überprüfte die Wirksamkeit posthypnotischer Befehle – und tatsächlich: Hypnotisierte taten zu festgesetzter Zeit genau das, was ich ihnen zuvor aufgetragen hatte, was sie indessen nicht mehr erinnerten. Aber eben das war eine Erfahrung, die mich bewog, mit dem Hypnotisieren wieder aufzuhören. Es war die Ausübung einer Form von Macht, die mir nicht gefiel und in der ich mir vor allem selbst nicht gefiel. Ich wollte eine andere Art von partnerschaftlicher Psychotherapie erlernen und kein hypnotisierender Guru werden. Immerhin ging mir nie wieder die Entdeckung aus dem Kopf, mit welchem hohen Grad von Suggestibilität und entsprechender Manipulierbarkeit offenbar zahlreiche Menschen herumlaufen, die nicht das Mindeste von ihrer Anfälligkeit wissen, viele darunter, wie meine Experimente mir zeigten, die ganz fest überzeugt sind, dass nie ein anderer gegen ihren Willen irgendetwas mit ihnen machen könnte. Sie gehorchen, aber meinen, es sei ihr eigener Wille gewesen. Später habe ich als Professor meinen Studenten je einmal im Semester einen Lehrfilm aus der Nazizeit vorgeführt, in dem demonstriert wurde, dass Hypnotisierte im Experiment sogar zum Töten oder zum Selbstmord bereitgemacht werden können. Man sieht, wie Hypnotisierte gezielt eine Pistole abdrücken oder sich auf Kommando vor ein Auto werfen. Eine pure Mär ist es also, Hypnose könnte nicht die Hemmung des Gewissens überwinden. Niemand weiß, wie viel Unrecht, wie viel Gewalt schon unter dem Einfluss von Wachhypnose geschehen sind. Es gibt verständliche Gründe, es nicht wissen zu wollen, denn es ist unheimlich und kränkend, eine in der Tiefe lauernde Hörigkeitsbereitschaft anzuerkennen, die dem üblichen Vertrauen in die freie Selbstbestimmung krass widerspricht.

* * *

Was mich damals an den Hypnoseeffekten beunruhigt hat, beschäftigt mich noch immer, verstärkt nach den sensationellen Befunden des Milgram-Experiments, das ich bereits zuvor in den Notizen meiner Rede zu der Ausstellung über die Wehrmachtsverbrechen erwähnt habe. In jenem Experiment fallen die Teilnehmer in keine eigentliche Hypnose, aber die Mehrzahl erliegt einem suggestiven Druck und verliert die normale Handlungskontrolle. Die Teilnehmer fügen sich widerstandslos einem Leiter, der sie angeblich zu wissenschaftlichen Zwecken anhält, einer anderen Person laufend gesteigerte Schmerzen zuzufügen. Dabei versinken sie in eine ohnmächtige Abhängigkeit. Sie hören die Schreie und das Wimmern des Menschen im Nachbarzimmer, von dem sie überzeugt sein müssen, dass er damit auf Stromstöße reagiert, die sie ihm persönlich zufügen. Sogar als das vermeintliche Opfer keinen Schmerzenslaut mehr hervorbringen kann, also anscheinend das Bewusstsein verloren hat, gehorcht die Mehrzahl weiterhin den Folterbefehlen. Die Suggestivkraft der sozialen Situation reicht aus, um durchschnittlichen Individuen bei vollem Wachbewusstsein ein Handeln aufzunötigen, das ihren moralischen Prinzipien radikal widerspricht. Das wollte sogar eine größere Gruppe von Sozialwissenschaftlern nicht für möglich halten, denen Milgram das Experiment erklärte, bevor dessen Resultate bekannt wurden. Sie meinten, bis auf ein paar Prozent würden alle das Experiment vorzeitig abbrechen. Diese Erfahrung hat mich wie Milgram besonders bestürzt, der Beweis nämlich, dass bis in den Kreis kritischer Gesellschaftswissenschaftler hinein der Unwille reicht, die moralische Autonomie des normalen Individuums anzuzweifeln. Offensichtlich passt es nicht zum Selbstverständnis des Kulturmenschen an der Schwelle zum dritten Jahrtausend, dass alle Fortschritte der Aufklärung nichts an einer – vielleicht als instinkthaft zu beschreibenden – Unterwerfungsbereitschaft geändert haben, die eben nicht nur bei besonders willensschwachen, sondern bei völlig unauffälligen Menschen automatisch wie ein Mechanismus einklinken kann. Wiederholungen des Experiments in anderen Ländern sind ähnlich ausgefallen. Aber um diese Forschungen ist es schnell wieder still geworden. Schließlich hat man die ethische Zulässigkeit des Milgram-Tests heftiger diskutiert als die von keinem bestrittenen sensationellen Resultate, die offensichtlich zu sehr schockieren.

Adolf Eichmann hat sich in seinem Nürnberger Prozess völlig unbewegt die Vorhaltung der von ihm zu verantwortenden Massenmorde an den Juden angehört. Aber einen roten Kopf bekam er und stammelte verlegen, als er einmal gerügt wurde, sich beim Einzug des Gerichts nicht erhoben zu haben. Dieses Versagen gegenüber dem aktuellen Vorgesetzten erschreckte ihn mehr als die Dokumentation seiner ungeheuren Verbrechen.

Diese Beobachtung habe ich in Verbindung mit dem Milgram-Experiment vor 35 Jahren in der ZEIT als Beitrag zu der Frage präsentiert, warum sich sogar hauptverantwortliche Naziverbrecher, die der Justiz zunächst entgangen waren, nach dem Krieg als vergleichsweise unauffällige Mitbürger, als sympathische Nachbarn oder fürsorgliche Familienväter erweisen konnten. Ich wollte damit vor allem die wiederholt unterbrochene Diskussion über die schwer erklärliche Willfährigkeit von großen Scharen anstoßen, die mit ihren Handlangerdiensten die schlimmsten Verbrechen des Regimes erst möglich gemacht hatten. Denn es beunruhigte mich schon früh und beunruhigt mich noch immer, dass die Verstrickung großer Bevölkerungsteile in die Vernichtungspolitik nicht genauer in ihren psychologischen Antrieben erforscht wurde, ja dass die Nachfolgenden sich sogar ganz in Ordnung fühlten, wenn sie das

Geschehen außer als furchtbare Schande als unerklärliche Verrücktheit einstufen konnten.

Aber es war keine unbegreifliche Verrücktheit, keine unerklärliche, von Hitler induzierte Massenpsychose. Was sonst? An der Judenvernichtung haben nicht nur Antisemiten teilgenommen. Massen von kleinen Mittätern haben nicht gebilligt, was sie taten, dennoch gefügig funktioniert. Welche Rolle mag der Milgram-Effekt gespielt haben? Genauer ist das im Nachhinein nicht zu ergründen. Aber die aus diesem Effekt zu ziehenden praktischen Konsequenzen sollten klar sein. Nur wenn Kinder rechtzeitig lernen, ein eigenes Gewissen auszubilden, und wenn sie erfahren, dass dieses von Eltern und anderen Erziehern respektiert wird, haben sie Aussicht, sich später standfest gegen unmoralische Zumutungen zu behaupten. Nur eine emanzipatorische Erziehung in einer demokratischen Gesellschaft kann jener massenhaften moralischen Selbstentmündigung entgegenwirken – wie sie seinerzeit eingetreten ist. Der aus Berlin emigrierte Psychoanalytiker Ernst Simmel war es, der diese präventive Aufgabe im Hinblick auf die Naziverbrechen bereits 1944 sehr nachdrücklich formuliert hat. Allerdings pflegt einer Gefahr, die man aus Ignoranz oder Stolz nicht wahrhaben will, nicht gerade die höchste Aufmerksamkeit gewidmet zu werden.

Die neue Welt der Psychoanalyse

1950. Noch immer in der notdürftig reparierten Ruinenwohnung, die ich im dritten Stock über Trümmer erklettern konnte, wenn ich mal den Schlüssel vergessen hatte. Viktor von Weizsäcker, der Onkel von Carl Friedrich und Richard, hatte mir für meine angestrebte psychoanalytische Ausbildung das Berliner Psychotherapeutische Institut empfohlen. Dort begann ich meine erste Lehranalyse. Rückblickend finde ich, dass meine Kollegen und ich als psychoanalytische Ausbildungskandidaten damals ein besonderes Privileg genossen: Wir konnten in unseren Analysen über ein Thema sprechen, über das damals die meisten schwiegen. Das war die Hölle der Kriegserlebnisse. Und es war die Rückerinnerung an all die Jahre des Mitspielens in einem falschen Stück, unter einer verbrecherischen, aber kaum antastbaren mörderischen Regie. Einschränkung und Verbiegung des Lebens, in dem man lernen sollte, sich in dem scheinbar unabänderlichen Falschen einzurichten. Es gab ja die Nietzschesche Höhle des Innerlichen, in der man unangreifbare Gefühle und introspektive geistige Bedürfnisse ausleben konnte. Aber immer im Schatten einer Realität, die schließlich zu Auschwitz und zur Euthanasie führte. Ich erlebte meine beiden Lehranalysen als Vorzug, diese Zeit der inneren Spaltungen, Fluchten und Brüche besprechen zu können. Ringsum herrschte damals weitgehend Einvernehmen, die Vergangenheit nicht aufzurühren. Die kurze sogenannte Entnazifizierung hinderte nicht daran, dass zum Wiederaufbau in verantwortlichen Stellungen ein großer Teil derer antrat, unter denen zerstört worden war, was jetzt neu erstehen sollte. Es wurde nach vorn geblickt. Wer immer dazu geeignet schien, die Wirtschaft wieder rasch hochzubringen und daran mitzuwirken, das politische Leben in demokratischen Formen zu reorganisieren, der war willkommen.

Auch die in Berlin verbliebenen älteren Psychoanalytiker verschonten einander weitgehend mit schmerzlichem Erinnern. Unter ihnen waren sowohl Anpassung wie Widerstand vertreten. Die Ausbildungsleiterin der Freudianer verriet mit keinem Wort, dass sie den gesamten Krieg hindurch als Trotzkistin im Untergrund gearbeitet hatte und diese Arbeit weiter fortsetzte. Der Vorsitzende und sein späterer Nachfolger hatten vorübergehend mit der Nazi-Ideologie sympathisiert, der Letztgenannte, mein zweiter Lehranalytiker, war sogar in die Partei eingetreten, was ich nicht wusste, als ich bei ihm meine Analyse begann. Als Schatten über der Gruppe lag die Hinrichtung John Rittmeisters 1943, der zuvor drei Jahre lang als Leiter der Poliklinik im »Deutschen Institut für Psychoanalytische Forschung und Psychotherapie« gewirkt hatte. Der hatte Juden und andere Verfolgte heimlich unterstützt, zum Teil versteckt. Neben seiner therapeutischen Arbeit hatte er politische Gesprächsgruppen gebildet, in denen er seine sozialistisch-humanistischen und pazifistischen Ideen vorgetragen hatte. Als Mitglied der Widerstandsgruppe um Harro Schulze-Boysen hatte er bis zu seiner Verhaftung an der Abfassung von Flugblättern gegen den Hitlerkrieg und für ein humanes und soziales Deutschland mitgewirkt. Aber auch sein Schicksal wurde im Kreis des 1950 neu gegründeten Instituts der Freudianer, in dem ich meine Ausbildung erhielt, nur mal am Rande besprochen. In meine Lehranalysen und klinischen Tätigkeiten vertieft, gleichzeitig voll mit den Aufgaben in der inzwischen fünfköpfigen Familie beschäftigt – 1950 war noch unser Sohn Clemens auf die Welt gekommen –, dachte ich noch nicht daran, dass später für mich persönlich die Verbindung von Psychoanalyse und gesellschaftlich-politischem Engagement ein vordringliches Interesse werden würde. Rittmeister hatte an Freud kritisiert, dass dieser die gesellschaftliche Realität nicht in ihrem Wandel ernst genommen und den Einfluss politischer und ökonomischer Faktoren auf die Entwicklungskonflikte des einzelnen Menschen vernachlässigt habe. Später würde ich mich dieser Kritik anschließen.

* * *

Heute erkenne ich eine tiefe Tragik darin, dass diejenige Wissenschaft, die besonders dazu ausersehen war, die sozialpsychologischen Hintergründe des faschistischen Denkens zu erforschen, sich gerade in dem Augenblick auf die Innenwelt des Individuums zurückzog, als jenes Denken um sich griff und seine destruktive Macht voll erkennen ließ, die eine einzigartige Weltkatastrophe herbeiführen sollte. Freud selbst hatte noch 1920 in seiner Arbeit »Massenpsychologie und Ich-Analyse« auf sozialpsychologische Vorgänge aufmerksam gemacht, die in regressiver Weise zur Gleichschaltung der Einzelnen führten. Die Menschen benähmen sich dann total uniform, weil sie sich insgesamt in gleichem Maße von einer Führergestalt, auf die sie ihr Ich-Ideal übertragen hätten, geliebt glaubten. Sie gäben ihre Selbstständigkeit auf, verlören ihr kritisches Denken, tauschten dafür aber eine Minderung von Angst durch ihre Bindung aneinander und an den idealisierten Führer ein. Als nun einige Jahre später genau dieser regressive Prozess, den Freud beschrieben hatte, massenhaft in Deutschland einsetzte, fürchteten der Begründer der Psychoanalyse und seine engsten Berater um den Bestand der Institute in Wien und Berlin für den Fall, dass sich die Psychoanalyse nicht strikt jeder Befassung mit weltanschaulichen oder politischen Problemen enthielte. Heinz Hartmann, neben Freuds Tochter Anna später Cheftheoretiker der Freudianer, erklärte die Psychoanalyse rundheraus zu einer reinen Naturwissenschaft von der Seele. Schließlich durften in den therapeutischen Analysen politische Themen gar nicht mehr angesprochen werden. Aber kein Zugeständnis konnte die braunen Machthaber von der Vertreibung der Wissenschaft Freuds und der Verfolgung ihrer jüdischen Repräsentanten, die in der Vereinigung die große Mehrheit bildeten, noch abhalten. Das Terror-Regime ging unter. Aber die Psychoanalyse nahm ihre gesellschaftliche Abstinenz mit in die Emigration. Und bald sah es so aus, als hätte es die bedeutenden gesellschaftskritischen Beiträge eines Siegfried Bernfeld, eines Otto Fenichel, eines Wilhelm Reich, eines Erich Fromm und eines Ernst Simmel nie gegeben.

Jahrzehnte sollte es dauern, bis die Protestjugend Ende der 60er Jahre die Arbeiten jener Pioniere wieder aufgreifen würde. Der Grundgedanke, dass eine fortschreitende Humanisierung der Gesellschaft nur in Wechselwirkung mit innerlich stärkeren, selbstständigeren und sozial verantwortlicheren Menschen erreicht werden könne, verschaffte den alten Wegbereitern der politischen Psychoanalyse neue Spitzenauflagen ihrer Schriften, vor allem in Raubdrucken. Ihr Geist und zum Teil ihre praktischen Reformvorschläge gingen in zahlreiche neue Ansätze in der Pädagogik, in der Psychiatrie, im Sozialwesen, im Strafvollzug und allgemein in Mitbestimmungsregelungen ein. Aber all dies passierte dann fast unter Ausschluss der offiziellen psychoanalytic community mit ihren Instituten. Dort wachte eine streng konservative Machtelite über einer strikten Abgrenzung der so genannten reinen Psychoanalyse vor einer Verunreinigung mit gesellschaftskritischen Ansätzen oder gar politischem Engagement.

Das ist die Tragödie, die ich meine, nämlich dass sich die Führungselite der institutionalisierten Psychoanalyse von einem zentral wichtigen Anwendungsfeld ihrer Wissenschaft zurückgezogen und ihren Nachwuchs planmäßig von entsprechenden Interessen fern gehalten hat. So gut ich die Vorsichtsmaßnahmen des engeren Kreises um Freud verstehe, als es so aussah, als ginge es um das Überleben oder den Untergang der psychoanalytischen Wissenschaft, so entschieden kritisiere ich die Beibehaltung der wissenschaftlichen Selbstrestriktion, deren Fragwürdigkeit inzwischen nicht mehr zu übersehen ist. Denn zwischen der psychischen Gesundheit oder Krankheit des Menschen und der Organisation seines sozialen und wirtschaftlichen Lebens besteht nun einmal ein durchgängiger Zusammenhang. Auschwitz war nur möglich mit Hunderttausenden von Helfershelfern, die in entmündigenden Strukturen zu Milgramschen Gehorsamkeitsautomaten degeneriert waren. Wer kann da noch daran zweifeln, dass die Psychoanalyse gefordert ist, zur Erforschung solcher sozialpsychologischen Zusammenhänge beizutragen? Ich selbst habe mich in der Psychoanalyse früh an

gesellschaftskritisch arbeitende Außenseiter als Vorbilder gehalten –
wie Erik H. Erikson, Paul Parin, Fritz Morgenthaler, Alexander
Mitscherlich und Marie Langer. Und ich bin dann, nolens volens,
auch ein solcher Außenseiter geworden.

* * *

Zurück ins Jahr 1950. Einstieg in die Psychoanalyse. Aber auch
Befreiung von vielen Nöten. Kein Hungern mehr. Nachricht von
zwei Banken über Wertpapiere des Vaters, die zwar bei der Abwer-
tung im Verhältnis 10:1 nicht mehr sehr viel hergaben, dennoch das
Leben schlagartig erleichterten. Ein BMW-Motorrad R12, Baujahr
1935, unter schwarzer Lackierung noch Wehrmachtsgrau. Dazu ein
Seitenwagen – schon war die ganze Familie mobil. Das kulturelle
Leben in Berlin blühte auf. Die Theater lockten mit erstklassigen
Aufführungen und hatten in Friedrich Luft ihren faszinierenden
Kritiker. Im gleichen Sender RIAS, in dem dieser wirkte, konnte
auch ich Fuß fassen. Man bot mir eine Sendereihe über Medizin,
dann auch über Psychologie des Alltags an. 14-tägig war ich samstags mit 20 Minuten an der Reihe, zunächst eine Weile noch live, ehe
es technisch mit Tonbändern klappte. 150, später 200 DM Honorar
pro Sendung waren damals eine stattliche Summe.

Viel Spaß mit den Kindern, Jutta, Elena und Clemens, die zu dritt
in einem Zimmer lebten, während im anderen Bergrun und ich
schliefen, sie als Lehrerin ihre Schülerhefte korrigierte, ich meine
ersten psychoanalytischen Therapien durchführte. Die 17-jährige
Haushaltshilfe, Flüchtling aus dem jetzt polnischen Teil Schlesiens,
bewohnte die frühere »Mädchenkammer«. Nun gab es auch schon
Kohle zum Heizen. Mit den Stromsperren hatte es ein Ende, nur
noch nicht mit dem Einfrieren der Wasserleitungen, die in dem Rui-
nengemäuer nicht ausreichend isoliert waren. Dennoch genossen
Bergrun und ich wie die meisten unserer Freundinnen und Freunde
die gemeinsame Aufbruchsstimmung in der vorläufig nicht mehr
bedrohten Enklave Westberlin. Fürs Erste waren wir noch zu-

frieden mit unserem Ruinenhochsitz, der sich inzwischen schon reichlich wunderlich von den reparierten oder intakt gebliebenen Nachbarhäusern abhob. Unser Domizil enthielt einerseits die beschädigte Vergangenheit, es hatte aber auch etwas pittoresk Abenteuerliches. Es kam uns so vor, als feierten wir ein Stück Jugend nach, die wir nie hatten ausleben können. Beide hatten wir uns nun den Wunsch erfüllt, eine eigene Familie aufzubauen – Bergrun nach Ausbruch aus der missglückten ersten Kurzehe, ich in der Erschaffung eines neuen Zuhause nach Verlust des alten.

Das Lebensthema: die unbewusste Dynamik von Machtverhältnissen

Meine psychoanalytische Ausbildung dauerte von 1950 bis 1954. In diesen Jahren wurde ich auf ein Phänomen aufmerksam, dass für mich zu einem zentralen Thema geworden ist. Ich stieß darauf in meinen beiden Eigenanalysen, dann bei einer der ersten psychoanalytischen Therapien, die ich durchführte. Schließlich fand ich das Phänomen wieder, als ich 1952, also noch mitten in meiner Ausbildung, als Leiter einer Beratungs- und Forschungsstelle für seelische Störungen bei Kindern und Jugendlichen tätig werden konnte. Schon zuvor habe ich in den vorliegenden Notizen erwähnt, dass ich in mir selbst Wesenszüge entdeckt hatte, die mir wie Antworten auf Erwartungen der Eltern vorkamen, also dass ich mich für etwas hielt, womit ich eigentlich nur eine in mich hineingelegte Rolle übernommen hatte. Nun achtete ich in meiner klinischen Arbeit gezielt auf einen solchen Zusammenhang und fand dabei heraus, dass dieser sich vielfach wiederholt. Mächtigere beherrschen Schwächere, also zum Beispiel Eltern ihre Kinder, nicht nur durch praktische Vorschriften, sondern auch durch unbewusste Aufträge verschiedener Art. Sie laden etwa bei ihnen Eigenschaften ab, die sie bei sich nicht wahrnehmen wollen. Mächtigere gebrauchen Abhängige, um an ihnen kritisieren zu können, was sie sonst bei sich selbst hassen müssten. Umgekehrt kann es aber auch dazu kommen, dass sie Abhängige dazu nötigen, stellvertretend eigenen gescheiterten Ehrgeiz zu befriedigen. Oder sie heften die anderen als Partner an sich, um an ihnen symbiotische Betreuungsbedürfnisse abreagieren zu können oder sich von ihnen permanent Bestätigung und Bewunderung einzuholen, womit sie sich der eigenen narzisstischen Grandiosität versichern können. Ich beobachtete sogar bei meinen eigenen Analytikern, dass ihr Interesse oder Desinteresse für meine Einfälle nicht nur von meiner Verfassung, sondern auch von ihren ganz persönlichen Vorlieben abhing.

Zu einem wahrhaft dramatischen Beispiel von ausbeuterischem Missbrauch einer Abhängigkeitsbeziehung wurde für mich nun einer meiner ersten großen psychoanalytischen Therapiefälle. Es war eine Erfahrung, die mich einerseits von dem Instrument der psychoanalytischen Therapie nachdrücklich überzeugte, mich aber zugleich auf eine Spur führte, die von der klassischen Lehrmeinung abwich. Hier seien nur in Stichworten einige spezielle Aspekte dieser Fallgeschichte erläutert, die ich ausführlicher mit zahlreichen Traumbeispielen im »Gotteskomplex« dargestellt habe.

Der Patient, ein junger Schauspieler, war in einer Familie aufgewachsen, in der seine früh gestorbene Mutter und seine Schwester wie er selbst völlig im Dienst für den großmächtigen Vater aufgegangen waren. Der Vater, Aufsteiger in der Industrie, Chef eines bedeutenden technisch-wissenschaftlichen Instituts, Inhaber vieler Ehrenämter, erfüllt von grandioser Selbstvergötterung, was sich etwa in einem Essay ausdrückte, in dem er selber als eine Person auftrat, die Goethes Faustgestalt ihre Schwächen vorhielt. Auf der anderen Seite der Sohn, komplementär ohne Selbstwertgefühl, ohnmächtig an den Vater gekettet als dessen Zuhörer und Bewunderer. Alkoholiker, verschuldet, impotent, Masochist, von asthmatischen Erstickungsanfällen gequält, hin und wieder zu halbernsten Selbstmordversuchen tendierend. Eine an seiner Impotenz gescheiterte kurze Ehe hinter sich. Vom Vater kein Interesse für die eigenen Aktivitäten, nie ein »gutes Wort«. Als er diesen verschiedentlich bestahl – bis in die Gegenwart hinein –, um sich etwas zu holen, wovon er sonst nichts bekam, schwieg der Vater dazu und band ihn durch die unbefreiten Schuldgefühle nur noch fester an sich.

In der Analyse träumte sich der Patient als die verkörperte *linke Seite* des Vaters, um diesem die *rechte Seite* freizuhalten. Genauso war das sadomasochistische Vater-Sohn-Knäuel zu begreifen. Für alles Negative, was der Vater bei sich verleugnete, hatte er sich den Sohn, den er mit Prügel und vielen Demütigungen erzogen hatte, als eine Art von persönlichem Entsorgungslager hergerichtet. Der ohnmächtige Hass des Sohnes war in masochistische Aktionen umgeschlagen: Während seiner Alkoholexzesse ließ er sich von Prostituierten schlagen, er schluckte anfallsweise Tabletten in Überdosen und trieb seine Verschuldung immer weiter.

Erwartungsgemäß übertrug er seine ambivalente homosexuelle Vaterbeziehung auf den Analytiker, blieb diesem zeitweise die Honorare schuldig und versäumte immer wieder Stunden. Dabei kam es eines Tages bzw. eines Nachts zu einer Schlüsselszene. Als sich gerade einmal eine relative Stabilisierung anzukündigen schien, stürzte er wieder ab, rief betrunken aus einem Lokal an, teils triumphierend, teils verzweifelt: »Nun haben Sie bestimmt gedacht, dass ich es diesmal schaffe!« – »Kommen Sie her«, war die Antwort. Er kam, lag heulend auf der Couch, aber konnte zum ersten Mal seine Wut auf den Vater ungehemmt herauslassen, wobei er noch einige besonders demütigende Kindheitsszenen erinnern konnte. Dass er sich in dieser Situation angenommen fühlte, brachte ihn wohl ein Stück weit davon ab, sich mit dem Analytiker automatisch in das gleiche Beziehungsmuster wie mit dem Vater zu verwickeln. Im letzten Jahr der dreijährigen Analyse wagte er immer beherzter, den Vater kritisch herauszufordern, der bezeichnenderweise darauf überaus empfindlich reagierte. Er überschüttete den Sohn mit einschüchternden Briefen, phantasierte u. a., was dem Sohn alles passieren würde, sollte der den Vater umzubringen versuchen. Ihm schwebte wohl bereits der eigene Zusammenbruch vor, sollte es dem Sohn demnächst gelingen, sich aus seinem masochistischen Gefängnis zu befreien. Indessen genau auf diesen Punkt lief der Prozess zu. In der entscheidenden Phase träumte der Sohn, dass er als kleiner Moses, auf dem Meer ausgesetzt, von einem mächtigen Kapitän nicht getötet zu werden befürchten müsse, weil er durch eigene Bewaffnung geschützt sei. In diesen Monaten verlor der Patient vollständig seine Impotenz. Er ging daran, seine Schulden abzubauen. Während einer langen Periode kam es nur noch zu einem einzigen Alkohol-Rückfall. Nachdem ihn seine Impotenz und die demütigende Scheidung jahrelang gehindert hatten, sich außer an Prostituierte an Frauen heranzuwagen, verliebte er sich in eine warmherzige Dekorateurin, die er nach einigen Monaten heiratete. In Australien, wohin das Paar später auswanderte, entsprangen der Ehe zwei Kinder.

Unterdessen hatte den Vater eine rätselvolle Krankheit befallen. Es setzte bei ihm ein rapider psychischer Abbau ein, ohne dass man eine ausreichende hirnorganische Erklärung finden konnte. Dies wurde mir bekannt, weil ich inzwischen in die gleiche Klinik, in welcher der Vater lag und bald starb, als Volontärassistent eingetreten war. Ob eine Familientherapie, wie ich sie später als neue Methode entdeckte, zu einer anderen Lösung hätte führen können, habe ich im Nachhinein oft überlegt, ohne eine sichere Antwort finden zu können.

Durch diesen Fall hatte sich in mir eine grundsätzliche Einsicht gefestigt, nämlich die von der Existenz eines überindividuellen Zusammenhanges des unbewussten Seelenlebens. Allzu deutlich wurde hier ja vorgeführt, wie die inneren Prozesse von Vater und Sohn einander wechselseitig bedingten, wie Macht und Ohnmacht, Potenz und Impotenz, Gesundheit und Krankheit in wechselnder Verteilung ein Gesamt bildeten, was Systemtheoretiker ein System nennen könnten. Diese Beobachtung entfernte mich ein für alle Mal von der Lehrmeinung, die Anna Freud 1954 auf folgende Formel gebracht hatte: Der Ursprung der Neurose habe drei Quellen: die Konstitution (zum Beispiel besondere Triebstärke, die Ich-Es-Spaltung, die Ambivalenz), die anlagebedingten Entwicklungskrisen (zum Beispiel der Ödipuskomplex) sowie unvermeidliche soziale Einflüsse (Sauberkeitstraining, Geschwisterrivalität, kulturelle Sexualmoral). Mit dieser Auffassung unterstützte sie das alte theoretische Konzept von einem psychischen Apparat, der mit bewussten und unbewussten Anteilen dem Einzelnen wie in einer Kapsel einwohne, und zugleich rechtfertigte sie auf diese Weise die Beschränkung der psychoanalytischen Therapie auf die Individualanalyse, was hieß, dass auch die Kinderanalyse ohne familientherapeutisches Konzept betrieben werden sollte. Im Gegensatz dazu überzeugten mich der eben zitierte Fall und viele andere Erfahrungen mit den Familien, die ich seit 1952 in meiner Beratungs- und Forschungsstelle beobachtete, dass der Einzelne von Kind auf mit seinen psychischen Prozessen in Beziehungen eingebunden und nur aus diesem Austausch heraus in seiner Entwicklung zu verstehen ist. Demnach sind Mutter und Vater in ihren je besonderen Strukturen und ihren Konflikten, mit denen sie in ein Kind hineinwirken, für dessen inneres Schicksal von hoher Bedeutung, was – wie in dem zitierten Vater/Sohn-Beispiel – so weit gehen kann, dass ein Kind gar kein eigenes Selbst entwickelt, sondern zu einem personalisierten Teilaspekt einer Elternfigur heranreift. Der vorliegende Fall, in dem ein Kind als Versager und Sündenbock die Selbstidealisierung einer Elternfigur garantieren soll, ist nur *eine* Variante innerhalb einer größeren Palette von elterlichen Möglichkeiten, Kinder zur Erfüllung eigener Bedürfnisse oder zur Entlastung von eigenen inneren Schwierigkeiten zu inszenieren. Ich habe die diversen Möglichkeiten an anderer Stelle anhand von Familiengeschichten dargestellt (»Eltern, Kind und Neurose«, 1963; »Patient Familie«, 1969). Die Dynamik des zitierten Vater-Sohn-Dramas beschäftigte mich indessen weiterhin. Mir schien es, als habe sich darin ein allgemeines Prinzip oder Muster ausgedrückt, das als Schlüssel von sozialpsychologischen Zusammenhängen auch einer anderen Größenordnung angesehen werden kann:

Der Mächtige braucht den Ohnmächtigen, denn über wen soll er sonst seine Macht feiern? Der Gute braucht den Schlechten, denn wie sonst kann er sein Gut-Sein von einem kontrastierenden Hintergrund abheben? Muss nicht der, der sich fortgesetzt erhöhen will, andere erniedrigen, um zu verdrängen, dass er selbst ebenfalls dazu bestimmt oder verdammt ist, irgendwann unterzugehen? Und gilt dieses Prinzip nicht auch für größere Gruppen in der Weise, dass solche, die sich selbst verherrlichen, andere brauchen, die sie entwerten und verfluchen können? Wie an dem Vater-Sohn-Beispiel erkennbar, entsteht offenbar durch eine solche komplementäre Polarisierung stets ein Gewaltpotenzial. Der mächtige Teil übt Unterdrückung aus, um den ohnmächtigen Teil unten zu halten. Er kann die ausgeübte Gewalt verschleiern, wenn der erniedrigte Teil bereit ist, sich mit seiner Erniedrigung zu identifizieren, also sich selbst zu entwerten, so wie jener Sohn sich lange durch seinen Masochismus und seinen Selbsthass quasi freiwillig in seinen Sklavenstatus gefügt hat. Der Konflikt wird brisant, wenn der erniedrigte Teil aus seiner Rolle ausbricht und damit die Selbstsicherheit des dominierenden Partners bedroht, oder wenn dieser den Gegensatz dadurch verschärft, indem er noch höher aufsteigen will und den Entfaltungsraum des unterdrückten Teils auf ein unerträgliches Minimum einengt.

Dieses Strukturmodell habe ich fortan in den verschiedensten sozialen Beziehungen untersucht: in der Eltern-Kind-Beziehung, in der Paarbeziehung, im Arzt-Patient-Verhältnis, im gesellschaftlichen Umgang mit psychisch Kranken, schließlich auch in politischen Systemen. Stets interessierten mich die Bedingungen, unter denen sich solche komplementären Polaritäten in spannungsärmere kooperative Partnerschaften oder umgekehrt in destruktive kriegerische Verhältnisse verwandeln können. Und dabei ist mir mein eigenes Bedürfnis bewusst geworden, da oder dort eine analytisch klärende und zugleich hilfreich vermittelnde Funktion zu übernehmen. Aber was sich dabei an forschenden und therapeutischen Interessen entwickelte, schien mir allezeit untrennbar mit meiner persönlichen Biografie verbunden.

Im Kampf mit rassistischer Psychiatrie

Ein Teilgebiet, in dem das eben erwähnte Thema eine bedeutende Rolle spielt, beschäftigt mich jetzt gerade wieder, ähnlich wie Mitte der 50er Jahre, als ich in die psychiatrische Universitätsklinik der Freien Universität Berlin eintrat. Unvergessen geblieben ist mir mein Einstellungsgespräch, als ich – eher klein von Statur, gedrungen und dunkelhaarig – einem hoch aufgeschossenen, schlanken Professor gegenübertrat, der mit Stolz ausdrücklich auf seine großen blonden Assistenten hinwies und leise Skepsis anklingen ließ, ob ich, der Neue, mich in diesem Kreis werde gut behaupten können. Kein Zweifel, der Professor hing noch unbeirrt an der braunen Rassenideologie und bewertete nach deren Kriterien sein Umfeld und, wie sich dann zeigte, insbesondere auch seine Patienten. So konnte es auch nicht verwundern, dass er es in seinen Vorlesungen noch öffentlich bedauerte, dass man Psychopathen nicht mehr an der Fortpflanzung hindern könne. Er war übrigens vor Kriegsende Oberarzt an der Klinik eines der berüchtigtsten Euthanasie-Psychiater gewesen. Dass ich als überzeugter Psychoanalytiker unter diesem Chef einen schweren Stand haben würde, lag auf der Hand. Aber es war nun einmal zu jener Zeit die einzige akademische psychiatrische Forschungsklinik in Westberlin, und warum sollte es mir nicht gelingen, mich mit den eigenen Ideen auch unter den erkennbaren schwierigen Umständen zu behaupten?

Es ging um den Konflikt zwischen zwei Grundhaltungen. Was mir bald die Kritik des Professors eintrug, war das Bemühen um partnerschaftliche Nähe und empathische Anteilnahme zu bzw. an den psychotischen Patienten. Das wirkte auf den Chef offenbar provozierend, nämlich wie eine ungehörige Selbsterniedrigung gegenüber einer Kategorie von Menschen, denen man als Psychiater mit autoritärer Distanz begegnen sollte. Das emanzipatorische Ziel des psychoanalytischen Denkens passte ganz und gar nicht zu einer Sichtweise, die immer noch ziemlich unverhüllt zwischen erblich

Höherwertigen und erblich Minderwertigen unterschied. Ich lernte hier also genau die Einstellung kennen, die noch unlängst zahlreiche führende Psychiater befähigt hatte, die organisierte Ausmerzung von Menschen zu dulden oder gar gutzuheißen, zu deren Hilfe sie ihr Beruf eigentlich verpflichtete. Psychiater, sich selbst als Repräsentanten einer biologischen Elite wähnend, hatten es offenbar als legitimen Dienst an der Gesellschaft angesehen, zur Ausrottung von »minderwertigem« oder »unwertem« Leben beizutragen. Und dazu hatte man Menschen mit Krankheiten gerechnet, von denen eine Reihe der bedeutendsten Vertreter des abendländischen Geisteslebens befallen gewesen waren. Da war er also wieder, der Zusammenhang zwischen fataler Selbstidealisierung und mörderischer Gewalt, zwischen Größenwahn und Destruktivität, hier als konstitutives Element der faschistischen Mentalität.

Der Professor, dessen Struktur ich genauer studieren konnte, war kein rabiater Typ. Sein aufgesetztes Dominanzgehabe verdeckte eine unverkennbare Unsicherheit. Wenn er die Psychoanalyse heruntermachte und mir persönlich manche Steine in den Weg legte – etwa indem er mich mehrere Jahre auf der Stelle einer wissenschaftlichen Hilfskraft hängen ließ und später meine Habilitationsarbeit zwei Jahre ungelesen bei sich verwahrte –, so wagte er fast nie, sich offen mit mir auseinander zu setzen. Ja, manchmal verriet er sogar, dass er auf meine Anerkennung hoffte. Der einzige Patient, den er mir je zur Psychotherapie überwies, war ein vereinsamter, gehemmter, aber von geheimen Größenphantasien besessener schmaler blonder Jüngling – vielleicht die verborgene hilfsbedürftige Seite des eigenen Selbst?

Ich erlebte diesen Chef als idealtypischen Vertreter einer Struktur, wie sie Wilhelm Reich als kennzeichnend für die Psychologie des Faschismus beschrieben hatte. Vielleicht hat mir die Möglichkeit, die Persönlichkeit des Professors über Jahre genau zu beobachten, sogar den bemerkenswertesten Erkenntnisgewinn an dieser Klinik geliefert. Reich hatte gelehrt, dass es der »mechanisch-mystische Charakter« der Menschen der Epoche sei, der den Faschismus hervorbringe, und nicht umgekehrt. Jedenfalls hatte er eine unmittelbare Verbindung zwischen der Struktur der Menschen und den Merkmalen der politischen Ideologie entdeckt – ein Gedanke, den in allgemeiner Form schon Platon geäußert hatte: Die politische Verfassung einer Gesellschaft entspreche der Wesens- und Denkart der darin lebenden Menschen.

Hier präsentierte sich ein Psychiatrie-Professor, vollauf identifiziert mit dem Bilde einer Herrenrasse-Führungsgestalt – autoritäre Arroganz, schneidig militärisches Auftreten, markige Sprache, heldische Phantasien. Mit der Pistole in der Hand werde er im Garten der Klinik den Russen entgegentreten, würden diese in Westberlin einfallen. Mystische, pseudoreligiöse Ideen von der Berufung zur Höherzüchtung der Rasse mit einer entsprechenden pervertierten Moraltheorie. Eine asexuelle, triebfeindliche, zwanghafte Grundeinstellung, idealisiert als elitäre Selbstzucht und Disziplin. Sogar die psychisch Kranken in seiner Obhut sollten möglichst zur Visite brav und stramm neben den Betten stehen. Ungebärdige, unbeherrschte Psychotiker ließ er mitunter in die Landesheilanstalt überweisen, weil sie, wie er meinte, nicht in eine Einrichtung vom Range einer Universitätsklinik hineinpassten. Reinigung der sozialen Welt der Klinik und darüber hinaus der Gesellschaft von schmutziger, unkontrollierter Triebhaftigkeit, das gehörte bei ihm zusammen. Aber bei allem war zu merken: Es war aufgesetzt, verkrampft, verklemmt – ein kleinbürgerlicher Musterschüler, der sich mit der elitären Position identifizierte, für die er sich bestimmt glaubte und in der er sich als gehorsamer Diener einer höheren Pflicht fühlte.

Wie konnte dieser Mann, der psychische Auffälligkeit, Krankheit und Behinderung als Minusvarianten des Menschengeschlechts einstufte, sich in der Psychiatrie überhaupt wohl fühlen? Offenbar nur mit Hilfe einer grotesken Gesichtsfeldverengung. Für ihn war die reiche, bunte psychische Welt der Kranken mit ihren Halluzinationen, phantastischen Ideen, ihren höllischen Ängsten, Verzweiflungen, aber auch hochfliegenden Erlösungsträumen nur dazu da, auf prägnante diagnostische Begriffe gebracht zu werden. Im Übrigen betrachtete er die allermeisten Krankheiten von der Epilepsie bis zur Psychose als bloßen Ausdruck technischer Defekte des Organismus, letztlich als Störung von Regelkreisen von der Art der automatischen Temperaturregulation eines Kühlschranks. Befremdlich erschien ihm die intensive bis leidenschaftliche Anteilnahme zahlreicher Assistenten an den inneren Erlebnissen der Patienten. Darin sah er eher die Gefahr einer zu großen Annäherung an das Krankhafte, nicht etwa eine legitime ärztlich-wissenschaftliche Haltung. Wissenschaft war für ihn allein die chemisch-physikalische Aufklärung der materiellen Krankheitsursachen. Würde diese bald gelingen, woran er unbeirrbar glaubte, würde man keine Psychotherapie mehr benötigen.

* * *

Dass ein solcher Geist noch zehn Jahre nach Kriegsende fast ungehindert über eine renommierte Universitätsklinik herrschen konnte, war deshalb nicht besonders verwunderlich, weil dieser auch von einer Reihe anderer Psychiatrie-Chefs unverändert gepflegt wurde, die zuvor in ihren Kliniken der mörderischen Euthanasie-Aktion keinerlei Widerstand entgegengesetzt hatten. Bis in die 60er Jahre hinein, bis zur 68er-Studentenrebellion, lag der Nebel eines verlogenen Schweigens über der Mitverantwortung einer ganzen Zunft an den Psychiatrieverbrechen. Die hierarchisch-autoritäre Struktur der Universitätskliniken hielt vorläufig noch die allmählich aufkeimende Opposition des psychiatrischen Nachwuchses unter Kontrolle. An der zitierten Berliner Klinik fanden sich zwar bald acht Assistentinnen und Assistenten zur Ausbildung an dem Psychoanalytischen Institut ein, an dem ich selbst ausgebildet worden war und das ich ab 1959 leitete. Aber ich blieb noch jahrelang der Einzige, der sich in der Klinik offen zur Psychoanalyse bekannte. Die anderen Assistenten verschwiegen ihre Neben-Ausbildung und legten mir wiederholt wohlmeinend ans Herz, ob ich nicht auch mit der Offenbarung meiner kritischen Position vorsichtiger sein sollte, um mir das Leben zu erleichtern. Ich wisse doch um die Empfindlichkeit des Chefs. In der Tat hätte ich mir manche Schikanen ersparen können, u. a. das halbjährige Verbot, die Klinikbibliothek zu betreten, nachdem ich einmal für einen drangsalierten Oberarzt offen Partei ergriffen hatte (er wollte die schädliche Nebenwirkung des Medikaments einer Firma publizieren, von der die Klinik finanziell unterstützt wurde).

Entscheidend war aber für mich, dass ich nebenher an der besagten Beratungs- und Forschungsstelle für Kinder und Jugendliche in voller Freiheit meine Studien vorantreiben und diese mit meinen Erfahrungen in der Psychiatrie nützlich verbinden konnte. Die Ergebnisse ermutigten mich sogar, 1957 mit einem Vortrag auf dem Internationalen Psychoanalytischen Kongress in Paris aufzutreten.

Gentechnische Menschenzüchtung?

Der SPIEGEL erbittet von mir für die Jahres-Chronik '98 einen Artikel zum Thema Klonen. Ich sage zu und bin mir bei der Abfassung des Textes bewusst, dass ich eigentlich vor der Wiederkehr jenes Geistes warnen will, der eine züchterische Auslese zwischen »wertem« und »unwertem« menschlichen Leben anstrebt. Denn genau diese Gefahr sehe ich voraus, dass nämlich eine Wissenschaftler-Elite mit der Struktur jenes Professors demnächst die Vervielfältigung erwünschten und die Ausmerzung »schädlichen« menschlichen Erbgutes als gottgewollten Dienst an der Evolution ausgeben könnte. Also finde ich es lohnend, an die Wurzeln und die historischen Folgen eines solchen gewaltträchtigen Denkens zu erinnern:

Allmacht als Prothesengott
Ist die Moral eine Hure? Man könnte es meinen, wenn man die Pervertierbarkeit moralischer Vorstellungen im zeitlichen Wandel verfolgt. Vorläufig herrscht Einigkeit bei Öffentlichkeit, Ethik-Kommissionen und Gesetzgeber: Klonen von Menschen darf nicht sein. Schon gar nicht, um etwa lebendige Ersatzteillager für Organtransplantationen herzustellen.

Einig sind sich alle momentan auch darüber, dass die Fortschritte der Gentechnologie nicht genutzt werden dürfen, um Menschen maßzuschneidern.

Aber noch ist es nicht lange her, dass sich die Deutschen einer Moral unterwarfen, wonach die Vernichtung »lebensunwerten Lebens« zugunsten der vermeintlichen Höherzüchtung der Gemeinschaft im Sinne der Evolution sogar geboten sei. Allseits anerkannte Humanisten wie der spätere Nobelpreisträger Konrad Lorenz begrüßten in diesem Sinne die »Ausmerzung ethisch Minderwertiger«. Zwangssterilisierungen sowie die organisierte Tötung von psychisch Kranken geschahen ohne Einspruch der maßgeblichen Psychiater und der Spitzen der Justiz.

Wenn sogar solche erbbiologisch begründeten Exzesse Akzeptanz fanden, warum sollte man es nicht eines fernen oder gar nicht so fernen Tages als großartige Errungenschaft begrüßen, Kopien von herausragenden Köpfen, von Sporthelden, Popstars, Topmodels oder auch Spezialisten für alle möglichen gesellschaftlich nützlichen Zwecke anzufertigen?

Werden die technischen Möglichkeiten erst einmal ausgereift sein, könnte durchaus auch die Idee aufkommen, durch gentechnische Züchtung und Auslese Vorteile im ökonomischen Konkurrenzkampf zu erlangen, der im Zeitalter des Neoliberalismus ohnehin moralisch geheiligt ist.

Die herrschende Schicht der Reichen könnte Mittel und Wege finden, geklonten oder sonstwie vorteilhaft genetisch zubereiteten Nachwuchs zur Festigung ihrer Vorherrschaft zu produzieren. Vielleicht wird man auch die Standortvorteile ins Feld führen, die durch gezielte Reproduktion von erwünschten Begabungen und Fertigkeiten bei gleichzeitigem Wegzüchten von unerwünschten Merkmalen zu erlangen wären.

Reicht der momentane Horror vor solchen Visionen tatsächlich aus, um ihre Realisierung ein für alle Mal zu verhindern?

Zur Skepsis rät die Erfahrung, dass in allen noch so riskanten wissenschaftlich ermöglichten Machbarkeiten die Versuchung steckt, sie irgendwann doch anzuwenden. Wo immer es so aussieht, dass sie zur weiteren Befreiung des Menschen von einengenden natürlichen Abhängigkeiten verhelfen können, lassen sie sich als förderlich im Sinne unseres hintergründigen Kulturziels erklären.

Das ist die Sehnsucht, die René Descartes vor dreieinhalb Jahrhunderten formuliert hat, als er das Wachstum der menschlichen Erkenntnis bis ins Unendliche voraussah und sich fragte, ob damit nicht auch die übrigen Vollkommenheiten Gottes würden erreicht werden können. Sigmund Freud befand 1930, der Mensch habe sich nun bereits vieles von der einst Gott zugeschriebenen Allmacht angeeignet und sei dabei, als Prothesengott gewiss seine Gottähnlichkeit noch weiter zielstrebig zu steigern.

Dieser kulturell verankerte Größenwahn hat seine eigene Moral, die um kein Argument verlegen ist, wenn zum Beispiel das Spiel mit den Genen neue Gewinnchancen und vermeintliche Freiheitsräume eröffnet. Schnell werden die Mahner als linke Bedenkenträger entlarvt, die im Sinne von »Political Correctness« die Natur wie eine unterdrückte Klasse gegen die Herrschaft der Fortschrittspioniere verteidigen wollen.

Aber noch bilden diese vermeintlich ressentimentgeladenen Bedenkenträger die Mehrheit und pochen auf die Legitimität ihrer Furcht vor den destruktiven Rückwirkungen eines gentechnischen Züchtungswahns. Dabei berufen sie sich auf Hans Jonas, der im Sinne des »Prinzips Verantwortung« die Furcht vor Naturzerstörung zu einer regelrechten ethischen Pflicht erklärt hat. Damit meinte er eine Furcht, die nicht lähmt, sondern zu beschützendem Handeln aufruft.

Denn letztlich geht es um die Beherzigung einer ganz banalen, aber fundamentalen Wahrheit: nämlich dass der Mensch zur Natur und diese nicht ihm gehört.

Vorbild E. H. Erikson. »Eltern, Kind und Neurose«

1957. In diesem Jahr erschien E. H. Eriksons »Kindheit und Gesell-schaft« in deutscher Übersetzung. Es wurde eines der berühmtesten Bücher der Psychoanalyse überhaupt, obwohl es in einem wesentli-chen Punkt von der freudianischen Lehrmeinung abwich. Erikson sah die individuelle Lebensgeschichte von der Kindheit bis ins hohe Alter in hohem Maße beeinflusst durch die Auseinandersetzung mit dem spezifischen sozialen Umfeld. Er war mit Ernst Simmel der einzige Analytiker, der sich mit den nachwirkenden psychischen Beschädigungen von Soldaten durch traumatische Kriegserlebnisse beschäftigt hatte. Die psychische Entwicklung der Menschen in Indianerkulturen hatte er erforscht, dann die Identitätsbildung im modernen Amerika. In einem längeren Abschnitt des Buches behan-delte er den Typus der deutschen Familie im kulturellen Vergleich. Da er bis zu seiner Übersiedlung nach Wien und seiner späteren Emigra-tion in die USA 25 Jahre in Deutschland gelebt hatte, konnte er seine persönlichen Erfahrungen in diese Studie einbringen.

Was hatte die deutsche Jugend so besonders anfällig für die Ideen des Nationalsozialismus gemacht? Erikson beschrieb eine »kriti-sche deutsche Pubertät als sonderbares Gemisch aus offener Auf-lehnung und ›geheimer Sünde‹, aus zynischer Entscheidung zum Bösen und unterwürfigem Gehorsam, aus Romantik und hoff-nungsloser Verzweiflung«. Die deutschen Väter übten vielfach eine äußere Härte ohne echte innere Autorität aus, wobei die Jungen spürten, dass die Väter selbst unglücklich über die eigene Verfas-sung seien, was die Jungen gegenüber der väterlichen »emotionalen Impotenz« Mitleid und zugleich Ekel empfinden ließe. »Härte«, schrieb Erikson, »ist nur dort produktiv, wo ein Gefühl der Ver-pflichtung herrscht, ein Gefühl der Würde in freiwilligem Gehor-sam.« In jedem Franzosen habe sich nach der demokratischen Revolution etwas vom Chevalier, im Engländer etwas vom Gentle-man, im Amerikaner etwas von einem rebellischen Aristokraten entwickelt. Dieses »Etwas« sei von den revolutionären Idealen in den Völkern internalisiert worden, die eine demokratische Revolution durchgestanden hätten. Daraus sei der Begriff des »freien Mannes« entstanden. Die Deutschen hätten in Ablehnung ihrer enttäuschenden Väter eine Hinwendung zu mystisch-romantischer Größe, Natur, Vaterland, dem Wesenhaften an sich vorgenommen – »Ersatzbilder einer reinen Mutter«, die den Knaben nicht an das väterliche Ungeheuer verrät. So hätten die jungen Deutschen sich dem verklärten »älteren Bruder« Hitler ausgeliefert, dem permanent jugendlichen »Bandenführer«, der die bewundernden Jungens in seinen räuberischen Abenteuern zusammengehalten habe.

Bei Eriksons Beschreibung der deutschen Naziväter fühlte ich mich natürlich sehr an die Figur jenes Chefs erinnert, mit dem ich es täglich zu tun hatte. Aber vorerst beschäftigten mich noch mehr Eriksons Ausführungen über die Eltern-Kind-Beziehung im vorpubertären Alter. Davon nahm ich einiges in meine Schrift »Eltern, Kind und Neurose« auf, die ich während einer hoch fieberhaften Lungenentzündung innerhalb von vier Wochen in ihrem Hauptteil fertigstellte.

Heute sehe ich ganz klar, dass ich bei der Abfassung jenes Buches noch ein heimlicher Bundesgenosse der Kinder war, an deren Seite ich den Eltern den Missbrauch ihrer Macht vorhielt, indem sie an ihren Kindern unbewusst die eigenen Konflikte abreagierten. Mein Antrieb als Autor hing also immer noch mit der Arbeit an den eigenen Kindheitskonflikten zusammen. Obwohl partiell längst hineingewachsen in die Rollen als Ehemann, Vater, Therapeut, Leiter von Arbeitsgruppen, war ich in einer tieferen Schicht immer noch der Sohn, der mit der Elterngeneration seine offenen Rechnungen hatte. Allerdings war die Anstrengung, dieses Buch zu durchdenken, wohl ein wichtiger Schritt vorwärts. Dass mein damaliger innerer Prozess einer Entwicklung vorauslief, in der sich ein knappes Jahrzehnt später viele junge Eltern aus der studentischen Protestbewegung wiederfinden würden, zeigte sich dann, als »Eltern, Kind und Neurose«, zunächst kaum beachtet, plötzlich zu einem regelrechten Kultbuch und zur Pflichtlektüre für die Kinderladen-Gruppen wurde. Das hatte noch eine kleine Vorgeschichte. Ein tüchtiger Rowohlt-Vertreter hatte Heinrich Maria Ledig-Rowohlt eingeredet, von Ernst Klett die Taschenbuch-Rechte zu kaufen. Klett riet seinem Freund Ledig ab. Der Kauf werde sich nicht lohnen. Aber er lohnte sich.

Vorerst war ich, wie gesagt, meiner selbst noch sehr unsicher. Ich hatte mein eigenes Vater-Defizit. Da war die versagende Vatergeneration der Hitlerzeit. Die eigene nur halb gelebte, halb verdorbene Jugend, die nur äußerlich abgeheilten Verletzungen in den Schreckensjahren, die innerlichen Aufspaltungen, um in verengten Lebenskreisen das Falsche überstehen zu können. Wo gab es Väter, die aus der Nazizeit als aufrechte, unkorrumpierte Leitfiguren übrig geblieben waren? Da hatte ich auf den Philosophen Spranger gehofft, der dann entschwunden war. Mein Schwiegervater, dessen Martyrium unter der braunen Herrschaft mich tief bewegt hatte, war zusammengebrochen. Mitten in der ersten Lehranalyse hatte mich der Analytiker, ein Antinazi, wegen eines Amerika-Aufenthaltes im Stich gelassen. Der zweite Analytiker, obzwar inzwischen geläutert, war, wie oben schon erwähnt, PG gewesen. Ich begeisterte mich für Erikson, aber der war auf der gerechten Seite – Jude, von meiner eigenen Vatergeneration Vertriebener. Dennoch würde ich mich später diesem Erikson zunehmend verbunden wissen. Ich würde mit diesem immer mehr Verwandtschaft entdecken, insbesondere mit dem älteren Erikson, der von der Psychoanalyse verlangte, sich mehr mit den brennenden Zeitereignissen zu befassen, der zum Kämpfer gegen Rassenhass und Unterdrückung, gegen Apartheid und verantwortungslose Atomrüstung wurde. Aber ich sollte auch noch das Glück haben, mit einem der unkorrumpiert gebliebenen *deutschen* Väter in nähere Berührung zu kommen: mit Willy Brandt. Noch zuvor sollte mir allerdings von ganz anderer Seite eine wichtige Unterstützung zur Festigung meiner Identität zuteil werden – von der aufbrechenden Studentengeneration.

* * *

1962. Berufung auf den Psychosomatik-Lehrstuhl an der Universität Gießen in zweiter Wahl. Lieber noch hätte man einen Psychiater aus Amsterdam geholt. Aber der hatte abgesagt. Bergrun war mit der Annahme des Rufes einverstanden. Beförderung, neue Freiheit, aber auch eine neue Entwurzelung. Trennung von den Freunden und Freundinnen, Schulwechsel der Kinder. Ein Umzug, den die Seelen zunächst nur halb mitmachten. Abschied von dem geistigen Brennpunkt Berlin, wo die kritische Insellage, die Blockade, die gerade errichtete Mauer eine unerhört inspirierende politische Wachheit erzeugt hatten. Einzug in die geruhsame hessische Provinz mit ihrem sehr viel schwerer zugänglichen Menschenschlag. Mühsames Sich-Einleben. Bergrun hatte es noch schwerer. Ihre Depression lag wie ein Vorwurf auf mir, den ich ihr wiederum insgeheim verübelte. Erst als wir uns beide mit dem neuen Umfeld einigermaßen ausgesöhnt hatten, fanden wir unsere Nähe zueinander wieder. Auch mit der Stadt wurden wir allmählich vertraut, die ähnlich wie Berlin halb kaputtgebombt worden war, viele Flüchtlinge aufgenommen hatte und sich nun einer aufstrebenden und überaus reformwilligen Universität erfreute.

Ich konnte in Gießen nach Heidelberg die zweite deutsche Psychosomatische Universitätsklinik gründen, dazu zusammen mit mehreren Kolleginnen und Kollegen ein Psychoanalytisches Institut. Wir starteten als ein noch sehr jugendliches Team – zwischen 25 und 35 –, ich selbst war, als es losging, ganze 38. Wir waren also der Studentengeneration relativ nahe, als diese bald auf die Barrikaden ging. Auch die im eigenen Kreis lebendigen politischen Interessen halfen, sich auf die kommenden stürmischen Jahre vorzubereiten. Mein Essay über Adolf Eichmann und die Psychologie der Handlanger, der 1963 in der ZEIT erschien, führte mir mehrere politisch sympathisierende Mitarbeiter zu, darunter meinen engagierten Freund Gerd Heising aus Freiburg. Mitgekommen aus Berlin war Peter Fürstenau, der die politische Brisanz der philosophisch-psychoanalytischen Ideen Herbert Marcuses schon erkannte, als dessen Werk »Triebstruktur und Gesellschaft« (unter dem Namen

»Eros und Kultur«) noch wie ein Stein in den Buchhandlungen lag. Michael Lukas Möller, ebenfalls aus Berlin, widmete sich bald systematisch den in der Studentenschaft grassierenden psychischen Konflikten, in denen teilweise schon das Spannungspotenzial spürbar wurde, das schließlich in der 68er-Rebellion explodierte. Bald waren wir elf – vier Frauen und sieben Männer – aus Medizin, Psychologie und Soziologie, bei aller Unterschiedlichkeit vereint in der Anerkennung des »Humanistischen Modells« der Psychoanalyse, wie es Max Horkheimer genannt hatte, und in der Vorstellung von Medizin als einer »Weise des Umgangs des Menschen mit dem Menschen«, entsprechend einer Formel von Viktor von Weizsäcker.

Vorbild Viktor von Weizsäcker. Psychosomatik in der Medizin

Dieser Weizsäcker war und blieb eine meiner geistigen Vaterfiguren, auch beruflich als der eigentliche Begründer der Psychosomatischen Medizin in Deutschland. Freund Dieter Wyss, den ich im Winter 1942/43 im Berliner Lazarett kennen gelernt hatte, gehörte in Heidelberg zu Weizsäckers Assistenten und hatte mir Zugang zu diesem außergewöhnlichen Kliniker, Naturwissenschaftler und Philosophen verschafft. Weizsäcker verstand unter Psychosomatischer Medizin keine Fachdisziplin unter anderen, sondern schlicht eine ganzheitliche Medizin, die alle Bereiche der Heilkunde umfasst. Sie verlangt einen Arzt, der zwei Weisen des Zuganges zum Patienten vereint: einerseits die *verdinglichende, naturwissenschaftliche*, in der er Daten erhebt, analysiert und in der er ingenieurhaft reparierend in körperliche Funktionen eingreift; andererseits die *personale*, in der er sich einfühlend, zuhörend, anteilnehmend dem kranken Menschen zuwendet und dessen psychosoziale Situation in das ärztliche Handeln einbezieht. Psychosomatisch in diesem Sinne ist also, knapp gesagt, eine Medizin, in der sachliche Distanz und mitmenschliche Nähe zusammenkommen. Das klingt banal. Aber in der Realität war und ist diese mitmenschliche Nähe permanent bedroht. Denn die so genannten Organfächer haben eine in sich geschlossene Krankheits- und Therapielehre entwickelt, in der die psychosozialen Aspekte kaum vorkommen. Von Jahr zu Jahr erweitert und kompliziert sich überdies das Angebot technischer Methoden und beschränkt den Freiraum für den persönlichen Umgang miteinander. Wo dieser unumgänglich scheint, bei ängstlichen, argwöhnischen, ungeduldigen, unwilligen Kranken, bedient man sich zwar des Service von Psychotherapeuten oder Klinikseelsorgern, ohne aber solche Dienste der wissenschaftlichen Medizin zuzurechnen. Kurz: Psychologie wird schon gebraucht, aber in aller Regel nur als Zutat, nicht als integriertes Element der Heilkunde im engeren Sinne.

Dass diese Spaltung gefährlich werden kann, hatte Viktor von Weizsäcker 1947 in einer ersten großen Analyse der Ärzteverbrechen der Nazizeit dargelegt. In seiner gründlichen Untersuchung über »Euthanasie und Menschenversuche« war er zu einer bestürzenden Schlussfolgerung gelangt. Er schrieb: *Es kann wirklich kein Zweifel darüber bestehen, dass die moralische Anästhesie gegenüber den Leiden der zu Euthanasie und Experimenten Ausgewählten begünstigt war durch die Denkweise einer Medizin, welche den Menschen betrachtet wie ein chemisches Molekül oder einen Frosch oder ein Versuchskaninchen.*

Sich für eine Psychosomatische Medizin im Sinne Weizsäckers zu engagieren, bedeutete also mehr, als nur zur Erforschung besonderer Krankheiten und zur Fortentwicklung psychologischer Therapiemethoden beizutragen; es galt darüber hinaus, grundsätzlich gegen eine Abspaltung der personalen Sichtweise aus der ärztlichen Praxis zu wirken. Dazu mussten vor allem die jungen Mediziner schon in ihrer Ausbildung gewonnen werden, also vor der Einübung jener Abspaltung. Mitte der 60er Jahre stand nun gerade eine große Studienreform in der Medizin an. Ich wurde in die vorbereitende Kommission des Medizinischen Fakultätentages berufen. Und hier gelang mir nun tatsächlich, wirksam von Thure von Uexküll unterstützt, ein glücklicher Coup – nämlich erstmalig die Gebiete Psychosomatik/Psychotherapie, Medizinische Psychologie und Soziologie als Pflichtdisziplinen in der neuen gesetzlichen Approbationsordnung zu verankern.

Aber das wäre nicht passiert, wären da nicht die unruhig gewordenen Studenten gewesen, die ihren Professoren mit ihren eigenen Forderungen im Nacken saßen. In den Medizinstudenten gärte es wie in ihren Kommilitonen vor allem der sozial- und geisteswissenschaftlichen Fächer. Sie waren von einer diffusen Wut auf die Machtelite und hier nun speziell auf die Medizinprofessorenschaft erfüllt, der sie sadistische Willkür in den Prüfungen, einen autoritär-repressiven Führungsstil in den Kliniken und darüber hinaus eine Ausblendung der gesellschaftlichen Krankheitsursachen vorwarfen, so wie sie sich selbst als Opfer unterdrückender gesellschaftlicher Verhältnisse fühlten. Die bald eingeschüchterten Professoren, die bereits eiligst ihre beanstandeten Talare eingemottet hatten, mochten wohl hoffen, dass die neu in der Medizin eingerichteten Psycho- und Soziofächer einiges von der unbequemen Protestenergie der Studenten absorbieren würden. Jedenfalls traten sie an diese Fächer zähneknirschend einige der heiß umkämpften Lehrstunden-Kontingente ab und ließen es zu, dass sich fortan an allen medizinischen Fakultäten Westdeutschlands Abteilungen für Psychosomatik/Psychotherapie, Medizinische Psychologie und zum Teil auch für Medizinische Soziologie bildeten. Aber woher kam diese stürmische Protestbewegung der Studenten?

Im Strudel der 68er-Rebellion

Heute weiß ich: Die 68er-Studentenrebellion war eines der denkwürdigen historischen Dramen, in denen die junge Generation die
Führerschaft im Durchbruch durch eine gesellschaftliche Verdrängung ergreift, vor der die Generation der Älteren zurückscheut.
Mehr als zwanzig Jahre hatte es die ältere Generation geschafft, den
großen geistigen Umbruch zu vermeiden, der nach 1945 fällig gewesen wäre. Eine autoritätsergebene Gesellschaft hatte ihren Gehorsam geräuschlos nur von dem Verlierersystem ab- und an das Sie-
gersystem angekoppelt. Die Kinder lernten konfliktlos angepasste
Eltern kennen, die sich in der importierten Demokratie so flexibel
und glatt einrichteten, als wären sie Hitler nicht kurz zuvor noch
willig in den totalen Vernichtungskrieg gefolgt. Aber nun waren aus
den Kriegs- und Nachkriegskindern hellwache Jugendliche geworden, die das Verschwiegene witterten und sich gegen die Zumutung
der ihnen heimlich vermittelten geistigen Erbschaft wehrten.

Jetzt sehe ich das klar, da gerade eine Krise um das Erinnern ausgebrochen ist, ausgelöst durch den Streit um das Holocaust-Mahn-
mal in Berlin und die Walser-Bubis-Debatte. 1968 waren es nicht
die Schriftsteller und Professoren, die über »Erinnerungspolitik«
und »Gedenkpolitik« stritten, sondern die erzürnten Jugendlichen
wollten aus den Köpfen und den gesellschaftlichen Strukturen der
etablierten Generation den verborgenen Ungeist hinaustreiben,
den sie an allen Ecken noch zu entdecken glaubten. Aber in ihrer
pubertären Wildheit ließen sie die Väter, die Professoren, die Bosse
gar nicht erst zu Wort kommen, obwohl sie ständig Diskussion forderten. Ihr Urteil war schon gesprochen. Überall enthüllten sie nur
Repression, Missbrauch von Autorität, Ausbeutung, offene oder
verschleierte Formen von Herrschaft, Pseudoliberalität, Pseudo-
toleranz. Sie gebärdeten sich marxistisch, aber vielfach nur, um
die amerikahörigen, brav antikommunistischen Väter gehörig zu
provozieren.

Heute weiß ich das alles. Aber damals war ich selbst Teil der Krise, als etablierter Professor von den Studenten beargwöhnt, mit beschuldigt für anachronistische Privilegien der »Halbgötter in Weiß«. In der eigenen Psychosomatischen Klinik brodelte es. Hitzige Assistenten fahndeten nach Spuren von internen Demokratie-Defiziten. Mein Sohn Clemens kämpfte in einer sozialistischen Studentengruppe und arbeitete mit anderen an einer Studie, die sadistisches Prüfungsverhalten einzelner Professoren aufdecken wollte (und tatsächlich auch zum Teil aufdecken konnte). Unsere ältere Tochter kränkte ihre Mutter mit dem Vorwurf, Mütter schafften sich Kinder doch nur an, um ihre Besitz- und Dominanzwünsche auszuleben. So waren Bergrun und ich zum einen Teil selbst Verfolgte und Angeklagte in der Frühphase des wilden Proteststurms. Andererseits merkten wir, ohne es gleich durchschauen zu können, dass wir von der Bewegung angesteckt wurden und mit ihrer Hilfe unausgelebte eigene Bestrebungen befreien konnten.

Jetzt endlich war die Stunde der Auseinandersetzung mit den Kräften gekommen, die – wie in der Hierarchie jener Berliner Universitäts-Nervenklinik – noch die heimliche Macht des braunen Ungeistes repräsentierten. Es war die Chance, die Anpassungsgesellschaft, die oberflächlich die Demokratie-Spielregeln brav erlernt hatte, endlich mit emanzipatorischem Geist zu erfüllen. Das war ein Antrieb, der aus dem Inneren der Seelen kam. Die Anführer des Aufruhrs redeten zwar nur von Strukturen, Klassenkampf und Revolution. Aber in Wahrheit wollte die junge Generation die Macht jener Vatergeneration brechen, der sie es anlastete, dass sie sich selbst tief frustriert und ohnmächtig fühlte. Es war ihr unerträglich, dass die Väter ihre Mitschuld an der Herrschaft der Nazi-Barbarei dadurch tarnten, dass sie sich jetzt als geistige Frontsoldaten im Kalten Krieg präsentierten. Das wollte die Jugend den Alten nicht länger durchgehen lassen: Eure Amerikaner machen mit Napalm in Vietnam das, was ihr mit Zyklon B in Auschwitz gemacht habt. Und eure antirussische Frontstaat-Mentalität ist noch die gleiche wie die aus dem Hitlerkrieg. Ihr träumt euch als

Teilhaber des amerikanischen Imperialismus in geheimer Fortsetzung eures gescheiterten Traums vom »Tausendjährigen Reich«!

Die aufrührerische Jugend hatte ihre intellektuellen Vordenker. Schon 1965 hatte ihr Wolfgang Neuss in einem satirischen Aufruf das Motto vorgegeben: »Wir bitten um Unterstützung der amerikanischen Politik Hitlers in Vietnam!« 1968 hieß es dann in einer Erklärung zur »Internationalen Vietnamkonferenz« in Westberlin: »Vietnam ist das Spanien unserer Generation«, unterschrieben noch gemeinsam u. a. von Hans Magnus Enzensberger, Martin Walser – und Ulrike Meinhof. Vietnam – das bedeutete also in den Köpfen die Wiederkehr Hitlers bzw. des Faschismus. Und das Rezept zur Abwehr lautete: Revolution. Schon 1967 hatte Enzensberger klar gesagt, auf der neuen Tagesordnung stehe die Revolution: »Das politische System der Bundesrepublik ist jenseits aller Reparatur.« Und: »In den Berliner Polizeipogromen vom Sommer dieses Jahres haben sich die ersten Kerne einer revolutionär gesinnten Opposition gebildet.« Martin Walser pflichtete ihm bei: »Wer die Evolution wirklich will, der muss die Revolution betreiben.«

Diese Appelle zündeten in vielen erhitzten jugendlichen Köpfen. Es entflammte, was Herbert Marcuse eine pubertäre Revolte nannte, ein leidenschaftliches Anrennen gegen die »Agenten des Machtapparates« bis hin zu den linksliberalen Professoren. Ich selbst war zwar auch so einer, galt jedoch immerhin als fortschrittlich. In meiner psychoanalytischen Entwicklungspsychologie fanden die Studenten Elemente, die ihnen genehm waren. Meine Lehre, wonach Eltern vielfach ihre Kinder unbewusst zur Entlastung von eigenen Konflikten missbrauchen, passte gut zu ihrer antiautoritären Stimmung. Inzwischen Vater von drei Kindern in ihrem Alter, konnte ich mit ihnen zwar ihre emanzipatorischen Visionen teilen, nicht aber die von den genannten und anderen Intellektuellen geschürten verworrenen Revolutionsideen. Wenn die Jugendlichen in den vietnamesischen Napalm-Opfern, im erschossenen Studenten Benno Ohnesorg und vor allen in Che Guevara ihre Märtyrer suchten und regelrecht mythisierten, um sich zu bewaffneten Anschlägen aufzuputschen, so spürte ich wachsendes Unbehagen und ahnte die Ausweglosigkeit dieser Fanatisierung. Ich fühlte mich an klinische psychoanalytische Erfahrungen erinnert und dachte an jenes Stadium, in dem pubertäre Jugendliche ihre ödipalen Ohnmachts- und Erbitterungsgefühle gegen die Vater-Autorität wiederbeleben und mörderische Rachephantasien entwickeln. Ein Teil der rebellierenden Jugend blieb, wie ich es sah, genau auf dieser Stufe stecken. Der ließ sich von den Revolutionspredigern zum militanten Aufstand aufhetzen, um die Opfer der »amerikanischen Politik Hitlers in Vietnam« und der hiesigen Staatsgewalt blutig zu sühnen.

Aber von diesen Militanten lösten sich glücklicherweise stetig wachsende Gruppierungen, die ihre letztlich sterile antiautoritäre Erbitterung bezähmen konnten und sich die Kraft zutrauten, konstruktiv zum Abbau gesellschaftlichen Unrechts selbst aktiv zu werden. Auch sie wollten nicht beim Klein-Klein verharren, sondern das gesamte gesellschaftliche Klima verändern. Dabei überwanden sie jedoch das pubertäre Ohnmachtsgefühl gegenüber dem väterlichen Herrschaftsapparat und machten sich bereit, von unten aus eigene Reforminitiativen durchzusetzen. Warum sollte es ihnen nicht gelingen, unsoziale Strukturen aufzubrechen und zum Beispiel die Reintegration von ausgeschlossenen Bevölkerungsteilen zu erkämpfen? Sie waren willens – psychologisch gesehen –, erwachsene Mitverantwortung zu übernehmen und dem Establishment der Vätergeneration mit erstarktem Selbstvertrauen entgegenzutreten. Diese Kreise bildeten Hunderte von Initiativen, die in vielen gesellschaftlichen Feldern stigmatisierten und ausgegrenzten Gruppen zu Hilfe kamen, Außenseitern und Fremden, psychisch Kranken und Behinderten, Gefangenen und gestrandeten Jugendlichen, nicht zuletzt Obdachlosen in sozialen Brennpunkten. Auch die Selbsthilfe-Bewegung hatte in jener Zeit ihren Ursprung.

Das war nun genau der Ansatz, der es mir erlaubte, mich in die Bewegung einzuklinken. Ich musste mich nicht aufdrängen, sondern man kam auf mich zu. Eine Studentengruppe wünschte meine

Mitarbeit in einer Obdachlosensiedlung. Daraus wurde das Projekt »Eulenkopf«, das später im Lande viele ähnliche Unternehmen befruchtete. Zwei Gruppen junger Eltern, die Kinderläden gegründet hatten, ersuchten meine begleitende Unterstützung. Die von der Basis ausgehende Psychiatrie-Bewegung gab mir die Chance, mich einzubringen, bis ich sogar an der von der Brandt-Regierung offiziell betreuten Psychiatrie-Reform intensiv mitarbeiten konnte. Aber zugleich betrauerte ich das Abtauchen des radikalen Flügels der Bewegung, der sich in eine zunehmend gewaltbereite Verschwörersekte verwandelte. Ich wusste, dass sich auch in diesem Kreis manche zusammengefunden hatten, deren Engagement sich aus ähnlichen Wurzeln speiste wie meines und dasjenige der sozial aktiven Pioniergruppen. In der Absicht, im Heute das unbewusst vererbte schreckliche Gestern zu bekämpfen, waren die Radikalen nun aber auf dem Weg, das gehasste alte Unrecht in neuer Form selber zu stiften.

Was mich mit einer gewandelten RAF-Gefangenen und ihrem Vater verbindet

Januar 1999. Über ein halbes Jahr betreue ich jetzt eine von denen, die zu den meistgesuchten »Staatsfeinden« zählte und nun als »Lebenslängliche« im Gefängnis sitzt. Birgit hatte einst wie ich in einer Obdachlosensiedlung in einer Gruppe mitgearbeitet. Da war sie fünfzehn. Eineinhalb Jahre hatte sie das gemacht, hatte Kinder von Obdachlosenfamilien betreut. Sie hätte genauso gut in meiner Gruppe mitwirken können, die sich zur Unterstützung von 120 Familien mit über 400 Kindern aufgemacht hatte, die in einem gettoartigen Bezirk am Rande von Gießen lebten. Es waren dreißig bis vierzig Studenten, eine Lehrerin und eine Psychoanalytikerin, die hier zusammen mit mir etwas begonnen hatten, was man Gemeinwesen-Arbeit oder community development nennt. Die Siedlung »Eulenkopf« war ein typischer sozialer Brennpunkt: Familien in sozialen Schwierigkeiten, vom Ordnungsamt in so genannte Schlichtwohnungen eingewiesen. Keine asphaltierte Zugangsstraße, mangelhafte Straßenbeleuchtung, Arbeitslosigkeit, Alkohol, Gewalt in den Familien, Schulversagen vieler Kinder, Prostitution, eine überdurchschnittliche Kriminalitätsrate.

Hier also hätte Birgit vielleicht mitgearbeitet so wie andere Studentinnen und Studenten, die auf diese Weise ein gesellschaftliches Unrecht bekämpfen wollten, in dem sie eine direkte Nachwirkung der unbewältigten Hitlerzeit erblickten. Birgit stammte aus einem Dorf am Fuß des Gebirges, dicht an einer der großen Vergasungsanstalten, in denen im Krieg Zigtausende von psychisch Kranken ermordet worden waren. Die Bewohner hatten gewusst, was den Menschen in den Transportwagen bevorstand, die laufend das Dorf passierten. Aber sie hatten geschwiegen. Die Leute im Ort redeten auch darüber, dass sie früher oft Besuch von Sinti-Gruppen gehabt hätten, die nun nicht mehr kamen – von Hitler ausgerottet. Zusammen mit Mitschülern hatte Birgit bereits als 16-Jährige Listen von

Nazi-Richtern angelegt, die unbehelligt in ihren Ämtern geblieben waren. Dazu hatten sie systematisch Recherchen angestellt. Sie war Schulsprecherin geworden, hatte aber zweimal wegen Reibereien mit der Leitung die Schule wechseln müssen. Sie trug eine Baskenmütze mit einem roten Stern. Als Holger Meins an den Folgen seines Hungerstreiks im Gefängnis starb, baute sie mit ihrer linken Schülergruppe in den genauen Maßen seine Zelle nach, um sich seine Situation leibhaftig zu vergegenwärtigen. Die Zellenwände simulierten sie mit Tüchern. Das veröffentlichte Foto des völlig ausgezehrten Holger Meins wurde für Birgit zur Ikone. Es erfasste sie ein grenzenloser Hass auf seine Peiniger und das System, das ihn – wie sie es sah – in den Hungertod getrieben hatte. Fortan reichte es ihr nicht mehr, den Obdachlosen-Kindern zu helfen, sondern sie wollte den revolutionären Gefangenen beistehen, die im Kampf gegen die Staatsmacht ihr Leben aufs Spiel setzten.

Solche und ähnliche Konflikte habe ich laufend in meiner eigenen Initiativgruppe am Gießener sozialen Brennpunkt »Eulenkopf« erlebt. Da hieß es auch: Betrügen wir uns nicht selbst, wenn wir uns einbilden, mit Kindergarten, Schularbeiten-Hilfe, Jugendclub und Beistand für diverse Formen von Selbstorganisation der Bewohner politisch etwas Sinnvolles zu tun? Stabilisieren wir nicht nur das System, das solche Ausgrenzungen produziert? Betreiben wir wirklich mehr als eine moralische Selbstbefriedigung? Genau diese Kritik hätte ich sicher von Birgit, hätte sie in dieser Gruppe mitgearbeitet, zu hören bekommen. Und obendrein sicher den Vorwurf, dass ich als Therapeut die Bewohner eher als Patienten betrachte – mit dem Ehrgeiz, gleich eine ganze Siedlungspopulation mit einem kombinierten Therapieprogramm von einer Krankheit kurieren zu wollen, die gar keine Krankheit sei, nur das planmäßig gesteuerte Elend als Werk unverantwortlicher gesellschaftlicher Unterdrückung. Ich hätte mich, wie oft in der Gruppe geschehen, so verteidigt: Wir machen uns aber nur glaubwürdig, wenn wir zum Ziel einer solidarischeren Gesellschaft den Menschen einer diskriminierten Randgruppe praktisch helfen, sich gegen ihre Ausgrenzung zu wehren. Wenn wir dafür sorgen, dass vor allem die Kinder und Jugendlichen mit ihren Altersgenossen Schritt halten können, um nicht wie ihre Eltern abgehängt zu werden. Und wenn wir zusammen mit den Bewohnern auf den Behörden bessere Wohn- und Lebensbedingungen in der Siedlung erkämpfen, dann ist auch dies doch eine wichtige Voraussetzung dafür, dass die Menschen sich wieder ebenbürtig in der Gemeinde fühlen und ihre Selbstachtung stärken können. Wenn wir dabei Erfolg haben, wird das nicht nur den Bewohnern, sondern natürlich auch uns selbst gut tun, aber eben deshalb, weil wir etwas praktisch bewegt haben, statt uns an einer revolutionären Utopie erst zu berauschen – und uns anschließend dafür zu hassen, dass wir an der Realität gescheitert sind.

Birgit gehört zu denen, die sich damals von ihrer Radikalität nichts abhandeln ließen, die an ihrem revolutionären Traum bis zu einer wahnhaften Realitätsverkennung festhielten und am Ende keinen besonnenen Zweifel mehr zuließen, weil der sie hätte zusammenbrechen lassen.

Nun aber gewinnt sie, vom Druck ihrer Gruppe befreit, allmählich die Freiheit zu einem eigenständigen Denken zurück – inzwischen geächtet von jenen halsstarrigen Sektierern, die ihr jeden Schritt zu kritischer Selbstbesinnung als Verrat ankreiden wollten, verfolgt aber auch von der Rache der Staatsjustiz, die sie, die keinen Menschen getötet hat, härter bestraft als tatsächliche Mörder. Und warum gehe ich selbst zu ihr hin? Nur vermuten kann ich, dass ich in dieser Frau etwas spüre, was auch zu mir gehört, dass sie etwas ausgelebt hat, was in der Anlage auch in mir steckt, ohne dass ich dem nachgegeben habe. Zwar fühlte ich mich nie den genannten intellektuellen Revolutionspredigern Enzensberger und Walser nahe, die den jungen Extremisten stützende Argumente geliefert hatten. Aber auch mich widerte die Verlogenheit an, mit der Scharen williger Mittäter des Hitlerstaates sich gegenüber der aufrührerischen Jugend als berufene Ordnungsstifter aufspielten. Als tragisch empfand ich es nur, dass die linken Rebellen das in der Gesellschaft verdrängte Gewaltpotenzial in der Art, wie sie es entlarven wollten, selbst übernahmen. Sie verfielen dem Wahn, den Hungertod des Holger Meins insgeheim als Triumph zu feiern, nämlich als die geglückte definitive Entlarvung der Dämonie des Systems, das nun ihre gerechte Rache verdiente. Es war der Punkt, von dem an sich der moralische Aufstand gegen das Vergessen vollends in eine kollektive Rache-Psychose verwandelte. Aber die RAF war eben nicht von vornherein ein Außenseiter-Phänomen, sondern nur eine Extrem-Variante einer Bewegung, die ausgezogen war, der Hitler-Generation die heuchlerische Anpassungsmaske vom Gesicht zu reißen, weswegen die Kerngruppe sich auch noch längere Zeit auf ein beträchtliches linkes Sympathisanten-Gefolge stützen konnte.

Was in Birgits Kindheit und Familiengeschichte mag für ihren späteren Weg in die RAF Bedeutung gehabt haben? Dies interessiert mich natürlich als Psychoanalytiker. Einige Hinweise habe ich schon bekommen. Es sieht so aus, dass sie ausgezogen war, um den Vater zu rächen. Der war nach acht Jahren Soldatenzeit, auf diversen Kriegsschauplätzen verschlissen, in tiefer Resignation zurückgekehrt. Kein Wort fiel von ihm über seine Fronterlebnisse. Er verriet nur, daß er sich vom Staat betrogen und missbraucht gefühlt hatte. Sie war die einzige, die ihn etwas aus sich herauslocken konnte und mit der er, wie es ihr schien, gern zusammen war. Sie allein fühlte sich fähig, ihn zu verstehen. Die Mutter, von ihm eher verachtet, bildete mit ihrer eigenen Mutter eine Einheit gegen ihn – und oft auch gegen Birgit. Schläge der Mutter, von der Birgit zugleich ehrgeizige Erwartungen wie heftige Ablehnung erfuhr, waren keine Seltenheit. Aber auch die Zuneigung des Vaters gewann sie nicht eigentlich als Mädchen, sondern weil sie sich wie ein Junge aufführte und sich auch eher wie ein solcher fühlte. Über Jahre hatte sie nur ein einziges Kleid. Dem Vater gefiel es, wenn sie zu Hause handwerklich arbeitete. Wie er politisch dachte, das erfuhr sie nur in Andeutungen, etwa, dass er mit den Kommunisten sympathisierte. Als sie mit ihm während des Kalten Krieges einmal vor einem Plakat stand, das die Russen schlecht machte, sagte er nur: »So sind die Russen aber nicht!« Einen seiner seltenen Gefühlsausbrüche erlebte sie nach der Erschießung von Generalbundesanwalt Buback durch die RAF. Da geriet er fast außer sich vor Freude und feierte das Ereignis. Als sie selbst später abgetaucht war und steckbrieflich als RAF-Mitglied gesucht wurde, kam ihr zu Ohren, dass er darüber nicht nur keine Scham empfand, vielmehr die Kunde mit frohem Stolz in seiner Bekanntschaft verbreitete. So spricht manches dafür, dass die Vater-Tochter-Beziehung ein klassisches Beispiel für eines der Beziehungsmuster darstellte, die ich in »Eltern, Kind und Neurose« beschrieben hatte. Die Tochter hatte die ihr vom Vater unbewusst übertragene Rolle als Rächerin übernommen, hatte als Substitut seines unerfüllten Ich-Ideals ausgeführt, was er für sich wohl erträumt, aber nie gewagt hatte.

Sie hat sich aber, wie sie sagt, nie als Angreiferin gefühlt. Schon als Kind habe sie äusserst empfindlich auf jede Demütigung und Gewalt reagiert, aber sei nie selbst offensiv geworden. Sie kann sich nicht besinnen, jemals ein anderes Kind geschlagen zu haben. Bei ihrem später abgebrochenen Jura-Studium habe sie nur daran gedacht, dereinst als Anwältin eingesperrte Mitglieder der RAF besuchen zu wollen. Diese vor Gericht zu verteidigen, habe sie jedoch nicht vorgehabt: »Davor hatte ich viel zu viel Angst.« Sie war ganz und gar vom Mitgefühl mit den Gefangenen beherrscht, mit deren Elend, zugleich von der Bewunderung dafür, dass diese Leute für ihre Sache rücksichtslos ihr Leben einsetzten. Wie den Vater konnte sie ihre Helden nur als Opfer erkennen, von denen sie sich zu unbedingtem Beistand verpflichtet fühlte. Dass die Idee der RAF-Leute, für eine bessere Welt zu kämpfen, sich mehr und mehr in ein destruktives Wahngebäude gewandelt hatte, vermochte sie nicht mehr zu durchschauen, bald voll identifiziert mit der Gruppe der Unterstützer und Sympathisanten, die gar keine kritische Selbstbesinnung mehr fertig brachten. So glitt sie in diese fundamentalistische Sekte hinein, fest überzeugt, nur auf der Seite der Notwehr gegen die verfolgenden und unterdrückenden Mächte der Welt zu kämpfen – dazu berufen, nicht nur im eigenen Land, sondern in allen Erdteilen die geknechteten Menschen von imperialistischer Herrschaft zu befreien.

Ihre unbewusste Mission als rächende Erlöserin des Vaters, der Märtyrer-Mythos des Holger Meins und die Identifizierung mit einer Gruppe, die sich mit jeder Niederlage nur noch entschlossener in der Festung ihres Menschheitsbefreiungswahns verbarrikadierte, das waren die Antriebe, die sie am Ende zum willfährigen Teil einer destruktiven Gruppenpsychose machten. Wie die anderen an ihrer Seite vollzog sie die von Freud beschriebene Reaktion der Wahnbildung, nämlich die versagende Realität aufzugeben und durch eine paranoische Wunschwelt zu ersetzen, und zwar durch den unbeirrbaren Glauben an die siegreiche Revolution, von dem sich die Massen der 1968 mobilisierten Linken schon resigniert verabschiedet hatten – allerdings auch die erwähnten und andere Revolutionsdichter. Übrigens – ob die wohl heute noch an die jungen Leute denken, denen sie einst die Köpfe heiß gemacht und die sich nicht zuletzt als ihre Beauftragten in den mörderischen und selbstmörderischen Kampf gestürzt haben?

Birgit ist nicht zu verstehen ohne die Geschichte ihres Vaters, der den Betrug durch den Nazi-Staat nicht verwinden konnte, der die Russen mochte, gegen die er hatte kämpfen müssen und die im Kalten Krieg wieder seine Feinde sein sollten. Birgit hatte seine Spur aufgenommen, hatte schon als Schülerin in den Nachkriegskarrieren von Nazi-Richtern die Verbindung zur eigenen Generation hergestellt. So gehört sie zu den unendlich vielen Beispielen dafür, dass die Probleme ihrer Generation gar nicht zu verstehen sind ohne deren Wurzeln in der Ära, die sie persönlich gar nicht mehr erlebt hat. Wenn ich mich jetzt mit Birgit beschäftige, so indirekt auch mit ihrem – inzwischen verstorbenen – Vater, an dessen Seite ich vielleicht in Russland gekämpft habe, gegen Menschen, mit denen ich mich genauso vertraut gefühlt habe wie er. Wenn ich, fünf Jahre jünger, glimpflicher davongekommen bin und meinen Kindern wohl eine weniger schwere psychische Last hinterlassen habe, so fühle ich dennoch ganz persönlich etwas von der Mitverantwortung meiner Generation für solche extremen Lebensläufe wie den von Birgit. Wenn ich mit ihr jetzt im Gefängnis kooperiere, so tue ich auch etwas für mich.

Zwischen Extremisten, reformistischen Pionieren und konservativen Psychoanalytikern

Juli 1970. Skandal in Heidelberg. Der dortige Universitätsrektor, ein Theologe, ist in Not. Etwa 100 Mitglieder eines »Sozialistischen Patientenkollektivs« halten seit zwei Tagen sein Rektorat besetzt. Weil darunter offenbar schwer gestörte Kranke sind, hat der Rektor noch nicht die Polizei geholt. Daher jetzt der Anruf in Gießen: Ob ich nicht gleich kommen und schlichten könne? Die Besetzer seien mit meiner Vermittlung einverstanden. Also wieder eine Rolle zwischen den Fronten. Zwei Stunden später finde ich in den Heidelberger Rektoratsräumen eine chaotische Situation vor. Eine Masse überwiegend junger Leute umdrängt mich, darunter Kinder und bellende Hunde. Aufgeladene Spannung. Worum geht es? Bisher hatte die Universität für die Gruppe in der Stadt Räume gemietet, wo diese unter der Leitung eines Psychiaters eine Art von therapeutischer Selbsthilfeorganisation aufbauen wollte. Jedenfalls lautete so die Vereinbarung mit der Universität. Wie sich aber nun zeigte, hatte dieser Psychiater die Gemeinschaft inzwischen in eine politische Kampfgruppe verwandelt. Daher der Name »Sozialistisches Patientenkollektiv« (SPK). Die Patienten sollten sich anscheinend im Kampf gegen gesellschaftliche Unterdrückung kurieren. Offenbar hatten die Universitätspsychiater die Verlagerung des Projekts in die Stadt zugestimmt, um sich den Unruheherd erst einmal vom Halse zu schaffen – ein Symptom für die damalige Hilflosigkeit und Ängstlichkeit der Universitätsgremien.

Längere Zeit dauerte es, ehe ich mir in dem Getümmel Gehör verschaffen und Kontakt mit einigen Besonneneren aufnehmen konnte, denen der Leiter des Projekts die Verhandlungsführung überließ. Im Augenblick konnte das Ziel nur lauten, die Schar zu einem friedlichen Abzug aus dem Rektorat zu bewegen. Eine differenzierte Klärung der Verhältnisse des SPK war unmöglich. Die Versicherung der Wortführer, dass man sich bei eindeutiger sozialistischer Ausrichtung dennoch als eine therapeutische Gemeinschaft verstehe und entsprechend arbeite, ließ sich nicht überprüfen, erschien aber wenig glaubhaft.

Resultat der mühseligen Verhandlungen: Der Rektor beließ ihnen fürs Erste ihre Räume in der Stadt. Es sollte zur Überprüfung eine wissenschaftliche Darstellung des Projektes vorgelegt werden. Ich drang darauf, dass sich das Unternehmen keinesfalls weiter ausdehnen dürfe und dass zur Versorgung der Kranken die abgerissenen Verbindungen zur Psychiatrie und zur Psychosomatik der Universität wieder geknüpft werden sollten. Das waren allerdings eher fromme Wünsche. Abgesehen von der Räumung des Rektorats hielt sich das SPK an keine der erteilten Empfehlungen. Eine Kerngruppe um den psychiatrischen Leiter verbündete sich in den folgenden Monaten mit der RAF. Der therapeutische Sektor diente den Anführern nur noch zur Tarnung einer Stadtguerilla-Strategie nach maoistischem Vorbild. Ein Brand- und ein Sprengstoffanschlag auf das Psychiatrische Landeskrankenhaus bzw. das Städtische Finanzamt scheiterten knapp. Tatenlos sahen Universität und städtische Behörden zu, wie dem SPK immer neue enragierte Anhänger zuströmten – 300 waren es am Ende. Erst ein Jahr nach der Rektoratsbesetzung griff die Polizei endlich zu – und fand im Quartier des SPK Munition, Zünder, eine Werkstatt zum Fälschen von Führerscheinen und Kfz-Briefen, Einbruchswerkzeuge und Fotos von wichtigen Versorgungseinrichtungen, auf die Anschläge geplant waren. Aus gefundenen Papieren ging die Absicht hervor, das Feuer der Revolution erst in Heidelberg zu entfachen, um es von dort aus weiter ins Land zu tragen.

Sehr viel später habe ich einzelne aus dem SPK wiedergetroffen – einen als RAF-Häftling im Gefängnis –, längst aus ihren verstiegenen Umsturzträumen erwacht, inzwischen besonnene Leute, die aber ähnlich wie Birgit versichern: Damals haben wir uns total verrannt, zunächst wollten wir aber wirklich eine bessere Gesellschaft erkämpfen. Im SPK hatte die Idee gezündet, gerade in der Psychiatrie – deren ehemaliger Heidelberger Chef Prof. Carl Schneider ein

Haupttäter der Euthanasie-Morde gewesen war – ein Zeichen zu setzen, nämlich aus den ehemals »unwerten« Kranken politische Freiheitskämpfer zu machen. Produziert hatte man dann allerdings nur eine neue Art von Opfern – alles nur möglich in den Wirren der damaligen Bewusstseinskrise.

Viele andere soziale Experimente, mit denen ich zu jener Zeit in Berührung kam, arbeiteten eher geräuscharm an der Entwicklung von alternativen Beziehungsformen oder mit konstruktiven Selbsthilfemodellen. Dass man dabei wiederholt an mich herantrat, um mit mir die jeweiligen Strategien und Erfahrungen zu reflektieren, kam gewiss daher, dass ich – anders als die große Mehrheit der psychoanalytischen Kollegenschaft – zu erkennen gegeben hatte, dass ich nicht nur mit fachlichem Interesse, sondern mit persönlichem Engagement manche Vorhaben der neuen sozialen Bewegung begleitete. Dabei hatte ich leider nicht mehr Alexander Mitscherlich an meiner Seite, der noch 1967 zusammen mit seiner Frau das Buch »Von der Unfähigkeit zu trauern« geschrieben hatte und damit einer der wesentlichen intellektuellen Wegbereiter für den 68er-Aufbruch geworden war. Aber Mitscherlich konnte es den antiautoritären Rebellen nicht verzeihen, dass sie ausgerechnet auch ihn, den gesellschaftskritischen Pionier, mit ihren ungestümen Aktionen an der Universität gnadenlos ins Visier nahmen. So brachten sie ihn – wie die Mehrzahl der psychoanalytic community – dazu, die Bewegung fortan lediglich defensiv von der klinischen Seite aus zu analysieren. Der politische Gehalt, nämlich der Protest gegen das Verschweigen, der Durchbruch durch die Verdrängung kam gar nicht erst ins Gesichtsfeld. Wolfgang Loch, der in der psychoanalytischen Fachvereinigung den Ton angab, vertraute mir gelegentlich sogar seine feste Überzeugung an, die gesamte Studentenbewegung sei nichts anderes als eine von Moskau geschickt in Szene gesetzte und gesteuerte Aktion.

So kam es, dass gerade ich in Gießen immer wieder von Protagonisten neuer sozialkritischer Initiativen in der Hoffnung angesprochen wurde, ich könne ihnen vielleicht helfen, Konflikte in ihren

Werkstätten besser zu verstehen und Lösungen für ihre Gruppenprobleme zu finden. Immer wieder hieß es: Wir können die Gesellschaft nur verändern, wenn wir uns selbst verändern. In den Familien, in der Erziehung, in der Zweierbeziehung, in der Schule, in den Betrieben – überall sollte es solidarischer, freier und gerechter zugehen, das war ein allgemeines Bestreben. Aber fortwährend ertappte man sich bei Rückfällen in die Mechanismen, die man abstellen wollte. Daher ein regelrechter Sturm auf die Schriften der von Hitler verjagten linken Psychoanalytiker und zum Teil eben auch die Anfragen an meine Person. Ich konnte ihnen nur zurückgeben, was ich in der Beteiligung an ihren spontanen Projekten bei ihnen oder in der Interaktion mit ihnen in mir selbst wahrnahm. Zu drei Büchern, die ich darüber in den nächsten Jahren schrieb (»Die Gruppe«, »Lernziel Solidarität«, »Flüchten oder Standhalten«), sagten mir verschiedentlich Leser: Nichts, was darin steht, ist für uns wirklich neu. Aber wir erkennen jetzt klarer, was wir schon ahnten, und können es leichter besprechen.

10 Jahre im sozialen Brennpunkt »Eulenkopf«

Die Erkenntnisse, die ich niederschrieb, gewann ich vielfach nicht beim bloßen passiven Zuschauen, sondern erst durch aktive Einmischung. Deren Folgen bei den beteiligten Menschen und bei mir selbst machten mir viele der Zusammenhänge, die ich dann beschrieb, erst sichtbar. Dazu ein Beispiel aus der Mitarbeit an dem schon erwähnten Projekt in der Gießener Obdachlosen-Siedlung »Eulenkopf«. Da traf sich die ganze Initiativgruppe einmal wöchentlich – die Unterstützer aus dem Kindergarten, die Schularbeiten-Helfer, die Betreuer des Jugendclubs und der Sportgemeinschaft, die Begleiter des Mieterrats und des Hausfrauenclubs –, um die aktuellen Erfahrungen, Konflikte und neue Vorhaben zu besprechen.

Anfangs waren alle Studentinnen und Studenten Feuer und Flamme, fasziniert von der Spontaneität und Unverblümtheit der Bewohner und von deren eigenartiger Kultur, in der Zerstrittenheit und Gemeinschaftsgeist, Hilfsbereitschaft und Gewaltneigungen, Liebe und Hass sich in völlig ungewohnter Weise mischten. Aber nach einer Weile häuften sich die Enttäuschungen: Bei den Bewohnern wurde immer mehr Argwohn deutlich. Manche erwarteten von der Gruppe eine großartige verwöhnende Versorgung. Verabredungen wurden nicht eingehalten. Der Verdacht wurde laut, die Studenten seien mit dem Professor vielleicht nur gekommen, um sie in der Siedlung auszuforschen. Wollte die Initiativgruppe auf ihren abendlichen Sitzungen über eigene Probleme nachdenken, stürmten immer wieder lärmende Jugendliche herein, bellende Hunde sprangen herum. Dann wusste man nicht, ob man die Eindringlinge hinauswerfen durfte oder ob sich dies aus Gründen der versprochenen Solidarität verbot. Anfangs beließ man es meist – trotz geballter Faust in der Tasche – bei höflichen Ermahnungen. Aber allmählich schlug die Wut durch: Wir hätten doch wirklich mehr Rücksicht und Entgegenkommen verdient. Schließlich investieren wir hier – neben dem Studium – enorm viel Mühe und Zeit. Wenn wir schon nicht großartigen Dank erwarten, dann doch bitte ein Minimum an Achtung, Zuverlässigkeit und Pünktlichkeit bei Abmachungen. Und wenn wir unter uns diskutieren wollen, dann doch bitte keine Störungen mehr. Zuhören gern, aber nicht einfach dazwischenreden, und die Hunde draußen lassen und und und. Jedenfalls halten wir es so nicht mehr aus. Wir haben es ehrlich probiert. Aber wenn die hier so mit uns umspringen, dann haben sie es sich selber zuzuschreiben, wenn wir wieder abhauen!

In solchen Situationen habe ich dann gedeutet: Ich ärgere mich ja auch genau wir ihr, wenn die uns schlecht behandeln. Aber haben die nicht auch Recht mit ihrem Misstrauen? Nämlich uns mit ihren Provokationen zu testen, ob wir es wirklich ernst meinen mit unserer Unterstützung oder ob wir vielleicht nur unsere Neugier oder unsere politischen Interessen befriedigen wollen, ob wir tatsächlich ihre Art von Impulsivität und Direktheit aushalten, d. h. die Abweichung von unserem Mittelklasse-Stil, in dem wir gelernt haben, uns hinter unseren disziplinierten Umgangsformen taktisch zu verbergen? Haben unser Abscheu und unser Ärger nicht überhaupt mit der Angst zu tun, dass wir die Kontrolle über die eigene Triebhaftigkeit verlieren könnten, gegen die wir in unserer Schicht über antrainierte Abwehrtechniken verfügen? Unser Ärger ist natürlich, aber er hilft uns auch als Vorwand, den Leuten hier die Schuld daran zu geben, dass wir uns vielleicht übernommen haben. Wir wollten besser sein als unsere bürgerliche Gesellschaft. Aber jetzt merken wir, dass wir innerlich genauso abweisend auf eine Bevölkerungsgruppe reagieren, die sich in ihren Umgangsformen nicht an unseren Stil angepasst hat. Wenn es nun einen Grund zum Vorwurf gibt, dann trifft der uns nur selbst, weil wir stillschweigend angenommen hatten, die Bewohner würden uns für unsere Anstrengung schnell mit einer Anpassung an unsere Mittelklasse-Verhaltensnormen belohnen. Wenn wir uns jetzt zurückziehen, reproduzieren wir damit genau die Reaktion, die zur Ausgrenzung und Stigmatisierung der hiesigen Familien geführt hat. Gibt es eine Chance für uns, die Konflikte vielleicht doch besser auszuhalten? Vielleicht können wir lernen, dass nicht jeder von uns persönlich gemeint ist, wenn er sich provoziert fühlt, sondern dass er nur als Repräsentant der Schicht getestet wird, von der die Leute gewohnt sind, im Stich gelassen zu werden. Man muss also die Zurückweisung nicht als individuelle Kränkung erfahren. Und es wird vielleicht auch leichter, wenn wir mit den Bewohnern nicht gleich großartige soziale und politische Ziele anstreben, sondern erst einmal ohne Druck und Ehrgeiz probieren, uns mit ihnen näher anzufreunden, ihnen mehr zuzuhören und ihre Interessen kennen zu lernen.

Wichtig war, dass ich mich in solche Deutungen immer mit einbezog, was ja deswegen nicht so schwierig war, weil ich in mir ähnliche Gereiztheiten und Ambivalenzen spürte wie alle anderen. Dass ich von den Bewohnern auf meine Motive hin besonders kritisch getestet wurde, war zwar verständlich, aber nicht gerade bequem. Auch die Studenten wussten längere Zeit nicht so recht, wie sie sich zu mir einstellen sollten. Einerseits waren sie froh, wenn ich in kritischen Situationen zur Klärung und Beruhigung beitragen konnte. Andererseits mussten sie mir zeigen, dass sie keineswegs gewillt waren, sich mir als Schüler oder gar als Patienten auszuliefern. Einige begehrten auch gegen mich auf, als ich das Interesse der Bewohner unterstützte, gemeinsam mit Vertretern der Initiativgruppe bei den Behörden auf notwendige Sanierungsmaßnahmen zu dringen. Es wurde so hingestellt, als würde man sich damit dem System unterwerfen und das Ziel der Gesellschaftsveränderung verraten. Aber in diesem Punkt waren die Bewohner ganz eindeutig: Sie wollten die Situation für sich und ihre Kinder verbessern und sich nicht für allgemeine politische Kampfziele missbrauchen lassen.

Nur wenige Studenten scherten aus, weil ihnen die Reibungen mit den Bewohnern zu viel Angst machten oder weil sie mit dieser Art von sozialer Arbeit »die Herrschenden« nicht genügend herauszufordern meinten. Die meisten hielten durch, und es kamen auch laufend neue hinzu. Allmählich ebbten die Spannungen mit den Bewohnern ab. Da und dort bahnten sich sogar Freundschaften an.

Viele Eltern erkannten an, was für ihre Kinder getan wurde. Nach und nach fassten sie Vertrauen, einige auch den Mut, zusammen mit Mitgliedern der Initiativgruppe auf den Behörden für Besserung der örtlichen Verhältnisse zu kämpfen. Schließlich folgte sogar die zuständige Landesministerin Vera Rüdiger einer Einladung und sorgte anschließend dafür, dass endlich Duschen in die Schlichtwohnungen eingebaut wurden, was eine staatliche Verordnung bislang verhindert hatte. Die Zugangsstraße wurde asphaltiert, die Straßenbeleuchtung in Ordnung gebracht, ein Spielplatz gebaut.

Aber wichtiger als alles andere war ein wachsendes Interesse der Menschen, ihre Probleme selbst anzupacken. Sie wollten nicht mehr nur Betreuungsempfänger sein, sondern mit eigenen Ideen und Initiativen ihre Lage verbessern. Die Frauen organisierten sich zu einem Club. Die Männer gründeten einen Verein für Schwerathletik und Fußball und begannen, von der Stadt unterstützt, auf einem benachbarten Gelände einen Sportplatz herzurichten. Durch die Öffentlichkeitsarbeit der Gruppe stimuliert, halfen die Caritas und die Behörden eifrig mit, den halbvergessenen »Eulenkopf« endlich in einen menschenwürdigen Ort zu verwandeln. Beinahe zusehen konnte man, wie sich die Menschen in der Siedlung nacheinander aufrichteten. Die Kriminalitätsrate ging zurück. Immer weniger Kinder mussten in Sonderschulen abgeschoben werden. Als sich eine Wohnung zu einem Heroin-Umschlagplatz entwickelte und die alarmierte Polizei nicht eingriff, machten sich die Bewohner selbst daran, das berüchtigte Quartier zu stürmen und zu säubern. Seitdem war Ruhe. Die Dealer sind nie wieder aufgetaucht.

* * *

Über zehn Jahre habe ich im »Eulenkopf« mitgearbeitet, zusammen mit einer psychoanalytischen Kollegin eine problembelastete Familie regelmäßig betreut, von Fall zu Fall in sonstigen Krisen beratend eingegriffen und einiges zum Engagement der Behörden beigesteuert. In den wöchentlichen Abendsitzungen vor Ort bestand mein Part vor allem in einer Reflexionshilfe: Was geht zur Zeit in den einzelnen Projekten vor? Wo und warum haben sich Spannungen oder Unzufriedenheiten gebildet, wo droht etwas zu scheitern? Wie kann man an scheue Bewohner besser herankommen? Wie kann man sich speziell der Mitwirkung solcher Leute besser versichern, die in der Siedlung höhere Achtung genießen und deren mitverantwortliche Aktivität deshalb besonders wichtig wäre? Manches entwickelte sich allerdings fast von selbst durch die wechselseitige Annäherung im Alltag, auch auf Festen, die zu feiern die Bewohner in ihrer Lockerheit besser geübt waren als die Studenten.

Im Verlaufe der 80er Jahre löste sich die Initiativgruppe allmählich auf. Zurück blieben Freundschaften, auch einige Zweier-Partnerschaften und eine von der Caritas getragene professionelle Sozialarbeit am Ort. Bergrun und ich feierten immer mal wieder am »Eulenkopf« mit – zu Weihnachten oder beim Aufstieg des Fußballclubs von der B- in die A-Klasse – oder mit dem Preisgeld im Wert der Goldmedaille des Theodor-Heuss-Preises, der mir 1980 zuerkannt worden war.

Heute, dreißig Jahre nach Gründung der Initiativgruppe, sitze ich wieder mal in der Siedlung mit Alois zusammen, einem bewährten Mitkämpfer der ersten Stunde. Was hat sich seit 1970 verändert? »Wir sind hier besser zusammengewachsen, auch weil wir manches davon abgeguckt haben, wie ihr untereinander und mit uns umgegangen seid«, meint Alois. »Etwa 80 Prozent der damaligen Familien leben immer noch hier. Hinzugekommen sind einige aus Russland, Polen und Bosnien, aber mit denen gibt es keine besonderen Schwierigkeiten. Wir waren hier ja immer gemischt.« Und Arbeitslosigkeit? »Die ist sehr zurückgegangen. Die Leute kümmern sich eben viel mehr als früher um Arbeit. Heute gibt es am ›Eulenkopf‹ verhältnismäßig nicht mehr Arbeitslose als in der Stadt draußen.« Und Gewalt? »Ist auch sehr zurückgegangen. Niemand aus der Siedlung sitzt zur Zeit im Knast. Aber seitdem eure Gruppe hier

aufgehört hat, findet leider nicht mehr so viel Gemeinsames statt.«
Aber ist es draußen denn anders?

Indessen gibt es in der Siedlung durchaus noch vorzeigbares
Gemeinsames. Die Fußballabteilung bereitet gerade wieder ein
großes Jugendfußball-Turnier vor. Sechzig Clubs aus allen Teilen
Hessens werden erwartet. Und dann ist da noch das Unternehmen,
das Theo mit seiner zierlichen Freundin Birgit aufgebaut hat, der
Mann, der mit seinem persönlichen Schicksal zu einem besonderen Ansporn für die gesamte Jugend der Siedlung – und darüber
hinaus – geworden ist.

Wir gehen hinüber zu Theo in dessen über und über mit Pokalen,
Medaillen und Siegerurkunden geschmückten Kraftraum. Da sitzt
der Athlet in seinem Rollstuhl, mitten unter trainierenden Schülern,
die er teils auf Hessisch, teils auf »Manisch« an den Hanteln anweist.
Verschiedene Sinti-Verwandte haben ihm das Sinti-Manisch beigebracht. Freundschaftliche Umarmung mit dem Weltmeister, dem
zweimaligen Europameister und viermaligen Deutschen Meister
im Bankdrücken, das ist eine im Liegen ausgeführte Form des
Gewichthebens. Sprühende Lebensfreude – nichts an diesem froh-
gemuten Kraftbolzen verrät, was er an Elend hinter sich hat und wie
viel Unterstützung aus der Siedlung nötig war, ihn aus einer ver-
zweifelten Lage herauszuholen.

Theo war als Jugendlicher eine der Fußball-Hoffnungen der Siedlung, immer gut aufgelegt und zu Streichen bereit. Aber einmal
hatte er sich nach einem Streit in der örtlichen Kneipe geweigert,
seine Zeche zu bezahlen. Die Polizei rückte an. Er musste flüchten.
Gerade hatte er noch Zeit, vor der Tür im Nachtdunkel eine zwanzig Meter hohe Buche zu erklettern. Aber ein paar Kinder verrieten
ihn. Geblendet vom Handscheinwerfer der Polizei stürzte er aus
großer Höhe hinab. Drei Tage Koma. Wirbelbruch, Querschnitts-
lähmung, eine lange depressive Krise. Drei Selbstmordversuche,
zweimal mit Tabletten, einmal fast vom Auto überfahren. Viel ver-
geblicher Zuspruch. Schließlich waren es ein einfühlsamer Arzt und
ein Behindertentrainer, die ihn zu einem Sport brachten, der ihm

erlaubte, die in ihm gefesselte autodestruktive Energie befreiend abzureagieren. Er wurde »Bankdrücker«. Bald trainierte er wie ein Besessener. Aber ohne seine aufopferungsvolle Freundin Birgit, seine Familie und reichlich Unterstützung in der solidarischen Bewohnerschaft hätte er sich kaum die Bedingungen für seine Meisterkarriere schaffen können. Inzwischen hat er auf der Olympiade in Atlanta für Deutschland mitgekämpft. 28 Leute aus der Siedlung und von außerhalb lassen sich heute von ihm trainieren. Gerade eben hat man ihn, den Bewohner des einst verschrieenen »Eulenkopfs«, zum zweiten Mal als »Sportler des Jahres« der Stadt Gießen gewählt. Mich hat er heute hergebeten, weil ich wieder mal die Siegerpokale und Medaillen in einem Wettbewerb übergeben soll, den er gerade zusammen mit Birgit vorbereitet. Ich gehorche gern und freue mich ohnehin, wenn die Bewohner mich noch gelegentlich als ihren Repräsentanten bei irgendeiner Gelegenheit anstellen wollen. Umgekehrt bekommen Bergrun und ich genauso prompt Beistand, wenn wir mal jemanden brauchen, der uns mit irgendeiner praktischen Verrichtung aus der Klemme hilft. Das sind keine Wanderungen mehr zwischen zwei sozialen Welten, sondern da besteht längst eine verlässliche Nähe. Bergrun denkt wie ich: Wenn wir mal gebrechlicher werden, dann werden die vom »Eulenkopf« sicherlich zu uns halten und uns eher unterstützen als manche aus der bürgerlichen Nachbarschaft.

Älterer Bruder unter den Pionieren der sozialen 70er Bewegung

Man redet heute von den 68ern und den 89ern, aber seltsamerweise nicht von den 70ern. Die 68er hatten mit ihrem wilden antiautoritären Aufstand die elterliche Anpassungsgesellschaft mit ihrer Sattheit und Selbstgerechtigkeit in Unruhe versetzt, sich aber mit den eigenen maßlosen Umsturzforderungen übernommen. Erst die 70er, die aus dieser Unruhe heraus zu praktischen Umgestaltungen in den Strukturen ansetzten, brachten in der Folge nachhaltige Veränderungen zu Wege, weil sie nicht mehr nur entlarven und protestieren, sondern eine bessere Gesellschaft konstruktiv herbeiführen wollten. Ihre Blickrichtung ging zugleich nach außen wie nach innen. Denn offenere, freiere Strukturen zu schaffen, erforderte, dass die Menschen das vorlebten, was sie organisatorisch verwirklichen wollten. Den Eltern in den Kinderläden wurde zum Beispiel schnell klar, dass sie ihren Kindern zu keiner friedlicheren Lösung ihrer Gruppenkonflikte verhelfen konnten, solange sie diesen Unbeherrschtheit und irrationales Machtgerangel in den eigenen Paarbeziehungen vorführten. Ich selbst wuchs innerhalb der 70er Bewegung in Rollen hinein, in denen ich in der Art eines älteren Bruders jüngere Geschwister in ihren Basisprojekten als Mitglied wie als Helfer unterstützte, während ich zugleich als Vermittler zu »Eltern-Instanzen« auftrat, also indem ich zum Beispiel die Ministerin zum »Eulenkopf« holte oder indem ich in der Psychiatrie-Reform um den schwierigen Ausgleich zwischen den radikaleren Reformwünschen der Helfergruppen und den Bedenklichkeiten der höheren Gesundheitsbehörden bemüht war.

In solchen Rollen machte ich eine entscheidende Erfahrung, nämlich dass ich zu meiner Überraschung im Stande war, einen bisher unausgeschöpften Freiraum zum experimentierenden Mitgestalten sozialer Veränderungen zu besetzen. Das verdankte ich der emanzipatorischen Perspektive der 70er Bewegung, die das Wahrnehmen von Führungsverantwortung in einer neuen Form von demokratischer Eingebundenheit ermöglichte. Das Projekt am »Eulenkopf« war für mich der wegweisende Testfall schlechthin. Hier beglückte mich die Erfahrung, mit der Studenten-Initiative in gemeinsamer Werkstattarbeit die Lebenswelt von 120 Familien verbessern zu können – als engagiert Anteilnehmender, als analytischer Beobachter, als Berater und Therapeut wie als politisch Mitverantwortlicher –, und dies mit der Vorstellung, an einem Modellfall etwas zur Überwindung der Spuren eines aus der Vergangenheit in die Aktualität hineinreichenden Ungeistes beitragen zu können.

Der entscheidende Schritt war, sich von den Zwängen zu lösen, die viele ebenfalls von der 70er-Bewegung stimulierte junge Soziologen, Politologen, Psychologen und Psychoanalytiker hinderte, sich den Problemen auf der Handlungsebene auszusetzen. Diese fürchteten oft mehr noch als die Beschwernisse der Praxis selbst die Übertretung geheiligter Standesvorschriften. So beließen es Tausende von kritischen Sozialwissenschaftlern dabei, sich ewig aufs Neue der Beherrschung der gesellschaftlichen Probleme theoretisierend zu vergewissern und sich darin in ihren Debattierzirkeln oder in Fachzeitschriften mit Hilfe ihres hermetischen Fachjargons auszutauschen und intellektuell zu befriedigen. Den jungen Psychoanalytikern wurde in den meisten Instituten schon verübelt, auch nur hinter der Couch aufzustehen und die Psychoanalyse durch Anwendung in der Paar- und Familientherapie oder der Gruppenarbeit zu verwässern, zu verunreinigen oder sonstwie zu verderben, vom Gebrauch in sozialpolitischen Projekten gar nicht erst zu reden.

Umgekehrt erlebte ich in der Begleitung der Kinderläden und vor allem am »Eulenkopf«, dass ich hier meine psychoanalytischen Kenntnisse und Fertigkeiten höchst fruchtbar in der Erforschung psychosozialer Zusammenhänge und für intervenierendes Handeln nutzen konnte. Für mich war das keine unbotmäßige Grenzüberschreitung, sondern die Aufhebung einer künstlichen Aufspaltung und Fragmentierung.

In Gießen hatte ich das Glück, eine Reihe junger Gleichgesinnter und ähnlich engagierter Kolleginnen und Kollegen um mich zu wissen. Dann gab es die Vorläufer um Bernfeld, Fenichel, Reich und Simmel, die ermutigenden Freundschaften mit den Mitscherlichs, den Parins und mit Fritz Morgenthaler. Dennoch schmerzte mich die Paradoxie, dass der nach 1945 ausgebliebene und nun von der Folgegeneration nachgeholte geistig-politische Umbruch von der offiziellen psychoanalytic community als bloße ödipale Massenpathologie verkannt und entwertet wurde. Meiner Gewohnheit folgend, mich von bitteren Enttäuschungen in ironisch-satirischer Form zu entlasten, pries ich Jahre später in meinem Lehrbuch für Korruptionsberater (»Die hohe Kunst der Korruption«, 1989) die psychoanalytischen Institute der 70er Jahre für ihre beispielhafte Kunst, sich in den eigenen Einrichtungen erfolgreich gegen eine emanzipatorische Erneuerungsbewegung zu schützen:

Während damals Studenten und Lehrlinge an den Universitäten und in den Betrieben Reformen erkämpften, während die Landesregierungen studentenfreundlichere Hochschulgesetze erlassen mussten und der Bund zu einer liberaleren Approbationsordnung für die Mediziner gedrängt wurde, ließ man an den Psychoanalytischen Instituten nicht einmal alles beim Alten, sondern erhöhte sogar unbeirrt die Hürden für den Nachwuchs durch Verlängerung der Pflichtzeiten und Kontrollen und durch Verschärfung der Qualifikationsbedingungen für Lehranalytiker. Ein Meisterstück der Verantwortlichen.

Vorbild Willy Brandt. Demokratisierung aus dem Geist des Widerstands

Aber es gab einen mächtigen politischen Freund der Psychoanalyse, der den Ideen der sozialen Bewegung nicht nur nahe stand, sondern selbst in wichtigen Punkten für sie eintrat: Willy Brandt mit seinem Konzept »Mehr Demokratie wagen!«. Ich hatte Willy Brandts Interesse schon 1968 mit einer im SPIEGEL abgedruckten repräsentativen Testanalyse von NPD-Wählern gefunden. Anlass war ein vorübergehender besorgniserregender Anstieg der NPD-Anhängerschaft gewesen, was zur Erwägung geführt hatte, diese Partei zu verbieten. Dieter Beckmann und ich hatten mit dem Gießen-Test erkundet, dass NPD-Wähler es im Durchschnitt schwer haben würden, kränkende Niederlagen zu ertragen, was erwarten ließ, dass sie kaum lange bei dieser Partei aushalten würden, sollte es mit dieser nicht alsbald siegreich aufwärts gehen. Tatsächlich war der Zustrom zur NPD alsbald wieder abgeebbt, ohne dass es zu der fatalen Entscheidung für ein Verbot gekommen wäre.

Ich hatte schon in meiner Berliner Zeit für Willy Brandt große Zuneigung entwickelt. Ein enger Mitarbeiter aus dessen Stab war mein Patient gewesen und hatte mir immer wieder von seinem Chef erzählt, von dessen Mischung aus politischer Weitsicht, Willenskraft und Sensibilität, so etwa von den Tränen, als Konrad Adenauer öffentlich von der unehelichen Geburt des Herrn Frahm gesprochen hatte. Für mich wurde Willy Brandt Leitfigur als der herausragende Politiker, der als Widerstandskämpfer glaubhaft ein gewandeltes Deutschland repräsentieren konnte. Als Günter Grass eine Wähler-Initiative für den Kanzlerkandidaten gründete, war ich mit Begeisterung dabei. In diesem Rahmen lernte ich Brandt bald persönlich kennen – und erfuhr überrascht, dass er ganz gut über Psychoanalyse Bescheid wusste. In Oslo hatte der Emigrant Brandt den Emigranten Wilhelm Reich getroffen, der dort stark besuchte psychoanalytische Seminare abhielt. Brandt war ein eifriger Besucher dieser Seminare geworden, besonders beeindruckt von Reichs sozialpsychologischer Faschismusanalyse, aber auch von dessen politisch-psychohygienischen Reformideen, also zum Beispiel von Reichs Engagement für die Einrichtung von Krippen und Kindergärten in Fabriken, für eine Liberalisierung des Strafvollzuges, bessere Aufklärung über Empfängnisverhütung, Aufhebung der Gesetze gegen Homosexualität und Abtreibung usw. Jedenfalls war es Wilhelm Reich, dem ich auf diese Weise eine rasche Verbindung zu Willy Brandt verdankte.

In der Folge ergaben sich immer wieder Gelegenheiten zu persönlichen Gesprächen. Einmal kam mir der Kanzler zu einer Verabredung strahlend mit einem Wahlplakat entgegen, auf dem Sigmund Freud neben anderen Intellektuellen für die Wiederwahl des roten Wiener Magistrats geworben hatte – was hieß, dass es offenbar nicht anrüchig sein konnte, als Psychoanalytiker Wahlkampfhilfe zu leisten.

Zwischen der Jugend der sozialen 70er-Bewegung und dem Kanzler entwickelte sich eine besondere Art von Einvernehmen. Es war eine verdeckte Liebe ohne die traditionellen deutschen Züge von kultischer Ergebenheit. Es fehlte auch die gemeinschaftsfördernde Fixierung auf ein äußeres Feindbild. Die Jungen fühlten sich für das Ganze mitverantwortlich, machten sich selber auf den Weg, aber waren natürlich glücklich, dass sich ihre Ideen mit denen eines charismatischen Anführers trafen, der ihnen in einer sich öffnenden Gesellschaft großen Spielraum für kreative Mitwirkung anbot. Was ein besonderes Gefühl der Nähe zu diesem Kanzler herstellte, war dessen für einen Politiker ungewöhnliche Warmherzigkeit und Authentizität. Wenn er von Solidarität mit den Schwächeren redete, dann merkte man, dass er auch so fühlte und als Persönlichkeit voll hinter einer solchen Politik stand. Umgekehrt konnte sich Willy, wie er oft vertraulich genannt wurde, auf eine Fülle ihm zuarbeitender Basisinitiativen stützen. Wenn der Artikel 20 des Grundgesetzes mit dem Satz »Alle Staatsgewalt geht vom Volke aus« je annähernd zur Wirklichkeit wurde, so war es damals. Viele soziale Neuerungen wurden von oben mit Verordnungen und Gesetzen abgesegnet, nachdem sich in den Institutionen längst Gruppen gebildet hatten, die auf solche Veränderungen drängten oder mit ihnen schon experimentiert hatten.

Als ich 1971 im Auftrag der Deutschen Forschungsgemeinschaft die Sowjetunion von Leningrad, wie es damals noch hieß, über Moskau bis Tiflis in Georgien bereiste, bekam ich oft von Russen zu hören: »Seitdem ihr diesen Willy Brandt an der Spitze habt, haben wir in unserem Land zu euch Deutschen wieder Vertrauen. Da wissen wir, dass der es mit dem Frieden für uns alle ernst meint.«

Zu jener Zeit passte es zusammen, dass der Kanzler in Polen vor dem Denkmal des Warschauer Ghettos niederkniete und dass Studenten und zahlreiche andere Gruppen anfingen, in ihren Orten und ihren Universitäten nachzuforschen, wie und von wem einst die Ausgrenzung und Verfolgung der Juden ausgegangen war, wer sich vielleicht auch widersetzt hatte. An meiner Universität in Gießen hatte sich zum Beispiel ein Kreis von Medizinstudenten spontan vorgenommen, in alten Doktorarbeiten und Habilitationsschriften zu untersuchen, wie sich dort das Eindringen des Nazigeistes bemerkbar gemacht hatte. Sitzungsprotokolle wurden daraufhin analysiert, wie zumal ein Teil der Professorenschaft Schritt für Schritt der braunen Ideologie verfallen war und ihr an der Universität den Weg geebnet hatte. Soweit möglich verfolgten die Studenten das Schicksal der verdrängten jüdischen Dozenten, aber sie spürten auch einen Widerstandskreis auf, der schließlich aufgeflogen war und dessen Mitglieder zum Tode verurteilt wurden. Nur eine Medizinerin hatte die Gefängnishaft überlebt. Es gelang ihnen, diese Frau noch kurz vor ihrem Tode ausfindig zu machen, zu besuchen und zu interviewen. Eines Abends referierten die Studenten über ihre ausgiebigen Recherchen, führten Fotos und Dokumente vor, sehr sachlich und ohne agitatorische Polemik. Der größte Hörsaal der Fakultät war berstend voll, bis lange nach Mitternacht wurde berichtet, nachgefragt und diskutiert. Nur auf Handzetteln war für die Veranstaltung geworben worden. Kein Professor, kein Auswärtiger hatte die Moralkeule geschwungen. Die jungen Leute brauchten das Hinschauen für sich selbst.

Versuche, die Prothesengott-Medizin mit psychosomatischem Denken zu versöhnen

Der Wandel in der Medizin, wie ihn sich eine kritische Avantgarde der jungen Generation damals im Rückblick auf die Nazizeit vorstellte, rührte an die Grundlagen ärztlichen Denkens. Vor Augen stand nicht mehr die isolierte »Maschine Organismus« mit ihren Funktionen und Defekten, sondern der Mensch als psychosomatische Ganzheit. Und das Arzt-Patient-Verhältnis wurde als therapeutische Gemeinschaft zwischen zwei Menschen betrachtet, in der Verstehen, Einfühlung, Vertrauen, Offenheit wichtige Elemente sein sollten. Um eine rein mechanische Beziehung zu vermeiden, wie sie etwa die gefühllosen kriminellen Menschenversuche der Hitlerzeit begünstigt hatte, war der Arzt gefordert, in sich die Abspaltung der Empathie von der technisch-ingenieurhaften Sichtweise zu überwinden. Daraus ergab sich, dass der Mediziner nicht nur die Innenwelt des ganzheitlichen Patienten, sondern auch die *eigene* Innenwelt zu beachten hatte, also dass seine persönliche Beziehungsfähigkeit genauso zu seiner beruflichen Schulung gehörte wie das Studium der seelischen Mitursachen von Krankheiten und Heilungsprozessen auf der Patientenseite. Jedenfalls waren das seinerzeit spontane Leitvorstellungen, die mir geholfen hatten, die Psychosomatische Medizin im klinischen und die Medizinische Psychologie im vorklinischen Teil des Medizinstudiums unterzubringen, unterstützt von Thure von Uexküll.

Aber die jüngste Vergangenheit hatte bewiesen, wie sehr die Gestaltung der Arzt-Patient-Beziehung auch von den Leitbildern und Strukturen des Gesellschaftssystems abhängt, so dass sich große Teile der Ärzteschaft der Vorschrift gebeugt hatten, dem Schutz der »völkischen Blutgemeinschaft« die Gesundheitsinteressen des einzelnen Menschen unterzuordnen, was bis zur Bekämpfung so genannten unwerten Lebens mit Massensterilisierungen und -tötungen geführt hatte. Daher die zusätzliche Forderung nach

Etablierung der Medizinischen Soziologie als weiteres Pflicht-Studienfach. Zwar ging es neuerdings nicht mehr um die Abwehr einer rassistischen Vernichtungsmedizin, wohl aber um die Schärfung des Blicks für die grundsätzliche Abhängigkeit der ärztlichen Praxis von den Vorgaben des Gesundheitssystems und für dessen Abhängigkeit wiederum von ökonomischen und politischen Faktoren.

Ich gründete eine ständige Hochschullehrerkonferenz für die drei Disziplinen Psychosomatik/Psychotherapie, Medizinische Psychologie und Medizinische Soziologie, die in der Folge half, an den diversen Fakultäten Abteilungen und Professuren für die zum Teil noch gar nicht oder nur randständig berücksichtigten Fächer einzurichten. So bekamen viele junge Forscher, die sich in den diversen Feldern der Psychosomatischen und der Psychosozialen Medizin schon einen Namen gemacht hatten, die Chance für akademische Wirkungsmöglichkeiten. Allein meine eigene – bald zu einem dreigliedrigen Zentrum erweiterte – Klinik wurde während meiner Amtszeit für zwölf Kollegen und drei Kolleginnen zum Ausgangspunkt für die Beförderung auf Professorenstellen.

Indessen, die institutionelle Ausbreitung der psychosozialen Fächer innerhalb der akademischen Medizin bedeutete noch lange nicht den Durchbruch jenes ganzheitlichen Denkens beziehungsweise den Schutz vor einer neuerlichen Abspaltung der psychosozialen von der technischen Medizin. In der Psychiatrie, die ja ohnehin am Rande oder außerhalb der übrigen Fachkliniken angesiedelt zu sein pflegt, konnte sich der neue humanistische Reformgeist leichter ansiedeln. Aber in dem großen Kernbereich der medizinischen Hauptfächer, in den das ganzheitliche psychosomatische Denken eindringen sollte, türmten sich große Widerstände auf. Da war man zwar bereit, die Psychologie zur organischen Krankheitslehre hinzuzufügen, aber eher als eine außermedizinische Wissenschaft vom Verhalten, gewissermaßen als entinnerlichte Psychologie. Viktor von Weizsäcker hatte schon Recht mit seiner deutlichen Mahnung, die er in der Einleitung zu einer Vorlesungsreihe 1947 ausgesprochen hatte:

Es ist nicht im Geringsten so, dass etwa durch das Hinzufügen der Psychologie die Medizin nun von selbst menschlich würde. Sie bietet nicht die Spur einer Garantie dafür, dass die Medizin nicht unmenschlich würde. Vielmehr ist der Untergang der Menschlichkeit zu allen Zeiten und bei allen Formen der Medizin ihre chronische Krankheit, das so genannte perennierende Übel, in das wir abzugleiten drohen, mit Psychologie und ohne Psychologie.

Als frisch berufener Psychosomatik-Professor hatte ich den Ehrgeiz, meinen Kollegen aus den so genannten Organfächern zu beweisen, dass die Psychosomatik ihre Befunde auch mit naturwissenschaftlich anerkannten Methoden belegen und vor allem auch ihre Therapieerfolge bestätigen kann. Ich nahm mir mit meinen Mitarbeitern zu diesem Zweck eine der häufigsten psychosomatischen Störungen vor, nämlich Angstanfälle, die von den Kranken regelmäßig als Herzstörungen gedeutet werden, obwohl das Herz kerngesund ist. Es ist eine sehr unangenehme funktionelle Störung jüngerer Menschen, die sich leicht durch bestimmte Anhaltspunkte von echten Herzleiden unterscheiden lässt. Inzwischen ist man übrigens an anderer Stelle auf den Gedanken gekommen, diese schon unter zahlreichen Namen beschriebene Angstkrankheit wieder neu zu »entdecken« und als »Panikattacken« zu benennen. Vielleicht ist diese Bezeichnung sogar passender. Aber die Sache selbst ist nicht neu.

Übrigens war Sigmund Freud selbst eine Zeitlang von dieser Krankheit befallen. Wir ermittelten nun in der Gießener Klinik statistisch die typischen Beschwerden der Patienten im Vergleich zu sonstigen Neurotikern und organisch Herzkranken, fertigten quantitativ auswertbare Test-Untersuchungen an und überprüften den Erfolg durchgeführter Psychotherapien durch schriftliche Befragung der Patienten über drei Jahre nach Therapieende, mit dem Ergebnis übrigens, dass 82 Prozent der an unserer Klinik behandelten Patienten statistisch gesicherte Besserungen angaben. Dieter Beckmann und ich erhielten für diese ausführliche Studie zwar einen internationalen Forschungspreis. Aber wenn wir auf Ärzteveranstaltungen davon berichteten, dass eine große Zahl dieser Patienten üblicherweise durch wiederholte unnötige apparative Untersuchungen und überflüssige Medikamentgaben eine Chronifizierung erleiden und hypochondrisch werden, spürte ich allgemeines Unbehagen der Kollegenschaft.

Dazu passte die Erfahrung mit einem großen internationalen Pharmakonzern. Der hatte dieselbe Krankheit zu einer irreführenden Werbung für ein Beruhigungsmittel benutzt. Eines Tages überschwemmte diese Firma die deutschen Arztpraxen mit einem farbig bebilderten Werbeprospekt. Ein erst mäßig, dann arg bedrückt dreinschauender Mann sollte demonstrieren, dass er zu den Bedauernswerten gehöre, die zunächst nur Ängste und Herzklopfen ohne chronischen Herzbefund verspürten, aber damit rechnen müssten, Folgekrankheiten wie Bluthochdruck, Angina pectoris oder einen Herzinfarkt zu erleiden. Natürlich war die Warnung mit der Empfehlung eines Medikaments verbunden.

Energischer Brief an die Firma: Die Werbung sei unverantwortlich. Denn die Angstanfälle der Herzneurotiker seien eine funktionelle Störung, die keineswegs das Vorstadium einer organischen Herz-Kreislauf-Krankheit darstelle. Denn systematische Nachuntersuchungen nach zwanzig Jahren bewiesen, dass Herzneurotiker sogar etwas seltener organisch herz- oder kreislaufkrank geworden seien als der Durchschnitt der Gleichaltrigen. Die Firma reagierte prompt, versprach, die Werbung zu stoppen, und lud Beckmann und mich zu einem richtig stellenden Vortrag vor den versammelten Außendienst-Vertretern ein. Außerdem kaufte sie 3000 Exemplare des gerade erschienenen »Herzneurose-Buches«, das die Vertreter bei ihren Arztbesuchen verschenken sollten. Ob sie es getan haben?

Hier gelang es einmal punktuell, das automatische Zusammenspiel der chemisch-technischen Reparaturmedizin, die sich auch weitgehend der psychosomatischen Krankheiten bemächtigt hat, zu unterbrechen und damit vielleicht auch eine Schar von Patienten vor Chronifizierung und Hypochondrie zu bewahren, die sich mit

ihren Anfällen von Herzangst nicht mehr am Abgrund des Herzto-
des wähnen mussten.

Aber dass ihre Seele bei dieser wie bei zahlreichen anderen
Krankheiten ein gewichtiges Wort bei der Verursachung und den
Heilungsmöglichkeiten ihrer Erkrankungen mitspielt, ist schon vielen Patienten nicht mehr geläufig. Alle Welt erlebt, dass die
»Maschine Organismus« immer erfolgreicher ausgeforscht und
dass die Zahl der Machbarkeiten stetig erhöht wird. Die Chemie
siegt über Impotenz, Haarausfall und Fettsucht, die Chirurgie
tauscht täglich schadhafte Organe aus, Unfruchtbarkeit wird in vielen Fällen technisch korrigiert, die Gentechnologie verspricht
wahre Wunder. Also steigert sich fortdauernd die Erwartung, dass
man Heilung durch Konsum der laufend zu verbessernden chemischen und technischen Mittel von dem dafür zuständigen Arzt ein-
fordern könne. In dieser Sicht mag es vielen Patienten und Ärzten
längst als Notwendigkeit erscheinen, dass sich die Technik wie eine
neue Autorität zwischen beide drängt und die Regie für den
Umgang miteinander übernimmt.

Dabei sieht es dann so aus, als habe die innere Welt mit Schmerz
und Leiden, mit der Verarbeitung von Verlust und Tod, mit Ängsten
und Hoffnungen, mit der Sehnsucht nach Beistand und Trost zu
schweigen, um den Prozess auf der technischen Ebene nicht unnötig zu komplizieren. Aber viele Patienten können eben nicht gesund
werden, weil ihr Kranksein mit Störungen und Konflikten in jener
inneren Welt verbunden ist. Was machen nun die Ärzte in einem
solchen Fall? Viele sind eben geneigt, es erst mal mit dem üblichen
Repertoire an Chemie und Technik zu versuchen, und zahlreiche
zum Konsum dieser Mittel erzogene Patienten werden sich das
auch brav gefallen lassen, zumal wenn die Ärzte sie gar nicht danach
fragen, was sie etwa an inneren pathogenen Beschwernissen mit
sich herumschleppen. Und schon tritt das ein, was man eine »organische Fixierung« nennt. Aber was ist, wenn Patienten gar zu deutlich zu erkennen geben, dass sie sich unverstanden und mit einer
nicht an den Ursachen angreifenden Therapie unglücklich fühlen?

Dann wird man sie am Ende vielleicht doch an Psychotherapeuten überweisen, was manche eher als Bestrafung dafür erleben, dass sie sich von der Organmedizin nicht haben heilen lassen wollen.

Die jungen kritischen Mediziner der 70er Jahre widersetzten sich indessen scharenweise dieser Abspaltung des psychologischen Anteils von der organischen Seite der Krankheiten. Sie fühlten sich als Ärzte erst vollständiger, wenn sie von ihren Patienten auch aufnahmen, was diese ihnen an Angst, Sorgen und Konflikten anvertrauten. Es war eine Phase, in der sie sich gegen die einseitige Dominanz der Ingenieursmedizin wehrten und darauf bestanden, dass die Beziehung zwischen dem Menschen Patient und dem Menschen Arzt – mit Zuwendung, Vertrauen, Verlässlichkeit, Verstehen und spürbarer Anteilnahme – eine ausschlaggebende Rolle spiele.

* * *

1971 hatte ich bei einem Vortrag in Freiburg einen jungen Zuhörer, der später mein Freund wurde und zu dessen 50. Geburtstag ich gerade eine kleine Festrede vorbereite. In ihr werde ich an unserer beider lang bewährte Zusammenarbeit mit dem Ziel einer persönlicheren Medizin erinnern, die davon ausgeht, dass der Mensch immer noch zur Natur und diese nicht ihm gehört. Ellis Huber ist ein kämpferischer ärztlicher Berufspolitiker geworden. Die Veranstaltung von kritischen »Gesundheitstagen« war seine Idee. Auf dem ersten, zu dem er 12.000 Teilnehmer in Berlin versammelte, waren wir beide einander näher gekommen. Inzwischen sind wir im Vorstand der Internationalen Friedensärzte miteinander verbunden. Ellis wurde seinerzeit die Leitfigur für eine große Kollegenschaft, die ein reformiertes Gesundheitssystem anstrebte, das die Steuerung ärztlichen Handelns durch einseitige kommerzielle Interessen einschränken sollte. Die Entscheidung für oder gegen bestimmte diagnostische oder therapeutische Maßnahmen sollte nicht länger durch materielle Vorteile oder Nachteile beeinflusst werden, wie es heute noch der Fall ist, da zum Beispiel apparative

Maßnahmen gegenüber Vertrauen schaffenden, aufklärenden und ermutigenden Gesprächen sehr viel höher honoriert werden. Warum also den Ärzten nicht ein festes Einkommen zusichern, das ihnen offen lässt, die jeweils vernünftigste Methode anzuwenden – ohne deren materiellen Vor- oder Nachteil bedenken zu müssen? Und warum nicht eine »Positivliste« von überprüften empfehlenswerten Medikamenten vorgeben, um der Überflutung des Arzneimittelmarktes mit unwirksamen oder dubiosen Präparaten entgegenzuwirken? Mit solchen provokativen Fragen bzw. Empfehlungen brachte Ellis konservative Funktionäre und Kollegengruppen gegen sich auf, erst recht die Lobby der Medizingeräte- und der Pharmaindustrie. Dennoch führte er seinen Kampf unbeirrt weiter, wie dieser Tage noch in einem SPIEGEL-Interview:

Eine schleichende Korruption ist in diesem System unausweichlich. Genau an dieser Spannungslinie leiden die Ärztinnen und Ärzte in Deutschland gottsjämmerlich. Sie werden selber krank und sterben auch früher als andere akademische Bevölkerungsgruppen, weil sie die innere Zerrissenheit zwischen emotionalem Anspruch, einen helfenden Beruf sozial verantwortlich auszuüben, und der geldgesteuerten Handlungsanweisung, die sie zu Dingen zwingt, die sie vor ihrem Gewissen nicht verantworten können, nicht mehr aushalten.

Trotz mächtiger Widerstände hatte man Ellis vor zwölf Jahren zum Präsidenten der Berliner Ärztekammer gewählt, womit er zugleich ins Präsidium der Bundesärztekammer aufgerückt war. Aber nun hat seine bis dahin getreue Wählerschaft der Mut verlassen. In dem Augenblick, da die Wahl einer rot-grünen Regierung einem solchen Mann einen noch erweiterten Wirkungsradius hätte einräumen können, lässt man ihn fallen. Der Ruhestörer wurde abgewählt, und die Regierenden wagen nicht, den Unbequemen in ihren Dienst zu nehmen.

Die Niederlage wird den Freund nicht umwerfen. Aber es ist ja auch ein Rückschlag im gemeinsamen Kampf für eine menschlichere Medizin. Der Zeitgeist hat sich gewandelt. Überall regen sich wieder mehr Gegenkräfte gegen eine analytische Psychosomatik, gegen eine sanftere Heilkunde, gegen die »Bedenkenträger« im Bereich der biotechnischen Wissenschaft. Ich hatte mit dieser Entwicklung schon bald gerechnet, als ich im Verlauf der 70er Jahre bemerkte, dass es nicht primär an *wissenschaftlichen* Vorbehalten lag, wenn die von Viktor von Weizsäcker vorgezeichnete »Medizin als Umgang des Menschen mit dem Menschen«, für die Ellis und ich stritten und für die sich in der ersten Hälfte der 70er Jahre ein weites Tor zu öffnen schien, nicht mehr recht Boden gewinnen konnte. Die rasant fortschreitende Technisierung veränderte das Gesicht der Medizin und färbte damit auch die Einstellung der Ärzte.

Bei meinem Amtsantritt in Gießen 1962 hatte mich eines Tages der von mir verehrte Biochemiker Staudinger ermutigt: Sie werden sehen, Herr Kollege, dass wir in ein paar Jahrzehnten eine Medizin haben werden, die den Ärzten viel mehr Möglichkeiten als heute geben wird, sich um die psychischen und sozialen Probleme der Patienten zu kümmern. Die Ärzte werden dann vieles von dem, was sie heute noch umständlich durch Betasten, Abklopfen, Abhorchen und Herausfragen ermitteln müssen, durch eine automatische technische Diagnostik erledigen können. Also werden sie dann bedeutend mehr Zeit haben, sich den Patienten persönlich zu widmen.

Mit dem technischen Fortschritt hatte er Recht. Der ist noch weit rasanter verlaufen, als er es seinerzeit vermutete. Damit sind die organische Diagnostik, zugleich die Chancen der körperlichen Therapie phantastisch erweitert worden. Aber Patient und Arzt sind dadurch einander nicht näher gerückt, vielmehr ist ihr Kontakt mehr denn je durch die dazwischengeschalteten Apparate unpersönlicher und technischer geworden. Die Komplizierung der technischen Medizin absorbiert in so hohem Maß die ärztliche Konzentration, dass die ganz andere Art der Einstellung auf den Patienten äußerst erschwert wird: die Einfühlung, das Sich-Hineinversetzen in sein Schicksal, in seine Belastungen, seine Ängste, in seinen Bedarf an Verständnis, Ermutigung und Tröstung. Denn diese erfordert besondere Energie, die Kraft zum Mitfühlen und Mittragen, zum Aushalten von Anklammerungs- und Mitteilungsbedürfnissen und auch von manchem Misstrauen. Das alles geht nur mit viel Geduld, im Ernstnehmen der intimen Partnerschaft, in der sich der Patient so wehrlos ausliefert wie in kaum einer anderen professionellen sozialen Beziehung und wo die Auslieferung zu Recht mit der hohen Erwartung auf ein besonders achtsames, verlässliches Entgegenkommen des ärztlichen Mitmenschen verbunden ist.

Das wäre die Art psychosomatischer Medizin, von der Staudinger und ich seinerzeit hofften, dass der technische Fortschritt ihr automatisch dienlich sein würde. Aber das Umgekehrte ist geschehen. Die Aufmerksamkeit des Arztes auf das Sachliche, das Gemessene, auf das in Kurven Aufgezeichnete, das Errechnete, Fotografierte, Tabellarisierte strengt ihn nicht nur mehr an, sondern fordert ihm das verstärkte Training gerade der Fertigkeit ab, die ihn aus der mitmenschlichen Nähe entfernt: Das ist die geistige Anpassung an das Technische, die Selbstverwandlung in eine ähnliche messende, rechnende, mechanische Nüchternheit, in welcher die Apparate arbeiten. Paradoxerweise könnte man hier sogar von Einfühlung in die Technik sprechen, nämlich sich der Maschinerie innerlich anzuverwandeln, die den Organismus des Kranken entschlüsselt.

Resümee: Im Konflikt zwischen seinen beiden antagonistischen Positionen verstärkt sich zusehends der Druck auf den Arzt, die psychosomatische bzw. pychosoziale Einstellung zugunsten der technisch-sachlichen zu vernachlässigen, schon aus Zeitgründen, da die immer noch anwachsende Verfeinerung und Komplizierung des technischen Sektors für eine vertiefte geduldige, sensible zwischenmenschliche Kommunikation immer weniger Freiheit lässt.

Folge ist, dass die Psychotherapie immer weniger *in* der Medizin, immer mehr *neben* ihr geschieht. Als ich 1962 meine psychosomatische Klinik gegründet hatte, untersuchte ich bei meinen Patienten noch die Sehnenreflexe, den Augenhintergrund und prüfte andere

Funktionen, so wie es nach den Symptomen geboten schien. Da ergab sich dann, dass manche Kranken nicht nur psychisch, sondern auch oder überhaupt nur organisch krank waren. Ich wollte noch ein ganzheitlicher Arzt sein, so wie man mich ausgebildet hatte. Aber das musste ich mir bald abgewöhnen. Die Spaltung war unumkehrbar. Inzwischen wissen die Ärzte immer weniger, wo Krankheiten psychisch verwurzelt sind, und Tausende von ausschließlich psychologisch ausgebildeten Therapeuten vernachlässigen ahnungslos organische Krankheitsursachen oder Mitursachen, weil sie sich darin verständlicherweise überhaupt nicht auskennen.

So könnte ich der reichlichen Literatur über Fortschritte der Medizin leicht einen stattlichen Band über Rückschritte hinzufügen, allein über Rückschritte in der psychosomatischen Medizin. Es waren aber nicht primär die Ärzte, denen von sich aus an einer immer konsequenteren Abspaltung der technischen von der psychosozialen Medizin gelegen war. Sondern sie wurden und werden von der totalen Technisierung und Ökonomisierung des Lebens überhaupt mitgerissen. In die Psychotherapie selbst dringt das technische Denken zunehmend ein – durch Methoden, die nicht mehr nach Ängsten, Verzweiflung und Konflikten fragen, sondern nur noch Leistungen einüben und Schwächen wegtrainieren. Es hat sich eine regelrechte Industrie der psychischen Fitness-Produktion entwickelt. Die Natur des Psychischen wird wie die sonstige Natur manipuliert, als gehöre sie dem Menschen und er nicht zu ihr. Aber wie kann sich der Mensch noch als Teil der Schöpfung fühlen, wenn er seine Anfälligkeit, sein Leiden und seine Sterblichkeit nicht mehr als Elemente seines Lebens hinnimmt, sondern den Gott, den er nicht mehr zu haben fürchtet, durch eigene gottähnliche Perfektionierung ersetzen zu können glaubt? Wenn dahinter die Angst vor verzweifelter Verlorenheit steckt, dann ist der fundamentalistische Glaube, sich mit einem ungebändigten technischen Fortschritt der kreatürlichen Schwäche und Zerbrechlichkeit entledigen, alle Krankheiten und Behinderungen besiegen, sich selbst gentechnisch zu göttlicher Vollständigkeit erheben zu können, gut verständlich –

auch die erwachte Anstrengung, einen genetischen Schlüssel für die Programmierung der Alterungsprozesse zu finden, um sich auch derer eines Tages zu bemächtigen.

Ellis und ich müssen einsehen, dass der momentan noch vorherrschende Glaube an eine Prothesengott-Medizin nicht mit einem Frontalangriff auf die Strukturen eines vom ökonomischen Wettlauf beherrschten Gesundheitssystems erschüttert werden kann. Es kann nur anders werden, wenn jener Glaube selbst ins Wanken gerät, wie es Anfang der 70er eine Weile aussah. Anders ausgedrückt: Die Wandlung kann nur von innen kommen, von einer Aussöhnung des Menschen mit sich selbst, mit seiner kreatürlichen Begrenztheit. Diese Aussöhnung ist nur möglich, wenn er sich in Bescheidenheit selbst annimmt, wie er ist, und sich nicht mehr für seine Verletzlichkeit und Vergänglichkeit hasst – und diesen Selbsthass nicht mehr projektiv an einer Medizin abreagieren muss, nur weil diese noch immer nicht das Leiden aus der Welt geschafft hat – als wenn sie das je könnte.

Ellis und ich können vorläufig nur solche erreichen, die in ihrem Inneren einen anderen Halt suchen als in jenen wahnhaften Hoffnungen auf das Besiegen der kreatürlichen Ohnmacht und Unvollkommenheit, nur solche, die sich eine andere Einstellung erwerben als jene, die ich als »Gotteskomplex« beschrieben habe. Das Umdenken kann also nur von innen kommen. Man mag das Vertrauen darauf, dass es kommen wird, naiv und unrealistisch nennen. Aber wenn man es hat, empfindet man die Kraft, dafür einzustehen.

Die Süddeutsche Zeitung und der SPIEGEL haben Ellis nach seinem Fall achtungsvoll gewürdigt und seinen Ideen noch einmal reichlich Platz eingeräumt. Das hat ihm neuerliche Beschimpfungen und Verunglimpfungen eingetragen. Immerhin ein Symptom dafür, dass man seine Position beachtlich findet bzw. dass die Unruhe, als deren Stifter man ihn bezichtigt, ohnehin unter der Oberfläche lauert.

Begründung einer undogmatischen Anwendung der Freudschen Theorie: psychoanalytische Familientherapie

Persönlich hatte ich bereits in den frühen 60er Jahren für mich ein spezielles Stück wissenschaftliches und therapeutisches Neuland erschlossen, das war die Familientherapie. Diese passte und passt allerdings nicht glatt in ein Gesundheitssystem hinein, das als Träger einer Krankheit nur das Individuum kennt. Da mag eine Krankheit noch so sehr von einem vergifteten Familienklima herrühren, es mag sich in ihr die unbewusste Gegenwehr des einen gegen die Unterdrückung durch einen anderen melden, ein Kind mag durch Symptome signalisieren, dass es in einem Ehekonflikt der Eltern unterzugehen fürchtet. Notiert habe ich bereits, wie ich aus der eigenen Familiengeschichte und aus meinen Erfahrungen in der Berliner Beratungs- und Forschungsstelle schon früh dazu bewogen worden war, meine psychoanalytischen Kenntnisse theoretisch und praktisch auf Familienprozesse anzuwenden, weswegen mir nachgesagt wird, dass ich hier zu Lande die Familientherapie begründet habe.

Jedenfalls war ich von der neuen Methode so begeistert, dass ich mir bald einen engeren Austausch mit anderen deutschsprachigen Zentren wünschte, wo ebenfalls familientherapeutische Interessen bekundet oder auch bereits gepflegt wurden. Über Freunde konnte ich eine deutsche Stiftung (Stifterverband für die deutsche Wissenschaft) bewegen, eine kleine, aber erlesene »Internationale Arbeitsgemeinschaft für Familienforschung und Familientherapie« zu finanzieren. 23 Wissenschaftler aus Zürich, Lausanne, Wien, Salzburg, Heidelberg, Frankfurt, Göttingen und Gießen trafen sich von 1972 an zweimal jährlich für eine halbe Woche abwechselnd in einem der drei Länder. Wir unterrichteten uns gegenseitig über unsere Forschungsvorhaben und -ergebnisse, verteilten untereinander auch Stiftungsmittel für empirische Studien. Unsere Absicht, die Familientherapie als neues seriöses, für die psychosoziale Versorgung empfehlenswertes Verfahren bekannt zu machen, erfüllte sich rascher als gedacht. Als die Gruppe 1978 zu einer familientherapeutischen Tagung nach Gießen einlud, kamen 1.100 Teilnehmer, woraufhin sie sich in der Erkenntnis auflöste, dass es der internationalen Aufbauhilfe nicht mehr bedurfte.

Was aber hatte dem neuen Verfahren diese überraschende Attraktivität verschafft? Da schienen zwei einander eher widerstreitende Interessen eine maßgebliche Rolle zu spielen. Beide ergaben sich aus der Erschütterung der sozialen Strukturen im Zuge der sozialen 70er-Bewegung. In liberalen Kreisen suchte man wie in den Kinderläden nach gemeinsamer Emanzipation durch größere Offenheit und Freizügigkeit in Partnerschaften und in der Kindererziehung, verstrickte sich dabei aber oft in quälende Beziehungskonflikte und musste einsehen, dass die massenhaft kursierenden psychoanalytischen Selbstheilungsversuche nicht ausreichten, so dass man doch kompetente Unterstützung brauchte. Auf der konservativen Seite bestand weniger Bedürfnis nach Emanzipationshilfe, vielmehr nach Restauration der traditionellen Strukturen und Festigung der aufgelockerten familiären Loyalitätsbindungen.

Die Pluralität der Methoden, die sich in der Einzeltherapie entwickelt hatte, manifestierte sich schließlich auch in der Familientherapie. Psychoanalytiker, Verhaltens- und Systemtherapeuten erprobten unterschiedliche Konzepte. Die Gruppen in Göttingen (Sperling, Massing), München (Bauriedl) und Gießen (Neraal, Haland-Wirth, Wirth, Spangenberg, Dierking, Altevogt-Brauns und ich selbst) bewahrten die psychoanalytische Grundposition. D. h. sie verzichteten nach wie vor auf autoritär-dirigistisches Intervenieren, sondern beschränkten sich mit Ermutigungen und Deutungen darauf, die Familien eigene Wege zur Überwindung von Konflikten herausfinden zu lassen.

Trotz vieler Belege dafür, dass neurotische und psychosomatische Erkrankungen bei Kindern und Erwachsenen oft nur kuriert werden können, wenn man ein gestörtes Beziehungsgeflecht in

Paarbeziehungen oder in der Familiengruppe im Ganzen therapeutisch beeinflusst, sträuben sich die Kostenträger – uneinsichtig bis heute –, Familientherapie als Kassenleistung anzuerkennen, obwohl die Gießener Gruppe diese Forderung bereits 1974 im Rahmen der Psychiatrie-Enquete dem Deutschen Bundestag vorgetragen hatte.

* * *

Soeben, im Januar 1999, hat sich ein neuer »Berufsverband für Psychoanalytische Familientherapie« vorgestellt. Maßgebliche Initiatorin ist Thea Bauriedl in München. Sie hat wie ich an dem theoretischen Fundament der Psychoanalyse festgehalten, arbeitet also an dem unbewussten Hintergrund von Beziehungskonflikten. Auch sie bejaht die Öffnung für Sozialtherapie. Uns beide verbindet gesellschaftskritisches Interesse und Engagement, weil uns gleichermaßen vor Augen steht, wie sehr Gesundheit und Krankheit in den verschiedenartigen Familienstrukturen und im Zusammenleben ethnischer Gruppen von der Menschenfreundlichkeit ökonomischer Verhältnisse und politischer Regelungen abhängen.

Aber warum ein neuer Verband, nachdem ich schon vor 25 Jahren eine Deutsche Arbeitsgemeinschaft für Familientherapie gegründet hatte? Es hatte sich als Illusion herausgestellt, unter dem Begriff Familientherapie kritische und konservative, analytische und systemisch-technische Einstellungen so zusammenzuführen, dass man sich gern längerfristig in einer gemeinsamen Sprache ausgetauscht hätte. Am Ende gab es diese gemeinsame Sprache nicht mehr. Warum also unter dem Dach eines Vereins um die Vorherrschaft dieser oder jener Theorie oder therapeutischen Strategie streiten? Die Folge können nur ungesunde interne Loyalitätsbindungen innerhalb der beiden Lager sein – der Tod jeder offenen wissenschaftlichen Entwicklung.

Ich verspürte zu allen Zeiten eine tiefe Abneigung gegen Schulbildungen, die zwar machtpolitische Vorteile einbringen, aber die wissenschaftliche Kreativität lähmen. Jede Schule macht aus einer Theorie eine Lehre. Die Lehre wird leicht zum Dogma, das den Anhängern Halt gibt, sie aber auch verpflichtet. Wer am Dogma rüttelt, wird zum Abtrünnigen, schließlich zum Verräter. Als Bindemittel bleibt das Dogma starr. Mit Mitgliedschaft und Gunst wird belohnt, wer zum hundertsten Mal die Schultheorie bestätigt, anstatt dem laufenden Wandel der Lebensformen und der sozialen Strukturen mit neuen Fragestellungen nahe zu bleiben.

Die organisierte Psychoanalyse hat in ihrer Geschichte zeitweilig genau diese sektenartige Selbstlähmung vorgeführt. Während es in der ersten und zweiten Generation von originellen, phantasievollen Geistern nur so wimmelte, hatte man in Amerika bereits 1966 einen Ausschuss untersuchen lassen müssen, warum es mit kreativer psychoanalytischer Forschung nicht mehr recht voranging. 1972 hatte Anna Freud dann einen Grund angegeben, nämlich die Rekrutierung des Nachwuchses nur unter angepassten Typen – was natürlich Angst vor solchen Charakteren bewies, die sich vielleicht der braven Unterordnung in einer Schulgemeinde widersetzen würden. Damit war die Chance preisgegeben, von Nonkonformisten zu lernen, anstatt diese als Bedrohung zu erleben. Und damit hatten sich einflussreiche psychoanalytische Gruppen in das Gegenteil dessen verwandelt, was ihre Wissenschaft ursprünglich anstrebt, nämlich die Erweiterung innerer Freiheit und die Förderung von Mündigkeit. Ich erinnere mich noch genau an einen Londoner Lehranalytiker, der bei einem Gastvortrag vor der Deutschen Psychoanalytischen Vereinigung in Berlin warnte: Jeder jüngere Analytiker, der in den ersten zehn Jahren nach Abschluss seiner psychoanalytischen Ausbildung sich einbilde, eine neue Entdeckung publizieren zu müssen, sollte erst noch seinen Neid auf Freud analysieren lassen. Mit diesem Prinzip wurden in der Psychoanalyse Generationen von ewigen Schülern herangezogen, denen man den Mut zu kreativem Forschen in den Jahren ausgetrieben hatte, in denen sie dazu die grösste Frische und Entdeckerfreude gehabt hätten. Inzwischen hat die internationale Vereinigung der Freudianer einen Präsidenten, der eine Rede nach der anderen gegen diese sektenartige Verschulung hält. Aber einmal etablierte Strukturen sind zäh. Und mancher Argwohn richtet sich noch immer gegen junge Analytikerinnen und Analytiker, die in Wahrheit die Wissenschaft Freuds lebendig halten, indem sie unbefangen nach neuen Fragestellungen und praktischen Ansätzen suchen, die zu den Menschen mit ihren veränderten sozialen und inneren Konflikten passen.

Nie hatte ich selbst ein Interesse, mit den eigenen Entdeckungen und Ideen so etwas wie eine Schule zu gründen. Dabei spielte gewiss auch die abschreckende Jugenderfahrung des langjährigen Widerstrebens gegen ein verordnetes und dem eigenen Wesen fremdes Denken eine Rolle. Mein früher Hang zu philosophischer Literatur war sicherlich vor allem aus der Sehnsucht entsprungen, dem aufoktroyierten uniformen Denken in einen Bezirk geistiger Freiheit zu entfliehen. Als Negativ-Vorbild habe ich auch nie meinen Berliner Psychiatrie-Professor aus den Augen verloren, der kaum eine Publikation seiner Assistenten freigeben wollte, in der er nicht seine eigene Denkschule irgendwo wieder fand.

Um mich vor ähnlicher Versuchung zu schützen, ließ ich mir keine Veröffentlichung meiner Mitarbeiter, nicht einmal Arztbriefe, zur Absegnung vorlegen. Es bereitete mir Genugtuung, dass sich innerhalb des eigenen Zentrums Kolleginnen und Kollegen mit Vorstellungen und Konzepten bekannt machten, die von den meinigen mitunter deutlich abwichen. Manches habe ich dadurch hinzugelernt. Obendrein entging ich dadurch manchen Ressentiments, die das Leben in einer Chefrolle häufig beschweren. Stolz war ich auch darauf, dass sich in der eigenen Gruppe »Hintercouch-Hocker« und sozialtherapeutisch und politisch engagierte »Rocker« (interne Sprachregelung), im Bewusstsein, einander sinnvoll zu ergänzen, gut vertrugen. Natürlich habe ich mich aber auch darüber gefreut, dass einige der eigenen Entdeckungen und praktischen Ansätze in der Familien- und Sozialtherapie international Anklang gefunden haben und zum Teil sogar bis heute finden. Es fehlt mir ja keineswegs an Ehrgeiz.

In der psychoanalytischen Familientherapie erkenne ich übrigens eine besonders gute Chance, sterile Verschulung zu vermeiden. Das Leben der Familie verändert sich laufend mit dem
gesellschaftlichen Wandel. Individualisierung, Instabilität der Zweierbeziehung, Häufung von Scheidungen, Zunahme von Ein-El-
tern-Familien markieren diese Entwicklung in den letzten Jahrzehnten. Die Familie erfährt den Druck der Flexibilisierung der
ökonomischen Strukturen und der Umbrüche in der Arbeitswelt.
Sie soll die Menschen für die Zwecke des Standortes zurüsten, aber
will sich selber auch als Bastion gegen die Auflösung von langfristigen und verlässlichen Verwurzelungen behaupten. Dazu passt eine
analytische Familientherapie, die sich auf neuartige Strukturen,
Ängste und Bedürfnisse der Menschen einrichtet und im Moment
zum Beispiel das Bedürfnis der jungen Generation nach Gegen-
steuerung erkennt, nämlich nach neuer Vertiefung partnerschaftlicher Bindungen.

Übrigens ist Freud bei allem Geschick, seine Gruppe zusam-
menzuhalten, sehr viel weniger dogmatisch als manche seiner or-
thodoxen Nachfolger gewesen. Mehrmals hat er eigene wesentliche
Theorien revidiert, seine Trieblehre und seine Angsttheorie beispielsweise. Und als alter Mann war er – wie Mentor und Freund
Hoffer erzählte – öfter geradezu ungehalten, wenn in einem klinischen Seminar die Meinung aufkam, diese oder jene wissenschaftlich gut begründete Intervention müsse einem Patienten bestimmt
helfen. Das wisst ihr nicht, habe Freud dann eingeworfen. Macht es
genau umgekehrt: Wenn ihr beobachtet, dass eine Deutung fruchtbar gewirkt hat, dann untersucht hinterher, warum sie geholfen hat.
Aber geht nicht davon aus, dass ihr mit eurem Wissen den Erfolg
sicher vorhersagen könnt. Das ist Psychoanalyse – schon errungen
geglaubtes Wissen immer wieder neu in Frage zu stellen.

Gruppendynamischer Wahlkämpfer für Willy Brandt

Psychoanalyse, Familientherapie, »Eulenkopf«, Buchschreiben und zwei Wahlkämpfe für Willy Brandt – wie ging das zusammen? Scheinbar miteinander schwer vereinbare Aktivitäten. Aber das eine ergänzte recht gut das andere. In den wenigen Langzeit-Analysen konnte ich mich in Feinarbeit in die Prozesse des Unbewussten vertiefen – Grundlage für die Anwendung der psychoanalytischen Methode auf Paare, Familien und Gruppen. In diesen anderen Settings konnte ich meine speziellen Studien über Beziehungskonflikte gut verwerten und mich obendrein üben, auch in solchen komplexen Konstellationen das Prinzip der abwartenden, zuhörenden, »platonischen« Einstellung durchzuhalten. Am »Eulenkopf« wiederum vermochte ich eine sonst weniger geforderte Seite von mir zu entfalten: bedacht, aber unmittelbar zu reagieren, mich »zum Anfassen« zu öffnen, mich auf die ungeschützte Nähe zu den »Eulenköpfen« einzulassen, die selber mit ihren Impulsen unablässig voll aus sich herausgingen. Ich habe mit ihnen Fußball gespielt (wurde Ehrenspielführer ihres Clubs), Bier getrunken, gefeiert, einen Film gedreht. Zugleich habe ich mich im Vermitteln zwischen Bewohnern, Studenten und Ämtern erprobt – unter behutsamer Berücksichtigung der wechselseitigen Ängste, Vorurteile und Gekränktheiten. Manches davon hätte ich mir kaum zugetraut, hätte ich mich nicht selbst bereits 1970 als einfaches Mitglied einem strapazierenden Gruppen-Selbsterfahrungs-Training in vollständiger Klausur ausgesetzt – als beinahe einziger Älterer unter lauter jungen Leuten.

Und das Buchschreiben? Das gönnte ich mir als eine Art Meditation. Als Therapeut laufend in die spannenden Dramen von Menschen verwickelt, die mit zeittypischen inneren wie sozialen Konflikten kämpften, bedeutete es für mich geradezu eine Erholung, das Aufgestaute schreibend zu verarbeiten, nämlich aus vielen

Einzelschicksalen und Beziehungsproblemen das Gemeinsame an aktuellen oder auch überdauernden Problemen und Reaktionsmustern herauszufiltern, zu analysieren und schließlich zu notieren. Das ging nur in den Sommer-Semesterferien, in denen ich nicht lehren musste und meine klinische Tätigkeit einschränken konnte. Es ging mit einer rücksichtsvollen Familie und partiellen Klausuren wie in der Gefängniszelle 1945. Genau jene damals aus Not eingeübte Einsamkeit verordnete ich mir für ein paar Monate, abends jeweils mit Fragen einschlafend, für die sich oft schon im Traum oder im morgendlichen Halbschlaf klare Antworten herausbildeten. Bis heute ist für mich die schöpferische Produktivität des Schlafes ein Wunder, das aber nur eintrat, wenn man einschlafend die Gedanken an der Stelle spielen lässt, wo man am Tage abgebrochen hat, und wenn man am Morgen aufwachend unverzüglich in sich hineinlauscht. Alexander Mitscherlich hatte, wie er mir einmal erzählte, die »Unwirtlichkeit der Städte« in einer einzigen Osterwoche heruntergeschrieben. So weit habe ich es nicht gebracht. Aber »Die Gruppe«, »Lernziel Solidarität« und »Flüchten oder Standhalten« habe ich jeweils von Juli bis Ende September geschafft. Danach meist noch ein paar Wochen Bergsteigen vor Semesterbeginn.

Auch die Wahlkampfhilfe, so wie ich mich daran beteiligte, entfernte mich nur partiell vom Alltagsgeschäft als Psychotherapeut. Das ging so: In der Zentrale der SPD-Wählerinitiative in Bonn meldeten SPD-Kandidaten den Wunsch nach einer Veranstaltung mit mir an. Ich vereinbarte mit dem jeweiligen Kandidaten Thema und Termin und erbat, wenn irgend möglich, einen Saal mit lose stehenden oder so locker miteinander verkoppelten Stühlen, dass man mit diesen kleine Kreise bilden konnte. Meist war der Kandidat beunruhigt und wollte Genaueres über den vorgesehenen Ablauf wissen. Er erhielt den Bescheid, dass es keine der üblichen Frontalveranstaltungen, sondern ein Wechsel zwischen kurzem Vortrag, Gesprächen in kleinen Gruppen und abschließender Diskussion zusammen mit dem Plenum werden sollte. Einspruch des Kandidaten: Dabei würde man doch die Kontrolle über das Publikum verlieren.

Gewiss wolle dieses dem angekündigten Redner und dem Politiker zuhören und anschließend die übliche Diskussion erleben. Die Auflösung in kleine Gruppen könne doch nur in ein chaotisches Durcheinander ausarten. Man würde über den Kandidaten herfallen, noch ehe dieser die Ideen und das Programm der Partei hätte präsentieren können. Solche Ängste waren meist schwerer zu überwinden als irgendwelche Komplikationen während der Veranstaltungen selbst. In der fest gefügten hierarchischen Parteiorganisation aufgewachsen, pflegte fast jeder Kandidat um die Wahrung seiner Autorität zu bangen, die ihm nur bei Beibehaltung des üblichen Arrangements gesichert schien: oben auf dem Podium der Politiker und der Referent als sein Helfer, unten das Volk, das erst mitreden darf, nachdem es brav zugehört hat.

Die erste therapeutische Aufgabe lautete also, den verunsicherten Kandidaten zu beschwichtigen. Die zweite Hürde war die Irritation der Teilnehmer zu Veranstaltungsbeginn. Ich bat die Leute, auf das verständlicherweise erwartete Referat zu verzichten und sich mit einer kurzen Einführung zu begnügen. Anschließend wolle ich sie bitten, ihre Stühle zu nehmen und sich in kleinen Kreisen von nicht mehr als acht Personen zusammenzusetzen, möglichst Ehepaare sowie Väter und Mütter von Söhnen und Töchtern getrennt. Ich schlage ihnen vor, sich in diesen Kreisen darüber zu unterhalten, was ihnen gerade zum Thema einfalle – Fragen, Kritik, persönliche Erfahrungen, Erwartungen an die SPD bzw. an die Regierung, vielleicht auch Fragen an den Referenten. Reaktion: Verblüffung, auch Enttäuschung und Protest – man sei doch nicht zu einem Gruppenexperiment eingeladen worden, sondern erwarte, erst ein ordentliches Referat zu hören. Man fühle sich überrumpelt, missbraucht und was nicht sonst alles. Meine Antwort, ruhig und freundlich: Sie alle hätten sich doch gewiss schon darüber Gedanken gemacht, wie es mit der Politik weitergehen solle, jeder aus seiner besonderen Lebenssituation als Mann oder Frau, als Jüngerer oder Älterer, als Handwerker oder Student, als Kaufmann, als Lehrer oder Arbeitsloser. Ich könnte mich beim besten Willen nicht in alle im Saal vertretenen Erfahrungen und politischen Wünsche hineindenken. Häufig werde doch bemängelt, und zwar mit Recht, dass die Politiker redeten und das Volk ewig nur zuhören müsse. Deshalb wüssten die Politiker gar nicht mehr, was die einfachen Menschen denken und fühlen. Heute sollten sie doch bitte die Chance nutzen und es einmal umgekehrt probieren, also zunächst einmal selber reden. Im Übrigen sei der künftige Weg der Politik kein Thema, das wie in der Schule behandelt werden könne, wo der Lehrer den zu belehrenden Schülern frontal gegenüberstehe. Wenn ich mich nicht täuschte, dann herrsche zur Zeit überall ein Aufbruch von unten, mit vielen Ideen und Experimenten, wie soziale Strukturen zu ändern, wie Schulen und Hochschulen zu reformieren seien, wo überall und wie Ungerechtigkeiten überwunden werden müssten. Willy Brandts Wahlspruch »Mehr Demokratie wagen!« bedeute nichts anderes als Ermutigung an alle, sich mit eigenen Gedanken einzumischen und sich bei den Politikern Gehör zu verschaffen. Das könne man nun heute Abend gut üben. Mein Vorschlag also: etwa eine Dreiviertelstunde sich in den kleinen Gruppen austauschen, danach im Plenum weiterdiskutieren. Da würden dann der Kandidat und ich Rede und Antwort stehen. Ich versprach, dass der Abend auf diese Weise interessanter und ertragreicher verlaufen würde als bei der üblichen Veranstaltungsform.

Meist kamen keine Einsprüche mehr, und ich konnte meine kurze Einführung geben, in Stichworten einige Fragen anschneiden, die vermutlich in den Gruppengesprächen aufkommen würden. Ich streute die eine oder andere persönliche Erfahrung ein, um die Leute anzuregen, möglichst ebenfalls aus der eigenen Lebens- und Arbeitssituation heraus zu argumentieren. Forderte ich dann zur Bildung der Gruppen auf, gab es noch ein kurzes Zögern, und dann klapperten die Stühle. Nur ganz wenige machten sich davon. Meist bedurften lediglich einige zögernde Ältere einer nachhelfenden Ermunterung. Der Parteikandidat und ich schlossen uns jeweils einer Gruppe an. Dann wurden die Köpfe zusammengesteckt, und bald hob überall Gemurmel an. Man musste eng zusammenrücken, um nicht von den benachbarten Gruppen gestört zu werden.

Entgegen der Vermutung der Kandidaten, die Leute würden die Gruppengespräche nach höchstens 15 bis 20 Minuten satt haben und wieder ins Plenum drängen, kam es ganz anders. Um miteinander warm zu werden, verging allein schon eine Viertelstunde. Wenn ich nach einer weiteren halben Stunde vorschlug, in den kleinen Gruppen allmählich zum Ende zu kommen, waren meist mehrere Zirkel immer noch eifrig in die Diskussion vertieft, so dass zusätzliche Minuten vergingen, ehe alle bereit waren, sich auf die Plenarsituation einzustellen, also nicht mehr Auge in Auge, sondern als Glied in einer Großgruppe mit einem gewissen Gefühl von Fremdheit und größerer Anonymität.

Zunächst Schweigen. Bitte an den Kandidaten, mit eigenen Vorgaben noch zu warten. Allmählich wagten sich dann einzelne mit Beiträgen hervor, die sie meist schon in der kleinen Gruppe andiskutiert hatten. Nun erst war die Stunde des Kandidaten gekommen, den Fragenden und Kritikern die Lösungsvorschläge der Partei und seinen eigenen Standpunkt zu erläutern. Aus dem Publikum kamen bei dieser Inszenierung weniger die üblichen Wichtigtuer zu Wort, eher solche, die schon in der kleinen Gruppe Resonanz für eine sinnvolle Fragestellung oder Ansicht gefunden hatten. Anders als üblich redeten auch mehr Frauen und schränkten die geläufigen Hahnenkämpfe unter exhibitionsfreudigen Männern zumindest ein. Dem Kandidaten ging es fast immer viel besser, als er befürchtet hatte, eben weil er sich nicht als abgehobener Funktionär, sondern als offen zugänglicher Partner mitten in der großen Gruppe präsentierte. Das Klima machte es diesem auch leichter, sich nicht des üblichen antrainierten Funktionärsjargons zu bedienen, sondern persönlicher und spontaner zu argumentieren. Im Saal meldeten sich vielfach auch solche, die gewöhnlich eher stumm bleiben, Leute, denen ein bedenkenswertes Problem auf der Seele lag, aber das Formulieren schwer fiel. Ein Stotterer fällt mir ein, der einmal Minuten brauchte, ehe er seine Gedanken klarmachen konnte. Dabei war es mucksmäuschenstill im Saal. Es war bei einer Veranstaltung zum Thema »Solidarität«. Ein großer Saal mit 800 Leuten. Alle fühlten: Das war jetzt eine Probe auf die Fähigkeit, die das Thema meinte.

Ich erinnere mich an keinen Funktionär, der im Nachhinein die Inszenierung bedauert hätte. Manche wollten mich bald wieder einladen. Willy Brandt hörte von solchen Eindrücken. Bei einem meiner Besuche bot ich dem Kanzler an, falls gewünscht, Funktionäre und Kandidaten darin zu schulen, Öffentlichkeitsarbeit auf diese Weise lebendiger und attraktiver zu gestalten. Brandt wollte Egon Bahr als Verantwortlichen für diesen Vorschlag gewinnen. Aber daraus ist dann nichts geworden. So wie ich Bahr, den ich hoch schätze, inzwischen näher kennen gelernt habe, kann ich mir tatsächlich schwer vorstellen, dass dieser gefühlsbeherrschte Kopfmensch Geschmack daran gefunden hätte, die Erörterung politischer Sachprobleme in eine ungewohnte gruppendynamische Inszenierung einzubetten. In der Folge waren es meist jüngere, durch die soziale Bewegung sensibilisierte Politiker, die dieses Experiment riskierten.

Hintergründe des Kanzlersturzes

Willy Brandt hatte die Gabe zu demokratischer Gruppenarbeit im Blut. Er wurde von vornherein als einer »mitten unter uns« erlebt, der unmittelbar in viele Herzen fand, weil er mit seinen Visionen von Frieden, Demokratisierung und compassion auf genau diese verbreiteten Hoffnungen traf. Aber weil er persönlich so offen war, war er eben auch angreifbar, ausnutzbar in seinem Vertrauen, anfällig zugleich für passive Gefühle, Depression und mancher Tröstung bedürftig. Er hatte eine große Stärke, Energie und Kühnheit, aber eben auch die andere Seite von Menschlichkeit, die vielen robuster gepanzerten Machtpolitikern weniger zu schaffen macht. So war er in der politischen Führungsgruppe mehr auf die Fairness und Mithilfe seiner Gefährten angewiesen, als es kühlere Technokraten und Machtstrategen in seiner Rolle zu sein pflegen. Das klappte, solange seine Mitstreiter im Machtzentrum begriffen, dass keiner so überzeugen konnte wie er mit seiner besonderen persönlichen Glaubwürdigkeit. Sie hielten mit ihm fest zusammen, deckten lange Zeit seine Schwächen ab – etwa Wehner, Bahr und Ehmke – und ernteten mit ihm auf diese Weise den einzigartigen triumphalen Wahlerfolg vom November 1972. Ich hatte Gelegenheit, mit Brandt im Wahlkampfzug durch die Bundesrepublik zu fahren und überall den warmherzigen Empfang mitzuerleben, der dem Kanzler, wo immer er auftrat, bereitet wurde. Hemdsärmelig, gelegentlich die Zugschaffnerin im Arm, verbreitete Brandt bereits seinen Mitfahrern die Zuversicht in seinen Erfolg, der in der Wahl voll bestätigt wurde.

Nach dem Sieg aber schien es manchen in Brandts Nähe, als sei der unbedingte Zusammenhalt nicht mehr vonnöten. Die großen Erfolge der Ostpolitik des Gespannes Brandt–Bahr verloren ihre Strahlkraft. Steigende Inflation, Erdölkrise, Reibungen in der Koalition kamen hinzu. In der SPD-Führungsmannschaft bröckelte die Solidarität. Wehner stichelte in Moskau: »Der Herr badet gern lau.«

So zerfiel der Zusammenhalt, den ein Mensch wie Brandt unbedingt brauchte, um mit seinem offenen Charakter die ihm mögliche und gemäße Führungskraft zu entfalten. Seine eigene Verlässlichkeit verlangte die gleiche Verlässlichkeit ihm gegenüber in der Gruppe. Statt dessen schloss Herbert Wehner mit Honecker hinter dem Rücken des Kanzlers eine Art von geheimem »persönlichen Grundlagenvertrag« (siehe Egon Bahr, »Zu meiner Zeit«), in dem Brandt schon vorsorglich ausgeschaltet wurde. Es grenzte, wie Bahr aus einem später veröffentlichten Dokument erkannte, »an ein Komplott«. Im Herbst 1973 war Brandt voller Wut nahe daran, sich mit Wehner auf eine entscheidende Kraftprobe einzulassen. Von Bahr beraten, zuckte er zurück. Bis heute fragt sich Bahr – gut verständlich –, ob sein Rat nicht falsch gewesen war. Aber schließlich hätte Brandt selber die Gefahr erkennen und Wehners Intrige zum Anlass nehmen müssen, sich gegen den Widersacher durchzusetzen.

Ein halbes Jahr später flog der Spion Guilleaume auf. Als sogar Freund Bahr zum Rücktritt riet, reichte Brandts Widerstandskraft nicht mehr aus, sich zu wehren. Immerhin bewahrte er sich vor der sonst zu erwartenden Schlammschlacht, von der Bahr meinte, dass diese später ohnehin seinen Rücktritt erzwungen hätte. Vergeblich hat ausgerechnet Breschnew noch versucht, Brandt umzustimmen. Ohne diesen werde die Weltpolitik schwieriger werden. Breschnew nahm es Honecker übel, dass dieser Guilleaume nicht aus Brandts Nähe entfernt hatte.

Auch ich fand Brandts Rückzug nicht ausreichend begründet. Warum er sich nicht energischer gewehrt habe, wollte ich in einem späteren Gespräch wissen. Brandts überraschende Antwort: Eine wesentliche Rolle habe gespielt, dass er in den entscheidenden zwei Wochen durch eine schwere Stimmbandentzündung praktisch sprachlos und blockiert gewesen sei – ein Umstand, von dem ich noch nichts gehört hatte. Wie auch immer, diese Krankheit kann nur ein Nebengrund gewesen sein, vielleicht ja auch nur der psychosomatische Ausdruck der Resignation.

Am 7. Mai 1974 trat der Kanzler Willy Brandt zurück. Vierzehn Tage später veröffentlichte ich dazu einige Überlegungen in einem längeren SPIEGEL-Essay: »Willy Brandts Sturz – ein Gruppenproblem«. Darin schrieb ich mir meine Enttäuschung und meine Wut von der Seele. Wut, weil ich es gemein fand, wie man mit dem Manne verfuhr, mit dem die Politik der offenen Gesellschaft, der sozialen Erneuerung, der Versöhnung und des Friedens unlösbar verknüpft war. Wohl war aus Umfragen klar, dass Brandts Stern schon ein Stück weit gesunken war. Aber dieses Ende als Kanzler – und dieses Ende einer politischen Hoffnung?

Ich betrauerte das Scheitern des Menschen Brandt, und in dem SPIEGEL-Essay drückte ich mein Mitempfinden und meine Dankbarkeit aus. Aber ich wollte darin auch sagen: Passt auf, dass ihr mit der Person nicht auch die besondere Menschlichkeit der Politik aufgebt, die er für euch und mit euch fördern wollte! Passt auf, Sozialdemokraten, dass ihr nicht mit ihm euer Gesicht verliert! Und dann wollte ich sagen: Gescheitert ist die Person, weil ihr in der Führungsgruppe versagt habt. Ihr habt die Offenheit und die euch angebotene Kollegialität missbraucht, mit der ihr da oben in eurer Mikrogesellschaft das gewagte Mehr an Demokratie hättet beispielhaft vorleben sollen.

Schließlich wollte ich an dem besonders passenden Beispiel Brandt die eigene Überzeugung verdeutlichen, dass sich in der Politik stets in besonderem Maße die Psychologie dessen ausdrückt, der sie in höchster Verantwortung lenkt. Hier also ein Auszug aus dem Essay:

Es gehört automatisch zu den Voraussetzungen von Brandts Fähigkeit, eine nachgeradezu sture Politik der Menschlichkeit, der Versöhnung, des friedlichen Abbaus sozialer Gegensätze und Ungerechtigkeiten mit einer einzigartigen Ausstrahlung zu steuern, dass er innerlich genauso ist, wie er die Gesellschaft gestalten will. Nichts ist also törichter, als gewisse Elemente dieses psychischen Bildes wie zufällige Mängel zu bedauern, die sich scheinbar beliebig

*zu den Tugenden dieses Mannes hinzuaddieren: Schade, sagt man,
dass er neben seiner großherzigen Redlichkeit zu wenig Sinn für
Misstrauen entwickelt hat. Schade, sagt man, dass er sich trotz aller
kämpferischen Tugenden ein so übersensibles Gewissen bewahrt hat
und deshalb so anfällig für Angriffe auf sein Selbstwertgefühl geblieben ist. Falsch! Diese Merkmale sind notwendige integrierende Faktoren der Struktur, ohne die Brandt doch nie als weltweit wirkender
Pionier einer neuen Dimension von Politik hätte agieren können.
Seine Haltung der Vertrauensvorgabe hat ihn, zur Schadenfreude seiner kurzsichtigen Kritiker, nicht vor zeitweiliger Stagnation in der
Ostpolitik bewahrt. Aber was es uns und der Welt hätte auf Dauer
nutzen können, dass dieser Mann das chronische Misstrauen der
Sowjets und besonders, wie man weiß, dasjenige Breschnews mehr
als jeder andere westliche Staatsmann geschmolzen hatte, das lässt
sich jetzt nur noch phantasieren. Die Russen, seit je Meister der Men-
schenkenntnis, haben ihm endlich geglaubt, weil man einem so
geradlinigen Mann glauben muss, der mit seinen verbal vertretenen
Prinzipien unmittelbar eins ist. – Und Brandts moralische Sensibilität? Seine Anfälligkeit für Stimmungsschwankungen unter dem
Eindruck von Schuldgefühlen? Auch dies ist – in anderer Sicht – ein
unerlässlicher positiver Bestandteil seiner politischen Haltung. Diese
seismographische moralische Empfindsamkeit und Erschütterungs-
fähigkeit gehört sicherlich zu den tragenden persönlichen Voraussetzungen seiner frühen und entschiedenen Reaktion auf die Inhumani-
täten des Faschismus, seiner Scharfsichtigkeit für soziales Unrecht
und seines Engagements auf Seiten der sozial Benachteiligten.*

*Freilich sind die erniedrigte Schwelle für Unlust, die Gefähr-
dung durch Verstimmungen ein schwerwiegender Preis für diese
Art von Skrupulosität, die bei wachsender Verantwortung und
nachlassenden Erfolgen eine permanente maximale psychische
Stressreaktion heraufbeschwört, sofern nicht aus der Umgebung
stabilisierende Hilfe angeboten wird.*

*Schon der Aufstieg eines solchen Mannes zum Bundeskanzler,
erst recht aber sein Leben in dieser Rolle ist nur denkbar, wenn er*

fortwährend von Menschen bzw. Gruppen umgeben bleibt, die ihn mit ergänzenden Talenten dort stützen und abschirmen, wo er seine »blinden Flecke« hat. Und aus der Formel seiner Struktur ergibt sich zugleich: Da er nie, nicht einmal temporär, zu einer einsamen autoritären Führerrolle taugt, kann er seine, im Grunde bessere und modernere Art von Führung immer nur als zentrale Figur einer solidarischen Gruppe entfalten, die ihn mitträgt, während er sie von seinem politischen Konzept wie von seiner persönlichen Substanz aus strukturiert. Es ist sicher eine für Deutschland erstmalige Konstellation, dass ein so wenig listiger und zugleich mit so viel Weichheit und Sensibilität behafteter Mann überhaupt die Rolle als charismatische politische Zentralfigur erringen und lange Zeit imponierend spielen konnte. Voraussetzung war eben eine genau auf ihn zugeschnittene optimale Gruppenkooperation. Es ist bislang sicher noch viel zu wenig bekannt, welche kompensatorischen Einflüsse von Schumacher, Wehner, Bahr, später Ehmke, zeitweilig auch Schiller, aber lange vornean Wehner, Brandt abgedeckt haben, wenn mit Haken und Ösen geboxt, taktiert und getrickst werden musste, vor allem aber, wenn es galt, die deprimierende Wirkung moralischer Erschütterungen abzufangen. Für das Fundament der Macht, von dem aus er seine in die Zukunft ausgreifenden politischen Ideen zum Tragen bringen konnte, benötigte er stets verlässliche Hilfspotenziale, Freunde, die mit selbstkritischem Augenmaß ihre Vorzüge im Spiel um die Macht in den Dienst dessen stellten, dessen Wirkung dort einsetzt, wo ihre Fähigkeiten aufhören.

Brandt musste sofort außer Form geraten und den Anschein von Führungsschwäche in einer Phase hervorrufen, in der seine »blinden Flecke« nicht mehr durch die automatische Kompensationshilfe seiner Partner innerhalb des Gruppensystems abgeschirmt wurden. Ohne die stabilisierende Basis der alten Gruppenkonstellation drohte ihm sofort ein solcher Energieverschleiß im politischen Alltagsgeschäft, dass er nicht mehr die bisherige Kraft für neue tragende Ideen und Konzepte aufbringen konnte, die nach den

Ost-Erfolgen sich nun der Innenpolitik hätten zuwenden müssen. Im Gegenteil, das Rivalitätsklima bewirkte, ein typischer sozial- psychologischer Vorgang, dass jetzt die Eingeweihten im eigenen Kreis ihrerseits auf die blinden Flecke der Führungsfigur zielten, um ihre egozentrischen Wünsche bei ihm und gegen ihn durchzusetzen. Brandts nunmehr unabgeschirmte Großherzigkeit machte ihn zum relativ wehrlosen Objekt konkurrierender Forderungen aus der eigenen Partei, die weder von ihm noch von der Führungsgruppe im Ganzen weiterhin auf eine gemeinsame Linie hin strukturiert werden konnten. Vollends offenbar wurde die desolate Verfassung des Führungsteams, als man die Kontroverse um die ostpolitische Extratour Wehners nur noch mit Hilfe peinlicher Verleugnung statt durch ehrliche Austragung zu erledigen versuchte. Augenscheinlich geschah dies aus Angst, einen echten Konflikt – und dies obendrein mit Wehner – nicht mehr durchstehen zu können, ohne auch noch den Rest von Gruppenkohäsion kaputtzumachen. Dabei muss sich ein Mann von der eminenten sozialen Intelligenz Wehners trotz sei- ner gegenteiligen retrospektiven Bekundungen gefallen lassen, dass man ihm heute nicht so recht die Ahnungslosigkeit abnimmt, mit der er zur Schwächung und schließlich zum Niedergang Brandts beitrug. So hat sich die SPD, nach dem Wahlsieg zu einer kühnen offensiven Innovationspolitik bestimmt, aus eigenem Verschulden an die Wand manövriert, an die sie die CDU/CSU aus eigener Kraft nie hätte hinzwingen können.

Egon Bahr hat in seiner prägnanten Knappheit den Führungsstil Willy Brandts und denjenigen seines Nachfolgers Helmut Schmidt verglichen:

Beide führten, der eine geschäftsmäßig, der andere kollegial. Der eine empfand sich als Generaldirektor der Firma Bundesrepublik, verlangte von sich selbst das erstklassige Management eines leiten- den Angestellten. Der andere, instinktbegabt mit Antennen für kaum wahrnehmbare Möglichkeiten und Tendenzen, wollte über-

zeugen, gewinnen, möglichst viele Menschen einbeziehen und zu einem Konsens führen.

Das Kabinett als Werkstatt für zwei Modelle von Demokratie – das eine autoritärer, technischer, funktionaler, kälter – das andere partnerschaftlicher, offener, wärmer. Und wer wollte leugnen, dass sich der Wandel im Führungsstil bald auch in der Form der Politikgestaltung abbildete? Es kam ein neues Klima auf, mit einem Kanzler, der sich weniger von den Seelen der Menschen bewegen ließ und diese seinerseits weniger bewegte, sondern als Manager eine große Firma steuerte und sich dabei vor allem anderen nach dem Kriterium der Berechenbarkeit richtete. Sein Traum war der von einer total berechenbar gemachten und deshalb perfekt technisch steuerbaren Welt.

Brandt war vom Geist der sozialen Bewegung getragen und wurde selbst ein Repräsentant dieser Ideen, aber nun zog eine ernüchterte Sachlichkeit auf. Die Größe Brandts zeigte sich darin, dass er sich als abgetretener Kanzler nicht scheute, ins zweite Glied zurückzutreten und seiner Partei weiterhin als Vorsitzender mit seiner erhalten gebliebenen Integrationskraft zu dienen.

Schmidt wurde der souveräne Geschäftsführer der Koalitionsregierung, ein Stück abgehoben von den Genossen. Für deren Loyalität sorgte Brandt, in dem die Partei weiterhin ihren eigentlichen Repräsentanten erblickte. Dieser hatte meinen SPIEGEL-Essay gelesen. Bei unserem nächsten Zusammentreffen bescheinigte er dem Autor, er habe dessen Analyse interessant und im Großen und Ganzen zutreffend gefunden. Mit Wehner sei es in der Tat schwierig gewesen, aber den Rücktritt habe er ganz allein entschieden. Nur habe ihn die Stimmbandentzündung in den kritischen Wochen sehr belastet. Sie habe ihn regelrecht stumm und wehrlos gemacht.

Jedenfalls merkte ich Brandt an, dass er sich in seiner neuen Rolle schon komplett eingerichtet hatte. Er war voller Pläne. Jetzt könne er sich voll um die Partei kümmern. Er hörte genau zu, als der Besucher sich sorgte, dass Schmidt die Brandtsche Friedenspolitik kaum mit ähnlichem Elan fortführen würde. Schweigen – als Zustimmung? Es sollten keine Vorbehalte gegenüber dem Nachfolger deutlich werden. Kein sichtbares Ressentiment nach der erlittenen schweren Kränkung. Ich erinnere mich, dass ich von jedem Besuch bei Brandt gestärkt und ermutigt zurückkehrte. Nur einmal gab es eine Panne. Bevor ich zu Brandt ins Zimmer trat, hatte man mir vorsichtig beigebracht, dass der Chef es liebe, beim Konsumieren des einen oder anderen Drinks nicht allein gelassen zu werden. Also fasste ich mir ein Herz und leerte während der spannenden Unterhaltung gegen meine Gewohnheit mehrere Gläschen. In aufgeräumter Stimmung setzte ich mich anschließend in meinen Lancia. Ein paar Straßen weiter winkte mich eine Zivilstreife an den Straßenrand. »Pusten Sie mal!« Unverkennbare Verfärbung. Vielsagend schaute der eine Polizist seinen Kollegen an. Nun gab es nur noch Befehle: »Den Autoschlüssel!« Dann: »Hinsetzen!« Ich setzte mich hinten in den Polizei-Passat. Als ich noch einmal zu meinem Auto wollte: »Sitzen bleiben!« Auf der Polizeiwache dauerte es über eine Stunde, ehe sich der diensthabende Arzt zur Entnahme der Blutprobe blicken ließ. »Darf ich mit meiner Frau telefonieren?« Der Polizist stellte die Verbindung her. »Hier Polizei Bonn, wollen Sie noch einmal mit Ihrem Mann sprechen?« Es kostete mich Mühe, Bergrun zu beruhigen. Während der Wartezeit hatte ich die mir als Neurologen wohl bekannten Koordinationstests geübt. Auf einem Strich gehen, Zeigefinger bei geschlossenen Augen an die Nasenspitze führen usw. Endlich die Blutentnahme, dann ins Hotel, ein heißes Bad, Wut auf die Polizisten und auf mich selbst. Ein paar Tage später der kaum glaubliche Befund: 0,28 Promille. Ob meine unmittelbar vorher absolvierten schweren Bergtouren im Wallis dafür gesorgt hatten, den Blutalkohol rascher abzubauen? Oder ob ein rettender Engel die Hand im Spiel gehabt hatte?

Ein großes Reformwerk für die psychosozialen Dienste. Und heute?

Psychiatrie-Enquete. Im August 1971 hatte Gesundheitsministerin Käthe Strobel eine Sachverständigen-Kommission berufen, die eine umfassende Untersuchung über die psychiatrisch-psychohygienische Versorgung der Bevölkerung vornehmen sollte. 19 Mitglieder, Psychiatrie-Chefs und Gesundheitsbeamte machten sich an die Arbeit. Ich beschwerte mich beim Ministerium, warum denn niemand aus der Psychotherapie, aus der Psychosomatischen Medizin, aus der Sozialtherapie und den Beratungsdiensten dabei sei. Darauf wurde ich nachträglich zusätzlich in die Kommission berufen. Als ich dort weiter drängelte, unterstützt von einer Kampagne der Deutschen Gesellschaft für Psychotherapie und Tiefenpsychologie, verschaffte ich mir den Auftrag, mit eigenen Arbeitsgruppen für den Sektor Psychotherapie, Psychosomatik, Sozialtherapie einen gesonderten Teil des Hauptberichtes für den Bundestag anzufertigen. Die Arbeit an dieser Enquete und die Mithilfe bei deren praktischer Umsetzung seit 1974 nahm ich als eine großartige Chance wahr. Was ich mit den Studenten am »Eulenkopf« im Kleinformat probierte, konnte ich jetzt in einer ganz anderen Dimension fortsetzen. Der erste Schritt war, die Lage der psychisch Gefährdeten, Gestörten oder Kranken im Bundesgebiet zu erkunden und dem Bundestag zu erläutern. Der zweite Schritt sollte sein, eine Verbesserung vorbeugender, therapeutischer und rehabilitierender Maßnahmen zu konzipieren. Es war für mich wie für die vielen anderen Teilnehmer an dem Projekt so etwas wie ein politischer Reifetest. Sonst sitzen Therapeuten in ihrer Praxis oder in ihrer Klinik und erwarten von Verwaltungen und Krankenkassen, dass sie ihnen – wie Eltern ihren Kindern – die materiellen Grundlagen für ihre Tätigkeit bereitstellen. Nunmehr wuchs ihre Verantwortung mit der Aufgabe, das gesamte Versorgungssystem zu durchleuchten und eine sinnvolle Reformierung vorzubereiten. In sechs

Arbeitsgruppen, die monatlich in Gießen tagten, stellten wir zum Beispiel fest, dass es in weiten ländlichen Teilen der Bundesrepublik kaum oder nur geringe Angebote an qualifizierter psychosozialer Beratung und Therapie gab. Also entwickelten wir Vorschläge, wie auf dem Lande regional arbeitende psychosoziale Dienste aufzubauen seien, die ganzheitlich, von Erziehungsschwierigkeiten bis zu psychischen Störungen alter Menschen, von Suchtproblemen bis zu Familienkrisen, betreuend tätig werden sollten. Weiterhin entwickelten wir Empfehlungen für die Fort- und Weiterbildung psychosozialer Berufe und für fortschrittliche Kooperationsmodelle (Psychosoziale Arbeitsgemeinschaften). Carl Nedelmann und Hannes Friedrich erstellten mit großer Sorgfalt den Schlussbericht.

Ich startete schon einmal mit Gießener Kolleginnen und Kollegen ein ländliches Modellprojekt im Sinne des genannten ganzheitlichen Konzepts, zuerst gefördert von einer privaten Stiftung (Ertomis in Wuppertal sei Dank). Daraus ist inzwischen ein Zentrum geworden, das im Umkreis vier weitere Landstädte versorgt. Vom Erfolg beeindruckt, haben nach und nach das Ministerium, der Landkreis, zwei Städte und der Landeswohlfahrtsverband die Finanzierung übernommen. Sie alle haben gemerkt, wie wichtig ein solches Angebot ist, damit Menschen in der Nähe ihrer Wohnung eine Betreuung finden können, die sonst auf Termine in einer entfernten Universitätsstadt warten müssten, wohin sie ohnehin aus Scheu oder wegen der Umständlichkeit nicht gern hinwollen. Besonders in solchen regionalen Kontaktzentren sollten die Mitarbeiter familientherapeutisch geschult sein. Eine wichtige Errungenschaft der Enquete war jedenfalls ein Konzept, die großen ländlichen Gebiete – weiße Flecken auf der Landkarte der psychosozialen Versorgung – mit sparsamen, aber effektiven Einrichtungen auszustatten.

* * *

Blicke ich heute auf jene Reform-Ära zurück, in der Praktiker, Wohlfahrtsverbände und Verwaltung mit Leidenschaft an einer verbesserten Betreuung und Integration psychisch gestörter und behinderter Menschen arbeiteten, kann ich über die gegenwärtige restriktive Entwicklung auf diesem Gebiet nur erschrecken. Gerade haben mir an meinem Institut zwei Sozialarbeiter einen Besuch abgestattet, die in einer Großstadt neben sechzig anderen Kolleginnen und Kollegen eine ebenso schwere wie wichtige Arbeit verrichten, nämlich sich um entwurzelte Jugendliche zu kümmern, die faktisch auf der Straße leben. Da passiert etwas, was man im heutigen Sinne »Modernisierung« nennt. Die Trägerorganisationen, in denen diese Sozialarbeiter wirken, erhalten nur noch Geld für die Zeit unmittelbarer Betreuungsgespräche zwischen den Sozialarbeitern und ihren Klienten. Alle übrigen Bemühungen, den gestrandeten Jugendlichen nachzugehen, sie erst wieder ausfindig zu machen, und mit Bezugspersonen in Kontakt zu treten, bleiben unbezahlt. Die am schwersten geschädigten Jugendlichen, die oft mit Drogen zu tun haben, erfordern in ihrer Unverlässlichkeit den größten Aufwand, um sie für Gespräche zu gewinnen. Das heißt, dass der Anteil der erstattungsfähigen unmittelbaren Betreuung – Auge in Auge – an der Geamtbetreuung zu gering ausfällt. Sie sind für den Träger unökonomisch. Folge: Die Sozialhelfer müssen ihre schwerstkranken Klienten aufgeben, weil deren Betreuung sich nicht rechnet. Die Jugendlichen wären hilflos ihrem Scheitern preisgegeben. Die Sozialarbeiter finden das brutal, und deshalb suchen sie meinen Rat. Wir werden uns gemeinsam schnell darüber einig, dass man einschlägige drastische Fälle zusammentragen und für einen politischen Vorstoß vorbereiten sollte. Aber der eklatante Missstand ist symptomatisch für den gesellschaftlichen Wandel. Die psychosoziale Versorgung wird im Konfliktfall nicht den Bedürfnissen der Geschädigten, sondern der Kosten-Nutzen-Rechnung angepasst. Die Jugendlichen, um die es hier geht, gelten nicht mehr als Kranke, deren Ausgrenzung sich eine humane Gesellschaft nicht leisten dürfte, sondern als Versager, die ihr Schicksal aus eigener Verantwortung wenden müssen. Wenn die Betreuer keine kostengünstigen Mittel vorweisen, um solches Elend zu verhindern oder zu kurieren, dann werden diese Jugendlichen zu einer ärgerlichen Last für eine Gesellschaft, die sich den Wohltätigkeitseifer früherer Zeiten nicht mehr leisten kann oder will. Damals kam die Administration zu den psychosozialen Diensten mit der Frage: Wie können wir den Gefährdeten und Kranken *besser* helfen, nicht, wie können wir *billiger* helfen oder möglichst auf Hilfe ganz *verzichten*? Die Politik wusste seinerzeit, dass sie an den Bevölkerungsgruppen etwas gutzumachen hatte, die zu den Leidtragenden der nationalsozialistischen Ausgrenzungs- und Ausmerzungspolitik gehört hatten. Und sie war dankbar, von den Betreuern durch die Enquete belehrt zu werden, welche sinnvollen neuen Einrichtungen und Weiterbildungen zugunsten derer gefördert werden sollten, die zuvor der Stigmatisierung und Diskriminierung anheim gefallen waren.

Als ich 1978 mein Buch »Engagierte Analysen« veröffentlichte, hatte sich der Bonner Bundestag bereits mit dem Abschlussbericht der Psychiatrie-Enquete beschäftigt und ein großes Modellprogramm zur Durchführung vieler vorgeschlagener Reform-Maßnahmen empfohlen. Schon schien dieses Vorhaben gesichert. Mehrere Hundert Millionen waren im Haushalt dafür veranschlagt, als der Finanzminister ein Loch in der Kasse entdeckte und zugleich eine Streichliste vorbereitete. An einem Sonntag erreichte mich ein Notruf: Man hatte erfahren, dass Finanzminister Matthöfer die Psychiatrie-Reform bereits aus dem Haushalt gestrichen habe. Ob ich Rat wisse? Sofort ans Telefon. Ein Glück, dass ich Willy Brandt gleich erreichte: Bitte helfen Sie, dass dieses wichtige Projekt nicht stirbt. Es ist doch noch eines der großen Vorhaben, das Sie als Kanzler einst auf den Weg gebracht haben, ein Kernstück Ihrer Sozialpolitik, ein Gegenentwurf zur Diskriminierung und Ausgrenzung einer großen Bevölkerungsgruppe in der Nazizeit. Brandt überlegte kurz, dann die Antwort: »Ihr Rat ist mir wichtig. Es ist gut, dass Sie mir die Bedeutung dieses Programms noch einmal deutlich gemacht haben. Sie haben Glück, in ein paar Stunden kommt Matthöfer zu mir. Dann werde ich versuchen, ihm die Streichung des Psychiatrie-Programms auszureden. Vielleicht gelingt es ja.« Es gelang. Der Posten blieb im Haushalt. In sechs Bundesländern, in denen die SPD das Sagen hatte, konnten 14 größere Modellprojekte gestartet werden. Ich selbst bekam in Gießen die Mittel, dort zusammen mit fünf Mitarbeitern verschiedene Modellprojekte durch Fortbildung und Supervision zu unterstützen. Denn zur Erprobung neuer Strukturen brauchte es ja Menschen, die ihre Arbeitsformen entsprechend umzustellen bereit waren. Es galt, die Erfahrungen der Gruppendynamik für die Kooperation in beraterischen und therapeutischen Teams nutzbar zu machen, mehr partnerschaftliche als hierarchische Arbeitsformen zu trainieren und spontane Basisinitiativen bei der Strukturierung ihrer Arbeit zu unterstützen. In psychiatrischen Krankenhäusern hatten die Patienten verstärkte Mitwirkungsbedürfnisse angemeldet. Das Pflegepersonal war dabei, die eigene Rolle in den Anstalten mit mehr Eigenaktivität auszugestalten. Während sich in der übrigen Gesellschaft schon wieder eine konservative, auf stärkere Individualisierung und soziale Abgrenzungen bedachte Strömung breit machte, lebte in der Welt der Sozialen Psychiatrie und in den psychosozialen Diensten der erwachte Reformgeist noch fort. Die Befreiung von Abhängigkeiten, die Bildung gemeinschaftlicher Selbsthilfe-Initiativen, Supervision statt autoritäre Kontrolle – überall spürte man die befreiende Auflockerung zementierter Strukturen, der Umwandlung von bevormundender Versorgung in emanzipatorische Unterstützung. Unvermeidbar waren aber auch Spannungen und Konflikte bei der Revision eingefahrener Gewohnheiten. Mitunter wurde Psychiatrie-Patienten zu viel an beunruhigender Eigenaktivität abgefordert. Das Aufbrechen disziplinarischer Regelungen brachte da und dort Verwirrung hervor. Manche Helfergruppen verbissen sich so leidenschaftlich in die gruppendynamische Bearbeitung ihrer internen Konflikte, dass sie kaum noch außerhalb an die Patienten dachten, zu deren Wohl sie ihre Arbeit verbessern wollten. Jedenfalls hatten die fünf Gießener Fortbilder in den verschiedenen Regionen nicht selten auch mit beraterischer Krisenintervention zu tun.

In jener Zeit war ich einmal nahe daran, in die SPD einzutreten. Als ich diesen Wunsch Willy Brandt gegenüber erwähnte, riet er mir ab: Bleiben Sie lieber draußen für uns ein kritischer Begleiter. Dann haben Sie mehr Freiheit, den Mund aufzumachen, und sind durch kein Loyalitätsgebot eingeengt. Ich habe diesen Rat beherzigt und es nie bereut.

Lautloser Rechtsschwenk –
Studie an zwei Rundfunk- und Fernsehsendern

Die Psychiatrie-Reform zehrte immer noch von der sozialen Aufbruchstimmung der frühen 70er Jahre. Viele Studenten hatten ihr Engagement bei Eintritt in psychosoziale Berufe mitgenommen und hielten dort an ihren emanzipatorischen Zielvorstellungen fest. In diesen Kreisen war man allerdings versucht, das Klima in der eigenen Subkultur mit dem allgemeinen Zeitgeist zu verwechseln, der bereits eine einschneidende Wandlung durchmachte. Es gab vorerst noch so etwas wie einen psychosozialen Naturschutzpark, während sich außerhalb wieder eine nüchterne, technokratische Ordnungspolitik durchsetzte. Da war der Ruf nach »mehr Demokratie« verstummt. Der neue Kanzler ließ die soziale Leidenschaft eines Willy Brandt vermissen. Lieber berief er sich auf die kühle Verantwortungsethik von Max Weber, wenn er seine Geringschätzung für die emotionale Unverlässlichkeit der Massen ausdrücken und seine eigene berechnend rationale Führerschaft herausstellen wollte.

Zwei politische Redakteure eines deutschen Rundfunk- und Fernsehsenders fühlten sich durch die rasante Wandlung beunruhigt und wollten wissen, ob es ihren journalistischen Kolleginnen und Kollegen ähnlich erging. Sie meldeten sich auf einen Besuch an. Ob ich nicht Lust hätte, diesem Problem eine empirische Untersuchung zu widmen? Sie würden behilflich sein, mir die Adressen aller in Frage kommenden Redakteure zu besorgen. Es war ein mehrfaches Wagnis. Hauptfrage: Würden die zu befragenden Journalisten mitmachen? Zumindest aber sollte sich ein Versuch lohnen. Gemeinsam mit meinem Mitarbeiter Eike Wolff entwickelte ich einen ausführlichen Fragebogen zur Arbeitssituation und zum Befinden, den wir allen Redakteuren des politischen Programmteils des Bayerischen und des Norddeutschen Rundfunks übermittelten, die keine höhere Position als die eines Redaktions- bzw. Abteilungsleiters innehatten. 101 von 191 angefragten Redakteuren schickten den Bogen ausgefüllt zurück – eine befriedigende Beteiligung angesichts des heiklen Themas. Manche andere schickten als Antwort formlose Briefe. Bei der Fragebogen-Aktion kam heraus, dass 69 Prozent feststellten, das Publikum werde von den Sendern politisch bevormundet. Die Journalisten des Bayerischen Rundfunks schätzten diesen Einfluss noch höher ein als ihre NDR-Kollegen. Journalisten, die sich auf einer Skala eher als links orientiert einstuften, empfanden sich gegen früher als stärker von oben kontrolliert und eingeschränkt. Bei denen, die eher nach rechts tendierten, war das nur bei 28 Prozent der Fall. Weitgehend einig waren sich Linke und Rechte darin, dass es mehr als vor sechs Jahren von politischen Kriterien abhinge, wenn ihre Beiträge von oben beanstandet würden. Auch würden Karriere-Chancen neuerdings viel mehr von der parteipolitischen Präferenz bestimmt. Die Linken beider Sender gestanden eine Neigung zu, sich im Kollegen-Umgang mehr zu tarnen. 66 Prozent der Linken meinten, die Selbstzensur habe an ihrem Sender stark zugenommen. Die Angst der Journalisten sei meist Angst vor der Angst der Vorgesetzten, meinte einer. Die sich eher links einordnenden Redakteure (63 Prozent) äußerten sich besonders unzufrieden mit der Entwicklung am jeweiligen Sender. Sie bemerkten eine Einschränkung von Freiheitsräumen, mehr Spannungen im Arbeitsklima und vermindertes persönliches Wohlbefinden.

Der SPIEGEL veröffentlichte die Resultate. Es gab darüber keine besondere Aufregung, außer beim Intendanten des Bayrischen Rundfunks. Wo steckten die Verräter, die Nestbeschmutzer, die sich hinter dieser Recherche verbargen? Alle internen Verhöre blieben erfolglos. Einen der Gesuchten habe ich später gelegentlich auf dem Bildschirm wieder gesehen – mit zunehmend brav konformistischen Kommentaren.

Musste, wollte, durfte Oskar Lafontaine gehen?

März 1999. Skiferien im Engadin. Strahlendes Sonnenwetter. Diesmal werde ich den Engadiner Ski-Marathon, an dem ich schon neunmal teilgenommen habe, das letzte Mal im Vorjahr, nicht mitlaufen. Meine Herzrhythmusstörungen sind zwar seit Monaten behoben. Aber ich will keinen Rückfall riskieren. Also nutze ich die Zeit, die ich sonst mit eifrigem Training verbracht hätte, um weiterhin meine Erinnerungen zu ordnen und zu notieren. Drei Tage ist es her, dass ich noch einmal den Schock über den Kanzlersturz Willy Brandts vor 25 Jahren nacherlebt, die eigene SPIEGEL-Analyse und den Zeugenbericht Egon Bahrs studiert habe. 19-Uhr-Nachrichten im Zweiten Deutschen Fernsehen: Soeben ist Oskar Lafontaine als Finanzminister und Vorsitzender der SPD zurückgetreten. Auch sein Abgeordnetenmandat wolle er niederlegen. Ein Schock. Vor einer Woche noch hatte ich mit Freund Oskar telefoniert. Der hatte mir zwar sein Leid mit Schröder geklagt: »Der ist unfähig zu Teamarbeit!« Aber von Rücktrittsabsichten war keine Rede gewesen, nicht einmal in Andeutung. Nur Beschwerden darüber, dass aus dem Kanzleramt Absichtserklärungen an die Öffentlichkeit gingen, die weder abgesprochen noch mit bisherigen Festlegungen vereinbar seien. »Ihr könntet gut einen Gruppenberater gebrauchen!« – »Ich wäre ja einverstanden, aber ich sehe den Gerhard, wie der hinterher sagt: ›Was war das für ein blödes Palaver!‹« Wir kamen überein, uns für ein ruhiges, längeres Gespräch einen Tag in der Osterzeit vorzunehmen. In der augenblicklichen Arbeitshektik einen Termin dazwischenzuschieben, erschien inopportun.

Ein ähnlicher Schlag wie vor 25 Jahren. Diesmal ist es kein Kanzlersturz, aber wieder trifft der Fall den Mann, der die Seele der Partei repräsentiert, den »Enkel«, der den Kampf für die Rechte der sozial Schwächeren führt, den Pazifisten und den Umweltschützer. Bergrun ist wie ich bestürzt. Ungläubig starren wir auf den Fernseher und hören erste Kommentare. Schröder auf der Pressekonferenz:

Mit Respekt und auch mit Dank blicke er auf die Kooperation mit Oskar Lafontaine zurück. Auch mit Dank? Auch. Das sagt er, nachdem er gestern – einer gezielten Indiskretion zufolge – den Finanzminister vor dem Kabinett in demütigender Form zurechtgewiesen hat. Was sonst noch akut zwischen beiden vorgefallen ist, weiß in diesem Augenblick niemand.

20 Uhr. Anruf von Klaus Bednarz: In eineinhalb Stunden werde er sich in der Sendung »Monitor« mit dem Abgang von Lafontaine beschäftigen. Ob ich bereit sei, mich über Telefon zuschalten zu lassen und ein paar Fragen zu beantworten? Einverständnis. Ich kenne Bednarz von früherer Zusammenarbeit als einfühlsamen, couragierten Interviewpartner. Kurzer Austausch darüber, dass wir beide über den Verlust Lafontaines bestürzt sind. Dann starre ich wieder auf den Fernseher. Hin- und Herschalten zwischen ARD und ZDF, um vielleicht noch mehr über aktuelle Hintergründe des Eklats zu erfahren. Statt dessen nur Kommentare, meist böse und hämisch über Lafontaine, der sich nun nicht mehr wehren kann und sich bestens dafür anbietet, sich alle Fehler und Verwirrungen des halben Jahres Rot-Grün zurechnen zu lassen. Dabei waren es Schröder und Trittin gewesen, die das Durcheinander in der Kernenergie-Politik verschuldet hatten. Und hätte man auf Lafontaine gehört, hätte sich die Regierung die Niederlage im Falle der Staatsbürgerschafts-Reform erspart. Denn Oskar hatte gewarnt: Bei dieser Frage müssten die beiden großen Parteien zuvor einen Konsens finden. Das Vorprellen mit einer Gesetzes-Novelle würde eine schädliche Auseinandersetzung in der Öffentlichkeit entfachen, die bei diesem emotional hochbesetzten Thema unerwünschte Ressentiments schüren würde. Aber Oskar war unterlegen, und die Union hatte mit Hilfe ihrer Unterschriften-Kampagne die Hessen-Wahl gewinnen und der Koalition die blamabelste ihrer bisherigen Niederlagen zufügen können. Aber diese Vorgeschichte, die mir Oskar noch vor einer Woche telefonisch bestätigt hatte, war der Öffentlichkeit nicht bekannt. Statt dessen lauten die ersten Stimmen: Schröder ist seinen notorischen Störenfried los. Jetzt kann die Wirt-

schaft aufatmen. Gefragt ist nicht mehr rückwärtsgewandte Wohl-
tätigkeit, sondern Modernisierung. Verdienter Denkzettel angeblich auch für die Grünen, die in Lafontaine ihren Hauptfürsprecher
gehabt hätten. Nur wenige zeigen Erschütterung: Justizministerin
Däubler-Gmelin, Sozialpolitiker Dressler, Juso-Vorsitzende Nah-
les. Die sagt: »Lafontaine ist der letzte, der hätte zurücktreten sollen!« Noch ein paar Minuten Zeit, um die eigenen Gedanken zu
ordnen. Dann sehe ich Klaus Bednarz auf dem Bildschirm und höre
ihn: »Uns zugeschaltet ist jetzt … Sie beobachten seit langer Zeit
die Entwicklung von Oskar Lafontaine und kennen ihn gut. Was
hat Ihrer Meinung nach diesen Mann bewogen, für uns alle unerwartet, seine Ämter hinzuwerfen und, wie es aussieht, mit der
Politik ganz Schluss zu machen?«

Antwort: Solange Lafontaine schweige, wisse niemand Genaueres. Aber dass der Finanzminister vom Kanzleramt brüskiert und in
der Öffentlichkeit bloßgestellt worden sei, habe jeder in den letzten
Wochen verfolgen können. Wahrscheinlich habe Lafontaine die
Loyalität vermisst, die er selber Schröder gegenüber vor und nach
der Wahl strikt gewahrt habe. Schließlich habe er die Hauptarbeit
am Wahlprogramm geleistet, habe eine Schlüsselrolle beim Zimmern des Koalitionsvertrages gespielt, habe mit der gemeinsam
abgesprochenen Korrektur der steuerlichen Ungleichheiten begonnen. Er habe Schröder fair zugearbeitet, habe ihm den geschlossenen Rückhalt der Partei im Wahlkampf besorgt. Ohne ihn kein
Kanzler Schröder. Aber nun sehe er sich als Sündenbock isoliert,
dem alle Defizite der Regierung zugerechnet würden.

Nächste Frage: »Erkennen Sie vielleicht eine Parallele zu den
Ereignissen, die vor zweieinhalb Jahrzehnten Willy Brandt, den Sie
damals auch aus der Nähe beobachten konnten, aus der Kanzler-
schaft vertrieben haben?«

»Durchaus. Oskar Lafontaine ist heute ähnlich wie damals Willy
Brandt so etwas wie das Herz der Partei. Beide überlassen einem
Gegentyp die Macht, einem technokratischen Pragmatiker. In bei-
den Fällen war bzw. ist der Verlierer jedenfalls der Mann, der für die

Kontinuität des sozialen Profils der SPD eine entscheidende Rolle spielt. Brandt ist allerdings in der Verantwortung geblieben, was Lafontaine bedauerlicherweise anscheinend nicht vorhat.«

* * *

Ich kann den Freund zu Hause nicht erreichen. Anderntags haussiert die Börse. Der Euro springt hoch. In den Medien klingt es so, als hätten die Herren der Finanzmärkte ein himmlisches Urteil gesprochen. Natürlich sind diese wie alle Vermögenden und Großverdiener jetzt erst einmal fein raus und können hoffen, dass sie ihre Gewinne nicht mehr gerechter mit den sozial Schwächeren teilen müssen. Heute Lafontaine, morgen oder übermorgen vielleicht Trittin? Die neue Linie: Neoliberalismus nur noch mit einem Hauch rosa-grünlich.

Ein Radiosender nach dem andern ruft an und wünscht sich das übliche Fünf-Minuten-Statement für eine Magazinsendung. Bitte ein Kurz-Psychogramm von Oskar Lafontaine! Nein danke. In zwei Fällen sage ich dennoch zu, weil mir im Vorgespräch die Chance deutlich wird, dass ich dem Klischee vom K.o. des Unheilstifters entgegentreten kann.

Schröder oder Lafontaine. Beide zusammen, das ging nicht mehr, nachdem jener sich immer deutlicher von der gemeinsam abgesprochenen Linie in der Steuerpolitik zurückgezogen hatte, um ähnlich wie in der Kernenergie-Politik der Industrie einlenkendes Wohlverhalten zu versprechen. Bodo Hombach hatte das Seinige getan, um das Feuer der Opposition allein auf Lafontaine zu lenken, der plötzlich als Hauptschuldiger an allen Versäumnissen und Irrungen der Koalition dastand. Zu Ende war die beschworene Bundesgenossenschaft der beiden Spitzenleute, die sie mit bemerkenswerter Selbstdisziplin seit dem Mannheimer Parteitag eingehalten hatten. Jeder hatte die ihm zufallende Rolle gespielt. Schröder als Nummer eins, als Dirigent mit dem großen Darstellereffekt, was sich im Politbarometer auszahlte. Oskar im Hintergrund, die Inhalte präzisierend, für die Programmarbeit zuständig. Nur gemeinsam hatten sie die Macht gewinnen können, wobei der eine eher an die Macht *an sich*, der andere mehr an die Macht *wozu* dachte, nämlich zur Realisierung seiner leidenschaftlich vertretenen sozialen, friedenspolitischen und ökologischen Ziele. Geschwisterlich vereint hatten sie den Erfolg erkämpft, der eine mehr als der erfolgreiche Kommunikator, der andere als der inhaltliche Vordenker, der integrierend den sozialen Charakter der Partei garantierte. Aber in einem entscheidenden Punkt hatte sich Lafontaine verrechnet. Obwohl er der Verlässlichkeit des Partners nie so ganz sicher war, hatte er sich, als der inhaltlich kompetentere Programmatiker, als unersetzbare Stütze gefühlt. Schließlich hatte er die konkreten Richtpunkte gesetzt, ohne dem anderen die Führerschaft streitig machen zu wollen. Die eigene Loyalität stand für ihn nicht in Frage, seitdem die Hannoverwahl die Kanzlerfrage geklärt hatte. Aber als der Regierung nun der Wind der Wirtschaft ins Gesicht wehte, fand der Kanzler, dass ein gedrucktes Programm schließlich nicht die Bibel sei. Es hatte die Wahl gewinnen helfen und so wie der Mohr Oskar seine Schuldigkeit getan. Jetzt waren beide nur noch Ballast.

Verkalkuliert hatten sich viele in der Partei: Wir trauen Schröder zwar nicht über den Weg. Aber wir brauchen ihn, um endlich aus der Opposition herauszukommen. Sind wir mit ihm erst mal oben, können wir hinterher immer noch aufpassen, dass er Kurs hält und nicht übermütig wird. Taktik hier wie dort. Aber nur die des einen an der Spitze ist aufgegangen. Die Partei hat ihre Macht überschätzt. Jetzt ist sie – zumindest vorläufig – auf Gedeih und Verderb dem Ungeliebten zum Gehorsam verpflichtet, dessen Herz nicht erkennbar dort schlägt, wo es nach alter Tradition und nach dem Empfinden des Vorgängers hingehört.

Wieder eine Parallele zu 1974, als ich in meinem SPIEGEL-Essay nach Brandts Sturz fragte, »ob die SPD mit der Person nicht doch mehr von dem Konzept und dem Geist ihrer politischen Linie abschreibt, als sie es uns und vielleicht sogar sich selbst eingestehen möchte«. Schröder sieht sich ohnehin auf Schmidts Spuren wandeln. Aber der tat damals gut daran, Brandt als Korrektiv an seiner Seite zu behalten. Jene beiden wussten ihre psychologische Komplementarität besser zu nutzen, was sie in den Stand setzte, lange in festem Zusammenhalt heikle Klippen zu überwinden. Der jetzige Kanzler hat seinen Partner zielstrebig in die Sündenbockrolle, dann endgültig ins Abseits getrieben. Was das für die Partei heißt, hat Eckhard Fuhr soeben, zwei Tage nach Lafontaines Abgang, in der FAZ präzise benannt: »Die SPD wollte die Macht um jeden Preis, deshalb akzeptierte sie Schröder. Jetzt wird sie merken, dass der Preis ihre Seele ist.« Schröder hat vorläufig – wie sich zeigen wird, nicht mehr allzu lange – noch einen anderen zur Seite, aber gerade dort, wo das Herz der SPD nicht schlägt, einen Bodo Hombach, der seinen Teil dazu beigetragen hat, Lafontaine den Medien zum Abschlachten auszuliefern.

Vier Tage nach dem Rücktritt Oskar am Telefon: »Nun sind wir beide Pensionäre!« Er komme gerade vom Pilzesammeln und sei erfolgreich gewesen. Eine stattliche Portion Morcheln als Beute. Drei Tage habe er zu tun gehabt, das Geschehene zu verarbeiten. Jetzt sei er erst einmal darüber hinweg. Die Vorgeschichte des Eklats kommt zur Sprache, u. a. die Taktik Schröders, in Konflikten nicht für die gemeinsame Verantwortung einzustehen, sondern andere ungeschützt beschädigen zu lassen. Einiges mehr von durchgemachten Enttäuschungen kommt zur Sprache, mit dem Vorbehalt: »Dir kann ich es ja sagen.« Also sollte es hier auch nicht notiert werden. Es ist Oskars Sache, was er selber davon irgendwann der Öffentlichkeit anvertrauen möchte. »Hättest du mich vor vier Tagen noch ins Vertrauen gezogen, hätte ich mir bestimmt alle Mühe gegeben, dich noch umzustimmen.« – »Ich glaube nicht, dass du das geschafft hättest. Du weißt doch am besten, dass ich Bonn nicht gebraucht habe, um meinen Ehrgeiz zu befriedigen, und dass ich immer darauf vorbereitet war, mich zurückzuziehen, wenn die Umstände mir nicht mehr erlauben würden, Dinge in meinem Sinne zu bewegen. Andere haben mir das nie geglaubt. Die wundern sich jetzt, aber das ist nicht meine Schuld.«

Wie es jetzt mit Schröder, der Koalition und der SPD weitergehen wird, dazu hat Oskar Lafontaine einige Erwartungen, die
bekannt zu machen nur ihm selbst zusteht. Ob er nicht vielleicht
ein paar Tage mit in die Schweiz zum Skilaufen kommen möchte?
Er könne ja nicht Skilaufen. Man habe ihn auch bereits auf eine
griechische Insel eingeladen, aber er wolle lieber erst einmal in
Ruhe daheim bleiben und das Familienleben ohne Bodyguards
genießen. Wir werden uns bald zu einem persönlichen Austausch
treffen.

* * *

Bergrun und ich sind darüber beruhigt, dass der Freund frisch und
bereits wieder ziemlich entspannt wirkt. Dennoch sind wir immer
noch über das Vorgefallene entsetzt. Es ist schon verrückt. Da hat
sich Schröder den Mann als »Wirtschaftsfeind« vom Halse geschafft, dem Luciano Ferrari im Züricher Tagesanzeiger soeben
bescheinigt hat, dass er als erster EU-Finanzminister eine kon-
sistente Wirtschaftspolitik für den neu geschaffenen Euro-Wirt-
schaftsraum entworfen habe und dass nach seinem Abgang die
wirtschaftspolitische Diskussion wieder in die alten Grabenkämpfe
zwischen den auf Marktliberalisierung und den auf Nachfrage- und
Arbeitsmarkt orientierten Staaten zurückzufallen drohe. Daher
auch die große Enttäuschung in Frankreich über die Ausbootung
Lafontaines als strategischer europäischer Wirtschaftsplaner.

* * *

Nachzutragen bleibt, wie es zu der Freundschaft mit Oskar Lafontaine gekommen war. 1979 las ich in einer kleinen alternativen Trie-
rer Buchhandlung aus dem »Gotteskomplex«. Dazu war Oskar,
Söhnchen Frederik auf dem Arm, mit Margret, seiner damaligen
Frau, aus Saarbrücken angereist. Schon an diesem Abend wurden
wir miteinander vertraut. Oskar kannte sich sehr gut mit Erich

Fromm und Günther Anders aus, hatte »Lernziel Solidarität« und »Flüchten oder Standhalten« mit Zustimmung gelesen. Da kam also bereits bei ihm neben politischem Ehrgeiz und Kampfgeist eine ganz andere, introspektiv reflektierende Seite zum Vorschein. Das Interesse aneinander erwuchs ähnlich wie bei Willy Brandt über die Verbindung von politischer Philosophie und psychoanalytischer Kulturpsychologie. Hinzu kamen der Einklang in der politischen Orientierung – Engagement für soziale Reformen, für grüne Ziele und Pazifismus. Gemeinsam machten wir Wahlkampf, trafen uns auf Sitzblockaden vor dem Raketendepot in Mutlangen, aber auch auf Kunstausstellungen. Wir durchwanderten Saarbrücken mit den Wirkungsspuren des hier einst glücklich regierenden Oberbürgermeisters.

Sichtbar wurde dessen ständiger Zwiespalt zwischen politischem Ehrgeiz, der durch vielfältige Anerkennung seiner intellektuellen und organisatorischen Talente genährt wurde, und dem Bedürfnis, in seinen übrigen Lebenswelten verankert zu bleiben – Familie, Natur, Literatur, Kunst. Einen Horror hatte er vor den vielfach beobachteten menschlichen Verbiegungen unter den taktischen Zwängen der Bonner Ränkespiele. Mitunter kam ich mir wie ein Beichtvater vor, der den Freund im Kampf um die Erhaltung seiner Integrität bestätigen sollte.

Nach dem fast tödlichen Messerattentat war Oskar 1990 schon entschlossen, die ihm angetragene Kanzlerkandidatur abzulehnen – obwohl er unmittelbar nach der Genesung jegliche psychische Nachwirkung des Traumas geleugnet hatte. Aber ein Traum, den er mir erzählte, verriet deutlich das Gegenteil. Auch deuteten erhöhte Reizbarkeit und Schreckhaftigkeit auf Spuren des Schocks hin. Jedenfalls nötigte ihn erst das heftige Drängen seiner Freunde dazu, den schon unterschriebenen Rücktrittsbrief zurückzuhalten. Fast hätte er sich also die schmerzliche Erfahrung ersparen können, mit seinen Warnungen vor Kohls übereilter West-Ost-Währungsangleichung zwar Recht zu haben, aber dafür vom beschwichtigungsbedürftigen Wählervolk bestraft zu werden.

Oskars starker Durchsetzungswille verfolgte stets politische Ziele, die seiner persönlichen Natur zu entstammen schienen: mehr Solidarität, ökologischer Umbau der Industriegesellschaft, konsequente Fortsetzung der Brandtschen Verständigungs- und Versöhnungspolitik. Man spürte die Projektion seiner persönlichen Träume von mehr mitmenschlicher Eintracht, verlässlicher Gemeinschaft und Naturnähe. Aber er war als Rhetoriker nicht dazu begabt, seine Anliegen in der Form des Vermittelns hinreichend durchsichtig zu machen. Er redete immer etwas zu laut, zu heftig, zu beschwörend oder zu anklagend. Er übte zu viel Druck aus, wollte das, woran er glaubte, den Leuten einhämmern. Da provozierte er mitunter, trat in Fettnäpfe und musste mitansehen, wie in Glanzpapier eingewickelte Leerformeln, mit dem Gestus staatsmännischer Weisheit vorgetragen, eher Spitzenplätze auf den Beliebtheitslisten einbrachten. So geriet er als Vorauskämpfer für den rot-grünen Politikwandel in die prekäre Lage, dass er einerseits das ganze Feuer der Opposition auf sich zog, andererseits dem Kanzler einen ohnehin intendierten Schwenk in neoliberaler Richtung erleichterte.

Da muss sich der Mann an den Pranger stellen lassen, nur weil er den Reichsten im Lande eine angemessene Beteiligung an der unerlässlichen Sanierung des Staatshaushaltes aufnötigen und die fortschreitende Erweiterung der Kluft zwischen den Profiteuren und den Verlierern der Globalisierung stoppen wollte. In der SPD war ja die Mehrzahl mit dem ehemaligen Vorsitzenden in diesem Punkt einig gewesen. Aber sie haben ihm nicht beizeiten den Rücken gestärkt. Hätte er nicht doch den Parteivorsitz behalten sollen? Sein Gegenargument: Die Regierung hätte einen offen ausgetragenen Konflikt zwischen dem Kanzler und einem opponierenden Parteivorsitzenden nicht ausgehalten.

Wie wird es mit Freund Oskar weitergehen? Denen er zuvor schon unbequem war, die werden tüchtig nachtreten. Aber auch zahlreiche Sympathisanten werden sich zur Schmerzvermeidung schnell einreden, dass der Abtrünnige es gar nicht wert sei, ihm

Tränen nachzuweinen. Denn vor der Verarmung durch Verluste schützt nichts besser als die Umkehr von der Passivität zur Aktivität: Drei Kreuze hinter dem Treulosen! Mag Lafontaine sich von Schröder verraten fühlen – sein eigener Verrat ist viel schlimmer. Schamlos davonzulaufen, die mühsam integrierte Partei im Stich zu lassen, das tut man nicht!

Warum nur hat er keinen besser einfühlbaren Anlass für den Bruch abgewartet? Später wird er sagen, dass er die Folgen der Regierungsentscheidung für den Jugoslawien-Krieg ohnehin nicht hätte mittragen können. Das hätten viele verstanden. Aber warum hat er keinen seiner Freunde zu Rate gezogen? Offenbar wusste er bei dem erwähnten Telefongespräch vor einer Woche noch nicht, was er wenige Tage später tun würde. Große Entschlüsse pflegt einer jedoch nur dann in Einsamkeit auszubrüten, wenn er fürchtet, dass andere ihn umstimmen könnten, wenn er also selber insgeheim zweifelt und die Verstärkung des Zweifels durch Ratgeber vermeiden will. Das aber erhöht den Anschein eines momentan mehr emotional als von souveräner Besonnenheit gesteuerten Protest-Antriebes. Dieser Eindruck wiederum wird es manchen erleichtern, Oskar nicht mit dem Zeichen seiner politischen Mahnung ernst zu nehmen, sondern ihn neurosenpsychologisch zu pathologisieren. Aber dabei wird es nicht bleiben. Denn ganz wichtige – zumal für die Sozialdemokraten wichtige – Ideen werden denjenigen immer wieder ins öffentliche Bewusstsein zurückbringen, der diese am entschiedensten und klarsten vertreten hat. Irgendwann wird er auch wieder mitspielen.

Natürlich beschreibe ich dies alles aus der subjektiven Perspektive des Sympathisanten und Freundes, der in diesem Politiker wie zuvor in Willy Brandt und später in Michail Gorbatschow eine enge Verwandtschaft zu eigenen Vorstellungen und Wünschen fand. Es waren glückliche Umstände, aber nicht nur Zufall, dass zu allen drei Politikern Verbindungen mit eigenen Aktivitäten zu Stande kamen – in Wahlkämpfen für Brandt und Lafontaine, in der Umsetzung der Psychiatrie-Enquete, im Kampf gegen den Atomrüstungswahn und in der späteren Mitwirkung an der unter Gorbatschows Schirmherrschaft entstandenden »International Foundation for the Survival and Development of Humanity«.

»Der Gotteskomplex«

1978 hatte ich den »Gotteskomplex« geschrieben, mein mir wichtigstes Buch. Es entnimmt seine Form der von Eduard Spranger einst entwickelten »geisteswissenschaftlichen Psychologie«, indem es versucht, den Geist einer Epoche aus den Zeugnissen der verschiedenen Kulturäußerungen zusammenfassend zu beschreiben, hier allerdings unter Anwendung des psychoanalytischen Deutungsverfahrens. Man hat es ein kulturpsychologisches, aber auch theologisches Buch genannt. Zwei evangelische Akademien luden mich zur Diskussion meiner Thesen ein. Später erhielt ich zu meiner Schrift einen freundlichen Brief von Kardinal Ratzinger, der sich zustimmend zu der »analytischen Bestandsaufnahme der modernen westlichen Zivilisation« äußerte, nur noch hinzufügte, dass er vom eigenen Glauben her eine Überwindung des Gotteskomplexes nur durch die Selbstüberschreitung mit der Zuwendung zum wirklichen, lebendigen Gott für möglich halte.

Tatsächlich enthielt meine Kritik am Allmachtswahn der westlichen Fortschrittsgesellschaft implizite das Bekenntnis zur Geschöpflichkeit des Menschen und damit zu dessen Bestimmung, dass er zur Natur und diese nicht ihm gehört. Indessen sah ich die vorrangige Aufgabe meiner Analyse darin, den »Gotteskomplex« der neuzeitigen Kultur als Zusammenwirken von Ohnmachtsängsten und überkompensatorischen Allmachtshoffnungen zu beschreiben. Die Befreiung aus der mittelalterlichen Gottergebenheit hat die Menschen in eine tiefe Verunsicherung und Schutzlosigkeit gestürzt, was den Befreiungsantrieb in den Zwang verwandelte, die entfallende Sicherung durch eigene Bemächtigung der Naturkräfte zu kompensieren, die man nun nicht mehr durch göttliche Bestimmung gelenkt sah. Aber dabei ging die Balance verloren. Die vorher Gott zugeteilte Allmacht wurde verinnerlicht. Der Mensch erhob sich – wie Freud es genannt hat – zum Prothesengott. Und aus der Bannung der Naturkräfte wurde ein am Ende hemmungsloser Eingriff in die natürlichen Lebenszusammenhänge, so dass Freud bereits 1930 davon sprach, dass Angst und Unruhe der modernen Menschen daher rührten, dass sie der Natur Energien abgerungen hätten, mit denen sie das eigene Geschlecht vollständig auslöschen könnten. Das äußerte er bereits lange vor der errungenen Macht über den Atomkern und den Zellkern.

Aber es blieb die Frage: Warum zwang die von Freud diagnostizierte Angst nicht zum Maßhalten, zur Begrenzung der gemeinsamen Selbstgefährdung? Die eigene Antwort: Im kollektiven Unbewussten ist immer noch der pathologische Zirkel des Gotteskomplexes wirksam: Die Abhilfe wird paradoxerweise mit den gleichen Mitteln gesucht, die zu der Angst geführt haben. Eine noch vollständigere Beherrschung der Naturkräfte soll den Menschen unversehrbar machen, steigert mit der Maßlosigkeit dieser Selbsterhöhung aber automatisch die Gefahr des Absturzes in die endgültige Katastrophe. Der Mythos der gottähnlichen Selbstvervollkommnung wird zur selbstmörderischen Falle.

Hatte Hitler nicht schon anschaulich vorgeführt, wohin dieser Allmachtswahn führen müsste? Etwa das Konzept, ein so genanntes höheres Menschentum durch Eliminierung »unwerten Lebens« heranzuzüchten? Hatte er nicht bewiesen, dass solche gottgleiche Anmaßung eine Gesellschaft zerbricht, die nur zusammengehalten wird durch den Austausch von Helfen und Hilfebedarf, durch das im Menschengeschlecht angelegte Mitfühlen, das die Geschwisterlichkeit über alle Grenzen hinaus offenbart? Hatte Hitler nicht demonstriert, dass mit der Verdrängung von Barmherzigkeit, Versöhnung und Mitleid eine unendliche Verrohung, am Ende unweigerlich eine Mördergesellschaft entsteht?

Die Eile, mit der sich alle Welt schnell einig war, im Hitler-Staat eine einmalige, letztlich unbegreifliche historische Verirrung zu erblicken, bewies nur die Angst, sich der gemeinsamen Anfälligkeit in einer Kultur bewusst zu werden, in der die blinde Flucht in die Maßlosigkeit – wenn auch mit einer vorläufig weniger deutlichen Gewaltbereitschaft – erkennbar wäre, sofern deren psychopathologische

Elemente nicht Gemeingut wären. Der nahezu psychotische Charakter der derzeitigen Dynamik des immer Höher, Schneller und Weiter in der neoliberalistischen Konkurrenz, der Überspielung horrender technischer Risiken, nur um vornean zu sein – ist doch nur dadurch verschleiert, dass die große Mehrheit davon im Westen ähnlich angesteckt ist wie seinerzeit die Masse der Deutschen von Hitlers Allmachtswahn.

In den Gefühlen, die mich beim Schreiben des »Gotteskomplex« begleiteten, überwog nicht die Genugtuung am kritischen Entlarven, sondern umgekehrt die Hoffnung auf die inneren Gegenkräfte, die ich selbst gespürt hatte, als ich ganz unten gewesen war, elend, isoliert, gedemütigt, mitschuldig, trauernd – als ich merkte, dass die Liebe in mir stärker wurde als das Hadern, als mir gerade an diesem Tiefpunkt die Kraft für eine ganz andere Erfüllung meines Lebens, das mir die Gnade erhalten hatte, zuwuchs.

Die Vater-Sohn-Studie am Ende jenes Buches diente mir als Versuch, die gesellschaftliche Pathologie am Beispiel eines klinischen Dramas sichtbar zu machen. Auf der einen Seite als Symbol der Omnipotenz-Besessenheit der geschilderte titanische Vater, der Super-Faust, Herrscher der Maschinenwelt, der immer höher steigen kann, solange er seine verdrängte Schwäche und Ohnmacht der Frau, und vor allem dem geknebelten Sohn zuteilen kann. Der Triumph des Machtwillens um den Preis der inneren Spaltung – die sich am Ende aber notwendig als selbstzerstörerisch erweist, als der Sohn sich von seiner Fesselung befreit, die Brüchigkeit des väterlichen »Gotteskomplexes« enthüllt und sich der eigenen Liebesfähigkeit versichert.

Warum mir Franz Josef Strauß und die CSU den Heuss-Preis verübelten

Im September 1979, der »Gotteskomplex« war gerade erschienen, verbrachte ich mit Bergrun ein paar erfrischende Urlaubswochen im Tessin, als mich eine Rede von Franz Josef Strauß im Radio aufschreckte, der im Ruhrgebiet gleichzeitig für Kommunal-, Landtags- und Bundestagswahlen Werbereden hielt. Schon zuvor hatte ich beunruhigt verfolgt, wie Strauß sich in seiner typischen Dampfwalzen-Manier der Union als Kanzlerkandidat aufgedrängt und schließlich den Konkurrenten Helmut Kohl ausmanövriert hatte. Nun die Rede in Essen, gestört von einer Gruppe linker Jugendlicher. Strauß schimpfte gegen die Energie- und Schulpolitik der SPD, bis er sich in seine übliche Rage hineingeredet hatte und gegen die linken Zwischenrufer loslegte: »Ihr wärt die besten Schüler von Dr. Josef Goebbels gewesen. Ihr wärt die besten Anhänger Heinrich Himmlers gewesen. Ihr seid die besten Nazis, die es je gegeben hat. Die Lauheit und Laschheit sozialdemokratischer Führungen in Bund und Land unterstützt die Feinde der Demokratie. Und dem, meine Damen und Herren, muss ein Ende gemacht werden!« Elfmal kam in der Rede das Wort Terror vor, neben Vokabeln wie »Pöbelhorde«, »Rowdyhaufen« und »Gehirnprothesenträger«.

Strauß war im Krieg »Nationalsozialistischer Führungsoffizier« gewesen, genau wie jener Offizier, der mich einst um ein Haar vors Kriegsgericht gestellt hätte. Ich traute Strauß durchaus zu, sich das Wählervolk genauso gefügig zu machen, wie er in der CDU die Bedenken gegen seine Kanzlerkandidatur niedergewalzt hatte.

Anruf von Stefan Aust: Ob ich nicht Lust hätte, für das Fernsehmagazin »Panorama« ein Psychogramm von Franz Josef Strauß anzufertigen. Kurzes Nachdenken. Nein, lieber nicht. Strauß gebe sich so wenig Mühe, seine Hauptwesenszüge zu verbergen, dass es keines Psychoanalytikers bedürfe, diese zu entschlüsseln. Jeder wisse doch, mit wem er es zu tun habe. Im übrigen wolle ich nicht

Alexander Mitscherlich nacheifern, der vor einiger Zeit Rainer Barzel aus dessen Biografie heraus im Fernsehen psychoanalytisch interpretiert hatte, was als missbräuchliche Anwendung eines therapeutischen Instruments kritisiert worden war.

Was mich persönlich beunruhigte, war tatsächlich weniger die Person von Strauß selbst, vielmehr dessen entwaffnende oder – besser – aufputschende Massenwirkung. Was kam da in den Menschen hoch, dass sie es offenbar schon wieder lockte, sich einem autoritären Volkstribun in die Arme zu werfen? Diesen Aspekt zu betrachten, erschien mir durchaus lohnend, also nicht Strauß selbst zu porträtieren, sondern auf der anderen Seite die Verführbarkeit des Publikums zu untersuchen und zu erklären. Also bot ich – nach einigem Zögern – der ZEIT ein Manuskript mit dem Titel »Strauß und wir« an, das der dortigen Redaktion eine große bebilderte Voranzeige in der FAZ wert war. In dieser war nun fälschlich dennoch von einem Strauß-Psychogramm die Rede, obwohl es dann im Vorspann des abgedruckten Artikels ganz korrekt hieß: »Richter versucht hier kein Psychogramm von Franz Josef Strauß, sondern eine sozialpsychologische Studie über Strauß' Wirkung auf die Massen.«

Da der Text, der am 23. November 1979 erschien, dreieinhalb Monate später Auslöser eines Eklats wurde, habe ich mir ein paar zentrale Passagen noch einmal angesehen:

Strauß kann unfair sein und Tiefschläge austeilen noch und noch, all dies reduziert sich bei ihm anscheinend zu einer quantité négligeable, zu so liebenswert verzeihlichen Etiketten wie »Kantigkeit«, »Impulsivität«, »Farbigkeit«, »Vollblütigkeit«, »Potenz«, »heftiges Temperament«.

In Straußens Zwielichtigkeiten herumzukramen, erscheint inzwischen zumindest langweilig oder sogar anrüchiger als die ihm angekreideten Tatbestände selbst. Solches Interesse muss gewärtigen, als purer Ausfluss von kleinlichem Argwohn und Ressentiment verdächtigt zu werden. Man will da nicht mehr hinsehen – und schließlich vergisst man, dass es da überhaupt etwas zu sehen gibt.

Was macht so viele, die den unbändigen Durchsetzungs- und Herrschwillen von Strauß durchaus als beklemmend und bedrohlich empfinden, schließlich doch geneigt, sich von ihm hinreißen zu lassen? Was hat beispielsweise die Mehrheit der CDU-Fraktion umschwenken lassen, von der man noch vor Jahresfrist den Eindruck haben musste, dass sie weder mit Straußens scharfmacherischer politischer Linie noch mit der Art einverstanden war, wie dieser nicht nur Kohl, sondern letztlich die ganze Parteiführung in einem fort zerlegte? Man hat keine reflektierte Entscheidung für den von Strauß propagierten ausgeprägteren Rechtskurs bemerken können, noch leuchtet ein, dass bloß die Angst vor der Unionsspaltung ausschlaggebend gewesen sein soll. Es muss noch ein anderes Moment hinzugekommen sein.

Sicherlich ist nicht nur negativ als Ohnmacht gegenüber der alles überrollenden Dynamik der Person zu beschreiben, was landauf, landab viele in die Strauß-Gefolgschaft treibt, die ihm noch unlängst in demoskopischen Umfragen ihr Misstrauen bescheinigt hatten. Unverkennbar eignet sich Strauß in einzigartiger Weise als Projektionsfigur, die allenthalben aufgestaute Minderwertigkeitsgefühle und Ressentiments kurieren zu können verheißt. Ist es nicht auch verständlich, wenn sich Scharen derjenigen, die sich Tag für Tag Hunderte von Malen bücken und winden müssen, um unter allen ökonomischen, bürokratischen und hierarchischen Zwängen nur ja brauchbar und gefällig mitzufunktionieren, sich an diesem Allerweltskerl berauschen, der immer nur drauflos marschiert und erfolgreich all die Spielregeln und Skrupel zu ignorieren scheint, die sonst jedermann niederdrücken?

Darf man sich nicht von Strauß wünschen, dass er die erniedrigenden nationalen Selbstzweifel und Schuldgefühle endgültig zu tilgen hilft, die eine schwer abschätzbare Zahl von Deutschen stets nur als von außen willkürlich abverlangtes Bußverhalten begriffen hat? Ist es nicht nach allem, was Adenauer, Schmidt und Brandt in behutsamen Schritten zur Reparatur der nationalen Selbstachtung beigetragen haben, endlich an der Zeit, wieder unverblümt *aufzutrumpfen und zu demonstrieren, was wir Deutschen von uns halten und welche uns lange zu Unrecht verweigerte hohe Position in der Welt wir beanspruchen wollen?*

Strauß sollte nach allen bösen Vorerfahrungen wissen, dass er gerade diese emotionalen Tendenzen bei seinem Publikum zu fürchten und nach Kräften einzudämmen hätte. Indessen – will er, kann er überhaupt noch auf die Ausbeutung derjenigen psychischen Disposition seiner Umwelt verzichten, die sich als Instrument zur Machtgewinnung so verführbar anbietet? Aber eben – nicht, was Strauß mit uns machen will, sondern was wir mit uns machen lassen und was wir mit ihm machen, ist bei dem uns auferlegten politischen Reifetest die klar vorrangige Frage.

Der Artikel hatte zwei Folgen. Erstens ärgerte er natürlich nachhaltig Franz Josef Strauß und die Presseabteilung der CSU. Zweitens brachte er Frau Hamm-Brücher und den Vorstand sowie das Kuratorium der Theodor-Heuss-Preis-Stiftung in eine unangenehme Lage. Denn kurz nach Erscheinen des ZEIT-Textes wurde bekannt, dass seinem Autor der Heuss-Preis 1980 zuerkannt worden sei. Da dieser Preis üblicherweise herausragendes kritisches Engagement belohnen will, mochte der Anschein entstehen, als habe der Artikel für die Auszeichnung eine wichtige Rolle gespielt. Tatsächlich aber lautete das Motto für die Verleihung jenes Jahres: »Verantwortung für den Nächsten«. In der Begründung war von meinen Büchern »Lernziel Solidarität« und »Flüchten oder Standhalten« sowie von meinem Beitrag zur Psychiatrie-Reform die Rede. Die Heuss-Stiftung hatte sich für den Preisträger schon *vor* der Publikation in der ZEIT entschieden.

Natürlich blieb der Ministerpräsident der Preisverleihung im Herkulessaal der Münchner Residenz fern. Sein Stellvertreter Hillermeier warf am gleichen Tag der Stiftung eine »schwere Entgleisung« vor. Der Preisträger habe »in der Maske der wissenschaftlichen Darstellung« Strauß mit Hitler verglichen – blanker Unsinn! Jedenfalls waren die Medien gezielt präpariert worden. Manche

Blätter ereiferten sich gehorsam noch nach monatelanger Verspätung über die vermeintliche »Majestätsbeleidigung« in der ZEIT. Da wollten auch die beiden Gießener Lokalzeitungen nicht zurückstehen. Der Herausgeber der einen sah sich durch den Preisträger an die Rolle der Wissenschaft in totalitären Staaten erinnert. Der Kommentator der anderen schoss den Vogel ab, indem er in dem Artikel »Strauß und wir« wieder auflebenden Nazi-Geist zu erkennen glaubte, nämlich die seelische Folterung von Menschen (Strauß das Opfer). Den ärztlichen Autor rückte er in die Nähe des palästinensischen Kinderarztes Dr. Habbasch, der in Israel das Blut unschuldiger Menschen vergossen habe.

Ich ließ mir durch solche Schmähungen die gute Laune nicht verderben, feierte einmal mit der Familie und vielen guten Freunden in München (noch einmal Dank an Gastgeberin Lotte Köhler), dann ein zweites Mal mit der gesamten Bewohnerschaft und der Initiativgruppe im »Eulenkopf«. Tatsächlich verdankte ich die Auszeichnung ja auch nicht zuletzt den Erkenntnissen aus der zehnjährigen Zusammenarbeit mit den Menschen in diesem Brennpunkt, von der ich in meinen Büchern berichtet hatte.

Übrigens hatte ich mich schon Jahre zuvor als Intimfeind der CSU in München profiliert. Ich hatte in der Stadt eine meiner Gruppenveranstaltungen für einen SPD-Wahlkampf durchgeführt. CSU-Pressechef Peter Gauweiler hatte mich daraufhin öffentlich bezichtigt, in Wort und Schrift für jenes geschilderte Patientenkollektiv Heidelberg aufgetreten zu sein, von dem ich seinerzeit den Rektor im besetzten Rektorat befreit hatte. Als Terroristen-Unterstützer hatte ich mich nun doch nicht unwidersprochen anprangern lassen wollen. Also war ich vor Gericht gezogen, wo ich es mit dem Anwalt von Franz Josef Strauß zu tun bekam. Siegessicher hatte dieser einen vom Gericht vorgeschlagenen Vergleich abgelehnt. Der Richter war standhaft geblieben. Gauweiler war bei Androhung von Ordnungsgeld bis zu 500.000 DM oder einer Ordnungshaft bis zu sechs Monaten verboten worden, die zitierte Behauptung aufrechtzuerhalten. Ich erinnere mich übrigens, dass ich von der

Münchner SPD nach der diskriminierenden Presseerklärung der CSU kein Sterbenswörtchen mehr gehört, geschweige denn eine Unterstützung in dem Prozess erfahren habe. Offenbar befürchtete man eine Schädigung des eigenen Rufs durch sichtbare Nähe zu einem vermeintlichen Terroristen-Freund.

Ich meinte, in dem gespaltenen Medien-Echo auf die Heuss-Preis-Verleihung unter anderem auch ein Zeichen für die veränderte gesellschaftliche Stimmung zu erkennen. Mit den großen Hoffnungen auf eine solidarischere und friedlichere Gesellschaft verblasste automatisch auch das Ansehen von Schriftstellern, Wissenschaftlern, Theologen und Künstlern, die sich zuvor mit entsprechendem kritischen Engagement hervorgetan hatten. Mit meinen Büchern, die in der Heuss-Preis-Begründung genannt waren, hatte ich mich immerhin in die Reihe solcher vorübergehender Hoffnungsträger eingereiht, auch wenn ich im wesentlichen nur Beobachtungen an mir selbst und an Bürgerinitiativen im Verlauf meiner Mitwirkung beschrieben und erläutert hatte. Jetzt geriet ich für einen Teil meiner bisherigen Sympathisanten in die Rolle eines Verführers, als hätte ich etwas versprochen, was ich nun nicht einhalten könne. Um sich den Schmerz der eigenen Desillusionierung und den damit verbundenen Selbstvorwurf zu ersparen, verabschiedeten sich viele Ernüchterte von mir wie von anderen vormals idealisierten Gestalten: Jetzt durchschauen wir erst, dass wir von solchen Leuten mehr gehalten haben, als sie verdienten. Zahlreiche 68er-Rebellen, die sich ihrer vormaligen ödipalen Revolutions-Ideale schämten, konnten plötzlich die sozialen Reformer nicht mehr ausstehen, von denen sie noch an die eigenen aufgegebenen Visionen erinnert wurden.

Aus verschiedenen Gründen hatte ich Glück, diesen Umschwung nicht als Trauma durchleiden zu müssen. Ich hatte den Vorteil, dass ich nicht wie manche Schriftsteller relativ schutzlos der Resonanz beim Publikum und einigen Rezensenten ausgesetzt war. Ich hatte um mich die nach wie vor engagierten Kolleginnen und Kollegen in meinem wissenschaftlichen Zentrum, die Mitkämpfer am »Eulenkopf«, die in der Psychiatrie-Reform engagierten Partnergruppen – und schließlich die tägliche Herausforderung durch interessante Patienten. Nicht zuletzt erfüllte mich die spannende Forschungsarbeit mit Genugtuung. Dann konnte ich in diesen Jahren den Aufschwung der Familientherapie erleben. Mein Modell der Psychosozialen Arbeitsgemeinschaft, das in der eigenen Region seit Jahren gedieh, wurde nach der Empfehlung in dem Psychiatrie-Enquete-Bericht an vielen Orten reproduziert. Überdies hatte mir die Psychoanalyse sehr dabei geholfen, mich unbequem machen zu können, ohne mich durch noch so heftige Anfeindungen einschüchtern zu lassen. Gelegentlich bediente ich mich zum Trost der psychoanalytischen Deutung Goethes im Westöstlichen Diwan: *Was klagst du über Feinde? Sollten solche je werden Freunde, denen das Wesen, wie du bist, im Stillen ein ewiger Vorwurf ist?*

Schließlich hatte mein professioneller Ahnvater Freud einst den eigenen Anspruch, als Begründer der Psychoanalyse an erster Stelle genannt zu werden, damit begründet, dass er weit mehr als sein Kollege Josef Breuer Beschimpfungen und Kränkungen ausgesetzt gewesen sei. Uneingeschränkt beliebte Psychoanalytiker haben sich zu fragen, ob sie dem notwendigen kritischen Anspruch ihrer Wissenschaft treu geblieben sind.

Wie ich zum Atomprotest inspiriert wurde

Zwei Monate nach dem Empfang des Heuss-Preises traf ich mich an einem Freitag wie üblich mit meiner Fußballgruppe. Es ist übrigens ein Vergnügen, das ich mir bis zum heutigen Tage gönne, nur unterbrochen durch die vorübergegangene Periode mit Herzrhythmusstörungen 1998. 36 Jahre kickt diese Gruppe zusammen, mal kommen neue hinzu, andere wandern ab, aber ein Stamm ist über die Jahrzehnte zusammengeblieben: Lehrer, Professoren, ein Verwaltungsbeamter, Assistenten. Alter zwischen 40 und 76. Ich bin der älteste. An jenem Freitag also fragte der Physiker Horst Loeb im Umkleideraum reihum: Schätzt einmal, welcher Menge Dynamit pro Kopf der Weltbevölkerung die Zerstörungsenergie entspricht, die in den gehorteten Atombomben steckt. Verblüfft phantasierten wir ins Blaue hinein – vielleicht ein paar hundert Gramm oder allenfalls einige Kilo. Falsch! Es seien etwa 15 Tonnen. Im Raum wurde es still. Das Bild arbeitete in mir weiter. Kurz darauf hatte ich einen Vortrag über »Soziale Verantwortung« in der Gießener Universitätsaula zu halten. Gedacht war, dass ich das Thema aus der Sicht der psychosomatischen Medizin behandeln sollte. Dazu sah ich mich nur noch in der Weise imstande, dass ich als Arzt die Unverantwortlichkeit der nuklearen Bedrohung für Leben und Gesundheit der Menschen behandelte, dazu die Frage: Warum wehren sich die Menschen eigentlich nicht? Laut Umfragen rechnete damals fast die Hälfte der bundesdeutschen Bevölkerung mit der Möglichkeit eines Krieges. In der internationalen Presse wurde offen diskutiert, inwiefern die aktuelle Weltlage an die Vorphase des Ersten Weltkrieges erinnere. Bundeskanzler Schmidt hatte gerade beklagt, dass die beiden Weltmächte sich auf kein gemeinsames Verfahren verständigen könnten oder wollten, um die Lage unter Kontrolle zu halten. Von Präsident Nixon war in einem Interview zu hören: Alles, was der Westen tun müsse, um den Dritten Weltkrieg nicht zu verlieren, sei, dass er entschlossen sein müsse, ihn zu gewinnen.

In meinem Vortrag, den die Frankfurter Rundschau abdruckte, führte ich die beunruhigte Passivität der Bevölkerung auf mehrere Gründe zurück – auf die Unfassbarkeit der Gefahrendimension, auf die Bereitschaft, Unerträgliches zu verdrängen, auf die Einbildung, dass die Atomraketen auf der eigenen, »guten« Seite doch nützlich seien, um die Russen einzuschüchtern usw. Wie aber könnte ein Weg aus dieser Lähmung, dieser Blindheit und Selbsttäuschung herausführen? Wie könnte der Politik beigebracht werden, dass die Gefahr der gemeinsamen Selbstvernichtung durch Fortsetzung des atomaren Wettrüstens nur eskalieren würde? Ein Auszug:

Ich habe mich in den letzten Wochen mit einer Reihe von kritischen Schriftstellern, Politikern, Politologen, Fachkollegen und Leuten aus Bürgerinitiativen ausgetauscht. Wir haben gefunden: Man kann Resolutionen machen, Intellektuellenbriefe schreiben, Abordnungen zur Regierung schicken, Veranstaltungen aufziehen, in den Medien tätig werden. Aber die allgemeine Sprachlosigkeit in der Hauptfrage wird nicht dadurch verändert, sondern vielleicht sogar stabilisiert, wenn einige, die ohnehin gut schreiben und reden können, in der Öffentlichkeit das artikulieren, was eigentlich alle gemeinsam sagen sollten. Und es geht ja eben auch nicht nur um das Sagen, wie wichtig das auch immer ist. Sondern es geht um die Kontinuität eines gemeinsamen zielstrebigen Engagements für eine alternative Politik, in der nukleare Abrüstung nicht isolierter politischer Programmpunkt ist, denn als solche ist sie nicht möglich, vielmehr unerlässliche Konsequenz einer Wandlung der politischen Wertvorstellungen überhaupt.

Nötig sei eine enge Ankoppelung der Politik an das unmittelbare Denken und Fühlen der Menschen, damit die professionelle Politik aus ihrer Selbstregelung durch rein technokratische Zwänge herausgerissen werde. Momentan herrsche eine Politik, die offenbar glaube, die Zukunft der Menschheit hänge vom Zahlenverhältnis der hier und drüben produzierten und gehorteten Atomraketen ab.

Das bedeute doch, dass die Menschen nicht mehr ihren eigenen Kräften zur Verständigung trauten, sondern ihre Verantwortung an technische Systeme abträten. Um die Politik überhaupt wieder menschlich zu machen, bedürfe es offenbar einer breiten spontanen Selbsthilfebewegung, die bewusst mache, dass es nur *die eine* große Atomkriegsgefahr *für die eine und einzige Menschheit* gebe, gegen die sich alle gemeinsam wenden müssten. Ich wies auf die erfolgreiche Grüne Bewegung hin, deren Beispiel eine große Bewegung für den Frieden und die atomare Abrüstung folgen müsse.

Dem Beifall am Ende meines Vortrages entnahm ich, dass den Leuten mein Appell eingeleuchtet hatte. Daher mein spontaner Vorschlag: Wer Lust habe, sich an einer Initiative in dem genannten Sinne zu beteiligen, möge sich melden. Dann könne man sich sogleich an die Arbeit machen. Etwa zwanzig Veranstaltungsteilnehmer fanden sich in der benachbarten Evangelischen Studentengemeinde ein. Es war die Gründungsversammlung der Gießener Friedensinitiative. Im Verlauf des Sommers 1980 sprossen in vielen deutschen Städten Friedensgruppen aus dem Boden und ergänzten schon vorhandene Kreise von Kriegsdienstverweigerern, Ostermarschierern und christlichen Pazifisten. In den spontan entstandenen neuen Vereinigungen wie der in Gießen flossen verschiedene Motive zusammen. Eine große Triebkraft kam noch von der linken sozialen Bewegung her. So waren in Gießen von Anfang an viele Mitglieder aus den Obdachlosen-Initiativen und aus der regionalen Psychosozialen Arbeitsgemeinschaft dabei, dazu engagierte Mitglieder des Psychosomatischen Zentrums und des Psychoanalytischen Instituts. Hinzu gesellten sich später allerdings manche Leute, denen der humanistische Verständigungs- und Versöhnungsgedanke weniger wichtig schien als der vordergründige Kampf gegen die amerikanischen Raketen und den US-Imperialismus. Manche darunter offenbarten sich nicht als DKP-Angehörige, aber fielen dadurch auf, dass sie gleichförmig die bekannte Parteisprache benutzten und so etwas wie eine ideologische Schulung unserer Gruppe versuchten. Tatsächlich waren ja die amerikanischen Pershing-II-Raketen, die Helmut Schmidt für den Fall ins Land holen wollte, dass die Russen ihre Mittelstrecken-Raketen SS-20 nicht zurückziehen würden, ein gemeinsames Protestziel. Aber die Mehrheit in unserer Gruppe reagierte deutlich allergisch gegen ideologische Bevormundungstendenzen. Eine humanistisch-pazifistische Position blieb tonangebend.

Allerdings war auch Helmut Schmidt insofern ein gemeinsamer Gegner, als er, wie unbeabsichtigt auch immer, zur Eskalation der atomaren Gefahr beitrug. Bei Egon Bahr kann man heute nachlesen, dass es seinerzeit der Kanzler tatsächlich höchstpersönlich war, der den Amerikanern nahe gelegt hatte, die russische SS-20-Bedrohung mit einer Gegendrohung durch Pershing-II-Raketen auf westdeutschem Boden zu beantworten. Freilich sollte nach SPD-Beschluss den Russen eine Frist von vier Jahren zum Abzug ihrer Arsenale gewährt werden, ehe endgültig über die Pershing-Stationierung entschieden werden sollte.

Von seiner Struktur her fehlte Schmidt der Glaube an die politische Gestaltungs- und Durchsetzungskraft jenes sozialen Versöhnungswillens, mit dem Willy Brandt die Tür zum Osten geöffnet und sich das Vertrauen Leonid Breschnews erworben hatte. Schmidt sah vor sich nur das Machtspiel auf dem Raketen-Schachbrett. Und da erschien ihm der Zug mit den Pershings auf das leere Feld Westdeutschland eine logische Antwort auf die russische Bedrohungsposition. Damit hatte er sich bei allem Scharfsinn verrechnet. Denn seine Idee, mit den Pershings würden die Amerikaner unverbrüchliche Partner für die bundesdeutsche Sicherheit, stimmte nicht. Im Gegenteil. Auch das hat Egon Bahr klar enthüllt: Die später installierten Pershings hätten von deutschem Boden aus acht Minuten gebraucht, um Moskau zu erreichen. Die Russen stellten inzwischen in der DDR moderne Kurzstreckenraketen auf, die in zwei Minuten die Pershings hätten ausschalten können. Ein begrenzter Atomkrieg als Schlagabtausch in Europa wurde also denkbar. Denn die Russen hätten sich mit der Ausschaltung der europäischen Ziele begnügen können, sofern ihre Aufklärung ihnen gemeldet hätte, dass die Amerikaner ihre Interkontinental-Raketen noch zurückhalten würden. Also waren später die Pershings in der Bundesrepublik alles andere als eine Garantie für den amerikanischen Beistandsschutz.

Genau dieses Szenario eines auf Europa begrenzbaren Atomkrieges war übrigens das Thema eines Friedenskongresses in Miami, dem ich beiwohnte. Im Gedächtnis ist mir noch haften geblieben, wie mir bei dieser Gelegenheit ein Amerikaner mitfühlend auf die Schulter klopfte und mich fragte, ob ich denn unbedingt in Europa bleiben müsse, denn der Abschreckungsfrieden sei zumindest auf dem alten Kontinent nicht mehr verlässlich.

Volksaufklärer gegen die falsche Logik der atomaren Abschreckung

Wie auch immer, die Raketenschach-Rechnerei konnte so oder so nicht aufgehen. Der wahnartige Charakter dieser Strategie war ja schon daraus erkennbar, dass der Wettlauf in der Waffenüberproduktion auf die Frage hinauslief, ob man sich gegenseitig nun hundertmal, fünfhundertmal oder tausendmal würde vernichten können. Dass wenige Jahre später das verrückte Wettrennen enden würde, was damals niemand voraussah, würde sich auch nicht als amerikanischer Sieg in diesem Wettrennen ergeben, sondern aus dem revolutionären Umdenken eines Michail Gorbatschow, der jedes Streben nach militärischer Überlegenheit als sinnlos und das Abschreckungsprinzip für obsolet erklären würde. Aber dass die 1980 gerade erst auflebende Friedensbewegung fünf Jahre später ausgerechnet in Moskau, im »Reich des Bösen und der Finsternis« (Präsident Reagan), ihren großartigsten Bundesgenossen finden würde, war vorerst nicht einmal zu erahnen. Momentan in der Bundesrepublik die später von Gorbatschow verkündeten Thesen zu vertreten, bedeutete, als romantischer Utopist, wenn nicht als Hand- oder Kopflanger der Kommunisten im Osten gebrandmarkt zu werden.

Das scherte indessen die vielen Bürgerinitiativen nicht, die sich allmählich in der Bundesrepublik auftaten. Auch in der DDR bildeten sich einzelne mutige Friedensgrüppchen unter dem Schutz der Kirche. Zusammen mit der Gießener Initiative organisierte ich im Dezember 1980 eine erste große Veranstaltung in der Kongresshalle der Stadt. Mittelpunkt war eine einwöchige Ausstellung über Hiroshima mit einer Dokumentation über die aktuelle Atomrüstung, ergänzt durch Malereien, in denen Gießener Schulkinder ihre Phantasien zum Thema Atomrüstung dargestellt hatten. Besonderes Interesse fand die Vorführung eines Films über das bereits erwähnte Milgram-Experiment aus dem Münchner Max-Planck-Institut.

Darin wurde die Reaktion deutscher Testpersonen in dem Experiment vorgeführt, das die verbreitete Bereitschaft nachweist, Folterbefehle auszuführen, wenn die anordnende Instanz Achtung genießt. Der anschließend erläuterte und diskutierte Film sollte den Besuchern klarmachen, wie sonst friedliche Menschen unter autoritärem Druck dazu gebracht werden können, ihr Gewissen zu unterdrücken und verbrecherischen Kommandos zu folgen, d. h. wie es zum Beispiel im Krieg dazu kommen kann, dass selbst massenmörderische Befehle Gehorsam finden, wenn sie sich als höhere Pflichtgebote tarnen. Die Diskussion dieses Films führte automatisch zur Erinnerung an die Nazi- und speziell an die KZ-Verbrechen zurück. Die Schulklassen, die in kurzer Folge durch die Ausstellung geführt wurden, nahmen insbesondere die Lehre dieses Films spürbar berührt auf. Den Abschluss der Ausstellungswoche bildete ein Vortragsabend mit Pastor Heinrich Albertz als Hauptreferent, der ebenso schlicht wie glaubwürdig begründete, warum der wahnwitzigen atomaren Bedrohungspolitik mit einem Engagement für eine echte Friedenspolitik aus der Bevölkerung heraus entgegengetreten werden müsse.

Ich hatte Heinrich Albertz persönlich für diesen Abend geworben, nicht zuletzt zur Stärkung auch für mich selbst. Ich wollte ihn kennen lernen, den gescheiterten Regierenden Bürgermeister von Westberlin, der nun in der Öffentlichkeit mutig für ein politisch engagiertes Christentum eintrat – im Gegensatz zu seiner Amtskirche, die sich nicht zu einer eindeutigen Verurteilung der Atomwaffen durchringen konnte. Spontan ergab sich eine freundschaftliche Verbindung. Später habe ich den Pastor, als dieser schon krank war, zusammen mit Bergrun in Berlin besucht, als wir nach einigen Rückschlägen Trost und Stärkung brauchten. Wir bekamen von ihm, was wir erhofft hatten.

Mit Heinrich Albertz verband mich über das praktische Engagement hinaus ein wesentlicher Gedanke, nämlich dass sich in der Fixierung auf die atomare Bedrohung so etwas wie eine ahnungslose Selbstentmündigung der Menschen abspielte. Was Günther

Anders in der »Antiquiertheit des Menschen« beschrieben hatte, schien Wirklichkeit zu werden. Nämlich dass der Mensch in dem Wahn, mit der Atomtechnologie die eigene Größe unendlich zu steigern, sich in Wahrheit zu einer Geisel der technischen Destruktivität machen würde. Die Idee, Krieg oder Frieden würde je nachdem von einseitigem Übergewicht oder vom Gleichgewicht der Raketenarsenale abhängen, enthielt ja im Grunde nichts anderes als das Abtreten des Menschen aus der Subjekt-Position in der Geschichte. Die Obsession, dass irgendwann durch eine Computerpanne das Inferno aus Versehen losbrechen könnte (der Spielberg-Film »Jurassic Park« enthält genau dieses Szenario), war bezeichnend genug. Also konnte die wirksame Gegenkraft, die von der Friedensbewegung zu mobilisieren war, tatsächlich allein in der Kraft der Mitmenschlichkeit liegen, später von Gorbatschow als »Neues Denken« beschworen – als Überwindung der undurchschauten Selbstzerstörungstendenzen durch einen lebensschützenden Gemeinschaftssinn. Helmut Schmidt hatte Unrecht, wenn er damals für sich eine Verantwortungsethik gegen die vermeintlich realitätsblinde Gesinnungsethik der Friedensbewegung in Anspruch nahm. Als Verantwortungsethiker, als der er sich sah, glaubte er sicher zu sein, in sein Handeln vernünftige Folgen einzukalkulieren, während die Friedensbewegung angeblich mit unverbindlicher Menschenliebe dem Gegner ahnungslos ins Messer bzw. ins Raketenfeuer zu laufen drohe. Die Wahrheit war, dass die von Schmidt empfohlene Pershing-Stationierung, wie schon gesagt, nur eine neue Bedrohung heraufbeschwören würde, nämlich die Installierung von russischen Kurzstrecken-Raketen, die zur Ausschaltung der Pershings geeignet sein würden. Also stimmte es nicht mit der Voraussicht verantwortbarer Folgen. Vielmehr sollte sich später erweisen, dass Gorbatschow ausgerechnet mit dem vermeintlich unzuverlässigen gesinnungsethischen Konzept der Friedensbewegung den tödlichen Wettlauf beenden würde.

»Alle redeten vom Frieden«,
eine oft missverstandene Satire

Im ersten Halbjahr 1981 schrieb ich meine Realsatire »Alle redeten vom Frieden«: Irgendwann in der Zukunft werden intelligente Wesen von einem anderen Stern die menschenleere Erde besuchen. Sie werden die Spuren einer interessanten Kultur vorfinden, entwickelt von Menschen, die ihr Leben mit großartigen Erfindungen und Entdeckungen bereichert, die imponierende soziale Ordnungen aufgebaut, ihre Wirtschaft global organisiert und über ein Kommunikationssystem verfügt hatten, das ihnen eine lückenlose Information über alles vermittelte, was irgendwo auf ihrem Planeten geschah. Dennoch hatten sie sich eines Tages, wie sich rekonstruieren ließ, mit Waffen von unerhörter Zerstörungskraft gemeinsam umgebracht. Warum?

Die Außerirdischen rätselten. War es eine kriegerische Aggression? Kaum. Denn jeder Angreifer hätte wissen müssen, dass er in dem entfachten Inferno selbst mit untergehen müsste. Ein Versehen? Auch ausgeschlossen, denn die Menschenwesen verfügten über perfekte, von künstlicher Intelligenz gesteuerte Sicherheitssysteme. Warum also? Lange grübelten die Erdbesucher vergeblich, bis sie die einzig überzeugende Erklärung fanden: Die irdischen Völker hatten nicht mehr ein noch aus gewusst, nachdem sie in bedenkenlosem Übermut die Ressourcen ihres Planeten geplündert, ihre Atemluft mit Schadstoffen vergiftet, ihre landwirtschaftlichen Nutzflächen verwüstet und ganze Landstriche radioaktiv verseucht hatten. In rücksichtslosem Egoismus hatten die noch Bessergestellten der letzten Generationen keinerlei längerfristige Vorsorge mehr walten lassen. Den Nachfahren wäre nur noch Elend, Siechtum und Verzweiflung geblieben. Da hatten sich – wie mühselige Recherchen herausbrachten – einige Köpfe aus den Geheimdiensten der führenden Mächte zu einem humanitären Komplott zusammengetan und nach dem Motto »besser ein Ende mit

Schrecken als ein Schrecken ohne Ende« eine Art Sterbehilfe-Aktion inszeniert, nämlich auf einen Schlag das gesamte Atomraketen-Arsenal gezündet, das zur wechselseitigen Abschreckung gehortet worden war.

Ich schrieb dieses Buch, in dessen zweitem Teil ich für die Friedensbewegung warb, in doppelter Absicht: vordergründig als Warnung vor dem atomaren Rüstungswahn, hintergründig als aufklärerische Analyse der selbstzerstörerischen Motive des »Gotteskomplexes«. Die gigantische Atomrüstung war ja an sich bereits selbstmörderisch. Gerade hatte der Generalsekretär der UN berichtet: Pro Minute werde eine Million Dollar für die atomare Aufrüstung verschwendet, während täglich etwa 40.000 Kinder in den Entwicklungsländern stürben. Wahnsinn, Wahnsinn, Wahnsinn hieß es in den Medien, auf der Straße, in den Schulen. Aber nur als folgenloser Seufzer. Ich wollte, dass über den Wahnsinn nachgedacht würde, nicht nur über die Superrüstung, sondern tiefer über die soziale und die ökologische Verantwortungslosigkeit der megalomanen Risikokultur, über die Notwendigkeit der Rückkehr zu menschlichem Maß, zu Bescheidenheit, zur Besinnung auf die gemeinsame Menschheitsaufgabe, die Lebensbedingungen auf der Erde nachhaltig zu schützen.

Der Verlags-Lektor, der die ersten 100 Seiten zu lesen bekam, war entgeistert. Sieben Leute des Verlages hätten den Text studiert. Alle hätten gemeint, ich solle nicht weiterschreiben. Allenfalls würde man als Geste an den verdienten Autor eine ganz kleine Auflage drucken, falls ich darauf bestehen würde. Schon hatte ich Fühlung mit einem anderen Verlag aufgenommen, als sich Matthias Wegner, der Geschäftsführer des Hausverlages, meldete: Gerade von einer Reise zurück, habe er den Text jetzt erst zu Gesicht bekommen. Mit Freude würde er das Buch machen. So geschah es. Der SPIEGEL brachte einen Vorabdruck. Übersetzungen in zahlreiche Sprachen folgten. Viele hatten Spaß an der Satire. Manche glaubten den einen oder anderen der Verschwörer ausfindig gemacht zu haben. Ob ich denn nicht die Namen aller Mitglieder des Komplotts preisgeben

wolle? Andere delektierten sich an der Mystery-Story. Aber das
Buch verschaffte mir auch erfreuliche Kontakte mit Müttern, Studenten, Wirtschaftlern, Lehrern und Politikern, die mich genauso
verstanden, wie ich es erhofft hatte.

Denkwürdiges Streitgespräch mit Helmut Schmidt

»Politische Mitverantwortung der Ärzte« hieß ein Vortrag, den ich auf einem Medizinischen Kongress zur Verhütung des Atomkrieges im September 1981 in Hamburg hielt. Meine These: Eine sich unpolitisch verstehende Medizin sei, wie sich gezeigt habe, für unheilvolle Zwecke manipulierbar. Ich erinnerte an die Verwicklung der Ärzte in die Verbrechen der massenhaften Zwangssterilisationen und der sogenannten Euthanasie unter Hitler:

Es mag in gewisser Hinsicht berechtigt sein, diejenigen Ärzte, die damals konformistisch viel Böses mittaten, als die wehrlosen Opfer eines diabolischen Systems zu sehen. Aber eben die Wehrlosigkeit war selbst verschuldet. Von der Möglichkeit ahnungsloser Anpassung an inhumane Zumutungen vermag sich in der Tat dauerhaft nur eine Ärzteschaft zu schützen, die sich mit geschärftem Sinn und in mutiger Konfliktbereitschaft kontinuierlich überall dort in Politik einmischt, wo das physische, das psychische und das soziale Wohlbefinden der Menschen auf dem Spiel stehen.

Dann ging ich zu der Frage über, welches Leitbild von psychosozialer Gesundheit den Ärzten vorschwebe. Allmählich näherte ich mich dem Streitpunkt an, der mich besonders beschäftigte, nämlich der Diffamierung der Atomkriegsangst als psychischen Defekt. Dabei geriet mir die Rede zu einem leidenschaftlichen Plädoyer:

Auf das Schärfste müssen wir uns gegen die Versuche maßgeblicher Politiker und einer gewissen Publizistik verwahren, die jene als Angsthasen oder als labile Schwächlinge verunglimpfen, die aus einer bis ins Physische hineinreichenden Beunruhigung heraus die neue Friedensbewegung mittragen. Vielmehr sollten die abgestumpften Macher, die als delegierte Entscheidungsträger das

Leben von Hunderten von Millionen unnötig in Gefahr bringen,
ihre eigene psychophysiologische Intaktheit in Zweifel ziehen.

Das war also schon nicht mehr eine *engagierte*, sondern eine *enra-*
gierte Rede, deren Gereiztheit verriet, was ich mit meiner Exposi-
tion für die Friedensbewegung schon an Schmähungen zu verarbeiten hatte. In jener Veranstaltung fand ich indessen durchweg ein
geneigtes Publikum. Die anschließende Diskussion führte zu dem
spontanen Beschluss einer Gruppe von Ärztinnen und Ärzten,
Anfang 1982 eine deutsche Sektion der »Ärzte zur Verhinderung
eines Atomkrieges« (IPPNW) zu gründen. Dies war eine Organisation, die der Harvard-Kardiologe Bernhard Lown zusammen mit
Prof. Tschasow, Direktor des Herzforschungszentrums in Moskau,
bereits 1980 ins Leben gerufen hatte. Wie vereinbart, fand der deutsche Anschluss an diese Vereinigung im Februar 1982 statt. Man
übertrug mir die Aufgabe des Sprechers und Geschäftsführers.
Adresse wurde ein Gießener Postfach, da ich, hätte ich die Klinik
angegeben, sofort die Verwaltung am Hals gehabt hätte.

Zuvor hatte das Manuskript des Vortrages unerwartet einen
prominenten kritischen Leser gefunden: Bundeskanzler Helmut
Schmidt, der mit dicken schwarzen Strichen, Ausrufungszeichen,
Fragezeichen und Randbemerkungen seine kritische Meinung
kundgetan hatte. Der Kanzler brachte das kommentierte Manuskript zu einem Treffen im Bundeskanzleramt mit, zu dem er
mich im November 1981 eingeladen hatte.

Schmidts Kommentare zu dem Redemanuskript offenbarten
einen so markanten Dissens zwischen ihm und dem Autor, dass ich
mir darüber Gedanken machte, wie denn die Einladung zu Stande
gekommen sein mochte. Mit mehreren dicken Fragezeichen hatte
Schmidt die These versehen, dass die Bereitschaft zur Atomkriegsangst von einer gesunden Sensibilität zeuge, während die Politiker,
die das Leben von Hunderten von Millionen in Gefahr brächten, als
abgestumpfte Macher ihre eigene Intaktheit in Zweifel ziehen sollten. »Schwere Übertreibung«, bemerkte Schmidt zu der Feststel-

lung, dass die Friedensbewegten sich dagegen wehren müssten, als kompromissbereite Feiglinge, infantile Träumer oder labile Illusionisten behandelt zu werden. »Aber nötig!« lautete sein Randkommentar hingegen zu der an zwei Stellen geäußerten These, dass die Friedensbewegung nicht zwischen teuflischen Raketen auf der einen und gerechten, notwendigen und guten auf der anderen unterscheide. Besondere Schwierigkeiten hatte der Kanzler mit einer zentralen Stelle der Rede, wo es hieß:

Wenn längerfristig nur eine echte Abrüstungspolitik den Frieden zu sichern vermag, so kann eine solche Politik aber nur von Menschen und Gremien getragen werden, die auch in psychologischem Sinne abzurüsten vermögen. Das bedeutet den Mut zu einer Haltung der Versöhnlichkeit, der Vertrauensbereitschaft und der Offenheit. Die Politik kann nur in dem Maße menschlicher werden, als in ihr Persönlichkeiten von jener Menschlichkeit wirksam werden, die sich in etwa mit dem deckt, was wir unter psychosozialer Gesundheit verstehen. Damit ist noch einmal die Stelle bezeichnet, die unsere fachliche Verantwortung berührt. Eine präventive psychosoziale Medizin muss sich entschieden und offen an die Seite derer stellen, die nicht eine Anpassung der Menschen an eine wie immer rationalisierte Risikopolitik, sondern umgekehrt eine Anpassung der Politik daran verlangen, was für Menschen von unzerstörter Sensibilität sowohl wünschbar als zumutbar ist.

Natürlich konnte, ja musste der Kanzler aus der psychohygienischen Rechtfertigung der Atomkriegsangst einerseits und der Pathologisierung der Atomrüstungspolitiker andererseits einen Angriff auf die eigene Position, ja die eigene Psychologie herauslesen. Denn er war es ja, der die Amerikaner erst auf die Idee der Pershing-II-Stationierung in Deutschland gebracht hatte. Er war es, der den Nato-Doppelbeschluss hartnäckig gegen den wachsenden Widerstand in der eigenen Partei verteidigte. Auch musste er das Porträt des Risikopolitikers, der im rein technokratischen Denken und Handeln seine gesunden Ängste und Zweifel unterdrücke, auf die eigene Person beziehen. Also warum lud der Kanzler ausgerechnet den Mann zu einem Gespräch in seinen Bungalow ein, von dem er nicht gerade eine erquickende narzisstische Bestätigung erwarten konnte?

* * *

Ich fand, vorweg gesagt, in dem Kanzler einen überaus differenzierten, von seiner überragenden Kompetenz überzeugten Mann vor, der indessen – wiewohl voll von innerer Spannung – bereit war, mit einem als verlässlich unterstellten Partner, der außerhalb der Politikszene stand, offen über sich nachzudenken. Diese Offenheit verbietet, die näher ins Persönliche eindringenden Passagen des Gespräches hier zu rekapitulieren. Aber es ging über weite Strecken auch hauptsächlich um Politisches.

Erste Frage des Kanzlers: Er selbst mache sich viele Gedanken zu den offenbar ansteigenden Umwelt- und Atomkriegsängsten vor allem in der Jugend. Was der Besucher dazu meine? Antwort: Tatsächlich griffen diese Ängste bereits auf die Schuljugend über. Was die Ökologie anbetreffe, so sei ich selbst darüber erstaunt, dass viele Jugendliche sich sogar besser als ihre Eltern über Umweltdaten informiert hätten. Die wüssten über »Das Ende des Wachstums« von Meadows und »Global 2000« Bescheid. Ich meinte, dass die Ängste sich überwiegend spontan ausbreiteten und ja auch einen realen Hintergrund hätten.

Schmidt: »Wenn ich das Wort ›spontan‹ schon höre! Da ist nichts spontan!« Dabei schlug er mit flachen Händen auf beide Armlehnen seines Sessels und wurde laut: Dahinter steckten unverantwortliche Väter, Lehrer oder auch manche Vertreter der eigenen Partei – dieser Eppler, der von seinen Württembergern »Pietkong« genannt werde, und Albertz, den er früher in Niedersachsen als ausgesprochenen Zyniker kennen gelernt habe. Es stimme auch gar nicht, was in »Global 2000« stehe. Da werde einfach hochgerechnet, so als ob nichts an den heutigen Fehlern geändert würde.

Einwurf: Aber von großen Anstrengungen, die Umweltzerstörungen zu stoppen, sei doch noch nichts zu bemerken. Schmidt: »Alles Quatsch!« Tierarten seien auch früher zu Grunde gegangen, die Saurier etwa. Jetzt verbreiteten sich neue Tierarten, zum Beispiel die Waschbären in Hessen. Die Rehe nähmen überhand. Zwei Millionen lebten davon in der Bundesrepublik. Zur Zeit mache sich gerade ein Edelmarder an seinem Haus am Bramsee zu schaffen. Kein Steinmarder? Nein, ein Edelmarder. Schweigen. Mit einer einzigen Warnung habe »Global 2000« Recht, das sei die Bevölkerungsexplosion. Das sei eine schwere Zukunftsaufgabe. Darüber habe er schon zwei Mal mit dem Papst gesprochen. Er werde es noch ein drittes Mal tun. Man solle sich nicht über den Papst täuschen. Der habe sehr genau zugehört, als er ihm nahe gelegt habe, dass die Kirche zur Geburtenregelung ihre Stellung korrigieren möge. Er traue dem Papst die Anerkennung dieser Notwendigkeit zu, so unbeugsam er auch weiterhin gegen die Abtreibung kämpfen werde.

Schmidts Unlust am Umweltthema war allzu offensichtlich. Daher der Versuch, auf den atomaren Wettlauf überzulenken. Finde es Schmidt nicht auch verständlich, dass der deutsche Zeitungsleser durch die schrillen und momentan recht widersprüchlichen Äußerungen irritiert werde, die aus Amerika zur Atomrüstung vernehmbar seien?

Schmidt: »Da haben Sie Recht.« Weinberger sei mit seiner Intelligenz einer der wenigen, der die Materie übersehe. Reagan habe sicher kein Wort von seiner gestrigen Fernsehrede an das amerikanische Volk verstanden. Genauso wenig verstehe Breschnew auch nur ein Wort davon, was er angeblich in seinem aktuellen SPIEGEL-Interview gesagt habe. Breschnew sei ein sehr kranker Mann, der nur noch zur öffentlichen Repräsentation herausgestellt werde. Imponiert hätten ihm, Schmidt, hingegen zwei sowjetische Marschälle, mit denen er auf eigenen Wunsch bei seinem letzten Moskau-Besuch gesprochen hätte. Die hätten höchste Sachkenntnis.

Breschnew habe aber darauf hingewiesen, dass nur der eine der beiden im Politbüro sitze. Vielleicht ein Hinweis, dass der Einfluss dieser Militärs nicht überschätzt werden sollte. Schmidts Sorge war, dass niemand wisse, wer Breschnew folgen werde.

Schwenk von den sowjetischen Führungsproblemen zu Schmidts Problemen mit der eigenen Partei. In der Öffentlichkeit sehe es so aus, dass es mit der Kooperation an der SPD-Führungsspitze nicht zum Besten stehe. Schmidt stimmte sofort zu. Allerdings dürfe man die Konflikte auch nicht überschätzen. Er komme mit Wehner, den er in 40-jähriger politischer Zusammenarbeit als verlässlichen Menschen kennen gelernt habe, gut aus. Er sehe Wehner mindestens einmal pro Woche. Der sei zwar momentan ziemlich krank, habe gelegentlich Blackouts. Wehner sei sich dessen bewusst, komme mit dem Übel aber noch ganz gut zurecht. Willy Brandt fühle sich von Wehner weniger gut behandelt, gelegentlich auch im Stich gelassen. Brandt sei allerdings auch ein sehr sensitiver, kränkbarer Mensch.

Noch einmal zum Thema Friedensbewegung. Schmidt zog aus einem Stapel Papiere zwei meiner Vortragsmanuskripte heraus, das zitierte über die politische Verantwortung der Medizin und ein weiteres mit dem Titel »Verdrängen oder sich einmischen?« vom Hamburger Gesundheitstag am 30. September 1981. Vielleicht würden mich seine Randbemerkungen interessieren.

Frage, ob er, Schmidt, nicht zugestehen könne, dass die inzwischen beachtliche internationale Friedensbewegung wahrscheinlich den Verhandlungswillen der Amerikaner in Genf beeinflusst habe? »Überhaupt nicht. Die Friedensbewegung hat uns nur geschadet.« Widerspruch. Die Friedensbewegung sei notwendig, um vom atomaren Bedrohen wegzukommen und das Klima für Verständigung zu wandeln. Deutlicher Unwille. Schmidt wollte lieber über das vom Besucher in dem zitierten Vortrag behandelte Thema reden: Psychologie und Politik. Ist der Politiker als Mensch so wie die Politik, die er macht? Macht sich die Öffentlichkeit von ihm, Schmidt, ein zutreffendes psychologisches Bild? Oder verzeichnet sie ihn, wenn sie ihn zum kalten Macher abstempelt und Brandt als den Menschen mit Herz hinstellt? Er sehe sich zu einseitig porträtiert. Keine Chance habe er, das von ihm hergestellte Klischee zu korrigieren. Die Medien machten mit ihm, was sie wollten. Keine von ihm in der FAZ oder in der Frankfurter Rundschau wiedergegebene Äußerung sei authentisch. Rundfunk und Fernsehen würden herausschneiden, was der Redaktion jeweils nicht passe. So würde man ein Bild von ihm herstellen, das ihm nicht gerecht werde. Nur zwei Zeitungen könne er zur Zeit vertrauen – der Süddeutschen und den Stuttgarter Nachrichten.

Einwand: Ob es nicht vielleicht doch auch an ihm selbst liege, wie man ihn einschätze? Seine Lieblingswendung, dass es auf die Berechenbarkeit der Menschen und Dinge ankomme, lege eben die Einschätzung nahe, dass er vor allem anderen ein kühler Rechner sei. Schmidt: Er meine eigentlich Verlässlichkeit, wenn er von Berechenbarkeit spreche. Richtig sei, dass für ihn an erster Stelle der preußische Pflichtbegriff und der Kantsche kategorische Imperativ zählten.

Kleine Kontroverse: Kant sei mit seiner strengen Trennung von abstrakter Pflicht und Gefühl doch auch recht angreifbar, siehe Schopenhauer, Nietzsche, Scheler. Schmidt wurde lebhaft: Natürlich müsse man mit Kopf und Herz handeln – aber auch mit Hoden.

Da wäre eine Nachfrage fällig gewesen, die aber unterblieb. Hier wurde das Gespräch sehr persönlich. Da saß ein Kanzler, der sich, anders als sein späterer Nachfolger, die überragende Sachkenntnis in den wichtigsten politischen Materien zutraute, von der Wirtschaft, die er studiert hatte, bis zur Sicherheitspolitik, die er als Ex-Verteidigungsminister beherrschte, und der über alles wachen wollte, was ihn eine enorme Konzentration und Selbstdisziplin kostete. Das war nicht der Mann, der zuerst gern zuhörte, der vertrauensvoll delegierte und Entscheidungen aus Gruppenkonsens herauswachsen ließ. Sondern das war ein großer, ziemlich einsamer Steuermann, angespannt durch die Lasten, die er sich aufgebürdet hatte. Und der wohl nur selten die Gelegenheit hatte, so offen über sich zu sprechen, wie er es heute tat. Aus den vorgesehenen 45 Minuten wurden mehr als drei Stunden.

Es ging dann um Gesundheit und Arbeitskraft. Ich spürte die Frage: Wie kann ich mehr aus mir herauslassen, meine Gefühlsseite zeigen, die hinter der intellektuellen Selbstbeherrschung verdeckt ist? Aber dieses Bedürfnis konkurrierte deutlich mit der Gegentendenz, nämlich trotz gesundheitlicher Probleme noch mehr Arbeitszeit durchhalten zu können und noch mehr zu lernen, da ein Staatsmann es heute immer schwerer habe, alle wichtigen politischen Fragen sachkompetent zu übersehen. Kurz: Das dringende Bedürfnis, mehr von der niedergehaltenen Gefühlswelt und von passiven Tendenzen durchzulassen – etwa wie es in dem kritisierten Vortragsmanuskript empfohlen wurde –, eben dieses Bedürfnis erschien bereits wieder als Luxus gegenüber dem inneren Zwang, noch länger arbeiten und noch mehr Sachkompetenz erwerben zu müssen.

Ein letzter Versuch: Ob Schmidt sich nicht doch mit dem Anspruch, als Superexperte alle Probleme in die eigene Hand zu bekommen, zu viel zumute? Ob er nicht bedenken sollte, dass er den Leuten gerade dadurch fernrücken und unheimlich werden müsste, wenn diese ihm seine Überstrapazierung ansähen? Wie er wisse, genieße er ja rundum allerhöchste Achtung, auch beim politischen Gegner. Aber wenn man ihm anmerke, dass er nicht mehr mit sich selbst menschlich umgehe, sei er selber daran schuld, wenn sich nicht die Nähe und der Gefühlskontakt mit der Mitwelt einstellten, die er sich wünsche. Warum gestehe er nicht einmal in der Öffentlichkeit ein, dass ihm die atomare Überrüstung auch persönlich Angst bereite?

Kurze Stille. Dann plötzlich: In den romanischen Völkern rege man sich viel weniger über die Atomraketen auf als in den nordischen protestantischen. Die Italiener fielen von einer Wirtschaftskrise in die nächste. Auch sie würden von Terroristenmorden heimgesucht. »Wären wir hier in ähnlicher Lage, hätten wir doch eine permanente Staatskrise. Aber die Italiener ereifern sich nicht sonderlich. Warum? Warum verhalten sich die Italiener so ganz anders als die Deutschen?«

Kurzes Nachdenken. Hatte dieser Mann sich nicht vor einer halben Stunde selber so heftig ereifert, als er die Spontaneität der Grünen Bewegung bestritt? Fragte er demnach nicht indirekt: Wie kann ich selber romanischer oder italienischer werden? Das Thema war also nicht eigentlich der Nationalcharakter, sondern wiederum die persönliche Befindlichkeit. Aber das behielt ich für mich. Statt dessen die Antwort: In Italien sei man entspannter und lockerer. Die Mütter dominierten das Familienleben. Dessen Klima sei weniger autoritär, was den Söhnen deshalb einiges an Triebunterdrückung, Selbsthass und Rebellion erspare. Schmidt reagierte mit einigen sehr persönlichen Bemerkungen, deren Mitteilung indiskret wäre. Anschließend ging es wieder um seinen besonderen Verantwortungsdruck. Über zwanzig Jahre habe er Zeit gehabt, sich zu einem Experten in militärpolitischen Dingen auszubilden. Als Verteidigungsminister habe er alles gelernt, was man in diesem Ressort wissen müsse. Und Wirtschaftswissenschaft habe er schließlich von der Pike auf gelernt.

So schloss sich wieder der Kreis. Wie sollte dieser Mann mehr loslassen, lockerer, offener und gelassener werden, wenn es in seiner Sicht überall seiner speziellen Erfahrung, seines Durchblicks, seiner berechnenden Voraussicht bedurfte? Das bot Stoff für eine psychoanalytische Interpretation. Man konnte es aber auch einfach als das Selbstverständnis eines Staatsmannes achten, vielleicht eines der letzten mit so umfassender Sachkompetenz, den sein Schicksal dazu verfluchte, zu viele Fäden in der Hand halten zu müssen. Das tat diesem Mann, aus therapeutischer Sicht, nicht besonders gut. Aber ich war ja eben nicht als therapeutischer Berater eingeladen. In mir stieg einige Sorge, auch etwas Traurigkeit auf, und ich merkte, dass ich den Wunsch unterdrücken musste, an einem sehr respektablen, aber gesundheitlich nicht gerade zuträglichen Lebenskonzept zu rütteln.

Wiederholt hatte die Sekretärin unterbrechen wollen und den Kanzler an andere Erledigungen im Tagesprogramm gemahnt. Ich hatte mehrfach meine Bereitschaft zum Aufbruch signalisiert. Aber

Schmidt hatte immer wieder abgewinkt. Irgendwie waren wir plötzlich bei Religion und Kirche. Auch da wurde er wieder sehr persönlich, allerdings zugleich politisch: Die Spaltung der Kirche in der Reformation sei eine schlimme Sache gewesen. Luther hätte die Kirche nur reformieren müssen, aber keineswegs spalten dürfen. – Also: Wer hätte das damals wohl besser gemacht?

Dann noch ein Ausblick. Es würde ja wohl bald eine Ablösung in seinem Amt geben. Übrigens würde er Franz Josef Strauß noch lieber als seinen Nachfolger sehen als Kohl, der es aber wohl werden würde. Jedermann wisse, dass ihn vieles von Strauß trenne. Aber der würde wenigstens den Amerikanern gegenüber standfester deutsche Interessen vertreten. Bei Kohl könne man sicher sein, dass der heute immer schon ausführen werde, was die Amerikaner übermorgen von den Deutschen erwarten würden. – Genauso sollte es dann ja auch kommen.

Ich fühlte mich benommen, als ich das Kanzleramt verließ, und einsam. Und ich wusste nicht recht, ob es die eigene oder die Einsamkeit des anderen war, die ich fühlte.

Lange noch hat mich dieses aufregende Gespräch beschäftigt. Was war das doch für ein Zwiespalt in diesem Mann, der gern die andere Seite des großen Machers zeigen wollte, aber dann dem, den er dazu eingeladen hatte, letztlich nur beweisen musste, warum er sich als Supermanager im Weltgeschehen keine menschliche Blöße leisten könne, er, der den Papst noch umstimmen würde, er, der einen besseren Luther abgegeben hätte, er, der unter der Inkompetenz von Reagan und Breschnew litt und in der eigenen Regierung die wichtigsten Materien besser als alle anderen beherrschte. Der konnte nicht Volkes Helmut wie Brandt Volkes Willy werden. Der konnte auch nicht die Umwelt- und Atomangst verstehen, die ihm ein Anwalt dieser Ängste eigentlich einfühlbar machen sollte. Etwas in diesem Mann wäre sicherlich lieber romanischer, italienischer, versöhnlicher geworden. Aber ein Stück Herrschaft über seine Gefühle aufzugeben, sich nicht mehr berechnen zu können, wehrloser zu werden, das ging nicht. Dazu passte dann eben der Glaube, nur auf die Überlegenheit der eigenen Atomwaffen-Sicherheit bauen zu können, anders als bei Willy Brandt, der aus seiner offeneren Gefühlswelt heraus den humanen Versöhnungskräften das größere Vertrauen für die Friedenssicherung schenkte. Dieser wurde später bekanntlich zum großen Helfer der Friedensbewegung, die Schmidt weder damals noch künftig die mindeste Wertschätzung entlocken konnte.

Wenige Wochen später berichtete eine DKP-nahe gesundheitspolitische Zeitschrift, Kanzler Helmut Schmidt habe Richter ins Kanzleramt bestellt und ihn von der Notwendigkeit des Nato-Doppelbeschlusses überzeugt. Die Quelle dieser Ente blieb mir verschlossen.

Aufbau der Friedensärzte-Organisation IPPNW in Deutschland

Die »Ärzte gegen den Atomkrieg« gewannen rasch viele neue Mitstreiter. Die Geschäftsstelle, zwei Jahre lang identisch mit dem Sekretariat des Psychosomatischen Zentrums der Uni Gießen, wurde mit Arbeit überhäuft. Die Mitglieder kamen aus allen medizinischen Fachrichtungen. Ein Blick auf die Folgen von Hiroshima genügte, um die Unmenschlichkeit von Atomwaffen zu begreifen. Bereits die »kleine« Hiroshima-Bombe hatte auf einen Schlag 75.000 Menschen getötet, über 100.000 schwer verletzt. Bald hatten sich gehäuft schwere Erbschäden gezeigt. Mit chronischen Folgekrankheiten waren Anfang der 80er Jahre noch mehr als 300.000 Japaner behaftet. Die Medizin musste machtlos zusehen. »Wir werden euch nicht helfen können!« lautete dementsprechend die Aufklärungsformel der Internationalen Ärztebewegung.

Der Generalsekretär der Vereinten Nationen, Pérez de Cuellar, rief alle Regierungen auf, den »Wahnsinn und die Immoralität des Rüstungswettlaufs« zu beenden – vorläufig vergeblich. Beide Supermächte kämpften forciert um die Errichtung eines atomaren Vorsprungs. So sahen nun die Ärzte ihre Aufgabe darin, die Politiker über die öffentliche Meinung zur Abkehr ihrer offiziell als Wahnsinn erklärten Strategie zu drängen.

Auf dem Internationalen Kongress der Friedensärzte in Cambridge 1982 trafen sich bereits Delegierte aus 31 Ländern, darunter aus den meisten Nato- und Warschauer-Pakt-Staaten. Ich hielt dort den Vortrag »Über die psychologischen Aspekte der atomaren Bedrohung«. Bedeutende internationale Forscher wie Jonas Edward Salk, der die Kinderlähmungsimpfung eingeführt hatte, und der vielfach ausgezeichnete Psychiater Robert Jay Lifton entwarfen mit mir zusammen einen »Neuen ärztlichen Eid« (»New Physicians Oath«), der die Verweigerung der Beteiligung an kriegsmedizinischen Programmen einschloss. Der russische Co-Präsident der IPPNW, Prof. Tschasow, hatte gemahnt, es sei für die Ärzte an der Zeit, die Menschen in Ost und West dazu aufzurufen, sich zusammenzutun, um die Krankheit des Wettrüstens gemeinsam zu kurieren. Wörtlich: »Im Kampf für diese Grundsätze sollten sich Menschen mit unterschiedlichen Auffassungen, von verschiedenen Nationalitäten und Religionen vereinigen.«

Ende 1982 zählte die westdeutsche Sektion der IPPNW-Ärzte bereits 3.000 Mitglieder. In den nächsten Jahren wurde die Zahl 10.000 überschritten. Ich beteiligte mich mit Vorträgen auf IPPNW-Veranstaltungen u. a. in Washington und Moskau. Mitten im Kalten Krieg in Moskau zu reden, vierzig Jahre nach meinem Einsatz in Hitlers Angriffskrieg am Don und bis kurz vor Stalingrad, das ging mir nahe. Zu meinen Moskauer Zuhörern gehörte Georgij Arbatow, Direktor des Instituts für die USA und Kanada in der Akademie der Wissenschaften, außenpolitischer Berater des ZK. Er kam nach meiner Rede auf mich zu und umarmte mich. Beide hatten wir als 19-Jährige 1942 im gleichen Frontabschnitt gegeneinander gekämpft. Arbatow wurde später ein leidenschaftlicher Unterstützer Gorbatschows.

* * *

Im Unterschied zu anderen IPPNW-Ärzten, die vor allem mit den Mitteln der medizinischen Aufklärung über die verheerende Wirkung der Nuklearwaffen gegen die Rüstungspolitik protestierten, widmete ich mich in den eigenen Reden mehr der psychologischen Aufgabe, die *Bedrohungs-* durch eine *Verständigungspolitik* zu ersetzen. Der Wille der Menschen, über die Grenzen hinweg friedlich zu kooperieren, sei ebenso zu fördern, wie man anerkennen müsse, dass die Angst vor der horrenden Zerstörungsgewalt der nuklearen Arsenale nichts mit Feigheit oder Mangel an Verteidigungsbereitschaft zu tun habe, sondern eine gesunde Signal-Reaktion gegenüber der Strategie des atomaren Wahnsinns darstelle. Ich beharrte darauf, dass die Dynamik der wechselseitigen atomaren

Bedrohung den Erwartungen der meisten Menschen beiderseits des Eisernen Vorhangs widerspreche, die keinen Grund sähen, ideologische Gegensätze mit einer selbstmörderischen Gewaltdrohung zu verbinden.

Bereits 1983 bildeten die Ärzte die zahlenmäßig stärkste Friedensorganisation innerhalb einer Bewegung, an der in Westdeutschland verschiedene Gruppierungen aus dem christlichen Lager, aus den Gewerkschaften, der Wissenschaft und verschiedenen linken Vereinigungen teilnahmen. Auch innerhalb der Bundeswehr hatte sich ein Friedenskreis mit einem Förderverein gebildet, dem ich später eine Zeit lang vorstand. Ende Juli 1983 meldete das Bielefelder Emnid-Institut, dass die Gegner des Nato-Doppelbeschlusses (der die Aufstellung atomarer Mittelstreckenraketen in der Bundesrepublik vorsah) erstmalig die Befürworter überholt hatten. Sollten die bevorstehenden Abrüstungsverhandlungen in Genf keinen Erfolg haben, wollten 75 Prozent der Westdeutschen, dass auf jeden Fall weiter verhandelt werde und keine Atomraketen in der Bundesrepublik aufgestellt würden – ein ermutigender Erfolg der Kampagne.

Unterstützer der pazifistischen Dissidenten in der DDR. Von der Stasi schikaniert

Die Friedensärzte verfügten als einzige Organisation der Bewegung über den entscheidenden Vorteil, dass sie sich auf beiden Seiten des Eisernen Vorhanges rühren konnten – allerdings jeweils unter unterschiedlichen Behinderungen. Im Westen galt es zunächst, sich kommunistischer Unterwanderungsversuche zu erwehren. Schon bei der IPPNW-Gründung wurde ich persönlich verschiedentlich bedrängt, einem Zusammenschluss mit einer im Hintergrund von Ost-Berlin gesteuerten Friedensorganisation von Beschäftigten in den Heilberufen zuzustimmen. Weil ich das Ansinnen zurückwies, galt ich laut Stasi-Akte fortan als »Spalter der Friedensbewegung«. Gewiss gab es unter den kommunistischen Friedensaktivisten viele redliche, glaubwürdig engagierte Leute. Aber sich von ihnen abzugrenzen, war unerlässlich, weil sie mit ihrer ausgeprägt anti-amerikanischen Frontstellung unter der Regie ihrer Partei das Konzept einer unabhängigen blockübergreifenden Verständigungsbewegung unglaubwürdig gemacht hätten. Die Abwehr solcher Unterwanderungsversuche war allerdings weniger schwierig als die Herstellung von Kontakten zu unabhängigen engagierten Ärzten in den östlichen Ländern, insbesondere in der DDR. Dort hatte sich auf Initiative der Parteizentrale ein »Ärztliches Friedenskomitee« gebildet, für das einige prominente regimetreue Wissenschaftler ausgesucht worden waren. Spontan interessierten unabhängigen Ärzten wurde die Mitgliedschaft verweigert. Außerhalb des Parteirahmens gab es Friedensarbeit überhaupt nur in kleinen Grüppchen unter dem Schutz der Evangelischen Kirche. Rasch wurde ich mir darüber klar, dass ich zu solchen Kreisen Zugang gewinnen musste. Aber wie?

Da tat sich eine unerwartete Chance auf: Das DDR-Regime duldete sogenannte »Friedenswerkstätten«, die auf einem Ostberliner Kirchengelände einmal pro Jahr viele engagierte Leute aus allen

Teilen der DDR zusammenführten. Man spielte mir eine Einladung zu. So konnte ich ein Tagesvisum, am Berliner Bahnhof Friedrichstraße ausgestellt, für die erste Teilnahme an einer solchen Veranstaltung 1982 nutzen. Noch heute geht mir das Herz auf, wenn ich mich an die bewegende Begegnung erinnere. Von einer trostlos grauen Ostberliner S-Bahn-Station durch eine trostlos graue Straße fand ich zu der Erlöserkirche – und stand plötzlich in einer bunten, dicht gedrängten Menge, in der alle aneinander Anteil zu nehmen schienen und eine frohe Erwartung ausstrahlten. Neben mir fand ich eine 15-jährige Schülerin, ein schmächtiges Mädchen, das gerade in einer anderen Kirche zusammen mit einer Gruppe eine Woche lang gefastet, meditiert und mit Besuchern Gespräche geführt hatte – über die UNO-Abrüstungskonferenz, über den Krieg im Libanon, über die Notwendigkeit von Friedenserziehung. Ein Jugendpfarrer, von Kindern umlagert, stimmte das erste Lied an:

> *Ein jeder braucht sein Brot, sein' Wein,*
> *und Frieden ohne Furcht soll sein.*
> *Pflugscharen schmelzt aus Gewehren und Kanonen,*
> *dass wir in Frieden zusammen wohnen.*

Fünfzehn Lieder folgten, einige traditionelle, einige neue, auf die Aktualität anspielend. Ein anderer Pfarrer lobte, dass man es beim diesjährigen Pressefest unterlassen habe, Schaufahrten für Kinder in einem Panzer anzubieten. Fröhlicher Beifall, der sich bei der Nachricht steigerte, dass Radio Moskau die Skulptur »Schwerter zu Pflugscharen« vor dem UN-Gebäude in New York begrüßt habe – das Symbol der unabhängigen DDR-Friedensbewegung, ersonnen von einem Dresdener Pfarrer, den ich bei einer anderen Veranstaltung kennen lernte.

An den Gottesdienst schloss sich im Freien vor der Kirche ein kleines Volksfest an. Allmählich waren etwa 3.000 Leute zusammengekommen, darunter viele Mütter mit kleinen Kindern. Die

Kinder konnten aus Kartons Häuser basteln, bemalen und eine kleine Stadt zusammensetzen. Die Schriftsteller Lutz Rathenow und Uwe Kolbe lasen in einer Ecke aus neuen Arbeiten. Eine Schar Jugendlicher notierte einen Transparent-Text frei nach Wolfgang Borchert:

Du Mensch, wenn dir befohlen wird: Dort steht der Feind, du sollst töten – SAG NEIN!
Du Mutter, wenn dir befohlen wird: Gebäre Kinder und ziehe sie auf für den Krieg – SAG NEIN!
Du Pfarrer, wenn dir befohlen wird: Predige Krieg oder schweig wenigstens – SAG NEIN!
Du Lehrer, wenn dir befohlen wird: Bereite die Jugend zu für den Krieg – SAG NEIN!
Du Arzt, wenn dir befohlen wird: Schreibe die Männer kriegstauglich – SAG NEIN!
Du Soldat, wenn dir befohlen wird: Diene dem Krieg – SAG NEIN!

Daneben hingen Texte von Thomas Mann und Christa Wolf. An einem Stand konnte man aus Ton Friedenstauben formen, die später gebrannt und auf einer anderen Veranstaltung verteilt werden sollten. Auf einer Wiese wurde nach Hyde-Park-Muster diskutiert. Ein junger Kommunist behauptete, viele tausend FDJler, die sich kürzlich zu einer großen Friedensveranstaltung getroffen hätten, seien genauso engagiert wie die Leute hier. Ein junger Mann antwortete: »Ich war dort. Die haben da ihre Transparente hochgehalten, solange das kommandiert war. Am Ende des Programms haben sie die Transparente gleichgültig weggetan oder einfach liegen gelassen. Das lief nur nach Befehl. Hier kommen wir alle freiwillig her und machen die Arbeit, weil wir das wollen.«

Stefan Heym war dabei mit seiner Frau Inge. Der Sozialismus sei mit Pazifismus gut vereinbar. Nur müsse endlich etwas getan werden. Russen und Amerikaner sollten gemeinsam Atomraketen zusammentun und vor den Fernsehkameras zerstören. Dann würde man ihnen eher glauben. Auch ich konnte mich ein paar Male einmischen, u. a. mitteilen, wie sehr es mich bewege, was ich heute hier erlebe, und wie gern ich davon drüben erzählen werde. Erstaunt stellte ich fest, wie viele mich auf meine Bücher ansprachen, die heimlich in den Osten gelangt und hier weitergegeben worden waren.

Es war eine Stimmung optimistischer Entschlossenheit, ein tapferer Trotz – unter den Augen der anonymen Stasi-Spitzel, von denen man sich überall beobachtet wusste. Ein Jugendlicher zeigte auf ein paar von seiner Jeans-Jacke herabbaumelnde Fäden: Hier hätten ihm auf dem Bahnhof zwei in Uniform den Aufnäher »Schwerter zu Pflugscharen« abgeschnitten. »Warum machen Sie das?« habe er gefragt. Antwort: »Ihr habt euren Pazifismus, wir haben die Macht!«

So viel Offenheit, so viel Kraft, so viel von innen ausstrahlende Wärme, so reiche Phantasie im Ausdruck einer Gegenhaltung gegen den täglichen disziplinierenden Druck, das nahm ich als eine ermutigende Botschaft zurück in den Westen. Es war der Beginn einer nun nicht mehr abreißenden Reihe von Besuchen bei einzelnen kleinen Kreisen, die unbeirrt manche Schikanen oder auch massive Repressalien auf sich nahmen, wenn sie für ihre Überzeugung eintraten. Ich lernte eine Reihe von denen kennen, die später zu Exponenten der Bürgerbewegung wurden: Rainer Eppelmann, Katja Havemann, Propst Heino Falcke, Bärbel Bohley. Aus der Bekanntschaft mit den Ehepaaren Heym und Falcke wurden später feste Freundschaften. Die nachträgliche Protokollierung meiner sich häufenden Besuche bei kritischen DDR-Gruppen hätte ich mir allerdings ersparen können. Denn die Stasi nahm mir diese Arbeit ab. Aus der Akte, die der Staatssicherheitsdienst über mich anlegte, konnte ich später exakt entnehmen, wo ich in der DDR gewesen war, mit wem ich mich getroffen und welche Meinung ich vertreten hatte:

Richter versucht durch Zusammenführung negativ-feindlicher Kräfte eine oppositionelle Bewegung in der medizinischen Intelligenz der DDR zu schaffen.

Richter unterhält Kontakte zu negativ-feindlichen Kräften in der DDR und ist durch vielfältige Aktivitäten der Organisierung einer politisch-oppositionellen Bewegung in der DDR aufgefallen.

In Westberlin waren ein Journalist und später der nach DDR-Haft ausgereiste Jürgen Fuchs für mich hilfreiche Verbindungsleute, die mir den einen oder anderen Besuch im Osten vermitteln konnten. Aber jedes Telefongespräch mit einem von diesen beiden, das ich von Gießen aus führte, wurde von der Stasi mitgehört und in meiner Akte festgehalten. Auch meine internationalen Auftritte auf Veranstaltungen der Friedensbewegung, zum Beispiel in Cambridge und Prag, wurden von Stasi-Mitarbeitern genau beobachtet und beschrieben.

Natürlich war das, was ich bei den geheimen, aber eben nicht geheimen Treffen mit den Freunden in der DDR betrieb, nicht die vermerkte »Organisierung einer oppositionellen Bewegung«. Mit dieser Übertreibung wollten sich meine Beobachter offenbar wichtig machen. Ich wusste, dass sich meine Ost-Besucher freuten, wenn sie mir von ihrer schwierigen Arbeit erzählen konnten und in mir einen Gewährsmann hatten, der von ihrem Tun, aber auch von ihren erlittenen Repressalien im Westen berichten würde. Der DDR-Staat ging mit ihnen vorsichtiger um – das hatten sie herausgefunden –, wenn seine Schikanen im Westen ruchbar wurden. Aber die Westdeutschen sollten überhaupt bemerken, dass es in der DDR nicht nur eingeschüchterte Mitläufer oder gleichgeschaltete Kommunisten, sondern auch standhafte Einzelne und Gruppen gab, die sich den Ideen der unabhängigen Friedensbewegung verpflichtet fühlten und dafür Konflikte mit dem Regime in Kauf nahmen. Gerade diese Botschafterrolle nahm ich gern wahr, zumal sich längst schon beiderseits eine Mauer auch in den Köpfen gebildet hatte. Im Westen grassierte das Klischee vom »kommunistischen

Osten« mit einem geistig uniformierten DDR-Volk – alle Marionetten Honeckers. Mich freute es natürlich auch, dass die Freunde im Osten meinen Gedanken Bedeutung schenkten und mit mir auf der Basis meiner Bücher »Lernziel Solidarität« oder »Flüchten oder Standhalten« gern diskutierten. Auch über die »Psychologie des Friedens« wussten viele Bescheid. Erstaunt über diese Kenntnisse erfuhr ich, dass es einen gut organisierten Leihverkehr mit geschmuggelten Büchern gab.

Wieder eine Einladung: Pfarrer B. nimmt mich vom Bahnhof Friedrichstraße an einer nicht von Überwachungskameras einsehbaren Stelle in Empfang. Wir tuckern mit einem alten Trabbi nach Herzberge, der neunzig Jahre alten Psychiatrie (Erinnerung an die Berliner Kindheit: »Mensch, du gehörst nach Herzberge!«). Treffen in der Kapelle. Siebzig Ärztinnen und Ärzte, teils mit Partnern, dazu Krankenschwestern, Pfleger und einige bekannte Dissidenten. Die meisten aus Berlin, einige aus Sachsen und Thüringen. Kaffee trinken, einander bekannt machen. Man riecht, wer nicht dazu gehört und nur zum Aufpassen gekommen ist. Dann bin ich mit meinem Referat an der Reihe zum Thema: »Gesellschaftlich bedingte Ängste aus psychologischer Sicht«. Ich erinnere an das Geleitwort aus der Friedenswerkstatt in Ostberlin, nämlich an das Zitat aus Hesekiel: »Unsere Väter haben saure Trauben gegessen, und *uns* sind die Zähne davon stumpf geworden.« Das heiße, die in beiden Teilen Deutschlands aufgewachsenen jüngeren Generationen müssten die ihnen seelisch vererbte gemeinsame Vergangenheit mittragen und daraus die Lehre entnehmen, sich gegen unzumutbare politische Bedrohungen zu wehren. Zur Zeit gehe es um den Protest gegen eine unverantwortbare atomare Aufrüstungspolitik. Da tue sich vieles, auch hier im Osten – in den Kirchen, in den christlichen Gemeinden, bei den Frauen für den Frieden. Freilich seien die Bedingungen in beiden Teilen des Landes sehr unterschiedlich. Ich fahre fort:

Wir im Westen haben für unsere Aufklärungsarbeit einen bedeutend größeren Spielraum. Aber auch wir haben Schwierigkeiten.

Ich selbst darf zum Beispiel als angeblicher Jugendverderber im Lande Baden-Württemberg, wo ich es unlängst versuchte, nicht mit Schulklassen über die Friedensbewegung diskutieren. Und eine mächtige Propagandamaschinerie denunziert christliche, humanistische und im engeren Sinne politische Gegner der Raketenstationierung und des stereotypen Feindbilddenkens pauschal als Erfüllungsgehilfen Moskaus.

Ich habe aber wie viele andere gelernt, dass es lähmt, immer nur darüber nachzudenken, was andere mit mir wollen oder tun. Wichtiger ist, mich zu vergewissern, was ich selber glaube und wie ich meinen Weg aus mir heraus definiere. Und wichtig ist, dass ich mich darüber mit Mitmenschen austausche, die sich in der gleichen eigenständigen Weise darauf verlassen, was ihr Gewissen und ihre Erkenntnis sie lehren. Wer sich allzu viel mit den widrigen äußeren Verhältnissen befasst, ist schon resignativ auf dem Wege, sich nicht mehr als Subjekt, sondern nur noch als Objekt der gesellschaftlichen Prozesse zu begreifen. Und schon wird er zu einem passiv Reagierenden, der sich die Fragen immer nur von außen stellen lässt, anstatt darauf zu vertrauen, dass sein eigenes Inneres, sein Glauben, seine Phantasie, seine Willenskraft bestimmen können und müssen, worauf er sich als Wesen mit einer persönlichen Identität einlässt.

Diskussion: Es melden sich anfangs vor allem Frauen. Eine junge schildert, sie hätten in ihrem Betrieb einer Erklärung zustimmen sollen, dass sie die Stationierung neuer Raketen in der CSSR und in der DDR als Antwort auf die Nato-Aufrüstung *begrüßen* würden. Sie habe den Einwand gewagt, dass ihr das Wort Begrüßen nicht gefalle. Man sollte doch lieber sagen, dass man es *bedauere*, dass diese Raketen aufgestellt werden müssten. Die Leute hätten in der Versammlung aufgehorcht, hätten sich genauer mit dem Text beschäftigt und schließlich tatsächlich *bedauern* gutgeheißen. Für sie selbst sei wichtig gewesen, dass sie überhaupt gewagt habe, ihren Mund aufzumachen. Das habe ihr nun mehr Selbstsicherheit gegeben.

Eine Mutter von drei Kindern hatte einen Konflikt mit der Lehrerin einer Tochter. »Was, Sie wollen nicht, dass Ihre Tochter den Jungen Pionieren beitritt? Wollen Sie das Mädchen denn zur Außenseiterin machen?« Die Mutter hat sich nicht einschüchtern lassen. Schließlich hat die Lehrerin ihre Haltung respektiert, und heute hätten beide ein entspanntes Verhältnis zueinander.

Eine Chirurgin hat auch einen kleinen Erfolg zu melden. Ihre Klinik-Abteilung hat sich geweigert, an einem Zivilschutzprogramm für den Kriegsfall teilzunehmen. Alle Kolleginnen und Kollegen hätten diesen Entschluss verteidigt, mit dem sie sich hätten durchsetzen können.

Ein Nervenarzt meint: Unsere marxistischen Partner nehmen uns doch überall viel ernster, wenn wir eindeutig sind.

So geht es weiter: Kleine Beispiele von erfolgreicher Standhaftigkeit, die ermutigende Zustimmung finden. Dazwischen ein junger Mann: Der Frieden beruhe aber auf Abschreckung. Verweigern bedeute Destabilisierung der Gesellschaft, und das gefährde wiederum die Abschreckung. Ihm gefalle nicht, wenn hier für Verweigern und Beiseitestehen Stimmung gemacht werde. Schweigen. Nach einer Pause ist der Mann verschwunden.

Wahrscheinlich war das eine der Veranstaltungen, die mich für die Stasi zum »Organisator einer oppositionellen Bewegung in der DDR« machten. Als ich auf der Rückfahrt die Grenze nach Westberlin passieren will, hält man mich fest. Hinter mir wächst eine lange Warteschlange an. Endlich kommen zwei Uniformierte und führen mich in einen vergitterten Zellenraum. Sie leeren meine Reisemappe aus, stöbern minutenlang in meiner Brieftasche. Den Inhalt meiner Jacken- und Hosentaschen muss ich ablegen, darf nichts mehr anfassen. Offensichtlich suchen sie mein Redemanuskript – vergeblich, denn das hatte ich den Freunden hinterlassen. Eine kleine Meissener Teekanne dritter Wahl finden sie in der Mappe, dazu die offizielle Rechnung. Wühlen, blättern, Enttäuschung. Ein großer dicker Polizist mit drei Sternen auf den Schulterklappen bleibt als Bewacher zurück. Der andere verschwindet. »Setzen Sie sich hin!« Das tue ich nicht, sondern gehe in dem winzigen Raum hin und her, was den Polizisten sichtlich nervt. »Sie verstoßen gegen die Bestimmungen über den Grenzverkehr. Sie dürfen mich hier nicht einsperren!« – »Sie sind ja nicht eingesperrt.« – »Dann lassen Sie mich gefälligst raus.« – »Sie müssen hier warten!« – »Ich will sofort Ihren Vorgesetzten sprechen!« – »Sie müssen warten.«

Wut steigt in mir hoch. Ich beherrsche mich mit Mühe. Die Ohnmacht erinnert mich an meine Haft 1945. Herzklopfen. Endloses Warten. Der Dicke blickt mich gelegentlich gelangweilt an, redet kein Wort mehr. Kein Zweifel, mit dieser Schikane will sich die Stasi für meinen Auftritt in Herzberge rächen. Ich soll schmoren und eingeschüchtert werden. Schon glaube ich, dass man mich über Nacht festhalten will, da kommt nach einer Ewigkeit das banale Ende. Drei Polizisten erscheinen: »Packen Sie Ihre Sachen und kommen Sie mit!« Die Ausreiseformalitäten werden wortlos abgewickelt, und ich kann aufatmen. Anderntags lasse ich den Vorfall in der Frankfurter Rundschau melden, was in meiner Stasi-Akte notiert wird. Die sollen wissen, dass sie so etwas nicht unbemerkt und unbeanstandet machen können.

* * *

Später werde ich in den Akten entdecken, dass sich die Stasi bemüht hat, sich von meiner Person ein genaueres Bild zu machen. Dazu diente sich ihr der prominenteste DDR-Psychotherapeut an, ein Gruppenspezialist. Der brüstete sich, dass man mit Tricks alles versuche, um Auftritte von Richter in der DDR zu verhindern. Dieser stehe »nicht ehrlich im Friedenskampf«. Dass Richter »innerlich unsolide« sei, ergebe sich schon daraus, dass er in Gießen einen kleinen VW, aber außerhalb einen großen Mercedes fahre. Pech gehabt: Ich hatte nie ein Fahrzeug der einen oder der anderen Marke. Aber Erfolg hatte der denunzierende psychotherapeutische Kollege mit »seinen Tricks«, durch die er den »innerlich unsoliden Westler« von der ostdeutschen Psychotherapeuten-Szene fern zu halten verstand. Generalmajor Kienberg von der Stasi hat dann für mich eine Reisesperre beantragt. Aber wohl mit Rücksicht auf meine Rolle in der internationalen Friedensbewegung der Ärzte ist man dem Antrag nicht gefolgt, so dass ich meine ostdeutschen Freunde und Kollegen nach wie vor besuchen konnte.

Dabei traf ich immer wieder Menschen, die für ihr mutiges Standhalten einen hohen Preis zahlten. Etwa eine Schülerin, die sich den Übungen der Wehrerziehung verweigerte und statt dessen wünschte, dass die Biografien und Lehren bedeutender Pazifisten im Unterricht behandelt würden. Prompt verwies man sie von der Schule. Danach fühlte sich das junge Mädchen wie befreit, weil sie nun mit sich im Reinen war. – Als das ärztliche Friedenskomitee Honecker gelobte, treu hinter seiner Politik zu stehen, schrieb ein Arzt direkt an den Staatsratsvorsitzenden, dass er die Aufstellung sowjetischer Atomraketen in der DDR missbillige. Darauf musste er seine Stellung im staatlichen Gesundheitsdienst aufgeben und sich öffentliche Anprangerungen gefallen lassen. Seine Familie wurde geächtet. Sogar seine eingeschüchterten Skatfreunde wagten sich nicht mehr in sein Haus.

Es war ja kein Zufall, dass ich besonders solchen Ungehorsamen begegnete. Die suchten mich, und ich hatte an ihnen besonderes Interesse. Ich war auf sie neugierig und wollte ihnen, wo irgend möglich, nützlich sein. Ein Sonderfall war Stefan Heym, 1933 aus Chemnitz geflohener Jude, im Kriege Presseoffizier in der amerikanischen Armee, Journalist in den USA. Flucht vor den Nachstellungen McCarthys, der serienweise linke Intellektuelle verhaften ließ. Rückkehr über Prag in die DDR. Tief enttäuscht über die Entdemokratisierung des DDR-Sozialismus hat er hier eine Reihe von bedeutenden kritischen Büchern geschrieben, die im SED-Staat nicht gedruckt werden durften. An einem Wintermorgen hatte er im Schnee vor seiner Haustür einen dicken Stapel Stasi-Protokolle gefunden, wo monatelang jeder Schritt von ihm und seiner Frau, sogar die Wege zum Mülleimer, aufgezeichnet worden waren. Die

Protokolle waren offensichtlich bei einer Wachablösung versehentlich liegen gelassen worden. Daraufhin hatte Heym den höchsten Kulturfunktionär erpresst: Gewährt ihr mir Reisefreiheit, dann bleibe ich hier und mache euch keinen Skandal. Er erhielt das gewünschte Privileg.

Ich lernte natürlich auch Regime-Gläubige kennen, die genauso dachten und funktionierten, wie sie denken und funktionieren sollten. Manche bewahrten in sich noch einen Winkel, in dem sie anders dachten. Aber den hatten sie in sich abgekapselt, um sich in der taktischen Anpassung nicht irritieren zu lassen. Solch ein Zwiespalt war quälend, und so war es bequemer, sich irgendwann doch einreden zu können, dass man das Vorgeschriebene aus freien Stücken gut fand. Um so beglückender waren die Begegnungen mit den Aufrechten, die sich auf den Friedenswerkstätten ungeschützt mit ihren unbotmäßigen Überzeugungen zu erkennen gaben – keine Fanatiker, meist offene, sensible Menschen, die mit ihrer Friedensidee zuallererst ein humanisiertes Zusammenleben meinten, also weniger den Protest *gegen* Waffen und *gegen* Gewalt als ein Streben *für* mehr Gemeinschaftlichkeit in demokratischer Freiheit. Wenn diese engagierten Leute für ihre Zusammenkünfte die Unterstützung der Kirche suchten, dann nur zum kleineren Teil infolge konfessioneller Bindung, wenn auch vielfach aus religiös gefärbten Antrieben. Ihr Bild von einer freieren friedlicheren Gesellschaft kam mehr aus ihren Herzen als aus ihren Köpfen. Aus dem Herzen, das bedeutete keine Unverbindlichkeit guter Gefühle, sondern standhaft zu *be-herzigen*, wonach man strebte, also sich zu engagieren, einzustehen für die Überzeugung, auch Risiken zu tragen.

Wie gut hätte es damals vielen im Westen getan, diese Menschen im Osten kennen zu lernen, zum Beispiel diese Schülerinnen und Schüler, die sich gegen ihre Gleichschaltung wehrten, diese Eltern, die ihren Kindern ein Beispiel für kritische Standhaftigkeit vorlebten, und die vielen, die um Chancen in Ausbildung und Beruf betrogen wurden, weil sie Opportunismus und Korrumpierung widerstanden. Für mich waren solche Begegnungen eine reine Labsal.

Oft dachte ich bei der Rückreise in den Westen, dass ich mehr gelernt und bekommen als gegeben hatte. Jahre später würde es mich quälen, mit anzusehen, wie aus dem Westen eine selbstgerechte, neoliberalistisch trainierte Erobererklasse in dieses östliche Deutschland wie in ein Entwicklungsland mit unbedarft Zurückgebliebenen einfiel.

Nobelpreis 1985 an die Friedensärzte IPPNW –
Bonner Rufmordkampagne

Nachdem Helmut Kohl im September 1982 Helmut Schmidt als Kanzler abgelöst hatte, stand die Aufstellung von Mittelstreckenraketen in der Bundesrepublik nicht mehr in Frage. Brandts und Bahrs Versuche einer vorsichtigen Ost-Annäherung waren Vergangenheit. Hatte sich Schmidt über die Friedensbewegung immerhin noch Gedanken gemacht, auch wenn diese ihm nicht passte, so sah Kohl auf sie wie auf die Ungezogenheit undisziplinierter Kinder herab. Die ideologische Abwehr überließ er seinem Generalsekretär Heiner Geißler, der die Unverfrorenheit aufbrachte, die Atomraketen mit der Bergpredigt zu versöhnen. Umso kämpferischer rührten sich fortan die Friedensbewegten. Es reichte uns nicht mehr, mit hunderttausenden Teilnehmern im Bonner Hofgarten zu demonstrieren. Wir wollten unseren Widerstand fühlbarer machen. Nach Stationierung der Raketen versammelten wir uns im Spätsommer '83 vor Raketenbunkern und Kasernen, ließen uns von der Polizei wegtragen und wegen Nötigung anzeigen. Ich war mit den IPPNW-Ärzten, manchmal mit Bergrun und zwei Enkeltöchtern, regelmäßig dabei. Einmal marschierte die Ärzte-Organisation in weißen Kitteln mit schwarz getünchten Holzkreuzen zum Raketenhügel in Mutlangen hinauf.

Das dortige Raketenlager wurde zum Treffpunkt unübersehbarer Scharen, zusammengewürfelt aus zahlreichen Organisationen – Linken, Liberalen, Grünen, abgeschobenen Friedensprotestanten aus der DDR, Ärzten, Naturwissenschaftlern, Juristen, Journalisten, Schriftstellern – darunter Robert Jungk, Heinrich Böll, Günter Grass. Auch Politiker von Rang blockierten mit, an der Spitze Oskar Lafontaine. Im Fernsehen erschienen diese Demonstrationen eher teils als wunderliche Wallfahrten, teils als aufrührerische Spektakel, zumal da es immer wieder Chaoten aus der autonomen Szene verstanden, am Rand gewaltträchtige Krawalle aufzuführen.

Unterdessen erntete die Ärztebewegung mit ihren blockübergreifenden Veranstaltungen weltweit immer höhere Aufmerksamkeit. Gerade weil die Bevölkerung in den Ostblockländern die eigenen Ängste und Friedensforderungen nicht offen artikulieren konnte, nahm sie mit besonderer Spannung auf, was ihr über die international organisierten Ärzteveranstaltungen zu Gehör kam. Die Bewegung griff auf Afrika, Asien und Lateinamerika über. Ob es nun unsere Aufklärungserfolge waren oder ob das Nobelpreis-Komitee eher unserer Idee weiteren Auftrieb geben wollte oder ob es beides im Sinne hatte – es verkündete: *Der Friedensnobelpreis 1985 geht an die Ärzteorganisation IPPNW.*

In der Bundesrepublik war der Teufel los. Kohl fluchte. Heiner Geißler waltete seines Amtes als Exorzist: Eine Schande sei es, dass die Wahl diese fragwürdige Ärzteorganisation getroffen habe. Dies sei eine »Verwirrung der Begriffe und eine Desorientierung der Werte«. Die IPPNW-Ärzte und ihre Preisverleiher seien gemeinsam Weltverschwörer gegen das christliche Abendland. Damit noch nicht genug. Den nächsten Friedensnobelpreis müssten die Bundeswehr und die Nato verliehen bekommen.

Ich war tagelang damit beschäftigt, dieser Rufmordkampagne in den Medien entgegenzutreten. Damals hatte der Pazifismus bei den wichtigsten Sendern und Magazinen noch genügend Sympathisanten, die Geißler nicht folgten, vielmehr dessen Attacken polemisch aufs Korn nahmen. Einen sensiblen Punkt hatte der CDU-Generalsekretär allerdings herausgefunden, aus dem er seine Entrüstung schöpfen zu können meinte. Zwölf Jahre zuvor war der Kardiologe Tschasow – inzwischen Co-Präsident der IPPNW – einer von 25 Kollegen gewesen, die einen Brief unterschrieben hatten, in dem es hieß: »Wir sowjetischen Mediziner fühlen uns beleidigt durch das Verhalten des Akademie-Mitglieds a. D. Sacharow.« Der Physiker Sacharow, Vater der sowjetischen Wasserstoffbombe, hatte 1973 dem Westen geraten, der Sowjetunion eine Entspannungspolitik nur dann anzubieten, wenn diese ihr System demokratisiere. Damit hatte er sich anhaltende Repressalien zugezogen, die 1980 in seiner

Verbannung in ein Zwangsexil in Gorki gipfelten. Als 72 sowjetische Wissenschaftler 1975 Sacharow erneut kritisierten, schloss Tschasow sich nicht mehr an, auch nicht 1980, als das Präsidium der Akademie der Wissenschaften und 1982, als 21 sowjetische Gelehrte Erklärungen gegen Sacharow veröffentlichten. 1975 hatte das Osloer Komitee eben diesen Menschenrechtler Sacharow selbst mit dem Friedensnobelpreis ausgezeichnet und hätte sich gewiss 1985 der Vergabe an die IPPNW enthalten, wenn es an der Integrität des Co-Präsidenten gezweifelt hätte – nach den üblichen zweijährigen Recherchen, die der Preisträgerwahl vorauszugehen pflegen.

Auf einem Landesparteitag der CDU fassten die Delegierten nun auf Vorschlag von Ministerpräsident Bernhard Vogel einstimmig eine Resolution gegen die Nobelpreis-Entscheidung, und Kanzler Helmut Kohl war sich nicht zu schade, einen wütenden Protestbrief an den Vorsitzenden des Osloer Nobelpreiskomitees Egil Aavik zu schicken. Der konnte sich nicht verkneifen, vor der Weltöffentlichkeit daran zu erinnern, dass es schon einmal einen deutschen Kanzler gegeben habe, der gegen eine Entscheidung des Komitees protestiert habe: nämlich Adolf Hitler im Falle der Auszeichnung Carl von Ossietzkys, der im KZ geendet war. Aavik verwahrte sich entschieden gegen die blamable Intervention Kohls.

Mir oblag damals die gesamte Medienarbeit für die deutsche IPPNW. Neben vielen Interviews verfasste ich für die Organisation eine Presse-Erklärung, die ganz oder in Auszügen in den wichtigsten Presse-Organen wiedergegeben wurde:

Durch den Friedens-Nobelpreis ist die Rolle der IPPNW in der Friedensbewegung besonders hervorgehoben worden. Die IPPNW erzeugt nicht, aber sie vertritt die Besorgnisse der vielen Millionen, die ein Leben unter der risikoreichen atomaren Bedrohung immer schwerer aushalten. Die IPPNW erzeugt nicht, aber sie vertritt die Befürchtungen der 79 Prozent Bundesbürger, die laut EMNID-Umfrage erklärt haben, dass sie in einem atomverwüsteten Deutschland auch dann nicht weiterleben möchten, wenn sie einen Atomkrieg überstehen könnten. Die IPPNW erzeugt nicht, aber sie vertritt und artikuliert mahnend die Erkenntnis, dass ein nuklearer Krieg alle Vorkehrungen von Zivilschutz und Kriegsmedizin wirkungslos machen und unsere Zivilisation zerstören würde. Die IPPNW setzt sich dafür ein, dass diese realistische Beurteilung nicht verdrängt, vielmehr mit der kategorischen Forderung an die verantwortlichen Politiker verknüpft wird, den tödlichen atomaren Rüstungswettlauf unverzüglich zu beenden. Ohne einen gewaltigen Erwartungsdruck der Völker werden sich die Staatschefs der Supermächte in Genf nur schwer zu einer tragfähigen Zusammenarbeit in der Rüstungspolitik durchringen können.

Gewisse politische Kräfte verübeln uns Ärzten, dass wir uns zum Sprecher genau dieses Erwartungsdrucks machen. Man wirft uns vor, wir schwächten damit den Verteidigungswillen, der freilich in der Sicht der Bevölkerungsmehrheit z. Zt. praktisch auf eine Bereitschaft zur Selbstvernichtung hinauslaufen würde. Deshalb versuchen diese Kräfte, uns unglaubwürdig und mundtot zu machen. Diesem Ziel dient die von CDU-Generalsekretär Geißler und seinen Helfern sorgfältig vorbereitete und gegen uns und das Nobelpreis-Komitee seit einer Woche geführte Kampagne. (...)

Die IPPNW wird sich niemals von ihrem Prinzip abbringen lassen, in ihren Forderungen politische Einseitigkeit zu unterlassen. Politische Parteilichkeit wäre unvereinbar mit unserem ärztlich-ethischen Anspruch, ausschließlich zum Schutz von Leben und Gesundheit aller bedrohten Menschen zu dienen. Unsere kürzlich auf dem Weltkongress der IPPNW in Budapest bekräftigte Forderung nach einem definitiven Stopp aller Atomtests richtet sich gegen die Rüstungspolitik beider Supermächte.

Mit welchen intriganten Machenschaften sogar Bonner Regierungsstellen die Ärzteorganisation zu diffamieren versuchten, kam erst nach und nach zum Vorschein. Es stellte sich heraus, dass der Verfassungsschutz und der Bundesnachrichtendienst uns Ärzte jahrelang bespitzelt hatten. Im Ergebnis hatten sie »dem Sprechergremium eine ordentliche Portion Antikommunismus« bescheinigt. Außerdem hatte der Verfassungsschutz festgestellt, dass kommunistische Zeitschriften der deutschen IPPNW eine »geradezu zwanghafte Distanzierung« von allem, was auch nur zum weitesten Umfeld der Deutschen Kommunistischen Partei zu gehören schien, vorwarfen. Noch kurz vor der Nobelpreisverleihung hatte der Verfassungsschutz gemeldet, dass die DKP sich »ohne erkennbaren Erfolg« um Einfluss in der deutschen Ärzteorganisation bemühe.

Kurz vor der Preisverleihung gab es eine parlamentarische Fragestunde. Dort und vor dem Innenausschuss des Bundestages verschwieg Staatssekretär Spranger diese Erkenntnisse der Sicherheitsdienste. Statt dessen servierte man der Presse eine grobe Falschinformation. So meldete, wie bereits erwähnt, die Frankfurter Allgemeine Zeitung: »Wie es in Bonn heißt, sei die Ärztevereinigung im Vorfeld erkannter kommunistischer Frontorganisationen tätig.« Es bestehe eine »Gleichschaltung mit sowjetischen Vorstellungen«. Alles glatte Lügen. Ein Lehrbeispiel für die moralische Korruption, die man nicht scheute, um die psychologische Infrastruktur der Atomrüstungspolitik vor Destabilisierung zu schützen.

Wanderer zwischen den Fronten in einer paranoiden Welt

Wanderer zwischen den Fronten, in einer solchen Position habe ich mich auch später wiederholt befunden. In einem hoch aufgeladenen Spannungsfeld kann man Menschen und Organisationen, die sich nicht in das offizielle Feindschaftsverhältnis einordnen, sondern sich hartnäckig für Brückenbildung und Verständigung einsetzen, schwer ertragen, weil sie eine Haltung gefährden, die man mit dem Unwort Kampfmoral benennt – als hätte die Gewaltbereitschaft gegen einen Feind etwas mit Moral zu tun. Wer die Verfeindung in einem Kalten Krieg nicht mitmacht, wird von beiden Kontrahenten als Agent jeweils der Gegenseite zugeschlagen, weil man durch ihn eine Aufweichung der eigenen Hass-Front befürchtet. Die offizielle Strategie jener Jahre beruhte ja auf der Unterstellung, dass jede Seite im Ernstfall von ihren Atomwaffen rücksichtslos Gebrauch machen würde. Die Abschreckung durfte also nicht nur vorgetäuscht sein. Dem Pazifismus Raum zu geben, hätte bedeutet, die Glaubwürdigkeit der eigenen Kriegsbereitschaft zu untergraben, also die Gegenseite zum Angriff herauszufordern. Nach dieser perversen Logik musste man daher beiderseits den Pazifismus als Feind der eigenen Sicherheit fürchten und bekämpfen.

Als psychoanalytischem Psychiater war mir diese pathologische Dynamik bestens bekannt. Im Mikroformat findet man solche Konstellation im Typus der »Festungsfamilie«, wie ich sie in »Patient Familie« anhand von Beispielen beschrieben habe. Keiner aus der Familie darf sich mit Leuten einlassen, gegen die man sich gemeinsam in Argwohn verschworen hat. Wer ausschert, wird zum Sicherheitsrisiko, so wie Sekten und andere fundamentalistische Gruppen jeden unter äußersten Loyalitätszwang setzen, der auch nur einen Schritt aus der Gemeinschaft herauswagt. Das Paranoid in Familien oder Sekten lässt sich noch verhältnismäßig leicht diagnostizieren, weil es sich auf Minderheiten beschränkt, die sich von der Allgemeinheit abheben. Anders ist es, wenn diese Distanz wegfällt, wenn also die wahnhafte Störung etwa den Großteil einer Bevölkerung erfasst und noch dazu mit gezielter Propaganda von oben her geschürt wird. Dann entfaltet der regressive Argwohn einen gefährlichen Sog und löst bei sehr vielen eine Art von Unterwerfungszwang ähnlich wie beim Milgram-Experiment aus, was auf eine tief liegende Anlage zu entsprechender atavistischer Regression schließen lässt. Die solidarisierte Kampfgemeinschaft, die von einem bestimmten Punkt an nichts anderes mehr kennt, als sich gegen die verfolgende feindliche Macht zu wappnen und jeden zu verfluchen und zu ächten, der sich dieser Polarisierung entzieht, bildet sich mit einer unheimlichen Automatik heraus – vielleicht als Relikt aus der Frühgeschichte der Menschheit, als die einzelnen nur in bedingungslosem Zusammenschluss zur Kampfhorde überleben konnten.

Dass es sich bei derartigen paranoiden Massenphänomenen um pathologische Entgleisungen handelt, lässt sich unter anderem daran erkennen, dass sie nach ihrem Abklingen den Einzelnen wie unwirklich erscheinen. So wollten zum Beispiel die Menschen im Westen nach Gorbatschows Versöhnungserfolg gar nicht mehr wahrhaben, dass sie eben noch innerhalb einer Massenströmung an die Bedrohung durch einen unwandelbaren Moskauer Weltfeind geglaubt hatten. Das war bei vielen nicht nur taktische Verleugnung aus Scham, sondern die Unfähigkeit, sich rückblickend in eine Verfassung zu versetzen, in der sie sich von sich selbst entfremdet hatten. Es ist das Gefühl: Es war nicht das eigene Selbst, das so etwas mitgemacht hat. Man hat sich hinreissen lassen, war wohl von der Rolle, ist auf etwas reingefallen, war vermindert zurechnungsfähig. Das kann genauso ehrlich sein, wie sich Psychotiker nach ihrer Regeneration häufig nicht mehr in ihre ehemalige kranke Verfassung einfühlen können.

Die Anfälligkeit für solche atavistische Regressionen wird durch ihre Etikettierung als psychopathologisch keineswegs in ihrer Gefährlichkeit gemindert. Ganz im Gegenteil. Sie erfordert besondere Wachsamkeit, weil sie eine allgemein verbreitete psychologische Schwachstelle darstellt, die immer wieder zur militanten Verhetzung von Gruppen oder Massen ausgenutzt werden kann.

Natürlich war auch die Friedensbewegung der 8oer Jahre in Teilen von paranoider Stimmung mit erfasst, vor allem in jenen Gruppierungen, die sich in ihren Protestaktionen auf eine Art Gegenparanoid stützten: Ihr Weltfeind waren die Amerikaner mit Ronald Reagan an der Spitze. Sie engagierten sich Seite an Seite mit den aus Moskau und Ostberlin gesteuerten Genossen und machten es den unabhängigen ärztlichen, christlichen und humanistischen Organisationen nicht immer leicht, die ehrlich zwischen den Fronten für eine Überwindung der Verfeindung bzw. für ein Durchbrechen des wechselseitigen Bedrohungszirkels kämpften.

Die Immunschwäche gegenüber dem Virus der paranoiden Störung ist eine Sache. Eine andere ist die Bereitschaft von demagogisch begabten Politikern, diese Immunschwäche gezielt auszunutzen. So war es Heiner Geißler wie Kanzler Kohl natürlich völlig klar – sie kannten ja die Geheimdienstberichte –, dass die Ärztebewegung mitnichten »im Vorfeld erkannter kommunistischer Frontorganisationen« tätig war. Aber Geißler wusste, dass er mit dieser Unterstellung die Bewegung und ihre führenden Repräsentanten in Verruf bringen konnte. Also zögerte er keinen Augenblick, die in jener Zeit frei flottierenden Verfolgungsängste in der Bevölkerung an der IPPNW festzumachen.

Ich erlebte die Auswirkung in einem tragikomischen Szenario. Der SPD-geführte Magistrat meiner Wohnstadt Gießen bescherte mir nach der Nobelpreis-Verleihung die Gunst, mich in das Goldene Buch der Stadt eintragen zu dürfen. Die CDU-Opposition, geführt vom späteren Landtagspräsidenten Möller, wollte diese Schande nicht mit ansehen und zog, als der Akt vollzogen wurde, demonstrativ als Geste der Ächtung aus dem Saal aus. Dafür konnte ich mich über die herzlichen Glückwünsche von Willy Brandt freuen. Übrigens hatte im Jahr der Preisverleihung bereits jener Michail Gorbatschow in Moskau sein Amt als Generalsekretär der Partei angetreten, eben der Mann, der bald darauf den Humanisten Sacharow aus seinem Zwangsaufenthalt in Gorki befreien und dafür sorgen sollte, dass dieser im Rahmen einer Stiftung mehrere bedeutende internationale Menschenrechtsprojekte in Gang setzen konnte. Dass ich persönlich mit Sacharow bis zu dessen Tode in eben dieser Stiftung zusammenarbeiten konnte, davon wird noch die Rede sein.

Der Ex-Chef der US-Nuklearstreitkräfte gibt der Friedensbewegung Recht

März 1999. Gerade bin ich noch dabei, über die vergangenen Querelen mit der CDU anlässlich der Nobelpreisverleihung nachzulesen, da wird mir eine frische Rede des amerikanischen Generals Lee Butler zugeschickt. Schon beim Überfliegen bin ich elektrisiert. Es ist wie in einem Gerichtskrimi, in dem ein nachträglicher Zeuge der Anklage einen Tatbestand auf sensationelle Weise klärt. General Butler war bis zu seiner Pensionierung vor fünf Jahren Oberbefehlshaber der gesamten Nuklearstreitkräfte der USA, zugleich oberster Kernwaffenberater des amerikanischen Präsidenten gewesen. Auch die nukleare Kriegsplanung der Vereinigten Staaten gehörte zu seinem letzten Verantwortungsbereich. Jetzt treibt ihn sein Gewissen zu dem Bekenntnis, dass er sich genauso wie Robert McNamara mitschuldig an einer in höchstem Masse unheilvollen Kernwaffenpolitik der Vereinigten Staaten halte. 30 Jahre habe er gebraucht, um die Wahrheit zu erkennen, die laute: *Wir sind im Kalten Krieg dem atomaren Holocaust nur durch eine Mischung von Sachverstand, Glück und göttlicher Fügung entgangen, und ich befürchte, die letztere hatte den größten Anteil daran.*

Der General berichtet von Dutzenden geheim gehaltener schrecklicher Unfälle mit atomwaffenbestückten U-Booten und Flugzeugen. Ein mit Kernwaffen beladener B52-Bomber der amerikanischen Streitkräfte sei abgestürzt, dabei seien sechs der sieben eingebauten Sicherungen schon ausgefallen gewesen. Um Haaresbreite sei man einer unausdenkbaren Katastrophe gerade noch entgangen. Erst 1991 bekam Butler nachträglich den Kriegsplan zu Gesicht, auf dem 12.500 Ziele in den Staaten des Warschauer Paktes angegeben waren, die mit einigen Zehntausend amerikanischer Nuklearwaffen angegriffen werden sollten. Es sei dies das *absurdeste und verantwortungsloseste* Dokument gewesen, das er je zu Gesicht bekommen habe. Eine Gnade nennt er es, dass der Kalte

Krieg damals zu Ende ging. Er beschreibt seine Anstrengungen, das Modernisierungsprogramm für neue strategische Kernwaffen im Wert von 40 Milliarden Dollar zu Fall zu bringen, was aber nur vorübergehend gelang.

Die Lektüre der Rede, auf die ich später noch zurückkommen werde, wühlt mich ungemein auf. Mehrmals lese ich das Eingeständnis, dass es wohl vor allem *göttliche Fügung* gewesen sei, die den atomaren Holocaust gerade noch verhindert habe. Menschliche Unvernunft habe mit Risiken gespielt, die unzweifelhaft die Grenze des Verantwortbaren überschritten hätten. Das sagt kein Linker, kein notorischer Pazifist, sondern der Ex-Oberbefehlshaber der amerikanischen Nuklear-Streitkräfte, der zugleich bekennt, von den NGOs (»Non Governmental Organisations« – Nicht-Regierungs-Organisationen) und somit von den verschiedenen Vereinigungen der Friedensbewegung nie in seiner Amtszeit Kenntnis genommen zu haben. Erst jetzt als Pensionär gehöre er plötzlich zu dieser anderen Seite.

Aber warum haben Männer wie McNamara und Butler nicht eher gemerkt, dass sie in ihren Spitzenämtern eine unverantwortliche Politik mitgetragen hatten? Erst nach 30-jähriger Reise sei er ans Ziel der Wahrheit gelangt, sagt Butler, nämlich »dass vieles von dem, was ich glaubte, entweder falsch, höchst vereinfacht, außerordentlich brüchig oder einfach moralisch untragbar war«. Also hatte er zuvor das Falsche nicht kritisch geprüft, hatte nicht über seine ihm zugewiesene Rolle im Apparat hinausgedacht. Allerdings ist ihm die Erleuchtung nicht erst nach der Pensionierung gekommen, sondern schon im Zusammenhang mit seiner letzten Beförderung, so dass er auf dieser höchsten Stufe bereits wichtige Rüstungsprojekte – vorübergehend – stoppen konnte.

Demnach gehört er gewiss nicht zu den Anpasslern, die um ihrer Karriere willen so lange taktisch mitmachen, bis ihnen die Pensionierung mehr Spielraum zu anstößiger Offenheit erlaubt. Es war also ein innerer Prozess, der Butler dazu bewog, das Programm des Riesenapparates, den er zu bedienen hatte, kritisch mit Kopf und

Gefühl zu untersuchen. Und da meldete sich in ihm Wut, als er die Unsinnigkeit des Programms durchschaute. Psychoanalytisch ausgedrückt: Er revidierte die Delegation seines Über-Ichs an die Autorität der Institution. Er hob die Abspaltung des moralischen Empfindens vom technokratischen Denken auf. Er sah sich genötigt, mit persönlicher Verantwortung für die Folgen der Atompolitik einzustehen, in die er in seiner hohen Funktion eingebunden war.

Exkurs über unerforschte, verkannte, missachtete Altersweisheit

Die beispielhafte Wandlung Butlers und McNamaras bringt mich auf eine Frage zurück, die mich immer wieder beschäftigt: Warum macht die Welt nur selten von der Weisheit großer alter Menschen Gebrauch, die erst nach jahrzehntelanger Reise wie dieser Butler zu bedeutenden Mahnern und Wegweisern heranreifen? Es sind Menschen, die in späteren Jahren in ein immer höheres soziales Verantwortungsbewusstsein hineinwachsen und sich schließlich dem Allgemeinwohl über die beschränkten Interessen von Gruppen, Verbänden oder selbst der Nation hinaus verpflichtet fühlen. Deshalb können manche von ihnen selbst dort Versöhnung stiften, wo Gegensätze unüberbrückbar scheinen. Den alten Robert McNamara, kriegführender Verteidigungsminister im Vietnam-Krieg, habe ich persönlich mehrere Jahre als Friedensaktivisten in der Moskauer Stiftung unter der Schirmherrschaft Gorbatschows beobachten können. Itzhak Rabin wurde erst im Alter Pionier der Versöhnung mit den Arabern, die er im Sechstagekrieg noch als Generalstabschef niedergerungen hatte. Nelson Mandela, Anführer des ANC im Kampf gegen das Apartheidsregime, befreite sein Volk ohne den blutigen Rachefeldzug, den alle für unausbleiblich gehalten hatten. Es sind Ausnahmen – aber lediglich deshalb, weil man nur ausnahmsweise von den Qualitäten solcher Persönlichkeiten Gebrauch macht, deren psychische Reifung, wenn man es so nennen will, bis zum Lebensende immer noch voranschreitet.

Hier glaube ich übrigens ein bedauerliches Defizit der Psychoanalyse zu erkennen, die sich in der Entwicklungstheorie zu eng an die Biologie gehalten und nur die Stufen bis zum Erreichen der Erwachsenen-Genitalität systematisch verfolgt hat. Erikson war einer der wenigen Klassiker, der noch Stadien des Erwachsenenalters, insbesondere dasjenige der Generativität, skizzenhaft beschrieben hat. Aber dass es danach immer noch eine geistige

Weiterentwicklung bis zum Erreichen einer Stufe geben kann, für die man einmal den Begriff Altersweisheit gefunden hat, ist wenig beachtet worden. Freud hat sich statt dessen einseitig mit den alterungsbedingten Rückbildungserscheinungen wie Erschöpfung, Erstarrung, Schwinden von Plastizität beschäftigt und triebpsychologisch die wachsende Vorherrschaft des Destruktionstriebes über die Libido beschrieben. Dabei bot er selbst in seinen späteren Jahren ein Beispiel für die Ausbildung einer umfassenderen Lebens- und Weltsicht, ablesbar unter anderem aus seiner faszinierenden kulturpsychologisch-philosophischen Bilanz in »Das Unbehagen in der Kultur«.

Was ist es, das im Alter dazu befähigen kann, den Dingen mehr als zuvor auf den Grund zu gehen, ganzheitlicher zu denken und mit verstärktem Verantwortungssinn Anpassungszwänge zu überwinden und unbequeme Wahrheiten auszusprechen? Da kann mehreres eine Rolle spielen. Die Aussicht auf die verkürzte verbleibende eigene Lebensstrecke kann dazu anregen, umso wacher und konzentrierter auf die wesentlichen Dinge zu achten. Das Ego ist vom Kampf um Selbstbehauptung im Dschungel der Rivalitäten entlastet. Die Anteilnahme am sozialen Geschehen ist weniger behindert durch persönlichen Ehrgeiz, Geltungsbedürfnisse und Rollenzwänge. Es treten Werte in den Vordergrund, die in der Oberflächlichkeit und Hektik der Stress-Gesellschaft zu kurz gekommen sind: Liebe und Freundschaft werden wichtiger, und der Verantwortungssinn macht sich frei von den Einengungen der bisherigen Job-Vorschriften. Im Kontrast zur Verkürzung der persönlichen biologischen Zukunft entsteht vielfach ein Interesse für die langfristigen Lebenszusammenhänge: Wo kommt man her? Ist man denen gerecht geworden, auf deren Vorsorge das eigene Leben aufgebaut hat? Welche Chancen werden die nachfolgenden Generationen haben? Meist machen sich Großeltern über die Zukunft ihrer Enkel mehr Gedanken als deren Eltern. Den alten Freud plagte die Sorge, ob die Menschheit die ihrer technischen Macht zugleich innewohnende Gefahr der Selbstauslöschung zu beherrschen lernen würde. Den alten Albert Einstein beschäftigte fast nur noch eine Aufgabe, nämlich die Welt vor Krieg und dem atomaren Rüstungswettlauf zu warnen. Die Mitbegründung der Pugwash-Bewegung zusammen mit Bertrand Russell war seine letzte Initiative. Expräsident Jimmy Carter wollte noch den Golfkrieg verhindern und wurde zum rettenden Krisenmanager in Nordkorea und Haiti.

Das sind Assoziationen, die General Butler mit seiner denkwürdigen Rede über die amerikanische Atomrüstung in mir geweckt hat. Hätte dieser Butler vor fünfzehn oder zwanzig Jahren gewusst und gesagt, was er heute weiß und sagt, hätten die Amerikaner ihn sicher sofort von der Bildfläche verschwinden lassen. Er hätte mit seiner Wahrheit schlagartig die gemeinsame wahnhafte Verblendung der Atompolitiker und der ihnen hörigen Massen auf beiden Seiten, zugleich die Hellsichtigkeit der Friedensbewegung enthüllt. Aber gewiss hätte man ihn als verrückt hingestellt. Umso notwendiger ist es jetzt, seine aktuelle Mahnung und Anklage bekannt zu machen, die besagt, dass die führenden Politiker der Kernwaffenstaaten *das nukleare Wettrüsten auf der Erde wieder in Gang gesetzt haben* und *die Menschheit dazu verdammen, unter dem ständigen Damoklesschwert der Angst zu leben.* Er schließt: *Das ist kein der Menschheit würdiges Erbe. Das ist nicht die Welt, die ich meinen Kindern und Enkeln hinterlassen will. Das ist einfach untragbar. Das ist jenseits jeder Moral.*

Aber wie kann man es ändern? Einstein hatte Recht, wenn er sagte: »Nicht die Atombombe ist das Problem, sondern das Herz der Menschen«, womit er meinte, dass Menschen, die ihr Aufeinanderangewiesensein in der Welt spüren, sich niemals gegenseitig mit atomarer Vernichtung bedrohen dürfen. Ein Problem ist jedoch auch der Stolz von Staatsmännern, die nie zugeben wollen, dass sie mitverantwortlich für eine wahnhafte Verirrung der Politik waren. Vielleicht verständlich, weil sie das Schuldgefühl nicht aushalten könnten. Aber verwerflich ist es trotzdem, weil sie es erschweren, dass aus ihren fatalen Fehlern gelernt wird. Helmut Schmidt will immer noch daran glauben, dass das atomare Wettrüsten gut war, weil der Westen die Russen damit totgerüstet habe – obwohl Gorbatschows Abrüstung viel mehr aus dem Motiv stammte, das Einstein meinte. Natürlich halten sich viele lieber an den stolzen Eigensinn Schmidts als an die Alarmbotschaft Butlers. Denn so können sie sich das Erschrecken darüber ersparen, dass sie bisher – wie Butler sie aufklärt – eher durch göttliche Gnade als durch menschliche Vernunft einem »atomaren Holocaust« entronnen sind. So können sie inzwischen, ohne zusammenzuzucken, vom »Wahn der Atomrüstung« reden und schreiben – wie kürzlich der SPIEGEL –, als wäre Wahn nur so etwas wie eine belanglose Marotte und keine ernste Geistesstörung. Aber die Nuklearrüstung, unter Führung der USA in rasantem Fortgang, beruht auf einem *echten Wahn* – mit dem autodestruktiven Gehalt eines jeden Wahns. Nichts anderes als eine Geistesstörung ist es, wenn die unangreifbare und von keinem Feind bedrohte Supermacht sich mit Mitteln schützen zu müssen glaubt, von denen selbst die größte Bedrohung für die Menschheit ausgeht. Auch Butler würde sicher viel lieber mit Stolz statt mit Scham auf die langen Jahre seiner Mitverantwortung für eine der größten Unverantwortlichkeiten zurückblicken. Umso mehr gebührt ihm der Dank für den Mut zu seinem mahnenden Bekenntnis, das es verdienen würde, bis in den letzten Winkel der Erde verbreitet zu werden.

Die Freundschaft mit Stefan und Inge Heym

Eine andere Nachricht reißt mich aus dem Erinnern heraus. Mein 86-Jähriger Freund Stefan Heym ist schwer erkrankt. Nach einer Gallenblasenoperation sind gefährliche Komplikationen eingetreten. Jetzt liegt er in künstlichem Koma auf der Intensivstation einer Berliner Klinik.

Die Geburtsstunde unserer Freundschaft war die Friedenswerkstatt 1982 in der Ostberliner Erlöserkirche gewesen. Wir hatten von beiden Seiten schnell herausgefunden, dass wir einander mochten und aufeinander neugierig waren. Stefan war im Westen als kritischer demokratischer Sozialist bekannt, dessen letzte Bücher in der DDR nicht verlegt werden durften. Die Friedenswerkstatt war der passende geistige Ort, wo wir unsere Nähe zueinander entdecken konnten, beiderseits im Abstand zu den Obrigkeiten des Kalten Krieges. Fortan hatten wir uns regelmäßig in Ostberlin, aber auch in Gießen getroffen. Als ich Stefan 1982 kennen gelernt hatte, war dieser – nach seinen eigenen Worten – »die bekannteste Unperson der DDR, Fernsehpersönlichkeit, Spezialist für Ost-West-Deutsches, sozialistische Absonderlichkeiten, gelegentlich auch Psychological Warfare, Holocaust«. Beschäftigt war er gerade mit der romanhaften Beschreibung einer freien, demokratisch-sozialistischen Utopie in Anlehnung an eine reale Vorlage, nämlich an eine kleine selbstorganisierte Gesellschaft, die es 1945 in einer besatzungsfreien Region Deutschlands um den Ort Schwarzenberg gegeben hatte. Schwarzenberg, das war für Stefan ein Modell seines unerfüllten Lebenstraums. – Was uns beide verband, war das Bedürfnis, mit einem kritisch nachfragenden, geduldigen, wohlwollenden Zuhörer über die eigene Geschichte zu reden. Zu einem gemeinsamen Sommerurlaub hatten wir uns mit beiden Frauen in Zermatt getroffen, wo Bergrun und ich mit den Kindern, neuerdings auch mit Enkeln, alljährlich die Berge zu genießen pflegen. Zwei Wochen lang hatten Stefan und ich einander dort unsere Lebensgeschichten erzählt, während wir auf der Täschalp, auf dem Roten Boden oder auf der Fluhalp herumspazierten.

Nicht nur weil ich zehn Jahre jünger als Stefan bin, sondern weil ich viel später als dieser politisch erwacht war, kam ich mir rückständig vor. Der andere hatte bereits als Schüler mutig gegen das Regime angedichtet und sich gerade noch durch Flucht als 19-Jähriger retten können. Warum hatte ich mich als Schüler und später als Soldat nur in mein Inneres verkrochen und nicht mehr gewagt? Aber auch der ältere jüdische Freund lebte mit Selbstvorwürfen. War er etwa am Tod seines Vaters schuld, den die Nazis statt seiner verhaftet hatten? Hätte er sich stellen sollen, statt zu fliehen? – Der Früh-Erwachsene und der Spät-Erwachsene hatten das politische Zeitgeschehen ähnlich reflektierend verarbeitet, der eine dichter an der Tagesaktivität, lange Jahre als Journalist, der andere eher mit der sozialpsychologischen Innenseite politischer Strömungen beschäftigt. Aber beide mit ihren Interessen stets nahe an der Basis, an der Seite der Schwächeren.

Einmal wurden wir beide dazu herausgefordert, aus dem Stegreif so etwas wie einen geistigen Standort zu beschreiben. Das war auf dem Kirchentag 1987 in Frankfurt gewesen. Da hatte uns der Journalist Gerhard Rein zu einem öffentlichen Gespräch eingeladen. Der fragte uns unvermittelt zu unseren Gedanken über Gott und die Realität. Stefan wies auf sein (faszinierendes) Buch »Ahasver« hin und führte aus:

In dem Buch gibt es zwei Leitfiguren. Der eine heißt Luzifer und ist natürlich der Teufel. Der andere heißt Ahasver und ist der Ewige Jude. Aber der Ahasver in meinem Buch ist nicht nur der Ewige Jude, er ist auch ein gefallener Engel wie Luzifer. Der Unterschied zwischen beiden ist, dass Luzifer sagt: »Diese Welt, die Gott geschaffen hat, die stinkt, und alles, was man zu tun braucht, damit sie zu Grunde geht, ist, sie so weitermachen zu lassen, und am Ende werden sie sich selbst vernichten!« Das ist die große Idee des Teufels, die teuflische Idee. Dieser Ahasver ist aber ein Revolutionär. Er

sagt: Gut, es ist nicht alles richtig, diese Schöpfung ist nicht voll-
kommen, aber es ist meine Aufgabe, unsere Aufgabe, das zu ändern.
Die Menschen sind veränderbar, die Welt ist veränderbar.

Ich wurde in meinen einschlägigen Ausführungen zu weitschweifig,
wie es ohnehin meine Unart ist, hier aber wohl Verlegenheit ausdrückte, eine so anspruchsvolle Frage zu beantworten: Würde der
Mensch in der westlichen Kultur dazu vorstoßen können, sich mit
seiner kreatürlichen Mangelhaftigkeit auszusöhnen, oder würde er
starrsinnig darauf beharren,

dass wir hier im Westen im Bereich der Freiheit und der Menschlich-
keit leben und es drüben mit einem Reich der Aggression, der Fins-
ternis und der Bedrohung zu tun haben? Das führt dazu, dass hier
ein großer Teil der Menschen die »eigenen« – wenn ich das so sagen
darf – Atomraketen als hilfreich empfindet. Nicht zufällig werden
die häufig mit Götternamen aus der Antike versehen. Ich weiß
nicht, ob Ihnen das schon einmal aufgefallen ist, dass diese ameri-
kanischen Raketen Nike, Herkules, Poseidon, Titan oder Saturn
heißen. Das ist genau der Ausdruck dieser eigenen Gottesidentifi-
zierung: Wir produzieren selbst unsere Götter. Unsere Götter sind
unsere gefährlichsten Maschinen, die wir entsprechend benennen,
diese todbringenden Raketen. Die halten wir aber für gut, weil sie
gegen Luzifer, den Teufel, das Reich der Finsternis gerichtet sind.
*   Ich glaube, die Überwindung dieses manichäischen Dualismus,*
der Wille, sich von dieser Einteilung der Welt in die beiden unver-
söhnlichen Reiche zu lösen, muss zu einem neuen Denken und
einem grundsätzlichen politischen Wandel führen.

Wird dieses neue Denken kommen? Stefan endete mit dem optimistischen Ausblick: »Ich meine, wir können sehr viel tun. Den
Beweis, dass das möglich ist, erbringen Sie alle hier.« Wodurch?
Durch den auf dem Kirchentag spürbaren Geist? Durch die
hier versammelte Hoffnung aus dem Inneren? Eine unerwartete

Offenbarung des sonst eher nüchternen Realisten. Aber es gab eine Berührung auf dieser Ebene zwischen dem politisierenden Romanschriftsteller und dem politisierenden Psychoanalytiker: beide zutiefst enttäuscht von dem Abgleiten der Politik in die Irrationalität der atomaren Bedrohung, beide unbeirrbar in dem Glauben an die menschliche Kraft zum Besseren und an die eigene Chance, etwas bewegen zu können.

Für Stefan eröffnete sich dann 1994 noch einmal die Gelegenheit, sich in der Politik-Szene Gehör zu verschaffen. Der PDS-Politiker Gysi bot ihm an, in Berlin Mitte für den 12. Bundestag zu kandidieren. Wir diskutierten diesen Vorschlag zu viert – mit den beiden Frauen. »Ich könnte dann als Alterspräsident den Bundestag mit einer Rede eröffnen. Soll ich es tun?« – »Wenn es dich reizt und du dir die Anstrengung zumuten willst, warum nicht? Aber du musst auf ein endloses Spießrutenlaufen gefasst sein.«

Stefan stellte sich trotz mancher Vorbehalte gegenüber der PDS zur Wahl, gewann – und wäre fast schon vor der Bundestagseröffnung durch eine perfide Intrige zur Strecke gebracht worden. Genau einen Tag zuvor – sorgfältig inszeniert – hatte Innenminister Kanther an die Bundestagspräsidentin Süssmuth den Vorwurf weitergeleitet, Stefan habe 1958 den aus der DDR geflüchteten und später von dieser entführten Gewerkschafter Heinz Brandt an die Stasi verraten. Abends Anruf von Rita Süssmuth: Ob Stefan unter diesen Umständen immer noch darauf beharren wolle, seine Rede als Alterspräsident des Bundestages zu halten? Der konnte die Beschuldigung mit Hilfe Inges, die rasch die Stasi-Akten durchsah, vollkommen entkräften. Tatsächlich war es Professor Havemann gewesen, der laut Akte 1958 über den geflohenen Brandt der Stasi berichtet hatte. Das hatte Stefan von Havemann erfahren und sich vorsichtshalber nachträglich bei der Stasi gemeldet, um über ein gemeinsames Treffen bei Havemann mit Brandt vor dessen Flucht zu berichten, das der Stasi durch Havemann ohnehin bekannt war. Schweigen wäre gefährlich gewesen. Die Gauck-Behörde bestätigte unverzüglich, dass der über Jahrzehnte von der Stasi auf der feindlichen Seite eingestufte Heym niemals mit diesen Leuten zusammengearbeitet hatte. Mit schwächeren Nerven und ohne die geistesgegenwärtige Hilfe von Inge wäre Stefan dem raffinierten Coup erlegen. So aber hielt er unbeirrt anderntags eine allseits als würdig eingeschätzte Eröffnungsrede als Alterspräsident im alten Deutschen Reichstag. Fünfzehn Sekunden Beifall von der PDS und aus den Reihen von SPD, FDP und den Grünen. Eisiges Schweigen der CDU, von deren Parlamentariern sich kein Einziger erhoben hatte, als der alte Mann das Podium betreten hatte, ein blamables Versagen vor einem aufrechten großen Deutschen.

Sechs Wochen lang hat Freund Stefan im künstlichen Koma gelegen. Täglich hat Inge in der Klinik bei ihm gesessen. Nun aber hat er die Krise überwunden, ist wieder bei vollem Bewusstsein und kann demnächst schon zur weiteren Erholung in eine Rehabilitationsklinik verlegt werden. Es hört sich wie ein Wunder an.

Auf Gorbatschows Friedensforum in Moskau 1987

Februar 1987. Mit Bergrun gehöre ich zu den 900 Teilnehmern einer einzigartigen Veranstaltung in Moskau. Michail Gorbatschow hat aus der ganzen Welt Schriftsteller, Künstler, Ärzte, Juristen, Kirchenführer, Wirtschaftler, Wissenschaftler und Politiker zu einem dreitägigen Forum unter dem Titel »Für eine atomfreie Welt, für das Überleben der Menschheit« eingeladen. Einzigartig, denn wann hätte es so etwas gegeben? Der Führer einer der beiden Supermächte persönlich bietet die Kernfrage der internationalen Politik als Thema für einen mehrtägigen offenen Austausch mit engagierten Vertretern einflussreicher gesellschaftlicher Gruppen an. Dabei sind Max Frisch und Friedrich Dürrenmatt, Graham Greene und Norman Mailer, Peter Ustinov und James Baldwin, prominente Naturwissenschaftler – darunter auch Andrej Sacharow.

»Wir sind nach Moskau gekommen«, erklärte Max Frisch, »weil hier der einzige Politiker mit Weltverantwortung regiert, der entscheidende neue Fragen stellt und dem bloßen Raketenzählen mit einem alternativen Denken zu begegnen wagt. Das gibt es zur Zeit nicht auf der anderen Seite.«

Ich beteiligte mich mit einem längeren Beitrag an dem Ärzteforum und kritisierte vor allem die Spirale der eskalierenden wechselseitigen Verfeindung, Bedrohung und Ängstigung durch den atomaren Wettlauf, der immer tiefer in eine paranoide Pathologie geführt habe, die nur durch ein alternatives Denken in der Politik kuriert werden könne. Mir leuchte der Grundgedanke dieses Forums ein, dass nämlich die Befreiung aus den Fesseln der Abschreckungsdoktrin nicht gelingen werde, wenn nicht alle maßgeblichen gesellschaftlichen Gruppen die Politik darin unterstützen würden.

Am 16. Februar 1987 hielt Gorbatschow seine denkwürdige große Rede, in der er seinen unwiderruflichen Entschluss zur nuklearen Abrüstung und zur Beendigung des Kalten Krieges verkündete. Er bekannte sich, ohne Egon Bahr zu nennen, zu dessen Konzept, dass es nicht mehr Sicherheit *gegeneinander,* sondern nur noch *gemeinsam* gebe, erinnerte an die eigene einseitige Unterbrechung der Kernwaffentests, die Bereitschaft zur vollständigen Vernichtung der eigenen Chemiewaffen und an den schon gefassten Beschluss zur Reduzierung der Streitkräfte und der konventionellen Waffen in Europa. Bis zum Jahre 2000 sollten nach seinem Vorschlag alle Kernwaffen der Welt vernichtet werden. Nach den Jahrzehnten des wechselseitigen Argwohns und der Bedrohung müsse *Vertrauen* geschaffen werden, weswegen die UdSSR mit großen sichtbaren Vorleistungen in der Abrüstung begonnen habe.

Er habe mit den eingeladenen Persönlichkeiten aus allen Erdteilen gewissermaßen eine Repräsentanz der Weltöffentlichkeit versammelt, weil er meine, dass der notwendige politische Umdenkprozess nicht allein von den Politikern in Gang gesetzt werden könne:

Ich bin der festen Überzeugung, dass die wichtigste Aufgabe der Gegenwart nicht ausschließlich in die Hände der Politiker gelegt werden darf. Denn das ist nicht nur deren Sache. Wir sind Zeugen, wie sich eine machtvolle gesellschaftliche Bewegung formiert und ausweitet, an der sich Wissenschaftler, Intellektuelle verschiedener Fachrichtungen, Kirchenführer, ehemalige Generale, Frauen, Jugendliche und Kinder – immer mehr Kinder (!) in aller Welt beteiligen. Und all das deshalb, weil die Menschen immer tiefer erfassen, dass die Welt an den Abgrund einer realen Gefahr geraten ist.

Diese Gefahr erhöhe sich laufend, weil menschliche Unachtsamkeit, die Fehleranfälligkeit der technischen Systeme oder auch böser Wille zur unberechenbaren atomaren Katastrophe führen könnten. Wer glaube – ein Seitenhieb an die Adresse des amerikanischen Präsidenten –, dass man nur mit Drohungen von einer Politik der Stärke aus Beziehungen gestalten könne, der solle doch einmal überlegen, was man normalerweise von einem solchen Menschen halten würde, sollte man ihm auf der Straße begegnen. Dann rechnete er mit denjenigen Autoren (die ja in Deutschland neuerdings wieder auferstanden sind) ab, die den Krieg aus einem angeborenen Instinkt und deshalb für unabwendbar erklärten. Nach dieser Logik müssten ja die Zerstörungswaffen immer weiter entwickelt werden. Es sei unmöglich, sich mit dieser Ansicht abzufinden. Stattdessen müssten die Massenvernichtungswaffen unter weltweiter strengster Kontrolle vernichtet werden, und ein Wettrüsten im Weltraum sei auf jeden Fall zu verhindern. Abschließend warnte er vor den großen sozialen Gefahren durch die wachsende ökonomische Kluft zwischen einer kleinen Gruppe von »Wucherstaaten« und der Dreiviertel-Mehrheit der armen Länder, die ihre Schulden nicht mehr bezahlen könnten – ein Problem, das die moderne Zivilisation irgendwann zerstören könne.

Zusammenfassend bekräftigte er noch einmal seinen Glauben daran, dass konsequente Abrüstungsschritte das nötige internationale Vertrauen herstellen könnten, um eine globale Zusammenarbeit zu begründen und die internationalen Beziehungen zu vermenschlichen. Es komme auch darauf an, dass die Völker sich untereinander über ihre Kulturen und ihre Kunst besser informierten. Denn je genauer man einander kennen lerne, umso eher entgehe man der Gefahr der Entfremdung und der Verfeindung.

Die Begeisterung im großen Saal des Kreml-Palastes war grenzenlos. Alle spürten: Das war der Schlusspunkt unter 40 Jahre Kalten Krieg. Die Inszenierung bedeutete: Das ist kein politisches, sondern ein Kulturereignis. Die Abkehr von der Strategie der nuklearen Bedrohung könne nur von einem neuen gesamtgesellschaftlichen Bewusstsein ausgehen. Von der Bereitschaft, einander zu vertrauen. Und dazu gehöre das Interesse, einander besser kennen zu lernen und sich anzunähern. Je vertrauter man untereinander werde, umso leichter werde man Sicherheit als ein gemeinsames Anliegen erkennen und nicht mehr als eine Sache gegenseitiger Abschirmung. – Es war eine Rede wie auf einer Veranstaltung der Friedensbewegung, mit der Betonung, dass das große Unternehmen nur in einer demokratischen Partnerschaft der Politik mit Gruppen aus allen Bevölkerungskreisen gelingen könne, auch mit den Kindern – im Redetext durch ein Ausrufungszeichen hervorgehoben. Hier war ein Staatsmann, der über Weltpolitik so redete, als gehe es um den Umgang nicht zwischen Nationen und Bündnissen und Systemen, sondern zwischen einfachen Menschen unter der Annahme, dass alle in ihrer Vielfalt der Berufsgruppen, des Alters, des Geschlechts dafür kompetent seien, über die Grundlagen eines humanen internationalen Zusammenlebens zu urteilen. So wie Willy Brandt als psychologische Grundkategorie das soziale Mitfühlen, die *Compassion* in den Mittelpunkt gerückt hatte, so war es bei Gorbatschow das *Vertrauen*, also auch eine im Gefühl gründende Haltung – und zwar genau diejenige, die von dem Antrieb entlastete, der die nukleare Eskalation in Gang hielt.

Die atomare Abschreckung kam aus dem *Geist des Misstrauens*, das sich bis zu einer kollektiven Paranoia gesteigert hatte. Im Misstrauen steckte sowohl die Angst vor der Bedrohung wie die in der Atomrüstung manifestierte aggressive Gegenbedrohung. Die Raketenmathematik war im Dienste der Paranoia zu dem Instrument geworden, den Verfolger in Dauerschach zu halten. Aber in der Paranoia gibt es kein stabiles Gleichgewicht, und daher bisher das ungehemmte atomare Wettrennen, aus dem der im paranoischen System befangenere Helmut Schmidt nicht hätte aussteigen können, weil er vermutlich in der Spirale des Rüstens, Nachrüstens, Nachnachrüstens stecken geblieben wäre. Der heilende Durchbruch kam schlicht durch den Schritt der Selbstentwaffnung, der die Irrationalität des bisherigen paranoischen Konkurrierens entlarvte. Typisch, dass Gorbatschow auch hier wieder die Analogie zu einfachen menschlichen Beziehungen vor Augen hatte: *Was würden wir im Alltag von einem Menschen halten, der seine Beziehungen immer nur von einer Position der Stärke aus mit Drohungen gestalten wollte?*

In Gorbatschows Rede fehlte jede herabsetzende Bemerkung über die amerikanische Seite. Voraussetzung für diesen Abbau des großen westlichen Hassobjektes war ein gleichzeitiger Rückzug aus der traditionellen sowjetischen Selbstverherrlichung. Die kritische Auseinandersetzung mit der stalinistischen Vergangenheit hatte eingesetzt. Und indem Gorbatschow den schärfsten und mächtigsten innenpolitischen Kritiker, Andrej Sacharow, sichtbar rehabilitierte, eröffnete er eine Diskussion über die Schwächen der eigenen Gesellschaft – was zugleich von internen Spannungen entlastete, die bislang durch Projektion auf den imperialistischen Weltfeind unter der Decke gehalten worden waren. In den USA hingegen war man einem Ronald Reagan dankbar, dass er die Schande von Vietnam vergessen gemacht und Amerika wieder als Gottes eigenes Land entdeckt hatte, strahlend abgehoben von jenem finsteren Ost-Reich, das sich nun plötzlich durch Gorbatschow aus seiner Schurkenrolle befreien wollte. Kein Wunder also, dass Reagan gerade in jenen Tagen noch versicherte, sein SDI-Programm der Raketenabwehr im Weltraum weiter verfolgen zu wollen.

Ich hatte mich bereits nach der Begrüßungsrede Gorbatschows am Eröffnungstag vor dem Saal mit ein paar Leuten zusammengetan, u. a. mit dem Physiker Hans-Peter Dürr und Jewgenij Welikow, Vizepräsident der UdSSR-Akademie der Wissenschaften. Unsere gemeinsame Idee war: Aus diesem Friedensforum müsse ein dauerhaftes Projekt hervorgehen. Wir wollten noch andere internationale Interessenten werben und ein Gremium schaffen, das mit konkreten Aufgaben kooperative Verbindungen über den Eisernen Vorhang hinweg knüpfen sollte. Rasch waren wir miteinander einig. Einige bekannte Amerikaner schlossen sich an. Welikow unterrichtete Gorbatschow. Der freute sich und nahm in seiner abschließenden Plenarrede gleich auf das taufrische Unternehmen Bezug:

Auf Ihrem Forum wurde eine perspektivenreiche Idee geäußert – eine »Stiftung für das Überleben der Menschheit zu gründen« (offenbar eine Eingebung Welikows, d. Verf.). In dieser Einrichtung könnte man offen die Probleme der Nuklearrüstung diskutieren, Studien über andere brennende Probleme des internationalen

Lebens durchführen, praktische Projekte initiieren – bis hin zur Bekämpfung neuer gefährlicher Krankheiten. Wir werden die Tätigkeit einer solchen Stiftung materiell und ideell unterstützen.

Es war die Geburtsstunde der 1988 endgültig gegründeten »International Foundation for the Survival and the Development of Humanity«. Dies wurde die sonderbarste, zugleich die interessanteste Initiativgruppe, die ich je kennen gelernt habe. Noch in Moskau kamen ein paar Teilnehmer des Friedensforums hinzu: David McTaggart, der Gründer und Boss von Greenpeace; der Physik-Nobelpreisträger Abdus Salam aus Triest; Jerome Wiesener, Expräsident des MIT (Massachusetts Institute of Technology), USA, und der Kulturphilosoph Dmitri Likatschow, der acht Jahre unter Stalin eingesperrt gewesen war. In der Folge schlossen sich u. a. an: Robert S. McNamara, ehemaliger US-Verteidigungsminister und Ex-Weltbankpräsident; John Sculley, Präsident von Apple Computers; Rolf Björnerstadt, Ex-Direktor des schwedischen Friedensforschungs-Instituts SIPRI; Metropolit Pitirim; José Goldemberg, brasilianischer Minister und Universitätsdirektor in São Paulo; Susan Eisenhower, Enkelin des ehemaligen Präsidenten der USA; Roald Sagdejew, Ex-Direktor des Sowjetischen Raumfahrt-Instituts und – Andrej Sacharow. Wir trafen uns 1987 noch zweimal in Triest und in Moskau, wo dann unter Schirmherrschaft von Gorbatschow 1988 die offizielle Gründung stattfand.

Eine internationale Initiativgruppe ohne Beispiel.
Studie: Russen und Deutsche

Als einer der inzwischen auf dreißig Personen angewachsenen Zahl der Board-Directors war ich zwar Feuer und Flamme für die Sache. Aber der Anspruch des Unternehmens erschien mir im wörtlichen Sinne atemberaubend. Der Name – Stiftung für das Überleben und die Entwicklung der »Humanity« – war sehr hoch gegriffen. Den Doppelsinn von Humanity, gleich Menschheit wie Menschlichkeit, fand ich wunderbar passend. Aber wie sollte das gehen? Mitten im Kalten Krieg ein privater kleiner Club von engagierten Geistern, die nichts weniger vorhatten, als über den Eisernen Vorhang hinweg humanisierend zu wirken?

Erste Frage: Woher das Geld? Jerome Wiesener besorgte bald erhebliche Spenden von amerikanischen Stiftungen. Einiges steuerte der sowjetische Staat bei. Die Stiftung wurde die erste internationale Organisation, die vom Ministerrat der UdSSR völlig unbehinderte Bewegungsfreiheit im Lande zugesichert erhielt. Aber dafür brauchte der Club eine Satzung, und damit wurde aus der Initiativgruppe eine Institution. Zum ersten Geschäftsführenden Direktor wurde der Schwede Rolf Björnerstadt gewählt. Unmittelbar nach der Gründung empfing Gorbatschow die zu dieser Zeremonie nach Moskau angereisten Initiatoren im Katharinensaal des Kreml zu einem langen Gespräch. Jeder aus der Runde konnte vortragen, was er von der Arbeit der Stiftung erwarte und was er selbst beitragen wolle. Gorbatschow hörte interessiert und geduldig zu, machte sich eifrig Bleistiftnotizen. Als ich an die Reihe kam, schilderte ich mein Engagement in der Friedensbewegung und meinen eigenen Ansatz als Psychiater und Sozialpsychologe – nämlich aufklärend und motivierend zu wirken, insbesondere in der Jugend mehr Sinn für politische Mitverantwortung zu wecken. Ich hätte vor, zusammen mit russischen Psychologen eine Studie über wechselseitige Vorurteile zwischen Russen und Deutschen zu entwickeln, um mit Hilfe der Ergebnisse für bessere Verständigung zu werben.

Gorbatschow ging auf jeden der Beiträge ein. Am Ende kam es zu einem aufregenden Disput zwischen Gorbatschow und Sacharow. Dieser griff in seiner heftigen Art eine Reihe von Missständen an, die dringend abzustellen seien: die zwar wesentlich verbesserte, aber immer noch ungenügende Meinungsfreiheit. Die Menschen müssten endlich reisen können, wohin sie wollten. Das Strafrecht müsse reformiert, und die unerträglichen Zustände in den Gefängnissen müssten auf der Stelle behoben werden. Gorbatschow unterbrach ihn kein einziges Mal. Am Ende gestand er Sacharow zu, dass dieser mit seinen meisten Anschuldigungen Recht habe. Aber das lasse sich alles nicht über Nacht abstellen. Sacharow möge ihm vertrauen, dass er die Verhältnisse gründlich ändern werde. Aber dies brauche Zeit und gehe nicht mit einem Schlag, wie Sacharow es wünsche. – Was sich da zwischen diesen beiden Männern abspielte, zwischen dem lange verfolgten Regimegegner und dem mächtigsten Mann im Sowjetreich, das war schon sensationell. In keinem Moment redete Gorbatschow von oben herab, es gab keine Zurechtweisung, nicht die Spur von Bemühung, vor dem internationalen Publikum die eigene Dominanz herauszustreichen. Hätte man die Sprache unverständlich gemacht und den Dialog nur nach Lautstärke und Heftigkeit der Äußerungen und nach der Gestik beurteilen müssen, hätte man vermutlich sogar in Sacharow den Ranghöheren vermutet, weil dieser sich autoritärer gab.

Ich besann mich darauf, von Valentin Falin einmal gehört zu haben, dass Gorbatschow gern die Wendung gebrauche: »Die Wahrheit wird nur im Streit geboren«. Wie dieser hier mit seinem schroffen Kritiker umging, das war allerdings weniger Streit als souveräne Fairness. Jeder nahm den anderen ernst. Auch Sacharow war deutlich anzumerken, dass ihn der Partner als Persönlichkeit beeindruckte. Nach der Gesprächsrunde stellte sich der Stiftungskreis mit Gorbatschow der Presse vor, und so fand ich mich anderntags auf der Titelseite der Prawda am ovalen Tisch des Katharinensaals neben dem mächtigsten Mann des Warschauer Paktes, dem Deutschland später seine Vereinigung verdanken würde.

Natürlich freute ich mich, dass ich mit meinem Anstoß zu der Entstehung dieses Unternehmens beigetragen hatte. Dennoch nagte in mir immer noch ein leiser Zweifel, ob es uns über die symbolische Wirkung unseres Zusammenschlusses hinaus gelingen könnte, uns in der gespaltenen Welt mit übergreifenden Projekten sichtbar nützlich zu machen. Hinzu kam, dass ich mich als Psychoanalytiker nicht gerade besonders sicher unter herausragenden Atomphysikern, Ökonomen und Politikgrößen fühlte. Am ehesten verbunden fühlte ich mich mit dem sensiblen Denkertyp Likatschow, der die Jahre des Massensterbens im blockierten Leningrad und die stalinistische Verfolgung überlebt hatte – und mit dem extrovertierten Gegentyp McTaggart, der vor Einfällen fast barst, wie die dualistische Welt aus ihrem erstarrten selbstzerstörerischen Militarismus befreit werden müsste. Mit seiner Erfindung Greenpeace hatte McTaggart ja auch das einzige weltweit operierende pazifistisch-ökologische Gegenmodell auf die Beine gestellt, das der herrschenden Betonpolitik in die Quere kam. Er erfrischte die Runde laufend mit fantastischen Ideen, so zum Beispiel mit dem Vorschlag, Geld für einen eigenen Satelliten zu sammeln, der unabhängig von den Machtblöcken die militärische Entwicklung und die Umweltprobleme auf der Erde beobachten und Gefahren melden sollte. Eine nicht minder abenteuerliche Empfehlung präsentierte der russische Raumfahrtpionier Sagdejew: Amerikaner und Russen sollten ein Raumschiff mit einer gemeinsamen Mannschaft zum Mars schicken. Um deren Kooperation zu schützen, müssten die beiden Weltmächte für die Dauer der mehrjährigen Marsreise auf der Erde Frieden einhalten. Ich hatte natürlich engen Austausch mit Hans-Peter Dürr, der von der Physik aus ähnlich wie ich von der psychoanalytischen Sozialpsychologie aus gemerkt hatte, wie die eigene Wissenschaft unmittelbar in eine politische Mitverantwortung hineinragte. Persönlich sah ich für mich einen bescheidenen, aber durchaus sinnvollen Beitrag für die Stiftungsarbeit. Und zwar entwickelte ich den Plan, zusammen mit meinem Freund und langjährigen Mitarbeiter Hans-Jürgen Wirth, einer friedenspolitisch engagierten Moskauer Sozialpsychologin und einem Psychologen aus unserem Team eine größere vergleichende empirische Untersuchung vorzubereiten. Thema: Wie sehen Russen und Deutsche sich selbst? Und wie schätzen sie sich wechselseitig ein? Was denken sie jeweils über die Probleme von Umwelt und Rüstung und die sozialen Verhältnisse in ihren Gesellschaften?

Als sich die Stiftung 1988 in Washington traf, hatte sie sich bereits in fünf Komitees gegliedert: für Menschenrechte, Sicherheit (atomare Abrüstung), Entwicklung und Umwelt, Erziehung und Kultur. Ich hatte im Auftrag von Björnerstadt einen Arbeitsplan für das Kultur-Komitee vorbereitet.

Im Sicherheitskomitee arbeiteten Roald Sagdejew und Frank von Hippel von der Princeton University einen Report für eine gestufte nukleare Abrüstung aus. Das Umwelt-Komitee entwickelte ein großes Projekt, um mit Hilfe der Anrainer-Staaten eine Säuberung der Ostsee zu erreichen. Außerdem wurden Schulungsprogramme in 15 Ländern für eine effizientere Energie-Ausnutzung begründet. Sacharow erhielt die Unterstützung für drei vergleichende Menschenrechtsprojekte in den USA, Schweden und der UdSSR, in Zusammenarbeit mit Amnesty International und Human Rights Watch. Vom Kultur-Komitee wurde ein großes russisch-amerikanisches Kinder-Austauschprogramm in Gang gesetzt. Und – eine schöne Überraschung – ich konnte meinen Antrag durchbringen: eine empirische Ost-West-Studie mit dem Titel »Wechselseitige Stereotypen und Vorurteile bei Russen und Deutschen« wurde genehmigt.

Gleich machte ich mich mit meiner Forschergruppe an die Arbeit: Prof. Galina Andrejewa, Sozialpsychologin an der Moskauer Universität, Dr. Leonid Gozman, Vorsitzender der Vereinigung praktischer Psychologen in der UdSSR, Dr. Hans-Jürgen Wirth, Prof. Dieter Beckmann und Roland Schürhoff, sämtlich aus dem Psychosomatischen Zentrum der Universität Gießen. 1.000

Studentinnen und Studenten der Moskauer und 1.450 der Gießener Universität wurden mit dem Gießen-Test[2] nach ihren Befindlichkeiten, ihren Neigungen, Einstellungen, sozialen Verhaltensweisen und ihrer Resonanz bei anderen gefragt. Sie hatten also eine Art psychologisches Selbstporträt zu erstellen. Dann sollten sie mit dem gleichen Instrument die Menschen des anderen Landes einschätzen. Schließlich hatten sie 44 weitere Fragen über die eigene und die jeweils andere Gesellschaft zu beantworten – über die sozialen Verhältnisse, über Rüstung, Umwelt und Zukunftserwartungen.

Unter den Ergebnissen war eines besonders erfreulich und ermutigend: Vierzig Jahre Kalter Krieg mit den unablässig wechselseitig geschürten Feindbildern hatten es nicht vermocht, die Sympathie zwischen Russen und Deutschen zu erschüttern. Hier wie dort überwog das Vertrauen zu den Menschen der Gegenseite. Kritik richtete sich gegen tendenziöse Medien-Berichterstattung über das andere Land. Russen wie Deutsche bewerteten die eigenen sozialen Verhältnisse schlechter, als diese jeweils von den anderen eingeschätzt wurden. Die Westdeutschen hätten nach russischer Meinung kaum Bedarf, das eigene System zu reformieren, womit sie allerdings auf Widerspruch der deutschen Studenten stießen, die mehrheitlich solche Reformen durchaus wünschten. Über alle Maßen lobten die Westdeutschen die neue Politik Gorbatschows, während die Russen der deutschen politischen Linie deutlich skeptischer begegneten. Da haftete wohl noch der Vorbehalt gegenüber der westdeutschen Raketenpolitik.

Wenn die Untersuchung den Zweck verfolgt hatte, verfeindete Menschen einander näher zu bringen, so erwies sie sich in diesem Punkt also als überflüssig. Mehr gegenseitiges Wohlwollen als dasjenige, das nun zum Vorschein kam, hätte man sich gar nicht wünschen können. Es bestätigte sich, was ich bereits als junger Soldat in Hitlers Russlandfeldzug erlebt hatte. Bei näherer Berührung mit der

2 Der von Dieter Beckmann und mir 1968 entwickelte und später von Elmar Brähler mitbetreute Test wird inzwischen in 15 Übersetzungen in zahlreichen Ländern als Forschungsinstrument benutzt.

russischen Zivilbevölkerung hatte ich auf der Gegenseite hinter Angst und Erschrecken viel menschliche Nähe entdeckt. Bei meinen Besuchen drüben seit 1970 war ich jedes Mal auf überraschende Herzlichkeit und Wärme gestoßen. Alle Leiden und Verrohungen im und durch den Krieg hatten nicht auslöschen können, was an gegenseitiger Sympathie seit Generationen lebendig war. Umso grotesker, wie es die Politik über den Köpfen fertig gebracht hatte, die Völker in ein feindseliges Abschreckungssystem hineinzuzwingen, das leicht zur beidseitigen Vernichtung hätte führen können. Dieses System hatte Gorbatschow nun durchbrochen, indem er in die Politik jenes einfache Denken wieder einführte, wie es auf der Straße gilt: Wie absurd und blamabel erscheint ein Mensch, der seine Beziehungen zu Mitmenschen nur auf Bedrohung durch seine gewaltbereite Stärke gründen will!

Psychologisch stellten Russen und Westdeutsche untereinander eine Reihe von Übereinstimmungen, aber auch Unterschiede fest. Ungeachtet ihrer sehr viel schwierigeren wirtschaftlichen Verhältnisse präsentierten sich die Russen in einer ähnlich positiven Stimmung wie die Deutschen. Allerdings gab es Unterschiede zwischen den Geschlechtern. Die Frauen beider Seiten schilderten sich vergleichsweise anfälliger für Ängste und Traurigkeit und in ihrer Gemütslage abhängiger von den äußeren Verhältnissen. In der Bereitschaft zum Mitfühlen waren sie den Männern deutlich voraus – ein aus vielen internationalen Untersuchungen bekannter Geschlechtsunterschied.

Erwartungsgemäß porträtierten sich die Russen insgesamt als gemütvoller, offenherziger, vertrauensvoller als die Deutschen, auch eher geneigt, dauerhafte Bindungen einzugehen. Die Deutschen sahen sich vergleichsweise kühler, distanzierter, eigensinniger, durchsetzungsfähiger und ordnungsliebender. Sie sagten: Wir schätzen uns eher besser ein, als wir sind; die Russen: Wir sehen uns eher schlechter, als wir sind. Bemerkenswert noch: Der Religion legten die Russen eine deutlich höhere Bedeutung bei als die Deutschen – und dies nach siebzig Jahren atheistischer Erziehung.

Warum die deutsche Vereinigung psychologisch missglückte

Die Entspannung im weltpolitischen Klima, für die Gorbatschow seit 1987 gesorgt hatte, machte sich beiderseits des Eisernen Vorhangs als große Erleichterung bemerkbar. In den östlichen Satellitenländern konnte man freier atmen. Erste Risse im Warschauer Blocksystem wurden sichtbar. Im Westen ging die Atomkriegsangst zurück. Die Hoffnung spross, einem Zeitalter friedlicher globaler Kooperation unter Nutzung der Mittel entgegenzugehen, die bisher in die Wahnsinns-Rüstung geflossen waren. Als Psychoanalytiker rätselte ich, was aus den angesammelten paranoiden Energien wohl werden würde, die bisher beide Seiten in Spannung gehalten hatten. Dass die wechselseitigen deutsch-russischen Feindbilder schon 1988 kaum noch existierten, war ja aus der Gießen-Moskauer Vergleichsuntersuchung zu schließen. Aber konnte sich der so lange gehegte paranoide Argwohn einfach ins Nichts verflüchtigen? Die bisherige Verfolgungsstimmung war doch wohl nicht nur Wirkung des militärischen Bedrohungsverhältnisses gewesen, sondern auch ein Beweggrund für dessen Zustandekommen. Wo also würde das plötzlich arbeitslose Misstrauen bleiben, wenn die Abschreckungsdrohung entfiele?

Die Annahme lag nahe, dass einiges von der bisher nach außen gerichteten aggressiven Tendenz nach innen zurückschlagen könnte. Dafür gab es bald in Russland erste Zeichen. Die Euphorie über das herannahende Ende des Kalten Krieges und den Liberalisierungseffekt der Perestroika hielt nicht lange vor. Der Stern Gorbatschows verblasste. Ein schleichender Verfall der inneren Ordnung zeichnete sich ab. Im Widerstreit entfesselter Eigeninteressen gingen Zusammenhalt und verantwortungsbewusster Gemeinschaftssinn mehr und mehr verloren. Autodestruktive Tendenzen traten hervor. Auf *westlicher* Seite häuften sich in der gleichen Phase spektakuläre Skandale an den Spitzen von Politik und Wirtschaft. In der Bundesrepublik sorgten Parteispenden-Affären monatelang für Aufregung. Korruption in höchsten Staatsämtern und großen Gewerkschaftsunternehmen wurden Hauptthemen auf den Titelseiten der Blätter. Marion Gräfin Dönhoff wetterte in der ZEIT: Es habe bisher Sitte und Konvention gegeben und Empörung, wenn diese nicht eingehalten worden seien. Aber nun sei nichts mehr von alledem vorhanden.

Die allgemeine Verderbnis in der eigenen Gesellschaft war jedenfalls plötzlich Thema Nummer eins im Westen, für mich selbst Anreiz, darüber ein satirisches Buch (»Die hohe Kunst der Korruption«, 1989) zu schreiben, in dem ich den schamlosen Missbrauch ökonomischer und politischer Macht als natürliche Entwicklung des neoliberalistischen Systems deutete und scheinheilig bedauerte, dass es der korrupten und korrumpierenden Elite nur an professioneller Qualifikation fehle, um die ars corrumpendi fachgerecht zu praktizieren. Das Buch wurde auf der Stelle ein Bestseller, aber binnen Kürze beinahe ein Ladenhüter. Warum das?

Ganz einfach. Das Buch platzte genau in die deutsch-deutsche Vereinigung hinein. Danach schwand im Westen sehr rasch das Bedürfnis bzw. die Notwendigkeit, sich selbstkritisch mit der negativen Seite der eigenen Gesellschaft zu befassen. Das erschien mir durchaus logisch. Die vorherige Fixierung auf große interne Skandalfälle hatte ich als eine natürliche Folge der entfallenen Außenfeindschaft verstanden, als eine heilsame Innenwendung von Kritikbereitschaft nach der bisher gepflegten peinlichen Selbstidealisierung auf Kosten des dämonisierten Ostens. Nun aber waren die kollektiven westlichen Selbstzweifel schlagartig überflüssig geworden. Kein Grund war mehr da, Fehler auf der eigenen Seite aufzuarbeiten, hatte sich das westliche System doch durch seinen Sieg (so wurde die Selbstbefreiung der Ostdeutschen uminterpretiert) scheinbar endgültig seiner Perfektion versichert. Widersinnig, jetzt noch an der eigenen Gesellschaftsordnung und ihren Defekten herumzumäkeln, da sich jenseits der Elbe Übelstände in Hülle und Fülle zur Entlarvung und zum Skandalieren anboten – Misswirtschaft, Machtmissbrauch, Stasi-Terror.

Die psychologische Vereinigung missglückte also nicht nur wegen der langjährigen wechselseitigen Entfremdung, wegen weltanschaulicher Differenzen oder infolge des wirtschaftlichen Gefälles, sondern weil die triumphierenden Westler wie die Gewinner eines Krieges das Verliererland als Projektionsstätte zur Entsorgung von eigenen internen Spannungen nutzten. Hier fand der unbefriedigte Feindbildbedarf, der sich für kurze Zeit selbstkritisch an eigenen Mängeln festgemacht hatte, eine neue Abreaktionsmöglichkeit. Dementsprechend entdeckten die Westler im östlichen Teil vor allem das Negative – die Spuren von Einschüchterung und Unterdrückung. Ihre Konzentration auf den Apparat, der die Bevölkerung totalitär überwacht hatte, verriet das Interesse, die Ostdeutschen vor allem als eine Stasi-Gesellschaft zu identifizieren, sie also über das verhasste System zu definieren, das jenen nach 1945 aufoktroyiert worden war.

Für das Berliner DeutschlandRadio verarbeitete ich diese Beobachtung zu einem kritischen Vortrag. Daraus ein paar Passagen:

Am Verhalten anderer kann man immer nur verstehen, was man auch in sich selbst aufzuspüren bereit ist. Man erinnere sich nur daran, welchen Verlogenheiten, Verdrängungen und Sündenbockmechanismen wir im Westen nach 1945 erlegen sind. Wie unzulänglich waren wir fähig – was uns Jaspers und Mitscherlich bis in die späten sechziger Jahre vorgehalten haben –, selbstkritisch zurückzuschauen, das Geschehene offen zu bereden, Schuldige von hohen Positionen fern zu halten. Vergleichbar sind nicht die vom Hitler-Regime begangenen Ungeheuerlichkeiten mit den Verbrechen des SED-Staates, aber vergleichbar sind Mechanismen, die es erschwert haben und neuerdings erschweren, sich im Nachhinein mit einem totalitären System ehrlich auseinander zu setzen. Und da hätten wir im Westen aufgrund unserer Erinnerungen allen Grund, an dieser aktuellen Aufgabe im Osten des Landes auf behutsame Art Anteil zu nehmen anstatt durch selbstgerechtes Anprangern, Zensieren und Belehren.

Wie es indessen aussieht, zielen die westlichen Interessen momentan weniger auf Verständnis, Einfühlung und Mittragen der östlichen Erblast, eher auf Ablenkung von den eigenen Beschwernissen und Peinlichkeiten. So benutzt man den Osten ungeniert als eine Art von psychosozialer Deponie nach dem unselig bewährten Sündenbockprinzip. Barschel, Neue Heimat, die Parteispendenaffäre schrumpfen zu Bagatellen aus grauer Vorzeit im Vergleich zu Schalck-Golodkowski und der Verschiebung von SED-Geldern. Was immer die Opposition in Bonn noch an westdeutscher Korruption, Fehlplanungen und Missständen rügt – es nervt die Leute nur. Wie eh und je erleben sich die Sieger als die Guten und die Gerechten und projizieren, was immer sie auch bei sich selbst zu bemängeln hätten, auf die Verlierer. Genau diese Beziehungsform charakterisiert zur Zeit immer noch das deutsche West-Ost-Verhältnis.

Es erinnert an eine spezifische Konfliktform in Zweierbeziehungen, die der Verfasser vor zwanzig Jahren in »Patient Familie« beschrieben hat: Der eine Teil – oft der Mann – steigert sich unter Verdrängung eigener Schuldgefühle und Defekte in ein grandioses Selbstgefühl hinein, während der andere Teil – oft die Frau – kompensatorisch in Selbstzweifeln und Schwermut versinkt. Ist der Mann der manisch Überhebliche, hält er die Frau in ihrer Depression fest, damit sie stellvertretend für ihn ausdrückt, was er bei sich nicht sehen will. Sie wiederum bleibt in der Falle ihrer Minderwertigkeitsgefühle und ihrer Verzweiflung sitzen, solange sie sich masochistisch gefallen lässt, dass er alles positive Selbstgefühl für sich vereinnahmt. Erst wenn sie ihn konkurrierend herausfordert und er es fertig bringt, sich für die eigenen unterdrückten Probleme zu öffnen, haben beide für ein erträgliches Zusammenleben eine Chance. Dabei kann eine Paartherapie hilfreich sein.

Aber Ost und West können ihren Beziehungskonflikt nur selbst bzw. miteinander kurieren. Da kann ihnen keine Therapie helfen. Es ist schon ein Fortschritt, wenn man aus dem Osten den Westen längst nicht mehr blauäugig idealisiert, vielmehr diesem die eigenen Sünden ungeniert vorrechnet. In der Tat: Nicht nur Korruption,

Propagandalügen und Sport-Doping sind gemeinsame Übel. Auch über die verdeckten Unfreiheiten im »Reich der Freiheit« ist zu diskutieren, etwa über das Diktat sozial und ökologisch unverträglicher Strategien industrieller Macht. Auch freiwillige Unfreiheiten lassen sich entdecken: Entlarven nicht dort, wo es die Politik nicht tut, Werbung, Moden, gesteuerte Trends eine Hörigkeit von Mehrheiten, die im Sinne Erich Fromms der »Furcht vor der Freiheit« erliegen?

Natürlich ist es auch Sache des Westens, sich an der Stasi-Aufklärungsarbeit angemessen zu beteiligen. Aber eben nicht in Form eines publizistischen Enthüllungswettlaufs, der – wie man im Osten genau spürt – nicht Verarbeitungsprozesse fördern, sondern vor allem Sündenbock-Bedürfnisse befriedigen will. Es ist genug der Vorverurteilungen, gestützt auf Aktenindizien und Bezichtigungen durch Stasi-Offiziere. Sich einerseits der westlichen Errungenschaften des demokratischen Rechtsstaates zu brüsten, andererseits eben diese Prinzipien ungeniert durch voreilige rufmörderische Skandalierungen zu verletzen, ist nicht nur schändlich, sondern schafft genau das exorzistische Klima, das vielen Verwickelten, die reden müssten und vielleicht auch möchten, den Mund verschließt.

Manche haben schon zu Recht gesagt: Zu reparieren ist doch zuallererst die Zerstörung des Vertrauens zwischen den Menschen, die das Stasisystem gezielt betrieben und bewirkt hat. Dieses Misstrauen unter umgekehrten Vorzeichen wieder zu beleben, bedeutet, systematisch zu verhindern, was man zu erstreben vorgibt – nämlich eine gemeinsame Aufklärung der Wahrheit. Der Abbau des über Jahrzehnte gezüchteten Argwohns ist ungeheuer schwierig und ohnehin nicht heute und morgen zu erreichen. Die Belasteten benötigen den Mut, zu reden, und die Gewissheit, dass man ihnen auch zuhören will, dass man sie braucht, um die Vergangenheit besser zu begreifen und gefährlichen Rückfällen vorzubeugen. Was man wieder und wieder entdecken wird, wenn diese Dialoge erst intensiver in Gang kommen (sicherlich leichter abseits vom Markt

und am wenigsten vor dem Fernsehen), ist jene besprochene ubiqui-
täre Anfälligkeit für unverantwortliches, »gewissenloses« Handeln
unter dem Druck autoritärer Strukturen. Diese verhängnisvolle
Bereitschaft ernst zu nehmen und mehr Mühe auf die Erziehung zu
moralischer Selbstbestimmung und Zivilcourage zu verwenden, ist
jedenfalls eine in ihrer Bedeutung für den Schutz unserer Demokratie vielfach unterschätzte Aufgabe. Ralph Giordano hat es präzise
formuliert: »Die Deutschen müssen erst noch lernen, dass sie sich
nicht nur für ihre Befehle, sondern auch für ihren Gehorsam schä-
men müssen.«

Ein Kongressvortrag zu einem mich persönlich betreffenden Thema

Genau zu jenem Wochenende 1989, als die Mauer fiel, hatten Michael Wirsching und ich zu einem Psychosomatischen Kongress nach Gießen eingeladen, von mir als letzte repräsentative Fachveranstaltung gegen Ende meiner Amtszeit gedacht. »Neues Denken in der Psychosomatik« lautete der gewagte Titel. Fast schien es so, als wollte in diesem Augenblick die Politik die Philosophie des Kongresses unterstützen: Öffnung der Grenzen, Öffnung der Menschen füreinander. Öffnung der Medizin auch für die Innenseite von Gesundheit und Krankheit. Die Psychosomatik werde »jetzt gewissermaßen das Philosophikum der medizinischen Fakultät«, verkündete Rita Süssmuth, Präsidentin des Bundestages in ihrem Geleitwort zum Kongress, das verlesen wurde, während sie sich zusammen mit der Regierung zur Feier des Mauerfalls am Brandenburger Tor aufmachte.

Ich sah die Medizin an einem Wegekreuz: auf der einen Seite in den Klauen der Ökonomie, des technischen Bemächtigungswahns bis hin zu dem Projekt einer gentechnischen Züchtungsindustrie; auf der anderen Seite nach einer sanfteren, naturnäheren, verstehenden Heilkunde suchend. In meinem eigenen Kongressvortrag beschäftigte ich mich mit dem provozierenden, inzwischen totgeschwiegenen Buch von Hans Müller-Eckhard, »Die Krankheit, nicht krank sein zu können« von 1954. Müller-Eckhards These: Es sei die »vielleicht menschlichste und wichtigste und notwendigste Leistung ... nämlich krank sein zu können«. In einer unerträglichen Lebensatmosphäre könne der Leib nein sagen zu dem zerstörerischen Geschehen und krank werden. In dem Krank-sein-Können vieler Patienten stecke mehr Gesundheit als in dem Funktionieren von Millionen leidfreier Scheingesunder. Damit rief er die Ärzte nicht etwa zu Passivität auf, vielmehr zu einem tieferen Verständnis von Verhüten und Heilen.

Persönlich hatte ich mich bei der Ausarbeitung meines Vortrages mancher eigenen ernsteren Krankheiten erinnert. Warum hatte mich jene Diphterie mit ihren Komplikationen vor Stalingrad überfallen? War es nur Zufall, dass mein Immunsystem gestreikt hatte? Ein akuter Schub von entzündlichem Gelenkrheumatismus 1944 war ganz offenbar der ohnmächtige Protest gegen erduldete militärische Schikanen. Mein Zusammenbruch 1946 bei der Heimkehr, als kein Heim mehr da war, kein Mensch aus meiner Nähe – da war die Lungenentzündung eine rettende Regression gewesen. Ich hatte die Hilfe von Menschen gebraucht, die mich auffingen, pflegten, bis ich mich wieder aufrichten konnte. Und dann benötigte ich die drei Jahre meiner Doktorarbeit über den Schmerz, in denen ich mit mir selbst über mein Elend und meine Schuld sprechen konnte. Ich selber war es gewesen, der beide Eltern zur Flucht aus dem bombengefährdeten Berlin gedrängt hatte, wo sie vermutlich unversehrt hätten überleben können.

Diese Schatten verfolgen mich wohl heute immer noch. Als ich vor einem Jahr plötzlich mit meiner Herzarrhythmie erkrankte, leuchtete mir die ärztliche Erklärung zunächst ein, nämlich die Annahme einer Infektion durch die Operation zweier chronisch kranker Zähne. Inzwischen vermute ich, dass eine wesentliche Mitursache im Spiel war. Kurz zuvor hatten Bergrun und ich unseren dicht nebeneinander liegenden 75. Geburtstag gemeinsam gefeiert. Das Sigmund-Freud-Institut hatte uns beiden ein großartiges Fest ausgerichtet. Rita Süssmuth, Hans Eichel, Heino Falcke, Ellis Huber und andere hatten uns mit wunderbaren Reden beehrt. Hans-Jürgen Wirth hatte für den »Unbequemen und Engagierten« einen Band mit Dutzenden von schönen Glückwunsch-Texten zusammengestellt. Über 140 Briefe, Telegramme und Karten stapelten sich in der Wohnung und im Institut. Das alles versetzte mich in eine seltsame Unruhe, die weit über die bloße Wirkung des Trubels hinausging. Was ich da alles an Liebenswürdigkeiten auch von Leuten empfing, von denen ich nie gewusst hatte, dass ich ihnen einiges bedeutete, das war zu viel für mich. Zwei Tage lang schrieb ich, neben meinen Routinearbeiten, über 120 Dankesbriefe mit der Hand, bemüht, allen Gratulanten davon zurückzugeben, was ich von ihnen bekommen hatte. Dabei befand ich mich in einer sonderbaren Aufregung, als versäume ich etwas, wenn ich nicht allen Leuten prompt und in einem Zuge ein Zeichen gäbe, wie viel sie mir wert seien und welche Freude sie mir bereitet hätten. So wie ich mich benahm, reagierte ich nicht auf Wohltaten, sondern wie auf Vorwürfe, denen gegenüber ich mich rechtfertigen müsste. Als dürfte ich wie ein Hochstapler nicht an die Verdienste glauben, die man mir zurechnete. Das war also nicht schlichte Bescheidenheit, sondern offenbar Angst vor den Drohungen eines immer noch nur mangelhaft versöhnten Über-Ichs. Eine neurotische Reaktion, deren Wurzeln offensichtlich lange zurückreichen. Also kam meine Herzarrhythmie wohl zu einem nicht geringen Teil aus einer »unerträglichen Atmosphäre« im Sinne Müller-Eckhards, die ich mir allerdings selbst bereitet hatte. Es war ein Glück, dass ich krank werden konnte und nicht zu den Kranken zählte, die nicht krank werden können, und dass die Krankheit mir half, wieder etwas mehr von mir zu verstehen.

Was ich in jenem Kongressvortrag 1989 eigentlich ausdrücken wollte, war die Ermutigung für meine psychosomatischen Kolleginnen und Kollegen, dass sie sich nicht von dem Trend der »Entinnerlichung« der Medizin zu einer oberflächlichen Reparaturindustrie mitreißen lassen sollten. Der Titel »Neues Denken«, der Gorbatschows Begriff von einer Politik der Aussöhnung aufnahm, enthielt die Hoffnung, dass die politische Initiative der Abrüstung und der Verständigung sich im Menschenbild bis in die Medizin hinein niederschlagen könnte, als Startzeichen für eine partnerschaftlichere, einfühlsamere Arzt-Patient-Beziehung und für eine Aussöhnung mit der Leidanfälligkeit und Zerbrechlichkeit des Menschen.

Noch einmal Besuch bei Gorbatschow: »Linke wie Rechte sagen: Was ich mache, ist falsch.«

15. Januar 1991. Wieder im Kreml mit McNamara und den anderen Stiftungsvorständen bei Gorbatschow. Der Kreis hatte durch den Tod Sacharows einen schlimmen Verlust erlitten. Bei gemeinsamen Auftritten der Stiftung in Washington und New York hatte ich diesen großen Humanisten sehr zu bewundern gelernt. Wie kein Zweiter hatte dieser unerschrockene, unbestechliche Menschenrechtler Gorbatschow darin unterstützt, das antirussische Misstrauen der Amerikaner zum Schmelzen zu bringen. Aber jetzt steckt Gorbatschow selbst in der Klemme. Im Westen als Erlöser vom Kalten Krieg und als entscheidender Wegbereiter für die deutsche Wiedervereinigung verehrt, geht die innenpolitische Neugestaltung nach dem Zerfall des sowjetischen Imperiums über seine Kräfte. Perestroika und Glasnost reichen nicht aus, um das zentralistische bürokratische System in eine funktionierende liberalere Gesellschaft zu überführen. Sehr offenherzig offenbart der Präsident an diesem Abend seine Sorgen – sein kleines halb privates Referat vor den Mitgliedern der Stiftung dürfte nirgends öffentlich bekannt geworden sein:

»Die Lösung der Probleme in unserem Land ist nicht leichter, als die nukleare Abrüstung voranzubringen. Wir brauchen die Hilfe der Weltgemeinschaft, um unsere Situation im Innern zu festigen! – Demokratie ist nicht gesichert, wenn sie nicht durch Recht und Ordnung geschützt wird. – Wahrscheinlich fehlt es uns an der nötigen Tradition einer politischen Kultur, um schnell den Weg zur Demokratie zu finden. Gott muss der Perestroika helfen! – Wo überall wir Kontrolle aufgeben, wuchert ein hemmungsloser Egoismus. Die einzelnen Regionen verstehen die Liberalisierung als Einladung, sich vollständig souverän zu machen. Beispiel: Einige Moskauer Distrikte fordern schon Geld für die Überflugrechte der Flugzeuge.« Ein Zeichen dafür, dass vielfach der soziale Verantwortungssinn fehle, der einspringen müsste, wo Zwang und Überwachung gelockert würden. »Wir suchen neue Wege, sind aber nicht immer erfolgreich damit.« Aber es dürfe kein »turn back« geben. Der Prozess der Demokratisierung sei unumkehrbar.

»Vieles hängt davon ab, ob wir unser Finanzsystem stabilisieren können. Wirtschaftsreformen müssen vorangetrieben werden. Aber wir können nicht gleich zur reinen Marktwirtschaft übergehen! – Wir haben das alte System verlassen, aber noch kein funktionierendes neues an seine Stelle setzen können. – Sie als Wissenschaftler werden die enormen Schwierigkeiten dieser Umstellungsphase verstehen.« Ein griechischer Philosoph habe gesagt: »Alles fließt.« – »Deshalb machen wir heute manches anders, als ich vor zwei, drei Jahren angekündigt habe.«

Als ob er schon ahne, dass ihm das Steuer aus den Händen gleitet, klingt manches wie eine verzweifelte Selbstvergewisserung: Er habe in seinem Studium die alten Veden gelesen und sich einen Satz gemerkt: »Wer ein Ziel erreichen will, muss sich darauf zubewegen!« Er wolle bis zum Ende kämpfen, um eine Lösung zu finden. »Linke wie Rechte sagen: Was ich mache, ist falsch. Sie verstehen nicht, wie ich vorgehe. Ich weise auch die Kritik von außerhalb zurück. Wir können nicht einfach die Modelle westlicher Länder übernehmen und den Sozialismus einfach über Bord werfen!« Aber die zunehmende Integration seines Landes in die Weltgemeinschaft werde sich hoffentlich auch positiv auf dessen innere Entwicklung auswirken.

Er schließt mit wenigen Sätzen zur Außenpolitik. Bedauerlich finde er, dass die USA noch weitere Atomtests planten. Er habe Präsident Bush mitgeteilt, dass der Oberste Sowjet gerade den Verteidigungsetat deutlich gekürzt habe. Bush habe das begrüßt und gesagt, dass er im Falle Irak immer noch auf eine politische Lösung hoffe. Das sei vorgestern gewesen. Kurze Diskussion. McNamara, entschiedener Gegner eines Krieges am Golf, zweifelt an Bushs Auskunft.

Es ist die Gelegenheit, Gorbatschow das aus der Foundation hervorgegangene Buch »Russen und Deutsche« zu schenken und ihn zu fragen, ob er ernstlich glaube, dass ein Krieg gegen den Irak noch vermieden werden könne. Antwort: Er hoffe noch darauf, dass die kommende Woche eine friedliche Lösung bringen werde. Es freue ihn, dass in dem geschenkten Buch eine freundliche wechselseitige Einstellung von Deutschen und Russen beschrieben werde. Das passe zu seinen eigenen Eindrücken. Man habe ihn in Deutschland überaus herzlich empfangen.

Das war der Vorabend des Golfkrieges. Am nächsten Morgen begann die Bombardierung Bagdads. Nach allem Anschein war Gorbatschow an diesem 15. Januar 1991 tatsächlich noch uninformiert – symptomatisch für seinen Achtungsverlust bei den Amerikanern. Er war kein Partner mehr, um dessen Placet man bitten musste. Der Mann, der die Welt eben noch aus einer ihrer gefährlichsten Krisen herausgeführt hatte, war nicht einmal mehr der Unterstützung im eigenen Hause sicher. Er war zu einer tragischen Figur geworden.[3]

---

3 Die Foundation führte noch eine Reihe ihrer Projekte zu Ende, musste aber nach dem Sturz Gorbatschows erkennen, dass sie ohne die maßgebliche Integrationsfigur und ohne ferneren Rückhalt in der Moskauer Administration keine Chance mehr hatte, ihre anspruchsvolle Brücken-Mission erfolgreich fortzusetzen. 1994 löste sie sich auf.

Gorbatschow, Brandt, Lafontaine – bemerkenswerte Parallelen

Gorbatschow, Brandt, Lafontaine. Zurückdenkend finde ich heute Parallelen zwischen den dreien – ihren Erfolgen, ihren Niederlagen, ihrer vorübergehenden Idealisierung mit nachfolgender Entwertung. Bei Lafontaine ist die Entwertung noch so frisch, dass manche sich sträuben mögen, ihn überhaupt in der Nähe der beiden anderen zu sehen. Aber ich erkenne da Verwandtschaften: Alle drei haben sich besonders als visionäre Friedenspolitiker hervorgetan, haben sich auf der Höhe des Kalten Krieges gegen starke Widerstände für Versöhnung und atomare Abrüstung stark gemacht. Alle drei haben sich in der selbstkritischen Auseinandersetzung mit der jeweiligen totalitären nationalen Vergangenheit hervorgetan. Gleichermaßen haben sie sich für soziale Ideale eingesetzt, für eine Politik der *compassion* (Brandt), des »Neuen Denkens« (Gorbatschow), der Unterstützung der Schwächeren (Lafontaine).

Brandt und Gorbatschow wurden zu charismatischen Kultfiguren, Lafontaine brachte es immerhin zum Prädikat »Seele« oder »Herz der Partei«. So wie ich alle drei aus der Nähe kennen gelernt habe, heben sich diese Männer aus der Gruppe der Spitzenpolitiker durch eine große, absolut untypische Offenheit heraus, sind damit besonders angewiesen auf Rückhalt und Konsens – und haben sich schließlich in vergleichbarer Weise denen ausgeliefert, die sie gestürzt haben: Brandt hätte Wehner stoppen können, als er erkannte, dass dieser konspirativ seine Demontierung betrieb. Gorbatschow hätte nur der 1987 von Jelzin selbst angebotenen Demissionierung als Parteisekretär stattgeben müssen, um sich diesen für alle Zukunft vom Halse zu halten, und Lafontaine war gutgläubig genug, auf die Loyalität Schröders zu bauen, nachdem er als der integrierende Parteiführer und als der konzeptuelle Programmatiker seinen Part zum Gewinn der Bundestagswahl beigesteuert hatte. Er hätte nicht abwarten müssen, bis Schröder im Besitz der

Macht nach rechts rückte und ihn zum schuldigen Mohren machte.

Der Machtsinn eines jeden der drei reichte nicht aus, um sich rechtzeitig zu wappnen und zu wehren – oder anders ausgedrückt: ihre Gutgläubigkeit und Versöhnlichkeit war ihre verhängnisvolle Blöße, vielleicht also gerade jener Charakterzug, aus dem ihre Visionen einer offeneren, humaneren und friedlicheren Gesellschaft entstammten. Sie täuschten sich aber nicht nur in ihren Widersachern, sondern auch in der Verlässlichkeit ihrer jeweiligen Hausmacht. Alle drei hatten im Augenblick der entscheidenden Kraftprobe keine geschlossenen Reihen mehr hinter sich. Brandts SPD, für die er Ende 1972 den größten Wahlerfolg nach dem Krieg erkämpft hatte, war zerstritten und sah zu, als Wehner im Vorfeld des Sturzes ganz offensichtlich an Brandts Stuhl sägte. Gorbatschow wurde schon längst nicht mehr von der Volksgunst getragen. Und Lafontaines Truppen bekamen kalte Füße, als Schröder dessen Ansatz zum versprochenen Politikwechsel als Machterhaltungs-Risiko erscheinen ließ und den Partner den Medien, der Oppositon und der Wirtschaft als Prügelknaben preisgab.

Auf unterschiedliche Weise bekam jeder der drei die Rache für die vorher genossene Idealisierung zu spüren. Die Russen beweinten Brandts Sturz mehr als die Deutschen, dagegen überließen sie es dem Westen, den Verlust ihres Gorbatschow heftig zu betrauern. Lafontaines Abgang folgte im eigenen Land zuerst eine Mischung von Entsetzen und Entrüstung, dann eine systematische Ächtungskampagne, wohingegen die Franzosen die Einbuße eines wichtigen Freundes beklagten.

Der Abschied von einem einst Verehrten fällt immer leichter, wenn man die eigene psychische Abhängigkeit nachträglich verleugnet, indem man schon allezeit an den Qualitäten des Betreffenden gezweifelt haben will. Psychoanalytisch geht es stets um die Vermeidung einer Selbstentwertung. Die Begeisterung für einen Visionär des Sozialen, des neuen Denkens, des gewaltlosen Friedens hebt das Gefolge vorübergehend auf die Höhe dieser Ideale durch einen Prozess der Identifizierung. Die entsprechenden Hoffnungsträger abzubauen bedeutet dann zugleich einen Verrat des eigenen Ideals, eine Art Selbstkränkung, der man jedoch am bequemsten dadurch entgehen kann, dass man sich von dem Hoffnungsträger getäuscht sieht: Ich muss nicht meine Resignation betrauern, sondern kann mich mit der Wut auf den Verführer stabilisieren, der es nie wert war, von mir verehrt oder geliebt zu werden. Lafontaine hat diesen Prozess in seinem Fall in unvergleichlicher Weise erleichtert, weil er nicht stürzte, sondern so etwas wie Fahnenflucht beging. Eigentlich ist er nur der ihm im Kabinett von Schröder zugeteilten Rolle des Sündenbocks treu geblieben und ist seinem biblischen Vorbild in die Wüste gefolgt. Aber alle Welt hat natürlich auch das aggressive Moment gespürt: Wenn du, Schröder, es mehr »modern« im Sinne von weniger sozial haben willst, dann musst du es alleine machen und wirst sehen, dass es ein Fehler ist.

Es war ein Fehler. Schröder muss einsehen: *Mit* Lafontaine, der an das links schlagende Herz erinnerte, hat er die Wahl gewonnen. *Ohne* ihn ist er mit der Partei in der Publikumsgunst vorübergehend so tief abgerutscht wie noch nie. Und wenn er neuerdings weniger von Modernisierung, dafür immerfort von sozialer Gerechtigkeit redet – so stößt er auf Zweifel, wie ernst es ihm damit ist.

Persönlich denke ich, Lafontaine hätte wie einst Brandt Parteiführer bleiben sollen. Dann hätte er wie jener helfen können, die soziale Substanz der SPD vor dem Verschwimmen in Beliebigkeit und taktischen Opportunismus zu bewahren. Jetzt muss er sich erst mal prügeln lassen. Aber weder er noch seine früheren Mitstreiter sollten die entstandene Kluft durch impulsive Unbedachtheiten noch weiter aufreißen. Man wird einander vielleicht irgendwann wieder brauchen.

Mit den Unterschriften von 450 Wissenschaftlern gegen den Golfkrieg: Gespräche im Senat, im Repräsentantenhaus und im State Department in Washington

Doppelt enttäuscht flog ich am ersten Golfkriegstag aus Moskau nach Deutschland zurück. Ich hätte Gorbatschow, den ich unvermindert als großen Friedenspolitiker verehrte, die Kraft gewünscht, sich mit seinen Reformideen zielstrebig durchzusetzen. Aber nun schien der Mann angeschlagen. Über den Freund Valentin Falin hatte ich schon gehört, dass der Präsident neuerdings immer wieder unschlüssig und halbherzig agierte und sich weniger auf seine Ratgeber verließ. Jedenfalls war er einsamer geworden, ähnlich wie seinerzeit Willy Brandt gegen Ende seiner Kanzlerzeit.

Deprimiert war ich aber erst recht darüber, dass Präsident Bush nun doch am Golf mit seiner Riesenarmee von über 700.000 Soldaten aus 26 Nationen losgeschlagen hatte – gegen den Rat fast der Hälfte des US-Senats, gegen die Stimme von Ex-Präsident Jimmy Carter, der sich noch im letzten Augenblick verzweifelt bemüht hatte, Gegenstimmen von Senatoren zu gewinnen. Auch Ex-Verteidigungsminister Robert McNamara hatte gegen den Krieg votiert. Das hatte ich von diesem noch am Vortag persönlich gehört, als wir zusammen bei Gorbatschow saßen.

Jetzt war das Inferno nicht mehr aufzuhalten. Mehrere Hunderttausend irakische Soldaten würden in den kommenden Wochen dem Krieg zum Opfer fallen; rund 80.000 alliierte Soldaten würden später an einem rätselhaften »Golfkriegs-Syndrom« erkranken. 1,5 Millionen Iraker, darunter eine große Zahl von Kindern, würden an den Kriegsfolgen, vor allem an Seuchen und Hunger zu Grunde gehen. Von den Amerikanern verschossene uranhaltige Munition würde eine Kontamination weiter Gebiete mit einem späteren Anstieg von Krebserkrankungen zur Folge haben.[4]

Natürlich war es nötig, Saddam Hussein zum Rückzug aus Kuwait zu nötigen, das er brutal überfallen hatte. Allerdings hieß es, die amerikanische Botschafterin habe ihm vor dem Einmarsch signalisiert, dass die USA stillhalten würden. War nun ein Krieg nötig, um die Iraker zu vertreiben? Wäre nicht eine totale wirtschaftliche Abschnürung ein ausreichendes Druckmittel gewesen? Nun aber hatte eine monatelange Propaganda-Kampagne Saddam Hussein zu einem titanischen Weltfeind aufgebaut. Die Nato sah nach dem Zusammenbruch des Warschauer Paktes erstmalig die Chance, ihre Existenzberechtigung nachzuweisen. »Saddam Hussein rettet die Nato!« lautete ein Titel im Züricher Tagesanzeiger. »Erst haben wir Saddam Hussein aufgebaut, jetzt bezeichnen wir ihn als zweiten Hitler«, schimpfte der prominente amerikanische Historiker Arthur Schlesinger. In der Tat: Noch wenige Jahre zuvor hatten die Vereinigten Staaten Saddam reichlich mit Waffen versorgt, um ihn im Krieg gegen Iran zu unterstützen. Sie hatten es ihm nachgesehen, als er dabei sogar Chemiewaffen eingesetzt hatte. Inzwischen war er von deutschen Firmen mit Plänen und Hochtechnologie für ein Atomwaffen-Programm ausgestattet worden. So hatte sich der Westen selbst einen beachtlich gerüsteten Wüstenkrieger herangezogen – dessen Militärmaschinerie sich allerdings als weit weniger gefährlich herausstellen sollte, als die Propaganda es suggeriert hatte. Es war gelungen, Saddam nach Gaddaffi zum zweiten Satan in der Nachfolge Hitlers aufzubauen. Im SPIEGEL gab sich Hans Magnus Enzensberger alle erdenkliche literarische Mühe, dieses Horrorbild zu bestätigen.

---

4 Im August 1999 meldete der Leiter der Krebsabteilung des Saddam-Hussein-Spitals in Basra, dass die Zahl der dortigen Krebstoten von 34 (1988) auf 219 (1996), 305 (1997) und 409 (1998) angestiegen sei, was einer Zunahme von 30-50 Prozent pro Jahr seit 1996 entspreche. Da zahlreiche Fälle nicht ins Spital gelangten, müsse noch mit erheblich höheren Zahlen gerechnet werden. Ursache sei höchstwahrscheinlich die amerikanische Uran-Munition.

Zwei Monate lang hatte sich die internationale Friedensbewegung, einschließlich ihres israelischen Zweigs, der psychologischen Kriegsvorbereitung entgegengestemmt. Ich hatte für die Ärztebewegung gegen den Krieg geredet (am 24. November auf dem Bonner Marktplatz) und geschrieben (in verschiedenen Zeitungen), hatte mich in einer damals populären Fernsehsendung (»Der heiße Stuhl«, RTL) fünf leidenschaftlichen Kriegsbefürwortern (darunter Gerhard Löwenthal, Enno von Loewenstern und ein General) zur Diskussion gestellt. Schließlich hatte ich zusammen mit den Professoren Karl Bonhoeffer, Andreas Buro, Andreas Flitner und Martin Stöhr einen Brief an den Präsidenten und den Kongress der USA verfasst, für den ich binnen zehn Tagen 450 deutsche Universitätsprofessoren als Mitunterzeichner gewonnen hatte.

Die Hoffnung war, dass den Amerikanern eine derartige Summe von engagierten deutschen Wissenschaftlern mehr Achtung abnötigen würde als irgendwelche ihnen unbekannte Friedensinitiativen. Jedenfalls fand die Idee bei den angeschriebenen Professorengruppen einen unerwartet starken Anklang. Noch nach dem angegebenen Schlusstermin gingen über 100 zusätzliche Unterschriften ein. Man hätte leicht über 1000 haben können, hätten die bevorstehenden Weihnachtsferien eine Fristverlängerung erlaubt. Die Unterzeichner kamen aus nahezu hundert wissenschaftlichen Fachgebieten – 28 Prozent aus der Medizin, 13 Prozent aus den Naturwissenschaften, 10 Prozent aus der Pädagogik, 9 Prozent aus der Psychologie, die übrigen aus Soziologie, Politikwissenschaft, Philosophie, Rechtswissenschaft, Ökonomie und Theologie.

Der Appell, mit persönlichen Anschreiben an den Präsidenten, an den Außenminister und die Vorsitzenden der Kongressausschüsse in Washington gerichtet, lautete:

Wir wenden uns an Sie aus dem Land, von dem aus ein verbrecherischer Diktator die Welt vor einem halben Jahrhundert in den mörderischen Zweiten Weltkrieg gestürzt hat. Damals gab es keine handlungsfähigen Vereinten Nationen und also auch nicht das

Mittel eines solidarischen Handelsembargos, um jenes menschen-verachtende Regime mit nichtkriegerischen Mitteln auf die Knie zu zwingen.

Nach der Überwindung des Ost-West-Konfliktes verfügt die Weltgemeinschaft der Völker heute erstmalig über die Macht, Aggressoren durch einträchtige Sanktionen in die Schranken zu weisen. So erscheint es ganz ausgeschlossen, dass Saddam Hussein über längere Zeit dem Druck der von den UN beschlossenen wirksamen Wirtschaftsblockade widerstehen kann.

Statt dessen erlebt die Welt die Vorbereitung eines multinationalen Krieges, der zigtausend Soldaten, darunter viele Amerikaner, aber auch in großer Zahl Frauen und Kinder unmittelbar töten, der Millionen Menschen und die Völker in der weiteren Region in Mitleidenschaft ziehen und unermessliche ökologische Schäden anrichten würde. Dass der voraussehbare Einsatz verheerender Chemiewaffen durch den Irak ausgerechnet durch Exporte aus unserem Land möglich gemacht wurde, erfüllt uns Deutsche mit Scham.

Wir verurteilen auf das Entschiedenste Aggression und Bruch des internationalen Rechts durch das irakische Regime. Aber dessen Verbrechen dürfen nicht durch einen Krieg, der in seinen Ausmaßen ein Verbrechen von vielfacher Größenordnung wäre, beantwortet werden.

In dieser Situation appellieren wir eindringlich an Sie, gemeinsam mit den Vereinten Nationen statt einer militärischen unbeirrt eine politische Lösung am Golf anzustreben, die zugleich den Friedensprozess in der gesamten Mittelostregion fördern würde. Die Weltmacht USA sollte baldmöglichst die Initiative für eine Mittelost-Friedenskonferenz ergreifen.

Für eine friedliche Regelung erscheint es uns notwendig, dass der Rückzug des Irak aus Kuwait auf der anderen Seite durch einen sofort beginnenden Abzug derjenigen Truppen erleichtert wird, die für die Angriffsoption vorgesehen sind.

Verhindern Sie unter allen Umständen die Katastrophe eines Krieges, der – abgesehen von den horrenden materiellen Folgen –

einen Rückfall in jenes militaristische Machtdenken bedeuten
würde, das bisher die Menschheit der Energien und der Moral zur
gemeinsamen Bekämpfung ihres Massenelends und der tödlichen
Umweltgefahren beraubt hat!

> *Prof. Dr. K. Bonhoeffer Prof. Dr. A. Buro Prof. Dr. A Flitner*
> *Prof. Dr. Dr. H.-E. Richter Prof. Dr. M. Stöhr*

Auf dem Flug in die USA erinnerte ich mich an eine andere Aktion
zum Kriegsthema, mit der deutsche Intellektuelle vor siebenund-
siebzig Jahren an die internationale Öffentlichkeit getreten waren.
Im Oktober 1914 hatten 93 prominente deutsche Wissenschaftler,
Schriftsteller, Philosophen und andere Vertreter des Geisteslebens
einen »Aufruf an die Kulturwelt« gerichtet. Zu den damaligen
Unterzeichnern gehörten Wilhelm Röntgen, Paul Ehrlich, Max
Reinhardt und der Philosoph Ernst Haeckel. In ihrem Appell hieß
es u. a.:

Es ist nicht wahr, dass der Kampf gegen unseren so genannten Mili-
tarismus kein Kampf gegen unsere Kultur ist, wie unsere Feinde
heuchlerisch vorgeben (...) Ohne den deutschen Militarismus
wäre die deutsche Kultur vom Erdboden getilgt (...) Deutsches
Heer und deutsches Volk sind eins. Dieses Bewusstsein verbrüdert
heute 70 Millionen Deutsche ohne Unterschied der Bildung, des
Standes und der Partei. Wir können die vergifteten Waffen der Lüge
unseren Feinden nicht entwinden. Wir können nur in alle Welt
hinausrufen, dass sie falsches Zeugnis ablegen wider uns ...

Diesmal lautete die Botschaft der 450 also genau andersherum. Jetzt
war es ein pazifistischer Aufruf, in seiner Art sicherlich die größte
politische Gemeinschaftsaktion deutscher Wissenschaftler seit dem
Zweiten Weltkrieg. War sie vielleicht vermessen? War es nicht arro-
gant, ausgerechnet aus dem Land Hitlers den einstigen Befreiern
den Krieg gegen einen neuen Diktator ausreden zu wollen?

Offenbar war genau dies die Meinung der wichtigsten Medien zu Hause. Denn eine voll besuchte Pressekonferenz in Bonn, auf der gleichzeitig mit der Übergabe der Briefe in Washington die Aktion vorgestellt wurde, fand in den Medien kaum Niederschlag. Ihr seid mutig, hieß es. Aber ihr nehmt euch zu viel heraus! Keine einzige deutsche Zeitung wagte, den Professorenbrief abzudrucken. Ganz anders die Reaktion in Amerika. Kein geringeres Blatt als die Washington Post brachte den Appell ungekürzt. Daneben eine unterstützende kritische Karikatur, in der zwei dümmlich dreinschauende GIs auf einem Plakat lasen, warum sie mit ihrem Panzer in den Wüstenkrieg ziehen sollten, nämlich u. a. um Saudi Arabien zu verteidigen, die Ölreserven zu sichern, den Emir von Kuwait wieder auf den Thron zu setzen, den amerikanischen Way of Life zu verbreiten, amerikanisches Leben zu schützen, Arbeitsplätze zu erhalten ...

Auf Anregung von Egon Bahr hatte die Friedrich-Ebert-Stiftung für Andreas Flitner und mich ein kompaktes Programm vorbereitet. Unsere Gesprächspartner im Senat und im Repräsentantenhaus waren Ed King, Mitarbeiter von Senator Georges Mitchell, Mehrheitsführer im Senat; Gerald Christianson, Staff Director, und John Ritch III, Staff Director Senate Committee Foreign Relations; Ron Barteg und Robert Brauer vom Streitkräfte-Komitee. Brauer versprach uns, dass unser Aufruf in den offiziellen Kongressbericht des Tages aufgenommen werden würde.

Wo immer wir vorsprechen konnten, durften wir unseren Text erläutern. Manche kritische Worte bekamen wir zu den deutschen Waffenlieferungen an Saddam Hussein zu hören. Aber die Professoren-Initiative als solche fand nicht nur Interesse, sondern sogar manchen Beifall. Nur im Außenministerium stoppte man uns rasch mit dem Argument, wir wollten doch wohl nicht, dass der Westen sich ein zweites München leiste.

Sonst hatten wir noch Gespräche mit dem Gesandten Günter Pleuger, ferner mit Prof. Angela Stenner und Prof. Norman Birnbaum von der Georgetown University. An fast allen Orten ernteten wir für unser Anliegen Beachtung, auch zum Teil spontanes Einverständnis. Allein schon die Dokumentation des Textes in der Washington Post bewies, dass unser Unternehmen sinnvoll gewesen war und von den deutschen Medien nicht hätte schamhaft verschwiegen werden müssen. Noch im März, also nach Kriegsende, bedankte sich Dante Fascell, Vorsitzender des Komitees für Auswärtige Angelegenheiten im Repräsentantenhaus, in einem freundlichen Schreiben für unseren Aufruf. Darin versicherte er, dass auch er das Scheitern diplomatischer Versuche, den Krieg zu verhindern, sehr bedauert habe. Aber er wisse sich mit den deutschen Briefschreibern in der Hoffnung einig, dass nun ein Verhandlungsprozess einen besser gesicherten Frieden im Mittleren Osten zu Stande bringen möge.

Die Hoffnung blieb unerfüllt. Manche ursprüngliche Kriegsbefürworter, so auch Augstein im SPIEGEL, gestanden jetzt ein: Der Krieg war ein Flop. Der irakische Diktator blieb fest im Sattel. In Deutschland hatte der Krieg indessen einen Stimmungsumschwung bewirkt. Waren am 26. Januar 1991 noch über 200.000 Friedensbewegte mit zornigem Engagement im Bonner Hofgarten aufmarschiert, so hatten die Scud-Raketen der Iraker gegen Israel einen Schock ausgelöst. Mehr und mehr gingen die vorher kleinlauten Kriegsbefürworter aus der Deckung: Antisemiten seien die Pazifisten, in Wahrheit verkappte Sympathisanten Saddams. Ihnen wäre wohl ein zweites Auschwitz recht. Ein Vorwurf, der reichlich Verunsicherung stiftete – allerdings nicht bei mir persönlich. Denn ich sah mich zusammen mit meinen vertrauten Friedensfreunden unbeirrt in der geistigen Nachfolge der großen deutschen jüdischen Pazifisten, die vor ihrer Verfolgung und Vertreibung durch Hitler die geistige Vorhut der Anti-Kriegs-Bewegung gebildet hatten. Es war ein Trick, die immer noch in der Tiefe lauernden deutschen Schuldgefühle auf Saddam Hussein, später auf Karadzic und Milosevic umzupolen. Die falsche Botschaft lautete: Hitler ist nicht tot. Er lebt in den neu ernannten Weltfeinden weiter. Also können sich die Deutschen angeblich von ihrer Schuld reinigen, wenn sie sich den Kriegen gegen die neuen jeweiligen Hitler-Klone anschließen. Einstein, Freud und die anderen hatten nach der Pleite des Ersten Weltkrieges gehofft, den militaristischen Deutschen ihren Kriegsgeist austreiben zu können. Sie hatten die militärische Erziehung der Jugend ächten wollen, bis Hitler mit dieser genau jene Gewaltbereitschaft wieder einübte, die ihm das Werkzeug für seine Verbrechen lieferte. Nun aber lautete die Verführung: Ihr dürft, ja ihr müsst euch psychisch und materiell wieder aufrüsten, um die neuen Hitlers dieser Welt – am Golf, in Bosnien oder neuerdings im Kosovo – zu erledigen! Damit könnt ihr nachholen, was ihr vor einem halben Jahrhundert versäumt habt.

Das war eine von der Psychoanalyse entlehnte Technik, aber diesmal nicht zum Zweck der Aufklärung, sondern zur irreführenden Instrumentalisierung genutzt. Dabei ließen die Erfinder und Anwender dieser Strategie eines außer Acht: nämlich dass sie damit Geister riefen, die nicht zur Überwindung, sondern zur unkontrollierten Rehabilitation des Verdrängten führen müssten. Erst einmal auf total dämonisierte Weltfeinde angesetzt, ist deutsche militaristische Leidenschaft – in Verbindung mit moralischer Selbstverklärung – schnell wieder zur Stelle, und das Bekenntnis von 1914, wonach deutsche Kultur und deutscher Militarismus eins seien, ist dann vielleicht nicht mehr weit. Wer als selbstgerechter Krieger immer neue Hitler-Repräsentanten aufspüren und zur Strecke bringen will, muss aufpassen, dass er nicht genau das Gift wieder virulent werden lässt, gegen das er sich voreilig schon immun glaubte.

* * *

Herbst 1999. Saddam Husseins Macht ist ungebrochen. Neun Jahre nach dem Golfkrieg bombardieren Amerikaner und Engländer fast täglich den Irak, ohne dass die Weltöffentlichkeit davon noch Kenntnis nimmt. Im letzten Jahr allein wurden weit über tausend Raketen, Spreng- und Zementbomben eingesetzt. Papst Johannes Paul II. wollte im Südirak den legendären Geburtsort Abrahams besuchen. Aber Amerikaner und Briten nötigten ihn, den schon veröffentlichten Plan aufzugeben. Neuerdings wollen sie, wie Theo Sommer in der ZEIT berichtet, den Leiter des humanitären UNO-Programms im Irak, Graf Sponeck, loswerden, weil der in aller Öffentlichkeit ihre destruktive Sanktionspolitik beanstandet hat. So hat sich die Sterblichkeitsrate der irakischen Kinder unter fünf Jahren während der 90er Jahre fast verdoppelt. Der Tod von 500.000 Kindern wird vom Kinderhilfswerk UNICEF den Sanktionen zur Last gelegt. Die Amerikaner behindern sogar die offiziell erlaubte Einfuhr lebenswichtiger Güter. Dringend müssten die kaputten Bewässerungsanlagen im Lande repariert werden, um eine von der Welternährungs-Organistion vorausgesagte Dürrekatastrophe abzuwenden. Aber die Amerikaner lassen die dazu notwendigen Wasserpumpen aus rostfreiem Stahl nicht hinein.

In neun Jahren hätten die Amerikaner lernen müssen, dass sie mit ihrem unsichtbaren Dauerkrieg nicht den Feind Saddam Hussein treffen, sondern Elend und Tod über große Teile der Zivilbevölkerung bringen, dass sie Hunderttausende von Kindern zum Tode verurteilen. Sie ziehen eine andere Lehre: Verschwinden soll der UNO-Beauftragte, der diese Schande öffentlich macht. So sehen die Mittel aus, mit denen die dominierende Weltmacht ihren täglich besungenen Kampf für die Menschenrechte führt. Wenigstens haben wir noch die ZEIT, die den Mut aufbringt, einen solchen Skandal ungeniert beim Namen zu nennen. Aber wo sind unsere Politiker, die sonst mit dem Verdikt Völkermord nicht sehr zögerlich umgehen?

Zu Besuch bei den israelischen Friedensärzten

Noch im März 1991, unmittelbar nach dem Golfkrieg, besuchte ich zusammen mit einer vierköpfigen Delegation der deutschen IPPNW die »Israel Association of Physicans and Supporters for the Prevention of Nuclear War«. Wir besichtigten in Tel Aviv die frischen Zerstörungen durch die irakischen Scud-Raketen, die 800 Verletzte und zwei Tote als Opfer gefordert hatten. Unser Gastgeber Prof. Ernesto Kahan von der Universität Tel Aviv demonstrierte uns die umfangreichen Schutzvorkehrungen gegen den befürchteten, aber zum Glück ausgebliebenen Einsatz von Chemiewaffen. Kahan hatte dieses Programm persönlich geleitet. Überall war noch die Angst vor den irakischen Angriffen zu spüren, aber auch die Erleichterung, dem Schlimmsten entronnen zu sein.

Erwartet hatten wir Deutschen Skepsis und Vorwürfe, empfangen wurden wir stattdessen mit Freude und Dank, dass wir unsere Solidarität mit Israel gerade jetzt bekundeten. Weder in den persönlichen Kontakten noch auf einer gemeinsamen Pressekonferenz in Tel Aviv wurde auch nur der Verdacht laut, dass die deutsche Friedensbewegung Saddam Hussein in die Hände gearbeitet habe. Allerdings kam uns zugute, dass wir unsere frühzeitigen Proteste gegen die Giftgas-Angriffe Saddams gegen Iraner und Kurden nachweisen konnten, auch unsere Presse-Erklärungen gegen deutsche Atomtechnologie-Exporte nach Bagdad. Nach einem bewegenden gemeinsamen Besuch in Yad Vashem unterschrieben beide Delegationen eine von Prof. Kahan entworfene Presse-Erklärung:

Israelische und deutsche Ärzte der › Internationalen Ärzte zur Verhütung des Atomkrieges‹ fühlen sich in der schrecklichen Erinnerung an den Holocaust, den das jüdische Volk erlitten hat, besonders durch die Verantwortung verbunden, Leben und Gesundheit der Menschen zu schützen. Die augenblickliche Bedrohung des Mittleren Ostens und speziell Israels durch einen Krieg mit nuklearen, chemischen oder biologischen Waffen veranlasst beide Organisationen dazu,

1. *ihre Zusammenarbeit im Rahmen der IPPNW in Form einer sister affiliaton zu intensivieren,*

2. *auf eine massenvernichtungsfreie Zone im Mittleren Osten hinzuwirken,*

3. *sich dem Export aller für militärische Angriffshandlungen geeigneten Technologien und Waffen in den Mittleren Osten entgegenzustellen,*

4. *sich für eine Verständigung unter den im israelisch-arabischen Konflikt beteiligten Völkern einzusetzen.*

Natürlich wussten die israelischen Kollegen von den im eigenen Land heimlich gelagerten Atomwaffen. Da diese jedoch offiziell verschwiegen wurden, war Punkt zwei in der Presse-Erklärung als indirekter Protest gemeint.

Der leutselige Pressesprecher der israelischen IPPNW, Joschka Wallerstein, der uns auf allen Exkursionen begleitete, entpuppte sich als Schindler-Jude, der uns manche Geschichten darüber erzählte, wie Schindler inmitten des Grauens von Auschwitz unter den Augen der SS »seine« Juden listig beschützt hatte. So hatte Schindler ihn als angeblichen Metallarbeiter der SS entrissen und in seinem Betrieb beschäftigt. Es schien uns, als wollte Wallerstein uns etwas von der Beklommenheit nehmen, die er uns zumal nach dem Besuch von Yad Vashem anmerkte.

Wir besuchten auch das Friedensdorf Neve Shalom, wo Juden und Araber friedlich miteinander leben – ein Projekt, das ich von Deutschland aus seit Jahren mit unterstützt hatte. Schließlich ließen wir uns in dem arabischen Dorf von Dr. Masarweh die Arbeit der israelisch-palästinensischen Menschenrechtsorganisation (AJPPHR) erklären. – Natürlich lag es an den ausgewählten Kontakten, dass wir in jenen Tagen nur Juden und Araber antrafen, die auf Frieden und Versöhnung gestimmt waren – nicht aus Gutmenschen-Sentimentalität, sondern aus realistischer Einschätzung der politischen Notwendigkeiten.

Fast ein Eklat am 50. Jahrestag der Wannsee-Konferenz

Zurück in Deutschland fand ich eine Vortragseinladung zum 50. Jahrestag der Wannsee-Konferenz über die »Endlösung der Judenfrage« vor. Es sollte einer von drei Vorträgen in der Berliner Staatsbibliothek sein. Außer mir hätten schon Prof. Micha Neumann, Direktor eines großen psychiatrischen Krankenhauses in Tel Aviv, und Prof. Scheffler, Antisemitismusforscher aus Berlin, als Redner zugesagt. Ich antwortete prompt, dass mich die Einladung ehre, dass mir aber statt meiner ein Verfolgter oder ein Widerstandskämpfer würdiger zu diesem Anlass erschiene. Auf dringendes Zureden von Gerhard Schoenberner, Leiter der neu eingerichteten Wannsee-Gedenkstätte, willigte ich zögernd ein. Einige Wochen später hörte ich plötzlich von Micha Neumann, dass man diesen wieder ausgeladen habe. Von Schoenberner vernahm er als Begründung, der Regierende Bürgermeister Diepgen wünsche plötzlich nur noch zwei Vorträge. Neumann war entrüstet, zumal da er schon mitten in der Vorbereitung gewesen sei. Für mich war sofort klar, dass ich unter diesen Umständen meine Zusage zurückziehen würde. Ich bemühte mich eine Woche lang vergeblich, den Bürgermeister telefonisch zu erreichen. Es kam dann zu einer energischen Intervention eines Berliner jüdischen Analytikers, die zu einer Rücknahme der skandalösen Ausladung führte. Es war ein Konflikt, der mir ähnlich symptomatisch schien wie der spätere Eklat um Walsers Friedenspreis-Rede. Dass gerade der aus Deutschland vertriebene Jude, der sich viele Jahre therapeutisch und wissenschaftlich mit den posttraumatischen Schäden von Holocaust-Überlebenden und ihren Kindern beschäftigt hatte, angeblich nur aus Zeitgründen plötzlich unerwünscht sein sollte, war schwer zu glauben.

Tatsächlich war die Rede Neumanns der dramatische Höhepunkt der Gedenkfeier, auf der ich übrigens den Berliner Bürgermeister vermisste. Anhand von Fallgeschichten erläuterte Neumann, wie die Verfolgungs-Traumen in Familien der Betroffenen bis in die zweite Generation hineinwirkten und wie das gesamte Leben im Staat Israel mit der Verarbeitung des einzigartigen gemeinsamen Traumas verbunden sei. Viele Kinder von Überlebenden fürchteten, von den Eltern beschämende Geheimnisse zu hören, aber litten unter dem Verschweigen. Von der Depressivität ihrer Eltern geängstigt, fühlten sich manche Kinder gedrängt, für diese Verantwortung zu übernehmen. Sie glaubten, stark und standhaft sein zu müssen, um sich als Stütze für die Eltern zu bewähren. In Selbstmordversuchen von Kindern erkannten Eltern das Scheitern ihrer Bemühungen, die eigene posttraumatische Freudlosigkeit und Resignation vor den Kindern zu verheimlichen. In den präzise dokumentierten psychischen Folgen der erlittenen mörderischen Gewalt wurde diese selbst so erschreckend vermittelt, dass es den Zuhörern den Atem nahm.

Als Nachfolgeredner aufgerufen, ging ich selbst zum Pult, stand da – und brachte kein Wort heraus. Wohl eine Minute lang. Vielleicht war es diese anfängliche Verlegenheit mehr als meine folgende Rede, die mir bei den zahlreich erschienenen jüdischen Überlebenden eine sehr warmherzige Resonanz verschaffte. Unausdenkbar der Skandal, wenn es bei der Ausladung Neumanns geblieben wäre. Aber vielleicht hätte ein Eklat auch sein Gutes gehabt. Er hätte aufhorchen und schon etwas von der ambivalenten Stimmung spüren lassen, die sich bald in dem Gezerre um die Holocaust-Gedenkstätte offenbaren würde.

* * *

Vier Wochen später, im Februar 1992, feierte die deutsche Sektion der »Internationalen Ärzte zur Verhütung des Atomkrieges – Ärzte in sozialer Verantwortung« (IPPNW) ihr zehnjähriges Bestehen mit einer Tagung im Kongresszentrum am Berliner Funkturm – erstmalig als gemeinsame Veranstaltung der Mediziner aus beiden Landesteilen. Der Namenszusatz: »Ärzte in sozialer Verantwortung« war auf Wunsch der ostdeutschen Ärzte aufgenommen worden, die überwiegend aus der Bürgerbewegung stammten und denen der Beitritt in der DDR-Zeit verwehrt worden war. Zum Ausdruck sollte gebracht werden, dass die Ärztevereinigung sich nicht nur um die atomaren Gefahren und den Krieg, sondern auch um Menschenrechte und Umweltgefahren kümmere. Michael Roelen hatte die Veranstaltung wie immer perfekt organisiert. Nach einer Einführung von Jens Reich und mir hielt der bereits von seiner Krebskrankheit schwer gezeichnete Willy Brandt eine großartige Rede. Wir waren schon glücklich, dass er trotz seiner geschwächten Verfassung überhaupt zugesagt hatte, umso mehr nun darüber, wie er uns als eine Art Vermächtnis ans Herz legte, eine immer noch gefährdete Friedenspolitik von unten aus mit unvermindertem kritischem Engagement zu unterstützen.

Im persönlichen Gespräch erfuhr ich, dass Brandt sich über seine gesundheitliche Situation voll im Klaren war. Wie würde es mit der SPD weitergehen? Was war von seinen sogenannten Enkeln zu erwarten? Wir kamen auf Lafontaine, Engholm und Scharping zu sprechen, von denen ich ja nur den Erstgenannten aus freundschaftlicher Nähe kannte. Lafontaine, vielleicht ein künftiger Finanzminister – oder mehr? Brandt wiegte den Kopf. Man wird sehen. Jedenfalls tat es ihm sichtbar wohl, noch einmal die liebevolle Verehrung der vielen versammelten Ärztinnen und Ärzte zu spüren, die ihn wie eh und je als gemeinsame Leitfigur feierten.

Bewegender Abschied von Willy Brandt

Es verblieben Willy Brandt nur noch wenige Monate. Sein Tod, obwohl lange vorhersehbar, traf die Bevölkerung dennoch wie ein Schlag. Viele merkten jetzt erst, wie nahe ihnen dieser bedeutende Mann geblieben war, der so viel für die geistige Erneuerung im Land getan hatte. Mir teilte man die schwere Aufgabe zu, die einleitende Rede auf der großen Abschiedsveranstaltung der SPD im Berliner Eispalast zu halten. Das machte mir zuerst Angst, bis ich das Bedürfnis verspürte, meine Gefühle so natürlich auszusprechen, wie es Willy Brandt selber getan und immer von denen gewünscht hatte, die ihm näher gekommen waren.

Eine große, volle Halle, dennoch eine fast familiäre Atmosphäre, die mir die Aufgabe erleichterte:

Liebe Freundinnen und Freunde,
ich darf Sie wohl so anreden, denn heute Abend gibt es etwas, was uns alle einander nahe bringt, nämlich die gemeinsame dankbare Verbundenheit mit dem Menschen, den wir gerade verloren haben.

Ich habe die Ehre, Sie zu begrüßen, wo immer Sie herkommen, aus der einladenden oder einer anderen Partei, aus der Gewerkschaft, aus Wissenschaft oder Kunst, aus Friedens- oder Menschenrechtsgruppen oder einfach nur so als Familie oder Person, um in dieser Halle des Mannes zu gedenken, der unser aller Leben in der einen oder anderen Weise beeinflusst hat.

Wie haben wir Willy Brandt erlebt, was haben wir durch ihn erfahren, was verdanken wir ihm? Darüber werden sich nachfolgende Persönlichkeiten äußern, die ihm in verschiedenen Lebensphasen nahe gestanden haben, die mit ihm oder für ihn gearbeitet haben. Lassen Sie mich selbst eingangs mit Ihnen für einen Augenblick darüber nachsinnen, warum der Tod dieses Menschen, der doch seit Jahren immer seltener öffentlich hervorgetreten ist, dennoch Millionen Menschen in unserem Land und außerhalb so unge-

heuer bewegt. Viele habe ich als psychotherapeutischer Arzt und privat in dieser Woche getroffen, die Tränen vergossen haben, manche darunter, die über ihr Weinen selbst verwundert waren. Hatten sie doch gar nicht mehr gewusst, welche Gefühle sie an den Verstorbenen immer noch binden. Was also ist es, das da in uns hochkommt?

Jedenfalls ist es weit mehr als die Erinnerung an den herausragenden Politiker, Staatsmann, Parteiführer. Auch mehr noch als der dankbare Rückblick auf ein großes Leitbild, das uns Deutschen entscheidend geholfen hat, unsere Geschichte auf uns zu nehmen und zu tragen. Was uns so aufrührt, hat mit einem besonderen Gefühl von Nähe, von Liebe zu tun – eine ganz ungewöhnliche Empfindung gegenüber einer Gestalt, die lange auf der abgehobenen Bühne der Weltpolitik gewirkt hat. Da war einer da oben, der uns einfache Menschen hier unten nicht nur wahrnahm, sondern uns einfühlend zuhörte, sich glaubwürdig um uns sorgte, insbesondere um die Schwächeren unter uns, die dieser Sorge am dringendsten bedurften und bedürfen.

Weil er so war, konnte er manche wichtigen Reformen voranbringen, konnte er mit Egon Bahr der Verständigung mit dem Osten den Weg bahnen, konnte er wenigstens noch den Kurs formulieren, auf welchem der destruktive Nord-Süd-Konflikt unbedingt bewältigt werden muss. Dann hieß es eine Zeit lang, er habe mit seinen Visionen zu hoch gegriffen, er habe die Menschen zu utopischen Träumen verführt, und wie zum Beweis seines angeblich mangelhaften Realitätssinns war er ja ausgerechnet über östliche Hinterlist in Gestalt eines Guilleaume gestolpert – oder man hatte ihn darüber stolpern lassen.

Dass er nach wie vor maßgeblich das Gesicht der Partei prägte, dass er überall gewichtig mitredete, wo es um wesentliche sozialpolitische Fragen ging, dass er der Friedensbewegung beharrlich beistand und so noch kürzlich, schon von Krankheit gezeichnet, für uns Ärzte der IPPNW ans Rednerpult ging, registrierten wir alle fast schon als Selbstverständlichkeit. Wir hatten ihn wie einen festen

Besitz verinnerlicht und vereinnahmt und erschrecken nun plötzlich zutiefst darüber, dass wir ohne ihn dastehen und uns deutsche Politik ohne seinen Rat vorstellen müssen.

Aber nicht verlieren müssen wir, was er uns gelehrt, indem er es uns vorgelebt hat. Bleibt er uns vor Augen so wie in diesen Tagen, erwartet er von uns, dass wir der hiesigen Ausländerfeindschaft und dem neuen Rechtsradikalismus mit aller Entschiedenheit wehren, dass wir um der sozialen Gerechtigkeit im Innern und gegenüber den armen Ländern willen die notwendigen Opfer auf uns zu nehmen lernen, und dass wir beharrlich auf weitere Abrüstung und auf strikte Unterbindung der fatalen Rüstungsexporte dringen. Vor allem haben wir seine Überzeugung zu beherzigen: In dieser Welt der Destruktivität und Zerrissenheit ist eine Politik der Menschlichkeit und der globalen Verantwortlichkeit nicht nur möglich, sondern für eine langfristige Bewahrung des Lebens unumgänglich.

Gründung des deutsch-deutschen Müggelseekreises »Politische Selbstbesinnung« mit fünfzehn kritischen Geistern aus Politik, Kultur und Wirtschaft

Eine Einladung zum Bundespräsidenten Richard von Weizsäcker. Wieder einmal ging es um den Umgang mit der Stasi-Hinterlassenschaft. Ehemalige ostdeutsche Dissidenten suchten Rat: Könnte, sollte Richard von Weizsäcker vielleicht eine Initiative ergreifen, um die Stasi-Aufarbeitung zu fördern? Wären etwa Foren mit öffentlichen Anhörungen ein geeignetes Mittel – zusätzlich zu der natürlich unerlässlichen Strafverfolgung von Tätern? Schorlemmer warnte vor zu großem, Gauck vor zu geringem Verfolgungseifer. Dieser erhoffte sich von mir mehr Beistand, als er erhielt. Ich warnte davor, den Bundespräsidenten überhaupt mit irgendeiner Mitverantwortung für den offiziellen Umgang mit der Stasi-Hinterlassenschaft zu beschweren, wozu dieser allerdings ohnehin keine Bereitschaft erkennen ließ.

In mir waren immer noch die Eindrücke von den DDR-Besuchen aus der Zeit vor der Vereinigung lebendig. Die Begegnungen mit den vielen, die aus innerer Kraft den Boden vorbereitet hatten, aus dem dann der Aufbruch zur Selbstbefreiung entsprang. Warum kam davon jetzt so wenig zum Vorschein? Einige Gedanken dazu hatte ich in der zitierten Rede im DeutschlandRadio vorgetragen. Aber die diagnostische Analyse war eine Sache, eine andere die Frage, wie jene innere Kraft wieder zum Vorschein gebracht werden könnte. Verständlich waren mir die östlichen Minderwertigkeitsgefühle bezogen auf die Rückstände in Wirtschaft und Technik. Auch Scham über die – wenn auch erzwungene – Gängelung durch eine entmündigende Funktionärsherrschaft. Aber die jetzt vielfach spürbare Selbsterniedrigung enthielt doch auch ein Stück Verleugnung psychischer und sozialer Potenz. Menschen wie Christa Wolf, Stefan Heym, Christoph Hein, Heino Falcke, Jens Reich, Heiner Müller und Friedrich Schorlemmer konnten doch nur aus dem Osten kommen. Warum tat man im Westen so, als ob sie das Wichtige, das sie zu sagen hatten, nur trotz und nicht wegen ihrer Herkunft von drüben einbrächten?

Zwei, in denen ich die angstfreie kritische Offenheit der alten Ostberliner Friedenswerkstätten in ungebrochener Lebendigkeit wieder fand, waren der Erfurter Propst Heino Falcke und der Wittenberger Pastor Friedrich Schorlemmer. Heino hatte mich schon zu DDR-Zeiten einmal zu einem Seminar mit jungen Sozialarbeitern und Studenten ins Erfurter Augustiner-Kloster eingeladen. Themen waren Anpassung und Widerstand. Unvergessen ein junger Ex-Soldat, der seine Konflikte als Grenzbewacher schilderte. Täglich die Angst, beim Wachdienst auf Flüchtlinge zu treffen. Stets ein Aufpasser dabei. Würde er zur Not schießen müssen? Natürlich vorbei, wenn überhaupt. Oder doch Sich-Weigern und in den Knast? Erlöst, als der Test ausblieb. Heino kümmerte sich um die jungen »Christen von unten«, die mehr Mut, mehr kritischen Pazifismus von der Kirche forderten. Um den Jungen nahe zu bleiben, hatte er abgewinkt, als die Frage des Bischof-Amtes auftauchte. Dafür hatte er sich im »Neuen Forum« engagiert.

Ganz anders als dieser introvertierte Denkertyp der leidenschaftliche, sich unentwegt verausgabende Friedrich Schorlemmer. »Nach sieben Paragrafen hätten sie mich jeweils bis zu 12 Jahren Haft verurteilen können. Ich wusste aber, ich muss zusehen, dass ich gerade noch außerhalb des Knasts existieren kann. Denn wen sie drinnen hatten, den haben sie meistens so fertig gemacht, bis er bereit war, in den Westen zu gehen. Das wollte ich nicht.« Weil die DDR sich unbedingt als Friedensmacht darstellen wollte, hatten sie Hemmungen, ihn einzusperren, auch wenn er vor den russischen Raketen genauso warnte wie vor den amerikanischen.

In einem fühlte ich mich Friedrich vom ersten Augenblick an verwandt: nämlich in einer Art von Engagement, das stets mehr auf das *Pro* als auf das *Anti* aus ist. Auch Friedrich hatte immer mehr *für* die Überwindung der Feindschaft als *gegen* die Waffen gekämpft. Da war er auf den Spuren des Vaters, der ihm aus Remarque vorgelesen und ihm von einer russischen Bäuerin erzählt hatte, die ihn als Soldat vor schweren Frostschäden durch die Anfertigung von warmen Filzstiefeln in einer einzigen Nacht bewahrt hatte.

Manchen früheren Dissidenten-Freunden ging Friedrichs Versöhnungsbereitschaft nach der Vereinigung zu weit. Sie verübelten es ihm, insbesondere Joachim Gauck tat sich dabei hervor, dass er sich irgendwann eine Amnestie für diejenigen Stasi-Helfer wünschte, die sich keiner Verbrechen schuldig gemacht hatten. Darauf bezichtigte man ihn, die Vergangenheit zuzudecken und die Opfer zugunsten der Täter im Stich zu lassen. Das verletzte ihn natürlich. Seine Antwort: »Was früher als Mut fehlte, kommt jetzt als Wut (...) Die Rachephase ist eine Variante 40-jähriger Feigheit, der man sich nicht zu stellen wagt.« Friedrichs Motto: »Die Wahrheit muss raus, dann aber muss jedem die Möglichkeit gegeben werden, wieder zu leben.« Und der Westen solle aufhören, mit den Menschen im Osten wie mit Besiegten umzugehen, und endlich begreifen, dass dort »Menschen sind, die ihr Haupt heben können«. In diesem Fall traf der Börsenverein den Richtigen, als er Friedrich Schorlemmer 1993 den Friedenspreis verlieh. Und für mich war es eine Freude, den prämierten Freund im Börsenblatt für den Deutschen Buchhandel würdigen zu dürfen.

Schon ein Jahr zuvor hatte ich Friedrich wie Heino in einen verwegenen Plan eingeweiht, der mir während meines Sommerurlaubs in Zermatt eingefallen war. Könnte man nicht vielleicht einen Arbeitskreis ungefähr nach dem Muster jener in Moskau ins Leben gerufenen Stiftung zu Stande bringen? Gemischt aus herausragenden Köpfen beider Landesteile, aus Politik, Kultur und Kirche? Ich dachte an längere Wochenend-Treffen an einem abgelegenen Ort mit etwa fünfzehn Leuten aus allen demokratischen Lagern, diskret, ohne Produktion von Verlautbarungen oder auch nur Protokollen. Nur freie Gespräche in der Runde. Keine längeren Vorträge, nur kurze Einführungen zu einem jeweils brennenden gesellschaftlichen Thema. Als Name fiel mir ein: »Ost-West-Symposium, politische Selbstbesinnung«. Als erfahrener Leiter von Gruppen-

Wochenenden traute ich mir zu, Menschen in solcher ungewöhnlichen Zusammensetzung zu einem ertragreichen gemeinsamen Nachdenken anzuregen.

In zwei Wochen vertelefonierte ich in Zermatt mehr als 300 Schweizer Franken. Heino und Friedrich waren sofort gewonnen. Wieder war es Egon Bahr, der mir nicht nur Mut machte, sondern mich gleich – ähnlich wie bei der Golfkriegs-Initiative – organisatorisch beriet. Die Ebert-Stiftung könnte die Sache ausrichten. Wen ich auch ansprach, fast alle erkundigten sich interessiert und erwärmten sich für die Idee. Hildegard Hamm-Brücher gab zu bedenken, ob man nicht doch versuchen sollte, das Nachdenken zu fixierbaren Ergebnissen zu bringen. Spontane Zustimmung zu meinem Vorhaben kam von Antje Vollmer, Jens Reich, Christa Wolf, Gunter Hofmann, Lothar de Maiziere und Oskar Lafontaine. Damit schien das Vorhaben schon mal gesichert. Gemeinsam fanden wir weitere Namen, u. a. Regine Marquardt und Marianne Birthler, Andreas Flitner, Hermann Freudenberg, Rita Süssmuth, Hans-Otto Bräutigam, Richard v. Weizsäcker, Christoph Hein, Lothar Späth, Marion Dönhoff, Birgit Breuel, Norbert Blüm. Man hörte sich interessiert an, wie ich mir die Gestaltung des Treffens vorstellte: Austausch über den Zustand der gespaltenen Gesellschaft, über die beiderseitigen Befindlichkeiten, über Möglichkeiten konstruktiver Annäherung – und dies zwei Tage lang ohne ein Leistungsziel, ohne dass etwas Greifbares dabei herauskommen müsste. Nur Fragen, Einfälle kommen lassen, zuhören, wieder nachfragen. Ein Klima, in dem man nicht so tun muss, als wüsste man schon Bescheid, etwa gar besser als andere – ein Klima, in dem man auch über eigene Ängste, Zweifel und Irrtümer reden kann, vor allem bereit, von anderen dazuzulernen. Alles schöne Phantasien, aber auch machbar? Mit einer solchen Mischung von Roten, Schwarzen und Grünen, von gestressten Machtträgern und introvertierten Intellektuellen? Vielleicht könnte sich aus dem Unternehmen ja eine fortlaufende Reihe von Symposien entwickeln, eine Hoffnung, die sich dann auch erfüllen sollte.

Unser erstes Treffen hat Axel Schmidt-Gödelitz, Leiter des Berliner Büros der Friedrich-Ebert-Stiftung, im November 1992 in Potsdam organisiert. Wir sprachen über drei Themen:

1. Die Intellektuellen und das geistig-politische Vakuum; eingeleitet von Egon Bahr und Friedrich Schorlemmer.
2. Bilanz und Aufgaben der Vereinigung aus östlicher und westlicher Sicht; eingeleitet von Antje Vollmer und Jens Reich.
3. Demokratisierung der Verantwortung; eingeleitet von Hildegard Hamm-Brücher und Marianne Birthler.

Schon bei den Einführungen, dann beim Gruppengespräch wurde ein Ost-West-Unterschied nicht nur in den Denkweisen, sondern unmittelbar im Ausdruck deutlich. Die Ostdeutschen verbanden ihre sachlichen Ausführungen mehr mit ihren persönlichen Empfindungen, während die Westler sich kontrollierter und nüchterner darstellten. Wenn auch diese dann und wann mehr aus sich herausgingen, dann eher, um einer These mehr Nachdruck zu geben. Die Ostdeutschen ließen unmittelbar spüren, wie sie sich von der allgemeinen Entmutigung und Verunsicherung im neuen Zusammenleben bedrückt fühlten. Es flossen auch mal Tränen, was auf der anderen Seite Beklommenheit hervorrief, Mitempfinden, Schuldgefühle, Ratlosigkeit, aber auch leichten Unwillen über solche im Westen unübliche Durchlässigkeit. So vermittelte bereits die Gruppendynamik manche Einblicke, aus denen man nicht weniger lernen konnte als aus dem Vergleich theoretischer Positionen.

Reichte es aus, zwei Tage nur miteinander zu sprechen, ohne nachher etwas vorzuweisen? Musste man nicht, wie sonst üblich, den Leistungserfolg des Unternehmens belegen? Eine der westlichen Politikerinnen fand, sie sollten zumindest beim nächsten Treffen doch irgendwelche konkreten Handlungsanweisungen vorbereiten. Aber die Mehrheit widersprach entschieden. Was wir miteinander betrieben, sei eine Gedankenwerkstatt und keine Planungskonferenz. Man habe bei diesem ersten Treffen voneinander und miteinander schon manches gelernt und wichtige Anregungen bekommen, über die man weiter nachdenken wolle. Gerade diese Offenheit begrüße man, auch die Anerkennung ungelöster Schwierigkeiten und Zweifel, was sich im öffentlichen politischen Parteienstreit aus taktischen Gründen oft verbiete. Schließlich die Frage: Wollte man das Experiment fortsetzen oder es bei der einmaligen Erfahrung bewenden lassen? Einhellige Entscheidung: unbedingt weitermachen!

Das war der Start zu mittlerweile zwölf Treffen, die nun seit Jahren in einem ruhigen Berliner Stadtrandhotel an einem See stattfinden. Inzwischen ist das Sigmund-Freud-Institut neben der Friedrich-Ebert-Stiftung zum Mitveranstalter geworden. Wir sind bei einer Runde von durchschnittlich fünfzehn Leuten geblieben. In der Moderation lösen Axel Schmidt-Gödelitz und ich einander ab. Neue bekannte Gesichter sind hinzugekommen – aus Politik, Forschung, Wirtschaft, Literatur, Kirche, auch mal Jugendliche und ein gewandelter Ex-Rechtsextremist. Ost- und Westdeutsche sind je zur Hälfte dabei, darunter Anhänger oder Mitglieder des gesamten demokratischen Parteienspektrums – aber alle als kritisch reflektierende Einzelne, die sich mitunter über die Parteigrenzen hinweg leichter verständigen als innerhalb des jeweiligen Lagers. Manche genießen es sichtlich, dass sie in diesem diskreten Zirkel frei von Loyalitätszwängen und taktischen Rücksichtsnahmen laut phantasieren können, losgelöst von der Dramaturgie des politischen Medientheaters – obschon dem großen Publikum zu wünschen wäre, es könnte manche der illustren Figuren mal wie ich als besinnliche, empfindsame, lernbereite schlichte Leute erleben, die zugestehen, dass sie mehr offene Fragen als definitive Antworten haben. Ihnen Gelegenheit zu geben, sich von dieser Seite zu zeigen, ist für mich vielleicht der Hauptgewinn dieser Veranstaltungsreihe. Jedenfalls lebt der Kreis von der Qualität solcher Teilnehmer, die kommen, um die brennenden gemeinsamen Probleme besser zu verstehen und beim Suchen von Lösungswegen voneinander zu lernen. Inzwischen sind schon mehr als dreißig dabeigewesen, von denen, vor allem wegen Terminschwierigkeiten, jeweils nur ein Teil kommen kann – dazu fallweise ein paar Experten zu einem speziellen Thema. Natürlich hätte ich, meiner Gewohnheit entsprechend, gern viel davon, was ich in diesem Kreis gehört habe, schreibend verarbeitet. Die vereinbarte Diskretion durfte ich selbst natürlich am wenigsten verletzen.

Aber eines Morgens erwachte ich aus einem Traum mit einer Ersatzlösung. Ich dachte mir ein himmlisches Symposium mit abendländischen und fernöstlichen Weisen aus, deren unsterbliche Seelen sich über die Lage der Menschen in den irdischen Gesellschaften Gedanken machen und deren Zukunftsaussichten einschätzen. Buddha, Konfuzius, Platon, Augustinus, Descartes, Marx, Freud und Einstein unterhalten sich über Analysen, Sorgen und Visionen, deren wundersame Ähnlichkeit mit manchen Inhalten der Gesprächsrunden der International Foundation und des Ost-West-Symposiums nicht ganz zufällig ist. Das ist jedenfalls ein Teil der Entstehungsgeschichte des Buches, das ich 1996 und 1997 schrieb: »Als Einstein nicht mehr weiterwusste«.

Resümee aus dreißig etwas unkonventionellen Amtsjahren

Wintersemester 1991/92. Nicht meine, sondern eine andere Sekretärin des Hauses erhält die Nachricht, ich möge am folgenden Montag mein Amtszimmer zur Besichtigung durch meinen Nachfolger, über dessen Berufung ich nicht einmal informiert wurde, zur Verfügung stellen. Eine etwas rüde Verabschiedungspraxis. Um so leichteren Gewissens leiste ich mir einen letzten Urlaub. Zusammen mit Bergrun besuche ich Sohn Clemens in Daressalam, der im dortigen staatlichen Krankenhaus als Internist arbeitet. Dort beteilige ich mich ein paar Tage an klinischen Visiten, halte einen Vortrag, und dann geht es ab zum Kilimandscharo. Es wird nach vielen schönen Klettertouren mit Clemens in Tirol und im Wallis noch einmal ein wunderbares gemeinsames Bergabenteuer.

Die Führer und Träger amüsieren sich, als sie bei der Anmeldung lesen, dass sie es es mit einem fast 69-Jährigen zu tun haben. Abseits der ausgetretenen Normalroute durchwandern wir erst malerischen Urwald, dann Busch-Savanne, schlafen dreimal im Zelt, bis wir nach vierzig Kilometern zur Kibo-Hütte, dem letzten Quartier vor dem Gipfelanstieg, hinüberqueren. Erst hier treffen wir wieder auf Touristen, die sich mehrheitlich wie wir selbst mit typischen Höhenbeschwerden plagen: Appetitlosigkeit und Kopfschmerzen. Aufbruch in sternklarem Dunkel um Mitternacht. Ein Führer würde genügen, aber ein junger Hilfsführer kommt mit – vielleicht für den Fall, dass der Alte schlappmacht. Mühsames Hocharbeiten in Geröll und Lava-Asche. Ohne Nachtfrost und Schnee versinken die Stiefel in dem weichen Boden und rutschen bei jedem Schritt ein Stück zurück. Bald werden wir von schnelleren Gruppen überholt. »Please slow!« bitte ich den vorangehenden Führer Aloisi in immer kürzeren Abständen. Verschiedentlich kommen uns Höhenkranke entgegen, die umkehren müssen. Noch eine Rast in der Hans-Mayer-Höhle, nach dem Erstbesteiger genannt. Hoch über uns die

Laternen schnellerer Gruppen. Im Schneckentempo weiter, unfähig, mich an der immer großartigeren Aussicht zu erfreuen. Nur noch »fortyfive minutes«, sagt Führer Aloisi. Gelegentliches Aufatmen, wenn mal eine kurze Strecke mit festerem Boden ohne Zurückrutschen dabei ist. Wenigstens keine Kopfschmerzen mehr. Endlich kommt festeres Felsgestein. Da spüre ich, dass mich der junge Hilfsführer Felix bei manchen Schritten von hinten stützt. Das soll er unterlassen! Aber dann merke ich selbst, dass meine Tritte unsicher werden – wie in leichter Trunkenheit. Zum Glück sind das nur noch die letzten Meter bis zum Gipfel, d. h. bis zum Gillman's Point, 5.700 Meter, der schon offiziell als Gipfel gilt, obwohl es im Kratergelände noch einen höheren Punkt gibt. Hier lagern schon ein paar blasse Gestalten. Großartig das Gelände mit den Eisbarrieren um die Kraterschlucht und der Blick auf die weite völlig flache Ebene, aus der das Kili-Massiv als einziger Gebirgsstock herausragt. Umarmungen. Dank an Clemens, der die Tour phantastisch vorbereitet hatte und nun genauso glücklich über das Gelingen ist. Wie ein Wunder stellt sich eine rasche Erholung ein, die es möglich macht, die Freude über das erreichte Ziel und die Bilder der einzigartigen Landschaft voll auszukosten. Die beiden Führer und später auch die auf der Hütte zurückgebliebenen Träger drücken mir immer wieder strahlend die Hände, sichtbar froh, dass sie den Alten heil heraufgebracht haben. Glücklich teilen sie die ihnen zurückgelassenen Geschenke: ein Zelt, ein Schlafsack, ein Rucksack und manche Utensilien. Es ist wohl ein allseitiges Bedauern, dass die in einer Woche gewachsene, freundschaftliche Vertrautheit ein abruptes Ende hat.

* * *

März 1992. Dreißig Jahre Amtszeit als Direktor der Psychosomatischen Klinik, später des Interdisziplinären Psychosomatischen Zentrums an der Uni Gießen sind zu Ende. Gelegenheit, über das Erreichte und das Verfehlte nachzudenken. Was immer mir gelungen war, verdanke ich der Verbundenheit mit einem Team, das in dem besonderen Klima der 60er und 70er Jahre zu einer nicht unbedingt üblichen Gemeinschaftsform zusammengewachsen war. Heute kaum noch vorstellbar: Gemeinsame Reisen an abgelegene Orte, um dort ein paar Tage lang in vielstündigen gruppendynamischen Sitzungen Konflikte und Krisen zu besprechen, nebenher Fußball, Schwimmen und Wandern. Dort kamen uns die wichtigsten Ideen, unseren Betrieb besser zu organisieren. Eine aus Männern und Frauen gemischte Fußballrunde, erst samstags, dann mittwochs, überlebte noch meine Emeritierung. Unserem Gruppenklima war auch eine ungewöhnliche Untersuchung zugute gekommen, in der wir miteinander die klinischen Sichtweisen in Bezug zu den Persönlichkeitsmerkmalen der einzelnen Gruppenmitglieder untersucht hatten. Von Nutzen war es auch gewesen, dass wir das Gießener Psychoanalytische Ausbildungsinstitut bald aus der Klinik ausgegliedert hatten, um die Lehranalysen vor einer Verquickung mit dienstlichen Beziehungen zu bewahren. Schon früher hatte ich ja in der Deutschen Psychoanalytischen Vereinigung durchgesetzt, dass die psychoanalytischen Prüfungskolloquien an einen überregionalen Ausbildungsausschuss delegiert worden waren, um die Kandidaten von etwaigen Befangenheiten örtlicher Prüfer zu befreien.

Besonders glücklich war ich darüber, dass in unserem Zentrum Psychoanalytiker und hochqualifizierte psychologische Methodiker eine glänzende Kooperation ohne die sonst häufigen wissenschaftstheoretischen Querelen entwickelt hatten. Das war zuerst Dieter Beckmann, nachfolgend auch Jörn Scheer, Helmut Zenz und Elmar Brähler geschuldet, die mit den Psychoanalytikern zahlreiche gemeinsame Forschungsprojekte durchführten. Sie beteiligten sich an den klinischen Fall-Diskussionen und befruchteten mit eigenen Ideen und mit ihren Kenntnissen in empirischer Methodik die wissenschaftliche Arbeit ungemein. Ich verdankte der freundschaftlichen Zusammenarbeit mit Dieter Beckmann das Gelingen von zwei Projekten, die sich bis heute fachlicher Anerkennung erfreuen. Das waren der schon 1968 konzipierte Gießen-Test und die sogar mit einem internationalen Preis ausgezeichnete Monografie über Herzneurose. Durch ein schweres Flüchtlingsschicksal in der Kindheit geprägt, war Beckmann wie ich kritisch politisch engagiert. Künstlerisch begabt und aktiv, großer Naturliebhaber (Spezialität: Hochmoorgräser), kreativer theoretischer Tüftler, repräsentierte er in besonderem Maße die in der Gruppe gepflegte Vielseitigkeit. Dabei grenzte seine Hilfsbereitschaft, der viele Jüngere die methodische Fundierung ihrer Forschungsarbeiten verdankten, mitunter an Aufopferung.

Denke ich daran, was ich allein von Beckmann gelernt habe, wird mir klar, wie viel ich überhaupt dem neugierigen Austausch mit den vielen originellen Köpfen des Teams an Einsichten, Ermutigungen, aber auch Anregungen zur Selbstkritik zu verdanken habe. Dabei ist mir ein geradezu instinktives Bedürfnis zugute gekommen, aus anderen herauszufragen, woran ich eigene Vorstellungen messen, eigene Ahnungen befestigen oder verwerfen konnte. Fast jeder im Kreis war mir in irgendeinem Punkt überlegen: Peter Fürstenau als Gesellschaftstheoretiker aus der Frankfurter Schule; Dieter Beckmann, Jörn Scheer und Elmar Brähler als methodische Experten; Johannes Cremerius in der internistischen Psychosomatik; Gerd Heising mit seinem psychoanalytisch-pädagogischen Eros; Angela Güttges mit ihrer instinktiv treffsicheren Menschenbeurteilung. Wolfgang Dierking und Hans-Jürgen Wirth halfen mir bei der Überwindung der sozialen Kluft zu den »Eulenköpfen« und den Studenten der Initiativgruppe. Es war Wolfgang, der mir im Namen der Studenten das »Du« anbot, damit ich mich nicht länger draußen fühle. Michael Lukas Möller wirkte begeisternd und integrierend mit seinen Projekten der psychoanalytischen Studentenberatung und der bald landesweiten Stimulierung und Koordinierung von Selbsthilfegruppen, worin er in Jürgen Matzat einen – bis heute – erfolgreichen Nachfolger gefunden hat. Renate Staewen half meiner Politisierung nach. Eugen Mahler verstand sich nicht nur aufs Zaubern, sondern auch aufs Bezaubern mit seiner Verbindung von

Psychoanalyse mit künstlerischer Phantasie, während Gudrun Drechsler die Gruppe, wenn es Not tat, aus mancher Verstiegenheit wieder auf den Boden der handfesten Realität zurückholte. Hans Müller-Braunschweig wurde schon früh zu einem Pionier der Baby-Forschung und baute, allseits anerkannt, das örtliche Psychoanalytische Institut aus. Ohne Monika Reimitz und Marlene Bock wären die Feldforschungen der Klinik in der jugendlichen Protestszene nie erfolgreich geworden. Ohne die Umsicht, die Organisationsgabe und die gruppendynamische Könnerschaft Albrecht Köhls hätte es kaum geklappt mit dem Aufbau der Psychosozialen Arbeitsgemeinschaft Lahn-Dill, mit dem Weiterbildungsprogramm der Psychiatrie-Enquete und der Aids-Forschung. Hans-Jürgen Wirth rettete die von mir 1978 gegründete Zeitschrift »psychosozial«, als der Beltz-Verlag sie nicht mehr haben wollte, und verschaffte ihr als wagemutiger Verleger einen neuen Aufschwung. Er leistete beispielhafte Pionierarbeit beim Aufbau einer psychosozialen Beratung im Landkreis, die inzwischen von Thomas Pehl, Gerda Nienhaus, Horst Gerhard und Renate Lauer zu einem netzwerkartigen ganzheitlichen Versorgungssystem für vier Landstädte weiterentwickelt worden ist. Terje Neraal, der norwegische Jugendpsychiater, knüpfte Verbindungen zu skandinavischen Gruppen und sorgte zusammen mit Trin Haland-Wirth, ihrem Mann Hans-Jürgen und Annegret Altevogt dafür, dass die Gießener Familien- und Sozialtherapie sich am Psychoanalytischen Institut zu einem attraktiven Fort- und Weiterbildungszentrum entwickelte. Noch zehn andere, die ich eigentlich erwähnen müsste, fallen mir ein. Was es mir persönlich leicht machte, mir von allen etwas zu holen, ist wohl auch meine relativ geringe Anfälligkeit für Neid. Was die anderen besser konnten als ich, das konnte ich in aller Regel leicht anerkennen – was jene, wie ich hoffe, auch gemerkt haben. Weil ich mich – abgesehen von einer kurzen Zeit der 68er-Wirren – des Vertrauens und des Wohlwollens der Gruppe sicher glaubte, konnte ich diese in meinen Narzissmus unschwer einschließen. Es ist ja die Bedingung des Lernens, dass man sich offen halten kann und wenig Energie für defensive oder gar ressentimenthafte Abgrenzung nötig hat. So gestehe ich gern ein, dass ich davon profitiert habe, in der einen oder anderen Hinsicht von der Gruppe »erzogen« worden zu sein – vor allem, als ich in den Anfangsjahren meine Unsicherheit durch Anfälle von Autoritarismus zu kompensieren versuchte.

Es würde einen eigenen Band füllen, über viele erquickliche, aber auch manche unerfreulichen Erlebnisse in den Fakultätsgremien zu erzählen. Alles in allem fand ich in meiner medizinischen Fakultät, zuletzt unter den Dekanen Dieter Ringleb und Klaus Knorpp, genügend Unterstützung, um meine Mitarbeiterinnen und Mitarbeiter in ihren Laufbahnen zu fördern. Dass aus meiner Gruppe nicht weniger als zwölf Professoren, zwei Professorinnen und dazu noch drei Habilitierte hervorgegangen sind, ist keine alltägliche Quote – und zumindest ein Beleg für das im Team vereinigte hervorragende wissenschaftliche Potenzial, aber auch für die Fairness des medizinischen und des soziologischen Fachbereichs, die in Gießen – anders als in manchen anderen deutschen Universitäten – psychoanalytische und psychosomatische Forschungsleistungen ohne gravierende Vorurteile anzuerkennen bereit waren. Besonderer Dank an den Helfer und Freund Hans Lasch, den langjährigen Chef des Zentrums für Innere Medizin.

∗ ∗ ∗

Ich hatte Rufe nach Heidelberg und Düsseldorf abgelehnt. Auch nach Würzburg, wo man mir im Falle meines Interesses einen Ruf zugesagt hatte, wollte ich nicht gehen, zumal ich durch meine Ablehnung dort meinem alten Freund Dieter Wyss den Lehrstuhl sichern konnte. In Berlin, meiner Heimat, wäre ich vor 38 Jahren gern geblieben, weil diese Stadt mit ihren Narben, ihrem Blockade- und Inselschicksal noch am fühlbarsten die Geschichte bewahrt hatte, in der Bergrun und ich wurzelten. Dort war die Erinnerung mit all denen verbunden, die ich in dieser Stadt verloren hatte. Aber dort war nicht der Platz, wo man mir den Entfaltungsraum für meine unkonventionellen Engagements in der Obdachlosenarbeit, in der Psychiatrie-Reform und in den sozialen Bewegungen gegönnt hätte. Schon das vorherrschende apolitische Klima der Berliner Psychoanalyse hätte mich gehemmt. So hatten sich Bergrun und ich nach anfänglichem Fremdeln mit dem halbzerbombten Gießen, das nach dem Krieg viele Flüchtlinge aufgenommen hatte, nach und nach angefreundet. Gerade weil die Ausfüllung der Bombenlücken im Zentrum nicht gerade zu einem Glanzstück moderner Städtearchitektur geraten war, blieb die Vergangenheit hier immer noch präsent. Jedenfalls fühlten wir uns in solcher Umgebung wohler als in dem völlig unversehrt gebliebenen Heidelberg mit seinen amerikanischen Sommertouristen und dem nächtens angestrahlten Schloss.

* * *

In der letzten Phase meiner Gießener Amtszeit hatte ich meine klinische Tätigkeit bis auf regelmäßige Teilnahme an den Erstuntersuchungen in der Ambulanz und eine geringe Zahl von Therapien stark eingeschränkt. Statt dessen hatte ich mich, zusammen mit einer Teilgruppe, weiterhin gesellschaftskritischer Konfliktforschung gewidmet, ähnlich wie diese noch an einigen freudianischen Instituten in Zürich, Paris, Mailand und Lateinamerika gepflegt wurde, während sich die Nachfolger des Ehepaars Mitscherlich und Klaus Horns am Frankfurter Sigmund-Freud-Institut zunehmend aus diesen Themen zurückgezogen hatten.

Zwei Studien (zusammen mit Marlene Bock, Monika Reimitz, Wolfgang Thiel und Hans-Jürgen Wirth) beschäftigten sich mit der jugendlichen Protestszene in Deutschland. Die erste untersuchte Hausbesetzer, Punks und Alternative, die zweite Skinheads und Autonome. »Zwischen Resignation und Gewalt – Jugendprotest in den 8oer Jahren« hieß das 1989 erschienene Buch, in dem die Forschungsgruppe den Ertrag ihrer Beobachtungen und Analysen zusammenstellte. Stigmatisierung und Diskriminierung bei Aids zu erforschen, wurde zu einer anschließenden Aufgabe, als diese sich schnell ausbreitende Krankheit reichlich Angst, Abscheu und Ausgrenzungsimpulse entfachte. Wieder waren Marlene Bock und Monika Reimitz, dazu Albrecht Köhl und Roland Schürhoff mit von der Partie. Hierbei ermittelten wir übrigens, dass die Deutschen eine Zeit lang gegen Aids-Risikogruppen (Homosexuelle, Fixer, Prostituierte) heftigere Antigefühle entwickelten als gegen Sinti und Roma sowie alle Ausländer.

Von Glück konnte ich sagen, dass ich um mich eine ganze Reihe von Jüngeren hatte, die aus der Arbeit im sozialen Brennpunkt »Eulenkopf« und im Jugendgefängnis gut vorbereitet waren, um sich in der Szene der Punks, der Hausbesetzer und der Autonomen bewegen zu können, was ja für den Gewinn auswertbarer Beobachtungen die Voraussetzung war. Freilich gerieten die Kolleginnen und Kollegen dabei auch schon mal in Angst und Wut, wenn sie sich etwa bei Mai-Krawallen in Berlin-Kreuzberg, von Randalierern umringt, in wilder Flucht vor knüppelnder Polizei retten mussten. Aber danach konnten sie ihre Erfahrungen ordnen und auch reflektierend verarbeiten. Mit Geschick verschafften sie sich immer wieder Zugang zu einzelnen Protestgruppen, um eingehende Befragungen durchführen zu können. Auf der anderen Seite interviewten sie auch Polizisten, die zu den Einsätzen gegen die aufsässigen Jugendlichen kommandiert waren. Da fanden sie nicht selten Beamte, die sich schwer damit taten, gegen Besetzer vorzugehen, die sich wohnlich in alten, vom Verfall bedrohten Bürgerhäusern eingerichtet hatten. Manche aus der Polizei fühlten sich den Hausbesetzern näher als den spekulierenden Eigentümern. Auf der anderen Seite entpuppten sich klischeehaft verdammte »Störer«, »Chaoten«, »Vandalen«, »Pack«, »Abschaum«, »Ausgeflippte« als Menschen mit einfühlbaren Biografien und Motiven, verloren in den Berichten ihre Schrecken und abscheuerregende Fremdheit und wurden wieder in mitmenschliche Nähe gerückt. So entstanden differenzierte Fallstudien, die dazu einluden, abstoßende gesellschaftliche Randphänomene eher als

Symptome einer gemeinsamen gesellschaftlichen Pathologie zu verstehen.

Eben das war ja das Aufklärungsinteresse, das auch mich persönlich mit diesem Vorhaben verband. Es war das gleiche Bedürfnis, das mich zu inhaftierten RAF-Mitgliedern und zur Annäherung an einen jugendlichen Ex-Neonaziführer trieb. Was immer auch von angedeuteten persönlichen Konfliktmotiven bei mir mitspielte – ich wollte mit meiner Gruppe mithelfen, innere Zusammenhänge aufzudecken zwischen Ausgrenzenden und Ausgegrenzten, Stigmatisierenden und Stigmatisierten. Könnte die Gesellschaft vielleicht mehr über sich lernen, würde sie besser erkennen, was sich an eigenen unterdrückten oder verleugneten Anteilen in den jeweiligen Außenseiter-Szenen abspiegelt?

Wie man sieht, verfolgte ich hiermit immer noch die alte Spur, die von meinem Grundkonzept aus »Eltern, Kind und Neurose« herrührte: In einer sozialen Beziehung benutzt ein Teil oft unbewusst seine Macht, um eine eigene innere Spannung mit Hilfe eines anderen Teils abzureagieren. Der manipulierte Teil drückt zum Beispiel die antisozialen Impulse des anderen aus, dem er diese quasi abnimmt. Erinnert sei an das geschilderte Beispiel der Ex-RAF-Frau Birgit, die stellvertretend die durchschimmernde Rachewut ihres Vaters übernahm und diesen dann durch ihren Untergrundkampf mit Stolz erfüllte. Vielfach sind solche Beziehungen allerdings weniger durchsichtig, zumal wenn die Dynamik eher nach dem Sündenbock-Muster abläuft. Dann verraten nicht die Ausgrenzenden, sondern nur die Ausgegrenzten, dass sie sich insgeheim »beauftragt« fühlen, während die Auftraggeber davon nichts wissen wollen oder sich sogar als Ankläger aufführen. Gelegentlich hört man von rechtsradikalen ausländerfeindlichen Gewalttätern: »Wir machen doch nur mit unseren Händen, was ihr anderen im Kopf denkt!« Die Täter spüren, dass sie eine erhebliche bürgerliche Sympathisantenschar im Rücken haben, die indessen mehrheitlich in die öffentliche Empörung einstimmt, wenn es zu blutiger Gewalt kommt.

Als Psychoanalytiker bin ich im Laufe der Jahrzehnte vielen begegnet, die etwas ausgrenzen, was sie in sich oder weil sie es in sich unterdrücken, darunter erzkonservative moralistische Politiker, die zu härtester Bekämpfung der Sittenverderbnis aufrufen, für die sie selbst ein Beispiel liefern. Der öffentlich bekannt gewordene Fall jenes österreichischen Kardinals, dem genau die Verfehlungen nachgewiesen wurden, gegen die er predigte, ist beileibe keine Ausnahme. Manche unerbittlichen Strafverfolger glauben deshalb an keines Verdächtigen Unschuld, weil sie insgeheim ein unerschütterliches Selbstmisstrauen haben. Man kann sogar mit Wahrscheinlichkeit sagen: Was einer am meisten hasst, das fürchtet er als die größte eigene innere Versuchung.

Üblicherweise ernten aber diejenigen, wie ich selbst, die »zwischen den Fronten« sichtbar zu machen versuchen, wie Verfolger mit Verfolgten, Ausstoßende mit Ausgestoßenen zusammenhängen, den Vorwurf, sie verharmlosten das Böse, weil sie mit diesem im Bunde seien. Wohl richtig: Weil sie in der Tat einen inneren Zugang zu den offiziell Verpönten haben, möchten sie dafür werben, dass auch die anderen hinter dem Trennenden das Verbindende wahrnehmen und die Angst vor der Versöhnung überwinden. Aber von den Hartgesottenen müssen sie sich immer als Feinde der Ordnung und der Sicherheit hinstellen lassen, zumindest als »Unter-den-Teppich-Kehrer« oder als »blauäugige Harmonisierer«.

Es war für meine Gießener Gruppe ein Geschenk des Himmels, dass wir mit Willy Brandt und später mit Rita Süssmuth zwei sympathisierende Persönlichkeiten an der politischen Spitze vorfanden, denen es selber um die Überbrückung gesellschaftlicher Fronten und um die Re-Integration von Außenseitern und Verfemten ging. So fanden wir fast zwanzig Jahre ideelle und großzügige materielle Unterstützung für eine heikle Aktionsforschung in besonderen politischen Spannungsfeldern, für eine Arbeit also, die in konservativen Kreisen der Gesellschaft und der Wissenschaft von manchen Vorurteilen, auch von offenen oder versteckten Behinderungen begleitet wurde.

Statt Ruhestand neue Projekte am Frankfurter Sigmund-Freud-Institut

Vorbereitet hatte ich mich darauf, nach meiner Emeritierung als 68-Jähriger nur noch in Privatpraxis zu arbeiten, ein oder zwei Selbsterfahrungsgruppen in der Fortbildung zu leiten und im Vorstand der Friedensärzte weiter mitzuwirken. Aber da machte mir die hessische Wissenschaftsministerin Frau Prof. Mayer einen Strich durch die Rechnung. Ob ich bereit sei, die Leitung des in Schwierigkeiten geratenen Sigmund-Freud-Instituts in Frankfurt zu übernehmen? Erst zögerte ich, dachte an die Beschwerlichkeiten der Fahrstrecke, auch daran, dass die orthodoxer eingestellten Frankfurter psychoanalytischen Kollegen meine Gießener Arbeit durch die Jahre nicht gerade mit freundlichem Wohlwollen begleitet hatten. Nun hofften sie aber – jedenfalls in der Mehrheit – auf meine Unterstützung. Die konnte und wollte ich ihnen in der kritischen Situation nicht verwehren. Schließlich bedeutete dieses von Alexander und Margarete Mitscherlich, Klaus Horn, Tobias Brocher und Alfred Lorenzer einst zu internationalem Ansehen geführte Institut eine wichtige Errungenschaft für die psychoanalytische Kultur in Deutschland. Ich sollte ja auch nur beim Überwinden einer kurzen Krisenstrecke bis zur Etablierung einer neuen Leitungsstruktur helfen.

Aus der kurzen Überbrückungsphase sind inzwischen siebeneinhalb Jahre geworden. Die Krise ist längst ausgestanden. Von ihren früheren Ausbildungsaufgaben befreit, können die Wissenschaftler am Institut ihre Energien inzwischen voll der Forschung widmen. Mit Studien über Traumbildung und Gedächtnis, über Feinmerkmale des psychoanalytischen Behandlungsprozesses und über Supervision haben Autoren des Instituts reichlich Beachtung gefunden. Wieder stark aufgelebt sind gesellschaftsbezogene Arbeiten – über Fremdenhass, Autoritarismus, Spätfolgen der nationalsozialistischen NAPOLA-Erziehung, über transgenerationale Holocaust-Folgen und über die psychologischen Auswirkungen des Umbruchs im Osten. Auch die sozialpsychologischen Grundlagen der Friedensfähigkeit sind eines der mit den Mitteln der Psychoanalyse bearbeiteten Themen, wie sie kaum in deutschen Fakultäten in dieser Weise untersucht werden. Daher mein Kampf, dem Institut seine Unabhängigkeit zu erhalten bzw. seine ins Auge gefasste Unterordnung unter örtliche Universitätsabteilungen zu verhindern. Anknüpfend an die Instituts-Tradition verfasste ich selbst ein Buch über die Geschichte der politischen Psychoanalyse, das auch so heißen sollte, aber auf Wunsch des Verlages schließlich den nebelhaften Titel »Bedenken gegen Anpassung« (1995) erhielt.

Das Umfeld der Großstadt nutzend, veranstaltete ich mit Frankfurter und ehemaligen Gießener Kolleginnen und Kollegen mehrere Wochenend-Gruppentagungen zu aktuellen politischen Themen: zu den Anschlägen auf Ausländer in Rostock, Hünxe, Mölln und Solingen, zum Jugoslawien-Krieg und zur Ausstellung über die Wehrmachtsverbrechen. Teils ergingen die Einladungen über die Presse an die Frankfurter Bevölkerung, teils gezielt an soziale Berufsgruppen. Abwechselnd in kleinen Gruppen zu acht Leuten und im Plenum hörte man einander zu, wie die Einzelnen aus den verschiedenen Generationen und Denkrichtungen die jeweiligen aufregenden Ereignisse verarbeiteten, was in ihnen dabei an Erinnerungen, Ängsten, Trauer, Wut und Lösungswünschen aufstieg. Die Leute kamen, um über das, was sie bewegte, sprechen zu können. Die Moderatorinnen und Moderatoren (jeweils zwei pro Gruppe) halfen ihnen dabei, konnten zugleich beobachten, wie unterschiedlich sich die bedrängende Vergangenheit auf die Verarbeitung der aktuellen Konflikte auswirkte. Junge und Alte setzten sich in den Gruppen zum Teil heftig auseinander, wozu sie, wie sich herausstellte, in den eigenen Familien zum Teil kaum gekommen waren.

Aber wozu das Ganze? Es war und ist ein Angebot für Menschen, die über den Konsum von Nachrichten, Politiker-Reden und Kommentaren hinaus selbst Fragen stellen, Empfindungen äußern und

Meinungen austauschen wollen, die vielleicht auch gelegentlich Ermutigung für eigenes Engagement suchen. Dass die moderierenden Analytikerinnen und Analytiker von diesen Prozessen auch für sich persönlich profitieren, versteht sich von selbst. Im übrigen waren die auswertbaren Beobachtungen natürlich eine nützliche Forschungshilfe.

Ewiges Thema: das Auseinanderdriften der Deutschen im vereinten Land

Ein Thema, das ich am Sigmund-Freud-Institut kontinuierlich weiterverfolgte, war das innerdeutsche Ost-West-Verhältnis. Bei laufenden Besuchen bei ostdeutschen Freunden orientierte ich mich über die Verarbeitung der Vereinigung in den neuen Ländern. Dort wuchsen Enttäuschung und Verärgerung über den Westen, der keine gemeinsame Verfassungsdiskussion zuließ und sich ohne partnerschaftliche Sensibilität über den Osten wie über ein verkommenes, ideologisch verdorbenes und totalitär entmündigtes Kolonialland hermachte – ohne wahrhaben zu wollen, dass er selbst eben diese Entmündigung auf elegantere Weise ungeniert fortsetzte. Wollten es die Ostdeutschen aber überhaupt anders? Wählten sie nicht bei der ersten Abstimmung brav diejenigen, die ihnen den Neoliberalismus pur präsentierten?

Anfangs hatte sich eine große ostdeutsche Mehrheit von den voreiligen Kohlschen Wohlstandsversprechungen täuschen lassen. Danach verfielen viele in ohnmächtige Wut und Resignation. Der Psychotherapeut Hans-Joachim Maaz verstörte sie obendrein mit seinem Bestseller »Gefühlsstau«, indem er sie auf die eigenen psychischen Defizite hinwies. Sie seien beileibe nicht nur vom DDR-Staat »unterdrückt, verbogen und geschunden« worden, sondern der Staat sei auch ein Abbild ihrer eigenen psychischen Strukturen gewesen: »Jedes Volk hat die Regierung, die es verdient.« Als Klartext las man heraus: »Ihr habt nicht nur Minderwertigkeitsgefühle, ihr seid minderwertig!«

Maaz meinte mit der Kritik aber auch sich selbst. Übrigens fiel sein Psychogramm der Westdeutschen nicht sehr viel schonungsvoller aus. Wie leicht zu erkennen, schrieb er aus einem eigenen Gefühlsstau heraus, der allerdings, wie der Erfolg seines Buches zeigte, die Befindlichkeit vieler traf. Jedenfalls habe ich Maaz als einen hoch engagierten, bisweilen allerdings auch enragierten, scharfsichtigen Aufklärer kennen und sehr schätzen gelernt. 1995 traten wir einmal gemeinsam auf, als ich in der Dresdener Semper-Oper eine der vom dortigen Staatsschauspiel und Bertelsmann veranstalteten Deutschland-Reden halten durfte, übrigens mit einer so warmherigen Resonanz, wie ich sie im Westen kaum je in dieser Intensität kennen gelernt hatte. Auch in einem gemeinsamen Interview in der Süddeutschen glaubte ich feststellen zu können, dass Maaz und ich einander sehr gut in der Analyse des psychologischen Ost-West-Konflikts ergänzten.

Inzwischen habe ich mit Freund Brähler 1994 und 1999 zwei repräsentative Ost-West-Erhebungen vorgestellt, in denen wir ähnlich wie bei der zitierten Vergleichsuntersuchung an Russen und Deutschen 1989 vorgegangen sind. In der soeben abgeschlossenen letzten repräsentativen Studie haben wir hüben und drüben je 1.000 Personen zwischen 14 und 50 Jahren befragen lassen. Gern hätten wir bestätigt, was 1994 eine Forschergruppe aus der CDU-nahen Konrad-Adenauer-Stiftung gemeldet hatte, nämlich dass Ost- und Westdeutsche immer enger und besser zusammenwüchsen. Wir fanden das krasse Gegenteil: Das Gemeinschaftsgefühl werde weiter abnehmen, hieß es auf beiden Seiten. Bedrückend auch die gemeinsame Befürchtung, dass es in der Gesellschaft demnächst noch rücksichtsloser zugehen und dass sich die Kluft zwischen Arm und Reich zusätzlich erweitern werde. Ersichtlich ist aber, dass sich die Ostdeutschen von dieser Entwicklung schlimmer betroffen sehen; verständlich, da sie ohnehin auf der Seite des geringeren Wohlstands leben und sich der Verhärtung des sozialen Klimas gegenüber weniger widerstandsfähig fühlen. Dazu passt, dass sie sich vom Staat mehr Schutz gegen Unmoral und kriminelle Gewalt wünschen, ohne dass man ihnen deswegen gleich, wie es der SPIEGEL kürzlich in einem Titel getan hat, »Sehnsucht nach dem Totalitären« unterstellen darf.

Sah es vor zehn Jahren noch so aus, als wollten sich die Ostdeutschen bald ihren westlichen Landsleuten angleichen, so sagen sie heute mit großer Mehrheit: Wir sind zuerst Ostdeutsche und erst

an zweiter Stelle Deutsche – in genauem Gegensatz zu den West-
lern, die sich klar vorrangig als Deutsche bekennen. Die Menschen
im Osten beharren also auf ihrer besonderen Identität. Sie sehen
sich offenherziger, familiärer, partnerschaftlicher – wenn auch
misstrauischer gegenüber äußeren Bedrohungen. Da wünschen sie
sich sogar strengere Strafen und schrecken zu einem erheblichen
Teil nicht einmal vor der Todesstrafe zurück.

Ist es denn so schlimm, so wird nun gefragt, dass Ost- und West-
menschen verschieden sind? Wäre es nicht langweilig, wenn alle
gleich dächten und fühlten? Aber es geht ja um Entfremdung und
Spaltung, um die Gefahr, dass die Ostdeutschen sich deshalb verstärkt selbst ausgrenzen, weil sie sich nach wie vor abgehängt und
vernachlässigt fühlen und weil sie ihr Anderssein vom Westen aus
als Minderwertigkeit eingeschätzt sehen. Wenn Anpassung aber als
Besserungspflicht verstanden wird, dann erscheint sie als Selbstauf-
gabe. Umso eher besteht man dann natürlich auf der eigenen, als
positiv erlebten Identität. Stuft der Westen diesen östlichen »Eigensinn« als nostalgisches Ressentiment ein, trägt er zur Erweiterung
der Kluft bei, die überwinden zu wollen er vorgibt. Wird im Übrigen an den Spitzen der großen Parteien offen gesagt, dass man für
den Westen Politik machen müsste, weil die West- und nicht die
Ostbürger die Wahlen entscheiden würden, dann ist es genau dieser
Zynismus, der die Ostdeutschen am Ende dazu treiben könnte,
sich als Ausländer im eigenen Lande zu fühlen. Das wäre verhee-
rend. Denn gerade sie bringen Eigenschaften mit, die als Binde-
kräfte für eine nach Solidarität strebende Gesellschaft unerlässlich
sind. Sie sind es, die – laut Gießen-Test – mehr auf soziale Nähe
bedacht sind, auf engere Kooperation, auf größere Fürsorglichkeit.
Ihr Gemeinschaftssinn ist höher entwickelt – um den Preis eines
schwächeren egozentrischen Durchsetzungswillens, auf den der
länger einwirkende Neoliberalismus die Westler schon lange trai-
niert hat. Kurz: Um den beiderseits vorausgesehenen Trend zu
zunehmender sozialer und ökonomischer Spaltung und zu ver-
stärkter gesellschaftlicher Rücksichtslosigkeit zu bremsen, sind

gerade die stärkeren sozialen Potenziale der Ostdeutschen eine entscheidende Ressource, die das auf längere Sicht trotz allem notwendige Zusammenwachsen befördern können. Aber dazu ist zunächst eine partnerschaftlichere anstelle der bisherigen vormundschaftlichen Politik des Westens nötig.

Vergessen sei auch nicht, dass es die Ostdeutschen sind, die in dieser und in unserer Erhebung von 1994 deutlicher an einem friedens- und abrüstungspolitischen Kurs festhalten. Sie fordern entschiedener, dass die immer noch auf deutschem Boden gehorteten amerikanischen Atombomben verschwinden sollen. Auch zur Beteiligung deutscher Soldaten am Kosovo-Krieg, der kurz vor Beginn der Befragung begann, haben sie im Unterschied zu den in dieser Frage gespaltenen Westdeutschen eine klar ablehnende Meinung.

* * *

Das Jubiläum »Zehn Jahre Mauerfall« naht. Die Medien sind hinter den Ost-West-Forschern her, die sich dazu äußern sollen, wie es mit der Annäherung oder Entfremdung zwischen den Menschen beider Seiten aussieht. Freund Elmar Brähler hat bereits die Veröffentlichung unserer gemeinsamen neuen Ost-West-Vergleichsstudie in der Wochenzeitung »Das Parlament« vorbereitet. Ich gebe mehrere Rundfunk-Interviews zum Thema und folge schließlich einer Einladung der Frankfurter Allgemeinen Zeitung, für das Jubiläum einen Artikel zu schreiben, der in den »Berliner Seiten« erscheinen soll.

Darin berichte ich über unsere statistischen Befunde, wonach Ost- wie Westdeutsche leider kein psychologisches Zusammenwachsen beobachten und auch für die nächste Zukunft kein solches erwarten. Ich erörtere die Gründe, nenne Ansatzpunkte, wie vielleicht das Auseinanderdriften gestoppt werden könnte. Der Redaktion fällt keine bessere Überschrift ein als: »Getröstete Wessis, gemütvolle Ossis«. Durch wen oder was die Wessis getröstet sein sollen, ist dem Artikel kaum zu entnehmen. Durch den Untertitel wird die Wahrheit indessen direkt auf den Kopf gestellt. Da heißt es: »Wie die Kluft kleiner wird«. Aber das wird sie eben nicht, weil die Menschen beider Seiten im Durchschnitt eine zunehmende Entfremdung registrieren. Nur jeder achte Ostdeutsche und jeder vierte Westdeutsche glauben daran, dass man künftig einander näher kommen wird. Ob man in der Zeitung wohl meint, diese Skepsis mit suggestiven Mitteln mildern zu sollen? Beschwichtigung ist die falsche Therapie. Die Entfremdung hat ihre Gründe. Und an denen muss angesetzt werden, wenn mehr Nähe entstehen soll.

Als entschiedener Pazifist im Engagement gegen den Kosovo-Krieg

Am 24. März 1999 schickt Deutschland gemeinsam mit der Nato seine Tornado-Kampfbomber in den Krieg gegen Jugoslawien. Es war vorauszusehen, dass die Regierenden Schröder, Fischer und Scharping sich auf dieses Abenteuer einlassen würden. Voller Misstrauen höre ich mir zusammen mit Bergrun ihre einschwörende Rhetorik an.

Ist der Krieg unvermeidlich? Offenbar, denn die Serben sind anscheinend dabei, an den Kosovo-Albanern einen Völkermord zu begehen. Später wird man von einem kompetenten Zeugen allerdings anderes erfahren. Brigadegeneral a. D. Heinz Loquai war als Mitarbeiter der OSZE dabei, als die Serben im Herbst 1998 vereinbarungsgemäß ihren Rückzug im Kosovo angetreten hatten. Aber die UCK war unbehindert nachgerückt und hatte mit einer Serie von Anschlägen die Serben provoziert, die dann mit massiver Gewalt zurückschlugen. Die OSZE-Mitarbeiter seien jedoch – so General Loquai – im Begriff gewesen, in weiten Teilen des Kosovo das Vertrauen der Bevölkerung zu gewinnen, als der amerikanische OSZE-Botschafter unverständlicherweise plötzlich ihren Rückzug verlangt habe. Eine Massenflucht der Albaner in die Wälder habe jedenfalls erst *nach* Beginn des Bombenkrieges eingesetzt. *Vor dem Tage des Kriegsausbruchs habe es keinen einzigen Lagevortrag der Nato, der OSZE oder des Auswärtigen Amtes gegeben, in dem von einer groß angelegten und planmäßigen Vertreibung der Kosovo-Albaner durch die Serben die Rede gewesen sei.* Die USA hätten, wie der General glaubt, die Militärintervention schon vor Rambouillet fest im Blick gehabt.

Aber die Tatsachen sind das eine, und die psychologische Manipulation ist das andere. Seit 1992 hatte die amerikanische PR-Agentur Ruder Finn einen kostenintensiven Werbefeldzug gegen die Serben geführt. U. a. mit weltweit ausgestrahlen TV-Spots hatte sie die

Serben mit den Nazis gleichgesetzt. Dabei habe sie, wie der Agenturchef James Harff wörtlich im französischen Fernsehen prahlte, auch einflussreiche jüdische Organisationen in den USA »überlistet«. Es sei gelungen, Begriffe wie »ethnische Säuberung« und »neues Auschwitz« im öffentlichen Bewusstein zu verankern. »Die emotionale Aufladung war so mächtig«, brüstete sich der Agenturleiter, »dass niemand zu widersprechen wagte, um nicht eines Revisionismus bezichtigt zu werden. Wir hatten ins Schwarze getroffen.«

Erst später wird bekannt, dass das Auswärtige Amt unter Joschka Fischer noch unmittelbar vor Kriegsausbruch die Rückführung von Kosovo-Flüchtlingen aus Deutschland gutgeheißen hatte, weil eine systematische ethnische Verfolgung durch die Serben in weiten Teilen nicht stattfinde. Aber die psychologische Kampagne hatte längst entschieden: Milosevic ist nicht nur ein skrupelloser militanter Nationalist, der er fraglos auch ist, sondern nach Saddam Hussein der neue Hitler. Die Serben sind seine Nazis, und im Kosovo droht ein neues Auschwitz! Joschka Fischer, der nie Außenminister geworden wäre, hätte er sich nicht rechtzeitig zum Nato-Freund gewandelt, ruft mit der Miene äußerster moralischer Verzweiflung zum humanitären Bombardieren auf, sekundiert von einem martialischen Rudolf Scharping, der sich in den ersten Kriegstagen in der leichtfertigen Anprangerung von später dementierten serbischen Gräueln überbietet: Fünf angeblich hingerichtete albanische Intellektuelle tauchen munter wieder auf. Nicht serbische Artillerie, sondern die Nato hat in einen albanischen Flüchtlingskonvoi hineingeschossen. Auch das angeblich aus der Luft fotografierte serbische KZ in Pristina erweist sich als Erfindung. Aber wen interessieren noch die Dementis? Die Serben verdienen die Bomben, und diese werden die Albaner schnell von ihrer Drangsal erlösen. Krieg also als Gebot der Barmherzigkeit. Wirklich?

Altbundeskanzler Helmut Schmidt widerspricht. Auch Henry Kissinger ist gegen den Krieg. György Konrád, Präsident der Berliner Akademie der Künste, prophezeit, die Bombardierungen würden, anstatt eine menschliche Katastrophe zu verhindern, eine solche von größten Ausmaßen herbeiführen. Er wird Recht behalten. Oskar Lafontaine am Telefon: »Wäre ich nicht schon vorher zurückgetreten, hätte ich es jetzt tun müssen.«

Aber es tritt ein psychologischer Effekt ein, den ich seit meiner eigenen Militärzeit immer wieder beobachtet habe. Ist ein Volk einmal in einen Krieg eingetreten, entwickelt sich in ihm ein spontaner Zwang zur Solidarisierung. Die Pervertierung der Moral, nämlich die gemeinsame Verabredung zum organisierten Töten, erzwingt eine totale Identifizierung mit der Umpolung des Gewissens: Auf der Stelle ist unmoralisch und verantwortungslos, wer für die eigene gute Sache nicht mitschießen will. Deshalb muss die eigene Brutalität als humanitär verklärt werden. Krieg aus Erbarmen, aus karitativer Beistandspflicht. Peter Handke, der die Serben verteidigt, wird für den französischen Philosophen Alain Finkelkraut zum »ideologischen Monster«.

Wie schnell kann also die »Political Correctness« die Front wechseln! Gestern noch sind die neuen Kriegsfreunde aus dem Kreis der konvertierten Alt-68er über Gefühle wie Betroffenheit und Mitleid als kitschige Weicheicher-Mentalität hergefallen. Jetzt geht es genau andersherum. Die Gutmenschen-Krieger verdammen die Pazifisten als herzlose Egoisten und vereinnahmen das Mitleid für sich als tugendhaftes Kriegsmotiv. Aber das ist natürlich geheuchelt. Denn selbst hohe Nato-Militärs – darunter Oberbefehlshaber General Clark persönlich – warnen, dass die Bomben die Vertreibung der Albaner nicht stoppen würden. Tatsächlich bestätigt sich diese Prognose auf der Stelle. Die bombardierten Serben rächen sich, indem sie über die von der OSZE nicht mehr geschützten Albaner nunmehr mit voll entfesselter Gewalt herfallen. Was aber ist von den Verantwortlichen zu halten, die Leidtragenden die rasche Befreiung von einem Übel mit Mitteln versprechen, von denen sie im Vornherein wissen, dass diese das Übel eher verschlimmern werden?

* * *

Meine Verstörung über den schrecklichen, meiner Meinung nach unverantwortbaren Krieg hindert mich nicht daran, mir über das Zusammenspiel der gegensätzlichen Charaktere Fischer und Scharping mit einem großen gläubigen westdeutschen Publikum kritische Gedanken zu machen. Es ist, als hätte ein genialer Regisseur die beiden zur Potenzierung ihrer Wirkungen vereint, den begnadeten chamäleonartigen Verführer und den eher biederen Kreuzzugsprediger. Niemand möchte sich offenbar daran erinnern, dass Joschka Fischer noch vor kurzem genau vor denen gewarnt hatte, die er jetzt selber anführt. Noch am 30. Dezember 1994 hatte er beschwörend gemahnt: *Wo deutsche Soldaten im Zweiten Weltkrieg gewütet haben, darf es keine Einsätze geben. Ich wäre froh, wenn die, die das wollen, sich nicht wenigstens andauernd hinter der Humanität verstecken würden, um eben diese Position durchzusetzen.* Was solche schwindelerregende Wandlungsfähigkeit gebiert, nennt Gunter Hofmann in der ZEIT »Tagesmoral«. Viele sind dem Faszinosum Fischer inzwischen so ergeben, dass sie dem Manne blindlings folgen, welche Kehrtwendungen er ihnen mit seiner virtuosen Rhetorik auch immer zumutet. Einige feiern ihn bereits als Pionier des neuen Zeitgeistes: Wendigkeit statt Konstanz, nicht mehr Standhalten statt Flüchten, sondern Mut zum Selbstverrat statt Angst vor Standverlust. Das Zickzack von pazifistischer Opposition zum Nato-Bellizismus in der neuen Rolle als Außenminister – ein Lehrbeispiel für die moderne Erfolgstugend schlechthin: Flexibiliät ohne Grenzen. »Oh Schmach, oh Jammer, oh Schande!« wird demnächst Rudolf Augstein im SPIEGEL klagen: »Man kann schätzen, die Grünen unter Fischer hätten als erste gefordert, den Amerikanern im Vietnam-Krieg deutsche Truppen anzudienen.«

Ein anderer ist der stocksteife Scharping, der bald ein selbstgerechtes Buch über den Kosovo-Krieg mit dem moralisch beschwörenden Titel »Wir dürfen nicht wegsehen!« schreiben wird. Momentan schreit er Zeter und Mordio über die serbische Gewalt gegen die albanischen Kosovaren. Aber nichts dergleichen hat man von ihm vor kurzem gehört, als die Kroaten – mit deutscher Waffenhilfe – 200.000 meist alteingesessene Serben aus der Krajina vertrieben, zurückgebliebene Alte ermordet und zahlreiche orthodoxe Kirchen angezündet haben. Auch bei den Türken sieht er anscheinend nicht so genau hin, die ihre kurdische Autonomie-Bewegung mit Vertreibungen, Folter und Militäraktionen niedergekämpft haben. Denen will er demnächst einen Test-Panzer in Vorbereitung eines Geschäfts über 1.000 Stück (wofür eigentlich?) schicken. Das Fatale ist, dass dieser Mann anscheinend seinen Gesichtswinkel so verengen kann, dass er das Böse tatsächlich nur noch dort sieht, wo er deutsche Soldaten mitschießen lassen will. Wahrhaftig ein Phänomen, diese von keines Zweifels Blässe angekränkelte Selbstgewissheit und Selbstgerechtigkeit. Jedenfalls addieren sich die Kampfaufrufe der beiden Minister zumindest im deutschen Westen zu einer erfolgreichen Aktion gegen die rasch eingeschüchterten Kriegsgegner.

Dass es der Friedensbewegung erst mal vor Entsetzen die Sprache verschlagen hat, schützt sie nicht davor, dass die Medien für sie eine hämische Beerdigung inszenieren. Sie definitiv mundtot machen zu können, wäre offenbar der Beweis, sich um die eigenen Gewissenszweifel nicht mehr kümmern zu müssen. Das will ich nun nicht hinnehmen. Deshalb schicke ich nach fünf Tagen Krieg einen kurzen Artikel an die Süddeutsche Zeitung, den anschließend der Züricher Tagesanzeiger und der Wiener Standard nachdrucken. Allerdings wandelt die Süddeutsche meinen Titel »Der Pazifismus ist nicht tot«, weil offenbar doch zu anstößig, um in »Totenstille«:

Immer wieder rufen Journalisten an: Wo bleibt ihr Pazifisten denn? Wo sind die Massen, die ihr früher auf die Straße gebracht habt? Einige fragen beunruhigt, andere triumphierend, als sollte man ihnen den Bankrott der Friedensbewegung eingestehen. Aber warum sollte man das? Bricht ein Feuer aus, weil der Brandschutz ungenügend war, wird man diesen doch schleunigst verstärken müssen. Pazifismus, wie ihn Albert Einstein, Sigmund Freud, Ste-

fan Zweig, Thomas Mann, Romain Rolland, Bertrand Russell gemeint und 1930 in einem Manifest verkündet haben, will wie Brandschutz vorbeugen. Die Proteste der achtziger Jahre gegen Atomraketen wollten einen Atomkrieg verhüten. Das hatte Sinn. Ist Krieg ausgebrochen, hat der Pazifismus im Moment verloren. Doch nur, weil die Anstrengungen zur Verhütung zu schwach oder ungeeignet waren.

Was heißt eigentlich Pazifismus? Im Großen Brockhaus, 15. Ausgabe, steht: »Pazifismus, Friedensbewegung, die Gesamtheit der Bestrebungen zur Ausschaltung des Krieges aus dem internationalen Leben«. Seine praktischen Forderungen sind: »militärische Abrüstung, die Lösung internationaler Streitfälle auf dem Wege der Schiedsgerichtsbarkeit und die Schaffung einer die einzelnen Staaten umfassenden Gesamtorganisation«. Alle drei Forderungen sind nach fast siebzig Jahren so sinnvoll wie eh und je. Ohne florierenden Rüstungshandel wäre Saddam Hussein nicht zu einer Gefahr geworden, hätte die Gewalt in Kurdistan und im Kosovo nicht ihre bestürzenden Ausmaße annehmen können. Für eine internationale Schiedsgerichtsbarkeit hätten wir die Vereinten Nationen, wenn deren Autorität und Machtmittel nicht systematisch geschwächt worden wären. So konnte sich die Nato, als westliches Militärbündnis zum unparteiischen Schiedsrichten denkbar ungeeignet, die Befugnis einer Weltpolizei anmaßen. Mit der Folge: Dem eigenen Bündnispartner Türkei wird gestattet, die Autonomiebestrebungen der Kurden mit Krieg und Folter zu unterdrücken, während die Serben für dasselbe Vorgehen gegen die albanischen Unabhängigkeitskämpfer im Kosovo bombardiert werden.

Das Drama im Kosovo war vorhersehbar. Jahrelang bestand die Chance, den gemäßigten Albanerführer Rugova zu unterstützen und dessen Entmachtung durch die UCK zu verhindern. Die Friedensbewegung hatte gewarnt und gemahnt. Aber nichts ist geschehen. Die geschwächte UNO war nicht zur Stelle. Der Westen hat sich nicht gerührt, solange Aussicht bestand, eine pazifizierende vorbeugende Krisenintervention zu betreiben. Die Forderung der

Friedensbewegung nach Einrichtung von unabhängigen Konflikt-
beratungsgruppen unter UNO-Mandat blieb ohnehin ungehört.
Aber jetzt, da die Nato mit ihren Luftschlägen die Grausamkeiten
im Kosovo noch verschärft, statt sie zu stoppen, jetzt heißt es: Wo
bleiben die Pazifisten?

Natürlich sind die erst mal genauso entsetzt wie alle über die
unfassbaren Gräuel und die Gewaltspirale – mehr Bomben, neue
Massaker, noch mehr Bomben, noch mehr Hass und Barbarei. Nun
hat sich alles auf ein Entweder-Oder zugespitzt: entweder weitere
Gewalt mit der Gefahr ihrer grenzenlosen Eskalation oder Mut zu
einer Verständigung auch um den Preis, die Niederlage der rein
militärischen Straf- und Einschüchterungsstrategie einzugestehen.

Nicht, was man noch mehr gegen Milosevic, sondern, was man
sofort für die halbe Million Menschen in Angst und Elend auf der
Flucht tun kann, ist momentan die einzig entscheidende Frage.
Wenn es jetzt noch um Sieg geht, so nicht mehr um den der Nato,
sondern nur noch um den der verfolgten Menschen – auf beiden
Seiten.

* * *

Indessen, unter dem täglich massiven Hagel der Nato-Bomben
intensivieren die Serben ihre Vertreibungsoffensive und verschlimmern die Leiden der Kosovaren um ein Vielfaches. Der Krieg verfehlt also nicht nur sein erklärtes humanitäres Ziel, nämlich die
Vertreibung schnell zu stoppen, sondern heizt die Brutalität an.
Außerdem wendet er sich entgegen anderslautender Zusage mit
aller Härte gegen die serbische Zivilbevölkerung. Was hatte Kanzler
Schröder noch zu Kriegsbeginn öffentlich versprochen? *Die Mili-*
täraktion richtet sich nicht gegen das serbische Volk. Dies möchte
ich gerade auch unseren jugoslawischen Mitbürgern sagen. Nun
werden Brücken, Chemie-, Wasser- und Elektrizitätswerke zerstört. Raketen explodieren in zivilen serbischen Siedlungen und
Krankenhäusern. Später wird Norman Mailer diesen Luftkrieg

gegen das serbische Volk eine andere Art von psychologischem Völkermord nennen. Überhaupt scheuen sich die Amerikaner im Gegensatz zu den duckmäuserischen Deutschen überhaupt nicht vor einer offenen kontroversen Diskussion über das Für und Wider dieses Krieges. Der bekannte amerikanische Kriegsforscher Gabriel Kolko behauptet, die Situation im Kosovo habe für die USA als Kriegsgrund überhaupt nur eine untergeordnete Rolle gespielt: »Für die Vereinigten Staaten geht es darum, militärische Macht zu demonstrieren und ihre Vormachtstellung in der Nato auszubauen.« Gore Vidal, der prominente Schriftsteller, fügt hinzu, dass Amerika »gute Feinde« brauche, um seinen gewaltigen Rüstungsaufwand zu rechtfertigen, der die Militärausgaben aller Staaten der westlichen Welt übertreffe. Also sei jetzt mal Milosevic an der Reihe, nach Noriega, Gaddaffi und Saddam Hussein. Auch der amerikanische Politikwissenschaftler Raju Thomas verwirft die moralische Kriegsbegründung schon nach wenigen Tagen als fadenscheinig und ungerechtfertigt.

Warum Jakob Altaras, Bergrun und ich die »neue Auschwitzlüge« unerträglich finden

Ostermorgen um sieben Uhr meldet sich der 80-jährige Professor Jakob Altaras am Telefon, Vorsitzender der Jüdischen Gemeinde in Gießen, emeritierter Radiologe an der hiesigen Universität. Noch unmittelbar vor dem Kosovo-Krieg hatten wir beide lange mit unseren Frauen in der kleinen schönen Synagoge zusammengesessen, die in einem Nachbarort erhalten geblieben und, nach Gießen verbracht, anstelle der dort zerstörten wieder aufgebaut worden war. Warum aber der Anruf?

»Lieber Herr Richter, Sie müssen mit Ihrem Freund Oskar Lafontaine, der ja nichts mehr zu tun hat, die Friedensbewegung wieder zusammenrufen! Dieser wahnsinnige Krieg muss sofort gestoppt werden!«

Dabei wäre Jakob Altaras doch genau einer von den Juden, die sich, wäre Fischers Auschwitz-Argument stichhaltig, darin wiederfinden sollten. Vier Jahre hatte er in der Partisanenarmee Titos gegen die Deutschen gekämpft. Vierzig jüdische Kinder verdankten ihm ihre Rettung, weil er sie – nach Bestechung eines italienischen Offiziers – mit einem Fischerboot nach Italien in Sicherheit gebracht hatte. Im Auftrag der jüdischen Organisation Delasem schmuggelte er sich in das KZ Rab ein, um dort internierte Juden vor der Deportation zu retten – eine neben anderen lebensgefährlichen Widerstandsaktivitäten, für die man ihm zu Ehren in Israel einen Hain gepflanzt hat. Also das ist der Mann, den jetzt der Jugoslawienkrieg so aufregt, dass er sich überall einfindet, wo zum sofortigen Stopp des Bombardements aufgerufen wird. Bei diesen Gelegenheiten treffen wir in den nächsten Wochen immer wieder zusammen. Altaras denkt immer noch an die Nazi-Gräuel in Serbien, die deutschen Massenmorde an unschuldigen Geiseln im Partisanenkrieg. Muss man da noch fragen, warum diesem Mann davor graust, dass die neuen politischen Führer des Tätervolkes sich wie selbstverständlich lauthals auf dessen Opfer berufen, um Serbien mit Krieg heimzusuchen?

Aber warum fühle ich mich selbst diesem Altaras nahe? Ich habe im Hitler-Krieg auf der Täter-Seite gekämpft, allerdings nicht in Serbien. Aber mit welchen brutalen Racheaktionen die Deutschen den serbischen Partisanen-Widerstand zu brechen versuchten, wusste ich aus Zeugenberichten und offiziellen Nachrichten. Auch die Bombardierung Belgrads ist noch in meinem Kopf. Dass meine Landsleute nun auf den Gedanken kommen, einen neuen militärischen Angriff gegen ein von ihnen noch kürzlich überfallenes Volk ausgerechnet mit dem größten von ihnen selbst angerichteten Verbrechen zu rechtfertigen, lässt mich schaudern. Ich frage mich: Was ist das nur für eine Generation, die diese moralische Perversion fertig bringt? Dankbar bin ich dafür, dass meine Kinder, etwa gleichaltrig mit den neuen rot-grünen Regierenden, deren Kriegspropaganda nicht erlegen sind.

Es ist offenbar ein gewichtiger Unterschied, ob die Bilder des Hitler-Krieges mit seinen verbrecherischen Exzessen noch in der persönlichen Erinnerung brennen oder nur indirekt vermittelt sind. Da macht es schon eine wichtige Differenz aus, ob einer Anfang oder Ende der 20er Jahre geboren ist. Erst recht klafft ein geistiger Abstand zwischen den Kriegsteilnehmern und der 68er-Generation. Dabei frage ich mich neuerdings, ob ich es tatsächlich so verwunderlich finden soll, dass viele jener Alt-Revolutionäre nun in der ersten Reihe der Kosovo-Krieger marschieren. Bedeutet das wirklich einen erstaunlichen Wandel, wie es oft heißt, oder nicht viel eher ein Steckenbleiben und nur eine Verschiebung des ödipalen Hasses von den imperialistischen Amerikanern auf die schurkischen Serben? Sind sie nicht immer noch die alten pubertären Rächer, die nunmehr von hohen Ämtern aus lediglich ihren alten revolutionären Kampf weiterführen, wofür sie als Bundesgenossen anstelle der unterdrückten Klasse nun die unterdrückten Kosovaren und als Repräsentanz des urbösen Vaters anstelle der USA Milosevic ausgeguckt haben?

Bergrun und ich betrauern die Entfremdung von den einstigen Pionieren der ökopazifistischen Bewegung. Lange hatten wir uns wie deren ältere Geschwister gefühlt und diesen auch zugetraut, dass sie für ihre Versprechen in der Opposition, erst recht im Falle des Eintretens in die Verantwortung verbindlich einstehen würden. Nun dieses Versagen, verschleiert durch mehr oder weniger glänzende Rhetorik, die begründen will, warum das Zerstörungswerk der Hitler-Generation in Serbien ausgerechnet von ihren Nachfahren, noch dazu unter Verweis auf Auschwitz, fortgesetzt werden soll. Aber da melden sich nun alte Holocaust-Überlebende mit einer ganzseitigen Anzeige in der Frankfurter Rundschau zu Wort. Sie protestieren energisch gegen »die neue Auschwitzlüge«. Recht haben sie.

* * *

Für Bergrun ist es genauso selbstverständlich wie für mich, gegen den Krieg zu demonstrieren. Je deutlicher wird, dass die täglich verschärften Bomben- und Raketenangriffe vor allem die serbische Bevölkerung und kaum militärische Ziele treffen, umso mehr wächst unserer beider Empörung. Deutsche Kampfflieger gegen Brücken, gegen die Strom- und Wasserversorgung der Städte – eine Barbarei, wie sie Hitler einst mit seinen Städte-Bombardements in Holland und England begonnen hatte. Nato-Kommuniqués wie Wehrmachtsberichte, genauso zynisch verlogen wie jene. Bergrun hält mit den »Gießener Frauen für den Frieden« im belebtesten Teil der Gießener Fußgängerzone Mahnwachen ab. Auch Vertreterinnen der »Evangelischen Frauenhilfe« sind dabei. Schon lange betreut diese Frauengruppe in Kroatien ein Lager für bosnische Flüchtlinge, wo vor allem heimatlos gewordene alte Frauen zu versorgen sind. Auch unter den Gießener Friedensfrauen, die seit 1981 aktiv sind, überwiegen die Jahrgänge, die noch den Hitlerkrieg im Kopf haben. Alle sehen sie in der deutschen Beteiligung an dem völkerrechtswidrigen Angriffskrieg in Jugoslawien einen furchtbaren

Rückfall in ein militärisches Denken, gegen das sie auf der Straße und in Veranstaltungen unbeirrt protestieren. Sie wollen schlicht Zeugnis dafür ablegen, dass ihre persönliche Nazi-Erinnerung sie genau gegen eine Politik in Rage bringt, die wieder Krieg als Ersatz für rechtzeitige und energische politische Kriseninterventionen sucht. Volker Trunk von der Frankfurter Rundschau, der eine ihrer Mahnwachen besucht, schreibt anschließend über die Frauen: »Die Mischung aus Alter, Kompetenz und Unaufgeregtheit verleiht der Gruppe eine eigentümliche Aura. Es wirkt würdevoll, wie die Frauen im Halbkreis stehen, stumm vor entzündeten Kerzen.«

* * *

Mein Einvernehmen mit Bergrun über fünfzig Jahre in solchem Engagement hat sicherlich für die Tragfähigkeit unserer Ehe eine wichtige Rolle gespielt. Es war keine Verabredung, sondern das Zusammentreffen von spontanen inneren Vorgängen, die sich aus der Reaktion auf die Jahre unter Hitler ergeben hatten. Bergrun, in ihrer Familie die engste Verbündete des von den Nazis drangsalierten Vaters, hatte – wie ahnungslos auch immer – den Auftrag mit in die Ehe gebracht, den Vater mit seinen Ideen und Zielen, für die er gelitten hatte, zu rehabilitieren. Und nun fand sie einen Partner, der seinerseits von der Vergangenheit nicht loskam, von einem Krieg für Hitler, durch den er sich indirekt mitschuldig am Tod seiner Eltern fühlte, in dem er im Gegensatz zu seinen alten Freunden und einem Großteil seines Jahrgangs überlebt hatte. Auch mir war zunächst nicht bewusst, wo es herkam, dass ich mich besonders – angefangen von meiner philosophischen Doktorarbeit – mit Leiden, Mitleid, Versöhnung und den Problemen der sozialen Ausgrenzung beschäftigte. Bergrun hatte sich als Lehrerin eine Zeit lang für den Unterricht in »Schwererziehbaren-Klassen« zur Verfügung gestellt, wo sie es mit besonders aufsässigen, jähzornigen oder anderswie »störenden« Kindern zu tun hatte. Ich hatte mich bemüht, sie durch Untersuchung der Kinder und Beratung der

Familien zu unterstützen. Die Einrichtung solcher Außenseiterklassen war vom Konzept her fragwürdig. Aber für Bergrun und mich war es vor einem halben Jahrhundert so etwas wie der Einstieg in ein praktisches Engagement gewesen, in dem es um Hilfe für Schwierige, um die Re-Integration von Ausgegrenzten, im weiteren Sinne um die Förderung von Solidarität ging. Das verschaffte uns Befriedigung, geschah also nicht aus bewusst moralischem oder gar missionarischem Eifer.

In weitgehendem Gleichklang hatten wir – teils zur Rede gestellt, teils zur Begleitung ermutigt – die Herausforderung der 68er verarbeitet. Fortan waren wir unabhängig voneinander oder auch gemeinsam fast durchgängig in den verschiedenen Zweigen der sozialen Bewegung aktiv, wobei uns erst allmählich klar wurde, dass wir uns dabei noch immer im Gespräch mit der Vergangenheit befanden und dass wir auf einst überhörte, beseite geschobene oder ungenügend beantwortete Fragen nunmehr besser reagieren wollten. Deshalb sind wir, was manche Jüngere schwer verstehen mögen (die eigenen Kinder und Enkel ausgenommen), besonders hellhörig und misstrauisch, wenn sich die neuen Kriegsherren leichtfertig als angebliche Beauftragte der Nazi-Opfer aufspielen und gar noch stolz darauf sind, ein von Hitler verwüstetes Land wieder in Trümmer zu legen.

Zwei Auszeichnungen als Höhepunkte der eigenen Lebensbilanz

Ich habe noch in der Frankfurter Rundschau, in der ZEIT und in einem IPPNW-Aufruf gegen den Krieg angeschrieben und in diversen Radio-Interviews, in Schulen, Volkshochschulen und Universitäten und auf einer Berliner Massendemonstration dagegen angeredet. Ich sollte sogar in der Sonntags-Talkshow von Sabine Christiansen mitwirken, wurde aber wieder ausgeladen, als ich im Vorgespräch meine Position als entschiedener Gegner des Nato-Krieges bekannt hatte.

Warum übrigens noch immer diese deutsche Duckmäuserei – völlig unterschieden von der offenen kontroversen Behandlung des Kriegsthemas in den USA? Warum müssen die Deutschen gehorsamer sein als die Amerikaner gegenüber der eigenen Regierung? Warum bleiben die 40 Prozent der Westdeutschen und die 56 Prozent der Ostdeutschen stumm, die Mitte April die deutsche Beteiligung am Jugoslawien-Krieg ablehnten? Warum hat man es den Redakteuren eines öffentlich-rechtlichen Rundfunk-Senders einen Monat lang verboten, für die Nato-Bombardierungen im Kosovo das Wort »Krieg« zu benutzen? Warum getrauen sich die deutschen Medien nicht einmal zu melden, dass 75 amerikanische katholische Bischöfe in einer dramatischen Erklärung die nach wie vor von den USA betriebene Politik der nuklearen Abschreckung als moralisch verabscheuungswürdig verurteilt haben? Warum scheuen sich die Deutschen, obwohl sie mehrheitlich den Abzug der amerikanischen Atomwaffen von deutschem Boden wünschen, dies den Amerikanern über die eigene Regierung offen zu sagen? Wieder fällt mir die Angst der hiesigen Medien ein, als seinerzeit die Washington Post meinen von 450 Wissenschaftlern unterschriebenen Aufruf gegen den Golfkrieg voll abdruckte, was sich aber keine deutsche Zeitung getraute. Ist das nur die Angst vor dem Stirnrunzeln des großen Bruders? Oder steckt mehr dahinter? Ist es nicht doch immer noch ein tiefer verankertes Identitätsproblem, nachdem die Anpassung an die große Sieger- und Schutzmacht das gemeinsame Identitäts-Vakuum nach dem Verlust Hitlers ersatzweise ausgefüllt hatte? Ist jeder Einwand gegen US-Politik, selbst wenn dieser von hoch angesehenen Amerikanern selbst vorgebracht wird, immer noch Grund zur Furcht, die Orientierung zu verlieren und sich in einem lebensgefährlichen »Sonderweg« zu verirren? Unbestreitbar bestimmen die Vereinigten Staaten die neue Welt-Ordnung oder -Unordnung. Aber gibt es nicht genügend wachsame Amerikaner, die ihre eigene Regierungspolitik kritisch begleiten und gut zuhören, wenn sie aus Europa vernünftige, unabhängige Stimmen vernehmen?

Im eigenen Land fürchte ich die Gefahr, dass diese übergefügige Anpassung gerade mit solchen hiesigen Kräften zusammentrifft, vor denen sie einst schützen sollte. Nämlich dass traditioneller deutscher Militärgeist, der sich schon in der Frontstaat-Ära des Kalten Krieges untergründig regte, eine offizielle Wiederauferstehung feiert, indem Deutschland, mit den Briten rivalisierend, sich in Europa zum Hauptstatthalter einer militärisch gestützten amerikanischen Machtpolitik aufschwingen könnte – zum Leidwesen eben jener kritischen Amerikaner, die sich von einem geeinigten Europa eine eigenständige, ausbalancierende Wirkung versprechen. Da und dort vernehme ich schon offenes Frohlocken darüber, dass das Mitschießen im Jugoslawien-Krieg so etwas wie eine Rehabilitierung des Militärischen überhaupt und des Krieges als politisches Mittel bedeute – nachdem es schon einmal als eine feststehende Einsicht schien, dass dieses Land, das die Welt im ausgehenden Jahrhundert in das Elend zweier verheerender Kriege gestürzt hatte, auf Dauer zu einer besonderen friedensschützenden Verantwortung verpflichtet sei.

In der eigenen Lebensbilanz halte ich jedenfalls an dieser Überzeugung fest und zähle es nach wie vor zu meinen beglückendsten Erfahrungen, dass mir die Arbeit in der Friedensbewegung einige Gelegenheiten verschafft hat, vor den Opfern ehemaliger deutscher

Barbarei Zeugnis für ein anderes deutsches Denken ablegen zu können. So in Moskau noch während des Kalten Krieges, so in Washington oder in Coventry zum Jahrestag der Zerstörung dieser Stadt durch deutsche Bomben. Das sind die Augenblicke, die ich zu den wichtigsten meiner zweiten Lebenshälfte zähle, wenn ich leibhaftig spürte, dass ich ein wenig an Brücken mitzubauen helfen konnte, die von der Gemeinschaft, in der ich aufgewachsen war und in der ich mitfunktioniert hatte, eingerissen worden waren. Dazu ausersehen worden zu sein, angesichts der Ruine der Kathedrale von Coventry zu Engländern und später zur Erinnerung an die Wannsee-Konferenz zu jüdischen Holocaust-Überlebenden zu sprechen, das waren für mich unvergleichliche Auszeichnungen, wichtiger als vieles sonst Erreichte.

Bei diesem Zurückblicken fallen mir noch immer auch meine mit 18, 19 Jahren gefallenen Mitschüler und Freunde ein, als würde ich sie mitvertreten. Ein Foto meines besten Schulfreundes Gerhard in Uniform, der als U-Boot-Offizier gefallen war, hat mir unlängst dessen Schwester zugeschickt. Es liegt seitdem auf meinem Schreibtisch. Ich müsste es in einer Erinnerungsmappe verstauen. Aber aus irgendeinem Grund bringe ich es nicht fertig. Vor zwei Tagen habe ich geträumt, dass man mich irgendwo aus dem Krieg entlassen hat. Dabei händigte man mir ein von durchsichtigem Plastik umhülltes Paket aus. Es enthielt die restlichen Habseligkeiten eines gefallenen deutschen Soldaten, die sollte ich nach Hause mitnehmen. Man hat mir keine Adresse für die Ablieferung des Paketes genannt. Auch nicht den Namen des Gefallenen. Nach dem Erwachen denke ich, dass ich dieses Paket immer noch bei mir trage.

Wer kümmert sich um die psychischen Kriegszerstörungen?

In Gießen treffen Gruppen von albanischen Kosovo-Flüchtlingen ein, nach und nach mehrere Hundert. Sie werden auf einem Kasernengelände einquartiert, aus dem unlängst amerikanische Soldaten ausgezogen sind. Die Albaner stammen aus einem überquellenden mazedonischen Auffanglager. Darunter sind Sippen von über zwanzig Personen, alle Jahrgänge unter ihnen vertreten. Pfarrer Leschhorn übernimmt mit ehrenamtlichen Helfern die Betreuung in der Kaserne, darunter ist die Familientherapeutin Trin Haland-Wirth, die viele Jahre am »Eulenkopf« mitgearbeitet hat. Zusammen mit ihrem Mann Hans-Jürgen, dem Analytiker, führt sie zahlreiche Gespräche mit den Ankömmlingen. Was beide erfahren, stellen sie später für einen eindrucksvollen Artikel in der Zeitschrift »psychosozial« zusammen. Auch Bergrun und ich machen Besuche in der Kaserne, wo uns eine Dolmetscherin bei der Aufnahme von Kontakten hilft.

Wir werden von vielen ernsten Augen teils scheu, teils forschend angeblickt. In den Kindergesichtern steht mehr von den durchgemachten Schrecken als in den Worten. Nur einige bringen es über sich, ausführlicher von den erlebten serbischen Überfällen und Grausamkeiten zu erzählen. Den anderen fehlt es nicht an Zutrauen, aber die Gräuel sind ihnen noch zu nahe. Gesprächiger werden sie, wenn die Rede auf die Zukunft kommt. Sofort wollen sie zurück, wenn es mit dem Schießen und den Bomben vorbei ist, ganz gleich, was sie zu Hause auch vorfinden. Ein Mittel der Kinder, sich mit ihren Erlebnissen auseinander zu setzen, sind Zeichnungen und gemalte Bilder, z.T. mit brennenden Häusern, Toten, die in Blutlachen liegen, Panzer, Erschießungsszenen.

An einem Sonntag organisieren zwei Lehrer, die bisher in ihren Dörfern in Wohnhäusern improvisierten Schulunterricht abgehalten hatten – die offiziellen Schulen seien den Serben vorbehalten gewesen –, eine Ausstellung der von den Kindern angefertigten Bilder. Der eine Lehrer begrüßt die Besucher, bedankt sich, wie auch schon zuvor manches Mal, für die erfahrene Anteilnahme und Betreuung. Und dann der Höhepunkt: Nacheinander werden kleine Mädchen und Jungen – Acht-, Zehn-, Zwölf-Jährige – aufgerufen, um kürzere Texte vorzutragen. Es wird nichts übersetzt, aber man muss auch gar nicht die Worte verstehen, man begreift auch so. Jedes Kind steigert sich in flammende Wut, schreit am Ende mit hoch gereckter Faust ins Publikum hinein und läuft dann wie flüchtend davon. Nur das Wort UCK ist ein paar Mal herauszuhören.

Das ist offenbar einstudiert. Die Kinder sind schon zu kleinen Kämpfern präpariert. Aber es ist wohl auch dabei, was man als Reaktion von Kindern kennt, die Grausames mit angesehen haben, nämlich die Verwandlung von Angst in Aggression – als Identifikation mit dem Aggressor. Erfahrungsgemäß sind es sonst eher die Jungen, die als bedrohende Angreifer im Spiel den Schrecken verbreiten wollen, der noch in ihnen steckt. Aber hier sind auch die Mädchen dabei.

Die Blicke der Eltern, der Erwachsenen, verraten so etwas wie Genugtuung, als könnten sie durch die Kinder vermitteln, was auch in ihnen gärt. Wie Not täte es, denke ich, sich nach dem Krieg nicht nur um die Reparatur der Häuser, sondern auch um die Verarbeitung der inneren Verletzungen und Zerstörungen zu kümmern! Was nützen alle Fortschritte der psychopathologischen Trauma-Forschung, wenn man nicht gerade dort Konsequenzen zieht, wo Verfolgung und Gewalt sich ewig als seelische Beschädigungen und Dispositionen für atavistische Racheaktionen forterben?

Verrückte Welt. Da hat man in der westlichen Welt inzwischen gelernt, den Hilfebedarf für die Opfer oder auch nur für die Zeugen von Gräueln oder anderen blutigen Katastrophen zu erkennen, deren seelische Nachwirkungen lange Zeit unterschätzt wurden. Deshalb zum Beispiel jetzt die Zusammenarbeit unseres psychoanalytischen Sigmund-Freud-Institutes mit den Frankfurter Feuerwehrmännern, die laufend mit den Opfern von Straßenunfällen und Bränden zu tun haben. Da akzeptiert man die Notwendigkeit einer Unterstützung, um die Anstauung abgespaltener, sprachloser, bedrückender Bilder zu verhüten. Warum denkt kaum einer daran, dass die Kriegsregion im Balkan, wenn das Bomben aufhört, nicht nur kontrollierendes Militär, Polizei und materielle Aufbauhilfe braucht, sondern nicht minder Zentren, wo speziell geschultes Personal Beratung und Betreuung für psychisch Traumatisierte anbieten kann, auch Krisenhilfe bei Gruppenkonflikten? Da müsste der Westen doch, nachdem er fürs Bombardieren und für Zerstörungen viele Milliarden ausgegeben hat, die Kosten für einen großen konstruktiven zivilen Friedensdienst aufbringen, der sich um die Heilung des massenhaften psychischen Elends und um eine Basis für das allmähliche Wachsen von Verständigungs- und Versöhnungsbereitschaft kümmert. Die internationale Vereinigung der Friedensärzte und diverse psychosoziale Fachgesellschaften könnten mit Personal, vor allem aber bei der Schulung örtlicher Kräfte helfen. Ein besonderer Schwerpunkt müsste auf der Betreuung der massenhaft traumatisierten Kinder liegen, denn in einem Land mit alter Blutrache-Tradition könnte aus ihren ungeheilten psychischen Verletzungen später ein neues kollektives Gewaltpotential aufbrechen.

Vielleicht könnte ich mich trotz meines Alters noch einmal an eine entsprechende Initiative anschließen. Ich kenne nicht wenige jüngere Therapeuten, Psychiater, Sozialarbeiter, die darauf brennen würden, sich an einem Friedensdienst solcher Art zu beteiligen. Besondere Hoffnungen setze ich in Peter Riedesser, Kinder- und Jugendpsychiater im Hamburg, der ähnlich wie ich durch die beschämende Rolle der Medizin im Hitlerkrieg zum Engagement in der ärztlichen Friedensbewegung gelangt ist und nun große Pläne hat, die in der von mir angedachten Richtung liegen. Wenn ich – eher selten – mal das eigene vorgerückte Alter bedauere, dann ist es in diesem Fall, dass ich mir nur noch beschränkt unterstützen zu können zutraue, was Jüngere auf den Weg bringen müssen. Aber es ist gut und tröstlich, dass solche da sind.

* * *

Nach fast drei Monaten schweigen die Nato-Waffen. Vor den staunenden internationalen Beobachtern ziehen sich 47.000 serbische Soldaten, 250 Kampfpanzer, 450 Panzerwagen und 800 Artilleriesysteme aus dem Kosovo zurück – Zahlen, die es nach den Nato-Erfolgsmeldungen gar nicht mehr hätte geben dürfen. Haben die Serben überhaupt mehr als 26 Panzer, deren Wracks man später gefunden hat, verloren? Unabhängige Journalisten bezweifeln es. Jedenfalls haben sage und schreibe 32.000 Luftangriffe in 79 Kriegstagen dem serbischen Militär nur wenig anhaben können, dafür haben sie – nach vorläufigen Berechnungen – etwa 200 Fabriken, 190 Schulen, 50 Spitäler, 50 Brücken, 5 Zivilflughäfen sowie ungezählte Wohnhäuser und Agrarbetriebe vernichtet, etwa im Wert von 30 Milliarden Dollar. Hunderte von Zivilisten wurden getötet. Mit der Ruinierung der ökonomischen und der Versorgungs-Infrastruktur des Landes hat man ein großes Volk, dem Schonung versprochen worden war, ins Elend gebombt. Das hohe Ziel, wieder für ein friedliches Zusammenleben der Ethnien in der Region zu sorgen, wurde vollständig verfehlt. Die Kosovo-Albaner sind zurückgekehrt. Dafür sind inzwischen die Serben Hauptopfer der von der Nato indirekt unterstützten ethnischen Säuberungen auf dem Balkan geworden. 180.000 sind schon aus dem Kosovo geflohen, 200.000 wurden zuvor, wie schon erwähnt, im Schutz der Nato von den Kroaten aus der Krajna vertrieben. Weitere 30.000 mussten Ostslawonien und die Region Sarajewo verlassen. So wurde das total verarmte Serbien inzwischen zum größten Flüchtlingslager Europas. Der Kosovo-Krieg wurde militärisch, politisch und moralisch für den Westen zu einem Fiasko. Der Frieden in der Region – Fazit des Frankfurter Friedens- und Konfliktforschers Ernst-Otto Czempiel – ist in der Region heute weiter entfernt als vor Rambouillet.

Dass der Nato-Oberbefehlshaber General Clark am Ende des Krieges mit der Gefahr eines neuen riesigen Unglücks spielte, ist erst durch eine Indiskretion des Magazins Newsweek bekannt geworden. Mit Panzern und Luftangriffen wollte er gegen die 200

Russen vorgehen, die überraschend den Flughafen von Pristina besetzt hatten. Hubschrauber und Bodentruppen waren bereits für den Angriff in Mazedonien in Bereitschaft versetzt worden. Der britische General Jackson, Oberkommandierender der KFOR-Verbände, erhielt von Clark den Einsatzbefehl. Doch dieser weigerte sich. Er bezweifelte, dass die Atommacht Russland eine solche Provokation hinnehmen würde. Clark wurde wütend. Aber laut Newsweek sprach Jackson den denkwürdigen Satz: *Ich werde für Sie nicht den Dritten Weltkrieg anfangen!* Nachträglich wurde Clark von Washington zurückgepfiffen und erfuhr seine vorzeitige Pensionierung. Aber in dem kritischen Augenblick war es allein die mutige Befehlsverweigerung des britischen Generals, die der Welt das Risiko einer unabsehbaren Katastrophe ersparte. – In Scharpings rühmendem Kriegsbuch wird man von dieser dramatischen Szene kein Wort finden.

Die Öffentlichkeit lässt sich die schöngefärbte Bilanz des Krieges gefallen. Als Sieg wird gefeiert, dass man die Ersetzung der *einen* Vertreibung durch die *andere* in umgekehrter Richtung erreicht hat. Als humanitärer Erfolg für die Menschenrechte soll ein 79-tägiger Bombenkrieg gegen das zivile Leben des neben den Griechen größten Balkanvolkes gelten, an dem man die misslungene Rache an seinem Präsidenten abreagiert hat. Dennoch ist es insofern ein Sieg für die USA geworden, als diese mit dem völkerrechtswidrigen Angriffskrieg an der UNO vorbei die eigene Stellung als Weltpolizei befestigt haben. Und ein grandioser Erfolg ist es für die Rüstungsindustrie, die sich keinen besseren Impuls für die Forcierung ihres Beitrags, künftige Kriege führbar zu machen, wünschen konnte. Schließlich ist es ein Sieg für die Kräfte in Deutschland, die schon lange die Rehabilitierung des Militärischen als »Normalisierung« und als »Wahrung der neuen deutschen Verantwortung« ersehnt hatten und sich nun der Fürsprache ausgerechnet der Parteien erfreuen, von denen sie bisher konsequent gebremst worden waren. Wie ich es sehe, verdankt sich dieser »Sieg« indessen vor allem der Feigheit einer immer noch vorhandenen Antikriegs-Mehrheit, die

gegen den Gesinnungsschwenk ihrer rot-grünen Oberen nicht auf-
zumucken gewagt hat, außerdem der fatalen Verführbarkeit durch
die suggestive Verheißung, im Mitschießen gegen einen vermeintlichen Hitler-Nachfolger die Schatten der Nazischuld loswerden
zu können.

Die Berge, der Vater, und ein paar Kristalle

Das Juliwetter 1999 in Zermatt, wo ich mit Bergrun wie seit vielen Jahren einige Sommerwochen verbringe, ist ausnehmend schön. Das Frühjahr war feucht, deshalb blühen die kleinen einzeln stehenden Männertreu oder Kohlröschen, eine nach Vanille duftende Orchideenart, so reich wie lange nicht mehr. Oder kommt es uns nur so vor, weil wir, je älter wir werden, das Leben der Natur um so intensiver in uns aufnehmen? An einem uns bekannten etwas abgelegenen Platz am Riffelberg entdecken wir wieder ein paar Edelweiß. Höher oben, am Gornergrat, kämpfen zwei verspielte junge Steinböcke. Noch höher, am Stockhorn, kraxele ich wieder mal im Blockwerk herum, um den einen oder anderen kleinen Lazulith-Stein aufzuspüren, der früheren Schürfern weggesprungen und in irgendeinem Loch gelandet ist. Ich erfreue mich auch an kleinen Splitterstückchen mit ihrem kräftigen Blau auf schneeweißem Quarzgrund. Warum es immer wieder die Berge sind, die mich mit einem neuen Kraftgefühl erfüllen – wie damals 1945, als ich mich mit Freund Ulrich in die Tiroler Hütte geflüchtet hatte? Ist es vielleicht auch immer noch die Begegnung mit dem verschlossenen Vater, dem ich nie so nahe gekommen war wie in der Freude an dieser Landschaft und am Bergsteigen?

Ich sehe mich auch in den abgekämpften Matterhorn-Bergsteigern wieder, die, mit stillem Stolz auf ihren Gesichtern, abends erschöpft auf der Zermatter Dorfstraße zurückschlendern, nach dem stundenlangen Blick vom Hörnligrat in die Tiefen der Ostwand, im Gefühl, sich ihrer Lebendigkeit wieder einmal auf besondere Weise versichert zu haben. Kein anderer hat die Psychologie der Angstlust so genau erfasst wie der verstorbene Psychoanalytiker Michael Balint.

14 der Viertausender in der Runde habe ich selber in den Jahren bestiegen, einige von verschiedenen Seiten, die schwierigsten mit Führer, andere selbst als Führer mit dem Sohn, mit Bergrun oder

angelernten Gießener Kolleginnen und Kollegen. Jetzt bin ich froh, dass mir das wieder rhythmisch schlagende Herz überhaupt noch das Steigen erlaubt. Ich habe es am Breithorn probiert. Allein, langsam bin ich über den großen Gletscherhang hinaufgegangen, dankbar, dass mir die Höhe von 4.160 Metern keine Beschwerden gemacht haben.

In den nächsten paar Wochen werde ich vor allem wieder »strahlen«, wie sie hier die Suche nach Kristallen nennen. Viele Jahre habe ich gebraucht, um einen Blick für die Bänder der Muttergesteine zu gewinnen, in deren Klüften noch schwarzbraune Vesuviane oder flaschengrüner Epidot aufzuspüren sind. Einen kleinen Stein mit zentimetergroßen glänzenden Vesuvianen trage ich wie einen Talisman fast immer bei mir. Einmal im Leben findet man so etwas, meinte dazu mein alter Strahler-Freund Bruno, dessen Prunkstücke, in einem Glasschrank verwahrt, ich jedes Jahr in Zermatt von neuem bewundere.

Gestern habe ich viele Stunden lang zusammen mit Bruno den Hang der »Schwärze«, hoch über dem Gornergletscher, abgesucht. Nichts. Aber plötzlich lag da ein Stein, groß wie eine Hand, voll besetzt mit blitzenden Quarznadeln. Ein paar Mal werde ich es noch am Findelen-Gletscher versuchen, dort, wo eine brüchige Felswand von Zeit zu Zeit große Blöcke hinabwirft mit der einen oder anderen kleinen unzerstörten Kristallfläche. Dann picke ich mir ein Stückchen heraus, lege es in die Sonne, setze mich dazu und bin glücklich, dass meine Augen noch gut genug sind, die Schönheit aufzunehmen. Die hellste Lampe, mit der ich dann zu Hause die interessantesten Stücke auf einem alten Rhöntisch anleuchte, ersetzt nicht die Sonne in der Höhe. Dennoch werde ich später wieder jede Nacht, wenn ich ins Bett gehe, vor diesem Tisch stehen und bei jedem Stein, den ich ins Licht rücke, wissen, wo und wie ich ihn gefunden habe. Bergrun und zwei Enkeltöchter habe ich schon mit Schmuckstücken versorgt. Und Birgit, der RAF-Ehemaligen, werde ich einen kleinen Stein mit rot glänzenden Granaten, die sie besonders liebt, ins Gefängnis mitbringen.

Nur noch an wenigen Fundstellen kann ich ungestört suchen. An manchen Plätzen, wo früher niemand hinkam, sind neuerdings Gruppen von halbprofessionellen Strahlern am Werk, die mit Bohrmaschinen und Sprenggerät das mineralienhaltige Gestein durchwühlen und aufbrechen und nur noch Zerstörung hinterlassen. Einer hat eine ganze Partie von wunderschönem blauen Glaukomatitfels aufgesprengt und die Blöcke per Hubschrauber zur Schmuckherstellung nach Zürich geschafft. Wäre ich noch jünger, würde ich mich gern dem Widerstand gegen diese Barbarei, den es schon gibt, anschließen. Aber das überlasse ich nun den Einheimischen.

Noch kenne ich ein paar stille Plätze, wo ich wenigstens mal einen mit grasgrünem Uvarovit überzogenen Schiefer oder ein Stück mit feinen Diopsid-Nadeln erspähen kann. Oft aber kehre ich auch ohne den kleinsten Fund zurück, dennoch voll zufrieden mit dem bloßen Schauen in die Landschaft und gestern zum Beispiel mit der Freude an einem braunen Schmetterling, der sich minutenlang auf meinem Handrücken ausruhte.

Blauäugiger Träumer? Störenfried? Und warum immer noch engagierter Optimist?

In den zehn Monaten, die ich mit diesen Notizen zugebracht habe, ist das politische Gesicht Deutschlands ein anderes geworden. Es sah so aus, als würde eine neue Regierung wieder stärkere soziale und friedenspolitische Akzente setzen. Aber das sah nur so aus. Ich hatte die eigene Biografie im wesentlichen als ein Leben gegen den Krieg beschreiben wollen und keinen Augenblick lang befürchtet, dass ich wieder bei einem von diesem Land geführten Krieg enden würde. Zugleich mit vielen meiner Generation hatte ich mir einen stärkeren Widerstand gegen eine internationale Entwicklung vorgestellt, die wieder auf die Mode zuläuft, Konfliktlösungen nach der Dramaturgie des klassischen Schurkenstücks zu suchen: Die Niederwerfung satanischer Verfolger durch die Repräsentanz moralischen Edelsinnes – Geschichte als Kette der »humanitären« Befreiung von Weltfeinden mit der Gewalt moderner Vernichtungswaffen.

Ich hatte meine Chancen zu aktiver Einmischung während der Aufbruchsstimmungen unter Willy Brandt und Michail Gorbatschow, jeweils abgelöst von Perioden, in denen ich bestenfalls als blauäugiger Träumer, wenn nicht als lästiger Störenfried mit meinen sozialkritischen und pazifistischen Engagements dastand und dastehe. Eben in dieser Rolle habe ich mich gerade wieder erfahren, als mich die täglichen Bombardierungen serbischer Industrie- und Versorgungsanlagen, vom Nato-Sprecher mit gefrorenem Grinsen vorgetragen, in zornigen Gegensatz zu der gelassenen Genugtuung der westdeutschen Mehrheit versetzten. Aber auch diesen Rückschlag werde ich wieder einmal überstehen, werde in der Bewegung der Ärzte für Frieden und soziale Verantwortung weiter mitstreiten, solange meine Kräfte noch reichen, werde mir demnächst wieder mit einer Satire Luft machen, um im Gegenwind des paranoiden Klimas, in dem Versöhnung und Verständigung weniger angesagt sind als Verfolgung und Bestrafung des Bösen in der Welt, mit der nötigen Lebensfreude weiterleben zu können. Der Vorteil des Alters ist ja, dass man – als vermeintlich nur noch beschränkt zurechnungsfähig – den vom momentanen Zeitgeist geschützten Anführern des fragwürdigen ökonomischen und militärischen Machtdenkens ungeschminkt die Meinung sagen kann, so Verleger und Redakteure dazu die Hand leihen.

Aber, oh Wunder, plötzlich kommen wieder allerhand Anfragen, ob ich denn nicht zum Millennium etwas über Solidarität, Friedensfähigkeit oder etwas Kritisches zum Gotteskomplex der modernen Gesellschaft sagen oder schreiben möchte. Ob solche Einladungen aus Alibi-Suche stammen oder ob sich nach dem martialischen High-noon-Drama im Kosovo auf leisen Sohlen Katerstimmung einschleicht, in der wieder auf soziale Erwärmung gehofft wird – wer weiß das schon?

Wie auch immer. Ich halte es unbeirrt mit dem 70-jährigen Immanuel Kant, dem die Begeisterung der auswärtigen Zuschauer für die Ideen der Französischen Revolution als Beweis dafür ausreichte, dass den Menschen eine moralische Anlage innewohne, die trotz aller Wechselfälle der Geschichte einen Fortschritt zum Besseren verspreche. Für mich persönlich waren die von Willy Brandt und Michail Gorbatschow entfachten weltweiten Hoffnungen vergleichbare Signale, ähnlich wie die von Martin Luther King, Nelson Mandela und Itzhak Rabin gesetzten Zeichen, die auch mich an jene unzerstörbare menschliche Anlage glauben lassen und mich trotz aller Gründe für einen *theoretischen* Pessimismus zur Fortsetzung meines *praktischen* optimistischen Engagements ermutigen.